心一堂易學術數古籍整理叢刊
京氏易六親占法古籍校注系列

《卜筮全書》校注

【明】姚際隆　原著
虎易　校注

Śūnyata

書名：《卜筮全書》校注
系列：心一堂易學術數古籍整理叢刊　京氏易六親占法古籍校注系列
原著：【明】姚際隆
校注：虎易
編輯：陳劍聰　丁鑫華

出版：心一堂有限公司
通訊地址：香港九龍旺角彌敦道610號荷李活商業中心十八樓05-06室
深港讀者服務中心：中國深圳市羅湖區立新路六號羅湖商業大廈負一層008室
電話號碼：(852)90277110
網址：publish.sunyata.cc
電郵：sunyatabook@gmail.com
網店：http：//book.sunyata.cc
淘宝店地址：https：//sunyata.taobao.com
微店地址：https：//weidian.com/s/1212826297
臉書：https：//www.facebook.com/sunyatabook
讀者論壇：http：//bbs.sunyata.cc

版次：二零二二年七月初版

平裝　上下二冊不分售

定價：港幣　四百九十八元正
　　　新台幣　一千九百九十八元正

國際書號　978-988-8582-79-2

香港發行：香港聯合書刊物流有限公司
地址：香港新界荃灣德士古道220～248號荃灣工業中心16樓
電話：(852) 2150 2100　傳真：(852) 2407 3062
電郵：info@suplogistics.com.hk
網址：http：//www.suplogistics.com.hk

台灣發行：秀威資訊科技股份有限公司
地址：台灣台北市內湖區瑞光路七十六巷六十五號一樓
電話號碼：+886-2-2796-3638　傳真號碼：+886-2-2796-1377
網絡書店：www.bodbooks.com.tw
台灣秀威書店讀者服務中心：
地址：台灣台北市中山區松江路二0九號1樓
電話號碼：+886-2-2518-0207
傳真號碼：+886-2-2518-0778
網址：www.govbooks.com.tw

中國大陸發行 零售：深圳心一堂文化傳播有限公司
地址：深圳市羅湖區立新路六號羅湖商業大廈負一層008室
電話號碼：(86)0755-82224934

心一堂微店二維碼

心一堂淘寶店二維碼

《京氏易六親占法古籍校注》總序（代自序）

中國古代的占卜預測，源遠流長，林林總總，類型繁多。例如：龜卜占、象占、星占、夢占、風角鳥占、拆字占、手面相占、奇門、六壬、太乙、四柱八字、六爻占、六親占、梅花易占、紫微占、雜占等各種術數占卜預測方法。《左傳》、《國語》、《史記》以及二十五史和各種古代筆記等著作，就記錄有很多預測的占例。清代《欽定四庫全書》，將各種預測類的書籍，統歸於《子部•術數類》，因此，各種預測的方法和門類，又可統稱為「術數」。「京氏易六親占法」，就是這些術數中的一個獨立的預測種類。

（一）

「京氏易六親占法」，是西漢•京房創立的以易經為基礎，採用納甲、五行、六親等各種體例，納入卦中的一種預測方法，也是各種術數中比較系統和成熟的方法。據《漢書•畦兩夏侯京翼李傳》記載：「京房字君明，東郡頓丘人也。治《易》，事梁人焦延壽」。又曰：「房本姓李，推律自定為京氏」。又曰：「其說長於災變，分六十四卦，更直日用事，以風雨寒溫為候，各有占驗。房用之尤精。好鐘律，知音聲」。《漢書•儒林傳》曰：「京房受《易》梁人焦延壽。延壽云：『嘗從孟喜問《易》』。會喜死，房以為延壽《易》即孟氏學，翟牧、白生不肯，皆曰非也。至成帝時，劉向校書，考《易》說，以為諸《易》家說皆祖田何、楊叔元、丁將軍，大誼略同，唯京氏為異，倘焦延壽獨得隱士之說，託之孟氏，不相與同。房以明災異得幸，為石顯所譖誅，自有傳。房授東海殷嘉、河東姚平、河南乘弘，皆為郎、博士。由是《易》有京氏之學」。「自武帝立《五經》博士，開弟子員，設科射策，勸以官祿」。「至元帝世，復立《京氏易》」。「京氏易」在漢代元帝時被立為博士，足以證明其學說，是當時具有很高學術地位和學術價值的。

《欽定四庫全書》提要記載：「《京氏易傳》三卷，漢•京房撰、吳•陸績注」。「績有易注，已著錄房所著有《易傳》三卷，《周易章句》十卷，《周易錯卦》十卷，《周易妖占》十二卷，《周易占事》十二卷，《周易守株》三卷，《周易飛候》九卷，又六卷《周易飛候》，《六日七分》八卷，《周易四時候》四卷，《周易混沌》四卷，《周易委化》四卷，《周易逆刺占災異》十二卷，《易傳積算法、集占條例》一卷。今惟《易傳》存」。從以上記錄可以知道，京房的著作，唯有《京氏易傳》得以保存下來，絕大多數都已經亡佚。

南宋•晁公武（約1104—約1183年）《郡齋讀書志》曰：「景迂嘗曰：余自元豐壬戌偶脫去舉子事業，便有志學易，而輒好王氏。本妄以謂弼之外，當自有名象者，果得京氏傳。而文字顛倒舛訛，不可訓知。迨其服習甚久，漸有所窺，今三十有四年矣，乃能以其象數，辨正文字之舛謬。於邊郡山房寂寞之中，而私識之曰：是書兆《乾》《坤》之二象以成八卦，凡八變而六十有四。於其往來升降之際，以觀消息盈虛於天地之元，而酬酢乎萬物之表者，炳然在目也」。從以上記錄可知，目前傳世的《京氏易傳》，是北宋•晁景迂經歷三十四年的研究後，重新編排整理成書的。

唐宋以前記錄有「京氏易六親占法」相關資料，惟有元代胡一桂收錄的晉代郭璞的《郭氏洞林》了。

《火珠林》是目前存世的「京氏易六親占法」的第一本系統性著作，作者題為「麻衣道者」，後人據此認為，大約是唐末宋初的作品。宋人項世安（1129—1208）謂：「以京房考之，世所傳《火珠林》即其遺法，《火珠林》即交單重拆也」。張行成亦謂：「《火珠林》之用，祖於京房」。《朱子語類》曰：「卜卦之錢，用甲子起卦，始於京房」。又云：「今人以三錢當揲蓍，乃漢•焦贛、京房之學」。

自《京氏易傳》、《火珠林》重新問世，其後宋、元、明、清時期，又有《卜筮元龜》、《海底眼》、《天玄賦》、《黃金策》、《易林補遺》、《易隱》、《易冒》、《增刪卜易》、《卜筮正宗》等著作，以及《卜筮全書》、《斷易天機》、《易隱》等輯錄本著作面世，經歷代作者不斷實踐，修改、注釋、補遺，使「京氏易六親占法」這種優秀的文化遺產，得以不斷傳承和完善。

（二）

為了讓讀者對「京氏易六親占法」系列古籍著作，有個初步的瞭解，下面對選擇、注釋和整理的「京氏易六親占法」系列古籍著作，選擇的校錄版本及內容，做一個簡單的介紹，供讀者參考。

京氏易六親占法古籍著作叢書之一《京氏易傳》：

作者：漢·京房：（公元前77年—前37年。）據【明·兵部侍郎范欽訂】「天一閣」本，作為校錄底本，參考《漢魏叢書·明·新安程榮校》本，及《欽定四庫全書》，校注整理。字數大約4.1萬。

《京氏易傳》，是漢代·京房的著作，據《郡齋讀書志》晁公武曰：「漢《藝文志》易京氏凡三種，八十九篇。隋《經籍志》有《京氏章句》十卷，又有《占候》十種，七十三卷。唐《藝文志》有《京氏章句》十卷，而《易占候》存者五種，二十三卷。今其章句亡矣。乃略見於僧一行及李鼎祚之書。今傳者曰《京氏積算易傳》三卷，《雜占條例法》一卷，或共題《易傳》四卷，而名皆與古不同。今所謂《京氏易傳》者，或題曰《京氏積算易傳》者，疑隋、唐《志》之《錯卦》是也。《雜占條例法》者，疑唐《志》之《逆刺占災異》是也。《錯卦》在隋七卷，唐八卷，所謂《積算》《雜》《逆刺占災異》十二卷是也。至唐，《逆刺》三卷，而亡其八卷。元佑八年，高麗進書，有《京氏周易占》十卷，疑隋《周易占》十二卷是也。是古易家有書，而無傳者多矣。京氏之書，幸而與存者才十之一，尚何離夫師說邪」？目前京房的著作，繼續傳世的僅《京氏易傳》，其他著作均已亡佚。《京氏易傳》構建了「京氏易六親占法」的的理論基礎，以及六親體系架構，為該占法提供了理論和體系上的重要框架。

京氏易六親占法古籍著作叢書之一（一）《郭氏洞林》

作者：晉•郭璞：（公元276年—324年）。元•胡一桂抄錄。據《欽定四庫全書•周易啟蒙翼傳•外篇》本，作為校錄底本，參考《欽定古今圖書集成》理學彙編經籍典•易經部•易學別傳十一•晉《郭璞洞林》，校注整理。字數大約0.8萬。

《郭氏洞林》是最早集錄郭璞卦例的著作，其收錄的十三個卦例，對於後來的學者，研究郭璞的占法及其思路，是很好的原始資料，對於研究郭璞的易學思想和占法，具有一定的參考價值。

京氏易六親占法古籍著作叢書之一（二）《周易洞林》：

作者：晉•郭璞：（公元276年—324年）。清•王謨輯。據清嘉慶3年王謨刻本，作為校錄底本，校注整理。字數大約1.4萬。

《周易洞林》在《郭氏洞林》的基礎上，又從其他古籍中，收錄了一些關於郭璞的卦例和事例，對於研究郭璞的思想和占法，具有一定的參考價值。

京氏易六親占法古籍著作叢書之三《易洞林》：

作者：晉•郭璞：（公元276年—324年）。清•馬國翰輯。據盧白盧藏嫏嬛館補校本，即《玉函山房輯佚書》本，作為校錄底本，校注整理。字數大約2.4萬。

《易洞林》也是在《郭氏洞林》和《周易洞林》的基礎上，又從其他古籍中，收錄了一些關於郭璞的卦例和事例，對於研究郭璞的思想和占法，具有一定的參考價值。

京氏易六親占法古籍著作叢書之四《火珠林》：

作者：麻衣道者。相傳為唐末宋初時期的著作。據盧白盧藏《漢鏡齋秘書四種•火珠林》本，作為校錄底本，校注整理。字數大約5.9萬。

《火珠林》這本著作的問世，為「京氏易六親占法」的應用，提供了第一本系統的著作。該著作對京氏易的體例進行了論述，也用一些占例，解說了「京氏易六親占法」的應用方法，本書對於研究「京氏易六親占法」，具有很高的學術價值，也具有很重要的研究和參考價值。

京氏易六親占法古籍著作叢書之五《增注周易神應六親百章海底眼》，簡稱《增注海底眼》：

作者：王鼎；重編：何侁、信亨。南宋•淳佑（甲辰年•公元1244年）。據《續修四庫全書》一〇五五冊•子部•術數類《增注周易神應六親百章海底眼》本，作為校錄底本，參考「國家圖書館•古籍館」清代抄本，校注整理。字數大約2萬。

《增注海底眼》這本著作，著重論述了一些基本概念和知識，以及五行的對應方法和應用，並編製大量歌訣，幫助讀者理解和記憶。特別是對六親的概念，進行了重點論述，本書是「京氏易六親占法」體系中的一本重要著作，對於研究「京氏易六親占法」传承，具有比較重要的研究和參考價值。

京氏易六親占法古籍著作叢書之六《大易斷例卜筮元龜》，簡稱《卜筮元龜》：

作者：元•蕭吉文。元•大德十一年（丁未年•公元1307年）。據日本京都大學附屬圖書館《大易斷例卜筮元龜》手抄本上卷本，作為校錄底本，參考《斷易天機》輯錄資料，校注整理。字數大約9.5萬。

《卜筮元龜》這本著作，在國內基本已經失傳了，這次是根據日本京都大學附屬圖書館

《大易斷例卜筮元龜》手抄本，校對注釋整理的。該著作首次附入大量配圖，補充了「京氏易六親占法」應用的很多基礎知識和概念，並首次提出了「以錢代蓍法」的成卦方法，將「京氏易六親占法」占卜預測分門別類，作了進一步的細化，本書也是「京氏易六親占法」體系中的一本重要著作，對於研究「京氏易六親占法」传承，具有很重要的研究和參考價值。

京氏易六親占法古籍著作叢書之七《周易尚占》：

作者：元・李清庵。元・大德十一年（丁未年・公元1307年）。據明刻本《亦政堂鐫陳眉公家藏彙祕笈》（輯入《心一堂術數珍本古籍叢刊・占筮類》），作為校錄底本，校注整理。字數大約4.2萬。

《周易尚占》這本著作，是與《卜筮元龜》為同一時期的作品，首次附入十幅配圖，補充了「京氏易六親占法」應用的一些基礎知識和概念，下卷有六十四卦納甲、世應等內容，並有六十四卦的詩歌斷例，具有一定的參考價值。

京氏易六親占法古籍著作叢書之八《新鍥纂集諸家全書大成斷易天機》，又稱為《增補鬼谷源流斷易天機》（寶善堂梓行），簡稱《斷易天機》：

作者：明・劉世傑。明・嘉靖十七年（戊戌年・公元1538年）。豫錦誠・徐紹錦校正；閩書林•鄭雲齋梓行本，作為校錄底本，參考《卜筮元龜》、《卜筮全書》等著作，校注整理。字數大約39.6萬。

《斷易天機》這本著作的初版，在國內基本已經失傳了，這次是根據心一堂據日本傳本影印版校對注釋整理的。本書是「京氏易六親占法」的第二個匯輯本，收錄了此前「京氏易六親占法」各種著作，各種基礎知識理論和實踐方法內容，特別是首次出現了「鬼谷辨爻法」這種六親爻位的對應方法，為「京氏易六親占法」的應用，提供了預測分析的思路，擴展了預測分析的信息。這本著作，是「京氏易六親占法」系列古籍中的一本重要著作，對於研究「京氏易六親占法」傳承，具有很重要的研究和參考價值。

京氏易六親占法古籍著作叢書之九《易林補遺》：

作者：明•張世寶。萬曆三十四年（丙午年•公元1306年）。據《易林補遺》初版本，作為校錄底本，校注整理。字數大約14.5萬。

《易林補遺》這本著作，對「京氏易六親占法」以前各種著作的缺失，進行了一些分析和補充。作者雖然是一個盲人，但不迷信於鬼神，根據當時社會上普遍存在的有病則求神問卜的現象，他主張有病應該找醫生治療，避免殘害生命以及造成錢財的浪費。他提出了「爻爻有伏有飛，伏無不用」的論述，把「飛伏」的應用方法，更加彰顯出來。並成功的將「反吟」、「伏吟」的概念，納入「京氏易六親占法」體系，使這個體系的應用更加完備。

京氏易六親占法古籍著作叢書之十《卜筮全書》：

作者：明・姚際隆。崇禎三年（庚午年・公元1630年）。據《卜筮全書》初版本，作為校錄底本，校注整理。字數大約34.8萬。

《卜筮全書》這本著作，是「京氏易六親占法」的第一個匯輯本，首次正式納入了《天玄賦》這本著作。現存的書籍，是後來修訂的版本，首次正式納入了《黃金策》，對京氏易占法的理論和實踐體系，比較全面的進行了彙編，具有很重要的研究和參考價值。

京氏易六親占法古籍著作叢書之十一《易隱》：

作者：明・曹九錫（明・天啟五年前後・公元1625年前後）。據「國家圖書館・古籍館」最早版本，作為校錄底本，參考清代多個版本，校注整理。字數大約21.3萬。

《易隱》這本著作，應該是「京氏易六親占法」的第三個匯輯本，書中引錄了大量古籍資料。特別是其中「身命占」和「家宅占」的內容，將預測分類更細，也為後來的學者，提供了一個細化分析的基本框架，具有重要的研究價值。

京氏易六親占法古籍著作叢書之十二《易冒》：

作者：清・程良玉。清・康熙三年（甲辰年・公元1664年）。據江蘇巡撫採進本，作為校錄底本，校注整理。字數大約12.7萬。

《易冒》這本著作，作者雖然也是一位盲人，但他對於很多基礎知識，進行追本求源，並對其來源及推演方法，進行了論述。對於各種成卦方式，他提出了自己的看法，對幫助讀者打破迷信，樹立客觀的思想，起到重要作用。本書在學術研究上，具有一定的價值。

京氏易六親占法古籍著作叢書之十三《增刪卜易》：

作者：清•李文輝。清•康熙二十九年（庚午年•公元1690年）。據清•康熙年間古吳陳長卿刻本《增刪卜易》爲底本，作為校錄底本，校注整理。字數大約25.2萬。

《增刪卜易》這本著作，對「京氏易六親占法」的應用，化繁為簡，提出採用指占之法，讓信息直接切入預測的核心。又提出分占之法，便於釐清不易辨別的問題，避免信息產生混淆。同時，還提出了多占之法，用以追蹤求測人所疑，查找產生問題的原因，尋找出解決問題的方法。當設計出解決問題的方法後，還可以檢驗其是否具有解決問題的功能。本書在學術研究上，具有一定的價值。

京氏易六親占法古籍著作叢書之十四《卜筮正宗》：

作者：清•王洪緒。清•康熙四十八年（己丑年•公元1709年）。據清初刻本，作為校錄底本，校注整理。字數大約21.8萬。

《卜筮正宗》這本著作，對《黃金策》的注釋部分，有自己獨特的見解。對當時社會上存在的一些問題，也做出了自己的回答。對十八個類型的問題，也進行了論述。不足之處，在於作者為了強求對應，篡改了《增刪卜易》一些卦例的原始內容，這些需要讀者注意的。

京氏易六親占法古籍著作叢書之十五《御定卜筮精蘊》：

作者不詳，大約是清代的版本。據《故宮珍本叢刊》本，作為校錄底本，校注整理。字數大約7.5萬。

《御定卜筮精蘊》這本著作，是「京氏易六親占法」體例的一個精編本，大量內容都是從之前的古籍中來。作者去粗取精，去偽存真，也是具有一定研究價值的著作。

【編按：以上大部分版本，輯入《心一堂易學經典叢刊》或《心一堂術數古籍珍本叢刊》】

（三）

我為什麼要把這些古籍著作，定名為「京氏易六親占法」呢？我這樣做，既是為了統一學術稱謂，也是為了給「京氏易」正名，使「京氏易」占法不至於与其他占卜方式混淆。

《京氏易傳》是將六十四卦，分屬乾、震、坎、艮、坤、巽、離、兌八宮，一宮統八卦。八宮所屬五行，乾、兌宮屬金，震、巽宮屬木，坎宮屬水，離宮屬火，坤、艮宮屬土。每個卦所附「父母、官鬼、兄弟、子孫、妻財」等六親，是根據這個卦原來所屬之宮的五行，按「生我者為父母、我生者為子孫、尅我者為官鬼、我尅者為妻財、比和者為兄弟」的體例，推演得來的。預測時以六親類比事物的爻，也稱為「用神」，「用爻」，「用事爻」等等，用來分析事物的吉凶發展趨勢。

《火珠林•序》曰：「繼自四聖人後，易卜以錢代蓍，法後天八宮卦，變以致用，實補前人未備之一端，見《京房易傳》，未詳始自何人。先賢云：『後天八宮卦，變六十四卦，即《火珠林》法』，則是書當為錢卜所宗仰也，特派衍支分，人爭著述，炫奇標異，原旨反晦。今得麻衣道者鈔本，反覆詳究。其論六親，財官輔助，合世應、日月、飛伏、動靜，並尅害、刑合、墓旺、空沖以定斷。與時傳易卜，同中有異，古法可參。如所云『卦定根源，六親為主，爻究傍通，五行而取』，即《京君明海底眼》『不離元宮五向推』之旨也」。

《增注海底眼•六親》曰：「六親占法少人知，不離元宮五向推」。本書提出「六親占法」的概念，我認為「六親占法」是最能代表京氏易預測體系特徵的名稱，比之「納甲占法」和「六爻占法」的說法，更為名實相符，客觀合理一些。

基於京氏易預測體系的特徵，我認為，凡採用京氏易體系預測理論及方法，就應該稱為「京氏易六親占法」，或者稱為「京氏易六親預測法」，或簡稱為「六親占法」、「六親預測法」為宜。《論語•子路》曰：「子曰：『必也正名乎』」，「名不正，則言不順；言不順，則事不成」。經歷了二十多年的混亂，現在是到了應該為「京氏易六親占法」正名的時候了。為什麼要為「京氏易六親占法」正名呢?只有名正，實符，稱謂統一，大家交流才會順暢，有共同語言，理解才不會產生歧義，進行學術的研究才能進入正軌。同時，也可以讓後來的學習者，不被社會上各種廣告性名詞所欺騙和誤導。

從古至今，都有學者提出以「納甲」命名的名稱，他們是根據「京氏易」體系，將每個卦納入天干的特徵而命名的。我們知道，京氏易體系，除了納入天干，還有納入地支，五星，二十八宿，六親等各種內容，而「納甲」并非是具有「京氏易」占法主要特徵的名稱。當然，也有占卜書籍，根據採用金錢搖卦的起卦方式，命名為「金錢占卦法」的。

上世紀九十年代後，社會上「大師輩出」，他們提出很多新奇的名詞，比如什麼「太極預測法」、「無極預測法」。我們看看《漢典》對「太極」和「無極」的解釋：古代哲學家稱最原始的混沌之氣為「太極」。天地混沌未分以前，稱為「太極」。「中國古代哲學中認為形成宇宙萬物的本原。以其無形無象，無聲無色，無始無終，無可指名，故曰無極」。從《漢典》的解釋看，很顯然，這兩種命名與「京氏易」預測方式是不吻合的，這樣的名詞，只是為了吸引讀者眼球，採用新奇的名詞而已。

至於社會上還流傳的「六爻預測法」、「新派六爻法」、「盲派六爻」、「道家六爻」，「道家換宮六爻」等等名稱，不一而足，無非是為了標新立異。以上各種名稱，以簡稱「六爻」者為多，因此，「六爻」這個名詞，就成為民間大眾對「京氏易六親占法」的俗稱了。

「六爻」這個名稱，是以卦有六個爻的特徵命名，是古代經學的代表名稱，在「京氏易」占法中，並不具有代表性。我們應該知道，古人經學所稱的「六爻占」法，是採用卦爻辭和象辭進行預測的方法，如《新鍥纂集諸家全書大成斷易天機》第三、四卷，其中就有「六爻詩斷」的內容，讀者可以參閱。

還有人將「京氏易六親占法」體系的預測方法，分成什麼「傳統派」，「新派」，「象法派」，「理法派」、「盲派」等等，這些名稱，只能是某一個類型的表示，與京氏易採用「象數理占」為一體的預測方式，是不能類比的。

由於社會上紛紛擾擾的各種說法，導致大家對京氏易預測方法產生混亂的看法，致使大家在交流時，產生了學術上的一些混亂。

我認為，早期邵偉華先生用《周易預測學》的名稱，是為了避免當時意識形態影響的原因而採用的名稱，但之後出現的各種名稱，無非是為了標新立異，吸引讀者眼球，或是有欺騙讀者的廣告嫌疑。因此，現在已經到了必須為「京氏易六親占法」正名的时候了。

（四）

根據我在社會上和網絡上的多年學習和實踐觀察，發現目前在「京氏易六親占法」學習上，普遍存在著一些誤區，應該引起大家的注意。

一是由於國家對於術數，持比較低調的態度，出版的古籍由於選擇底版的不足，即使是正規出版的書籍，因編輯自身能力的原因，也存在太多錯誤，或者出現一些缺漏，影響了讀者的正常學習。加上這二十多年來，「大師」輩出，他們印刷了很多並非合法的資料，還有一些人，將一些資料東拼西湊成書，更是誤導了很多讀者。

二是有些人認為，「京氏易六親占法」不如「三式」準確，「三式」才是術數中最好，最準確的。《四庫全書總目•術數二•六壬大全》：「六壬與遁甲、太乙，世謂之三式」。根據我和很多朋友的交流和實踐，我認為，術數無高低之分，只有學得好與不好之別，沒有任何一門術數可以稱為是最準確和最好的。讀者應該根據各自的興趣愛好，選擇適合自己學習種類。

三是有些人認為，只有找「大師」學習，得到所謂秘訣，才能學好用活。我們知道，早期由於歷史的原因，古籍資料獲得不易，大家尋求不到可以學習的資料，因此造成很多不明真相的後學，被一些「大師」矇騙錢財。我認為，學習任何術數，都沒有所謂的秘訣，只有基礎知識紮實，才是最好的秘訣。另外，在網絡上，很多群和聊天室，大多數人都還停留在猜謎語式的猜測中，不能客觀的運用「象數理占」的基本分析方法，去進行分析判斷，既可能誤導求測人，又對自己的學習無益，這樣的現象是不太正常的。我認為在現代社會，每個人都可以利用網絡，獲取各種資料信息，應該多讀一些書，多和不同的人去交流，利用網絡資源去學習，在實踐中去加深對理論和基礎知識的理解，要把每一個求測人都當作老師，從他們反饋的客觀信息，不斷有意識、有條理的訓練自己。只要不斷努力積累各種基礎知識以及社會常識，勤於記錄，多作積累，自然就能學得好、用得活。當然，如果有機會和條件的話，有老師指導學習，是可以少走一些彎路的。對於有自學能力的人來說，只要有精良的書籍版本，自學也是可以成功的。

四是有些人認為，「京氏易六親占法」預測，只有採用乾隆銅錢搖卦，才是最準確的。據可考的古籍記載，我國最早的成卦方式，應該是「蓍草揲蓍」法，即分數蓍草，得數以成卦的方法。除此之外，後世的先賢們，還創造了多種成卦的方法，例如「以錢代蓍」，「風角」，「字畫」，「數字」等各種成卦方法，讀者可參考《梅花易數》及其他相關書籍，去瞭解這些應用方法。對於各種成卦方式，古今均有各種非議，即使是目前被大家認同的「以錢代蓍」法，據《易隱》記載，也曾經被京房之師焦延壽批評過。《易隱•以錢代蓍法》曰：「焦延壽曰：今人以蓍草難得，用金錢代之。法固簡易，非其類矣。求蓍之代者，太極丸其庶幾乎。考諸陰陽老少之數，則合。質諸成爻成卦之變，則符。合二三得五，是五行之數也。計一丸得十五，是河圖中宮十五之數，洛書縱橫十五之數也。刑同六合，道備三才，甚矣。木丸之似蓍草也，則猶從其類也。金錢簡易云乎哉」。

現代的「大師」們，跟隨古代一些崇古的人，發展了這種崇古的思維。他們認為，乾隆銅錢具有良好的導電性，可以傳遞什麼古代信息，殘存信息，未來信息等等，因此只有採用乾隆銅錢成卦才是最好的，還有人認為，應該採用五帝錢成卦，信息量就大，還有人認為，應該採用「五帝」錢成卦，信息量就大，信息才準確。如果採用其他的銅錢成卦，就可能會造成信息不準確。如果採用數字起卦，或者其他方式成卦，則會造成信息量不足，更不準確了。

我認為，以上這些說法，是十分滑稽可笑和荒謬的，沒有任何理論和實踐的依據。試問，如果說銅的導電性好，那麼銀比銅的導電性更好，為什麼不採用銀幣呢？這都是出於他們崇古的思維，或限於他們自己僅會某種方法，或出於其他目的，或出於他們並沒有真正理解《易經》「感而遂通」之理，均屬無稽之談，讀者不可盲目迷信。

《易冒•自序》曰：「古之人，有以風占、鳥占、諺占，言語卜、威儀卜、政事卜，是無卜筮，而知吉凶也。況蓍草、金錢、木丸之占，而必執同異相非乎」？又曰：「愚以為：易者，象也；象也者，像也。其辭則異，其象則符。但告於蓍則以蓍占，告於五行則以五行占，告於焦氏則以焦氏占可也。其成卦成爻一也」。三百五十年前的一个盲人作者，尚且具有如此見識，實可令以上非議之人汗顏。

我認為，時代在不斷變化，我們現在已經進入電腦手機時代，很多網上的排盤系統，都是十分快捷的方法。為人預測和給自己預測，不管採用何種方式成卦，都可以獲取與求測的人和事物相關的客觀信息。各種成卦方式的原理，不在於採用乾隆銅錢所謂「導電性」是否良好，而是在於《易傳》所說的「感而遂通」。其要點在於，求測人求測時的「一念之誠」，即客觀的說明需要預測的事物，不可雜亂。

五是有些人認為，預測的結果，吉凶應該就是唯一的。我們知道，人們預測的目的，就是為了「趨吉避凶」，不是僅僅需要知道一個所謂吉凶的結果，而是希望讓事物能夠向有利於自己的方向，避開不利於自己的方向，得到有效改善和發展。這樣不是很矛盾嗎？既然吉凶的結果是唯一的，如何又能「趨吉避凶」呢？預測又有什麼意義呢？換言之，既然可以「趨吉避凶」，那吉凶結果就不可能是唯一的，是可以因人因事而發生改變的。以上兩種看法，看似悖論。

「京氏易六親占法」，給看似無序的天地和人事，架構了一個對應的坐標。利用這個坐標，我們就可以分析、判斷、選擇出有利於我們的為人處世方式。客觀的說，任何預測方法，任何人預測，都不可能和客觀的事物完全準確對應，總是存在有不對應的情況發生。大多數時候，求測人所需要面對的，是對於未來事物的發展，如何去選擇的取捨問題。因此，預測師要根據卦中顯示的信息，客觀的解讀，幫助求測人找到存在的問題，以及產生問題的原因，指導求測人改善不客觀的認識，尋找正確的方法，以達到「趨吉避凶」的目的。

《增刪卜易‧趨避章》曰：「聖人作易，原令人趨吉避凶。若使吉不可趨，凶不可避，聖人作之何益？世人卜之何用」？

我們也必須知道，並不是所有的人和事物，都是可依主觀的變化而發生改變的。這是需要求測人能按照預測師的指導，自己首先認識，按照可以向好的方向轉化的方式，堅持努力調整，才可以達成事物向有利於自己的方向去發展的。如果求測人不能認識，即使知道問題所在，也不願意去努力調整，那麼事物就會沿著之前的方向運行下去。

我的看法，預測是對事物發展過程，發展趨勢的分析判斷，其預測結果也並非是唯一的，可因人、因事而發生改變。對於有些已經發生，或者處於事物運行過程末端，已經無法改變的事物，其結果可能就是唯一的。例如面臨高考，已經沒有時間改善，那麼，考試成績的結果就是唯一的。再如已經懷孕，測懷孕的是男是女，結果也必然是唯一的。對於有些還未發生，或者正處於運行過程開始的事物，其結果可以因求測人的主觀變化和調整，而發生改變，其最後的結果，就並非是唯一的了。例如測以後的高考成績，則可以根據學生的客觀情況，指導其在生理、心理的調整，學習環境、學習方法的調整方面，做出有利的改善，幫助提高學習的成績。再如測找工作，可以根據客觀的信息，指導求測人在有利的時機、有利的方位去尋找，可以做到事半功倍。

六是有些人認為，應期要絕對的對應。當然，我們應該知道，應期的問題，是一個比較複雜的問題，每個卦中，能顯示應期的方式是多樣性的。我們在實踐中會經常發現，應期會出現早一些和晚一些的情況。究其原因，除了預測師的自身能力以外，還有一個不能忽視的原因，即時間和空間的不確定性。愛因斯坦的廣義相對論認為：「由於有物質的存在，空間和時間會發生彎曲，而引力場實際上是一個彎曲的時空」。因此，在時空發生彎曲的情況下，出現不能完全對應的情況，是客觀存在的，也是我們必須客觀面對的。

七是社會上出現的所謂「象法派」，「理法派」，看似新的流派。「象法派」重於象而輕於理，「理法派」重於理而輕於象，這兩者各有偏頗，偏廢一端，這都是不可取的。我們知道，「象數理占」在京氏易預測分析中，是一個整體，不可偏廢。我們應該綜合應用「象數理占」的方法，整體思維，整體分析為宜。

（五）

我們學習古代的術數方法，一方面要傳承古人的優秀文化，另一方面更要挖掘古人的智慧和方法，要結合當時的時代特徵，擴展更加廣闊的應用領域。

一是要在繼承古代優秀文化的基礎上，善於吸取古人的智慧，充分挖掘古籍的信息。

有些已經發現的應用方法，例如元代著作《大易斷例卜筮元龜•占家內行人知在何處章》曰：「凡占行人在何處，子變印綬父母擬」，注釋曰：「以卦所生為爻。假令《困》卦，五月卦屬火，則丁未為子爻，戊寅為父母也」，這裡隱含的提出了轉換六親的概念。由於作者沒有清晰的注釋說明，六親轉換的內容比較含糊，以致很難被讀者發現和理解。《新鍥斷易天機》轉錄此內容為：「凡占行人在何處，子變應爻父母擬」，將原文的「印綬」兩字，錯錄為「應爻」兩字，導致讀者根本無法理解，以至於後來的著作，就沒有這樣的內容了，致使「轉換六親」的方法幾乎失傳。

我在校對整理這些古籍時，看到了這樣零星的材料，按照其原理進行還原，知道了這種轉換的方法。經過多年的應用實踐，我認為認識和掌握了這種轉換的方法，我們就可以從卦中，獲取與求測人相關的更多信息，甚至發現很多用常規方式，不可能發現的信息、隱蔽的信息。可以幫助我們，尋找影響求測人和事物關係的背後原因，便於更好的為求測人提供分析和化解的有效服務。

幾種轉換六親的方式如下：

1、以世爻為「我」轉換六親。

2、以用神為「我」轉換六親。

3、以月卦身為「我」，進行轉換六親。

4、以卦中的任一爻為「我」轉換六親。

有些還沒有發現，或者古籍中還存在的隱藏線索，或者古人沒有說透的概念，例如納音的應用，也需要讀者，或者後來的學者，去不斷挖掘，不斷研究，不斷完善。

二是要在繼承的基礎上，將古人成熟的應用方法，歸納整理，擴展更寬的應用領域。例如「象數理占」，這是京氏易預測的基本方法，所謂「象」，即事物基本的屬性具象。簡單歸納如下：

一、卦宮象：如乾宮，坤宮象等。

二、內外象：如外卦主外、高、遠象；內卦主內、低矮、近象。

三、爻性象：如陽爻有剛象，陰爻有柔象。陽主過去象，陰主未來象等。

四、爻位象：如初爻元士，二爻大夫等象。初爻主腳，三爻主腹，六爻主頭等象。

五、五行象：如甲乙寅木屬木，丙丁巳午屬火等象。五行表示對應的時間、空間之象。

六、六親象：如父母爻主父母、長輩、文章、老師、論文、文憑、證件、證據、防護裝備，信息物品等象。

七、六神象：如青龍主喜，主仁、酒色等象。

八、進退象：如寅化卯為進，卯化寅為退等象。

九、世應象：世為己，應為人；婚姻關係，合作關係等象。

十、卦名象：如「夬」有抉擇之象，「蠱」有內亂之象。

十一、卦辭象：如乾卦象曰：「天行健，君子以自強不息」等預示之象。
十二、爻辭象：如乾卦初九象曰：「潛龍勿用，陽在下也」等預示之象。
十三、納音象：如甲子乙丑海中金之類象。
十四、時間象：如：寅卯辰表示春季，巳午未表示夏季；子水表示夜半，午火表示中午等等。
十五、方位象（空間之象）：如子水北方之象，午火南方之象等等。
十六、理象：（道理、義理、原理、事理）：如：生尅制化，刑沖合害等五行運行基本原理之象。

再如飛伏方法的應用，《易林補遺》曰：「爻爻有伏有飛，伏無不用」，但作者又認為飛伏的應用，僅僅是「若卦內有用神，不居空陷，不必更取伏神。如六爻不見主象者，卻取伏神推之」。我們知道，伏神表示隱藏的信息。因此世爻下的伏神，是可以表示求測人的潛意識，或者內心思維的。從伏神與飛神的關係，可以得知求測人自身的心理狀態。另外，如世下伏神與應爻沖尅，也可以表示求測人與對方內心抵觸，或者言語衝突。

三是在學習的過程中，不能迷信古人，認為古人所論都是對的。要根據京氏易的基本原理和方法，不斷的創新思路，尋找更多更好的應用方法。

例如預測疾病，《天玄賦》論疾病曰：「決輕重存亡之兆，專察鬼爻。定金木水火之鄉，可分症候」，古人基本上是以官鬼爻去論病。

例如：癸巳年　壬戌月　辛亥日　丙申時，測疾病？

此卦午火被日令亥水，內卦三合子水相尅。卦中寅木雖然得日令生合，但逢旬空不受生。以上信息表示，求測人身體存在氣血兩虛的現象。六爻寅木雖然有日令亥水生合，內卦三合子水生，但爻遇旬空不受生，因此，會出現有頭暈的現象，並且還會有記憶力減退的現象，這是由於肝膽氣虛，運行不暢，導致腦供血不足造成的。應該找醫生去檢查，及時治療和調整。這樣去分析，才能客觀對應求測人的客觀現象。

我們既要繼承古人一些好的理論方法和應用方式，但也不必象古人那樣，執定鬼爻為病，可以根據京氏易的基本原理，和基本方法去分析判斷。

（六）

我出生於二十世紀五十年代，由於父親過早的去世，我勉強讀了個小學，雖然小學畢業時，被保送到縣裡最好的中學，但由於文革和武鬥，學校都停課鬧革命，所以就沒有學上了。一九七零年，學校開始復課鬧革命，因為我們家庭生活困難，我想參加工作，為家裡減輕負擔，我也沒能繼續讀書。一九七零年六月，我還不滿十六歲，就因為得到組織上照顧，開始參加工作了，因此，我的文化基礎知識，是十分貧乏的。

進入八十年代，是中國社會開始發生大變革的時代，是人們知道文化知識貧乏，渴望讀書的時代，也是人們普遍感覺迷茫的時代，我生活於這個時代，也不可避免會產生對不可知的未來的困惑。

八十年代末期，隨著改革開放，《周易》慢慢也被解禁，國內開始了一個學習易學和術數預測的高潮。我也是這個時期，開始接觸到《易經》，從中體會到古人的一些智慧。邵偉華先生的《周易預測學》出版問世，我看到他在辦函授班，也參加了第二屆函授。後來，國家開始了搶救古籍的工作，出版了一批術數類古籍，我先後購買了這些書籍，開始進行自學。一九九三年，我得到《增刪卜易》這本著作，雖然此書編輯十分混亂，但還是引起我對「京氏易六親占法」的極大興趣。一九九五年，劉大鈞先生的《納甲筮法》出版，我從中深入瞭解到「京氏易六親占法」的基礎知識，然後長期實踐，深入研究和理解。一九九七年，我參加過山東大

時間：癸巳年　壬戌月　辛亥日　丙申時（日空：寅卯）

占事：測疾病？

	艮宮：艮為山（六沖）				巽宮：山雷頤（遊魂）		
六神	**本　　卦**				**變　　卦**		
騰蛇	官鬼丙寅木	▅▅▅▅▅	世		官鬼丙寅木	▅▅▅▅▅	
勾陳	妻財丙子水	▅▅　▅▅			妻財丙子水	▅▅　▅▅	
朱雀	兄弟丙戌土	▅▅　▅▅			兄弟丙戌土	▅▅　▅▅	世
青龍	子孫丙申金	▅▅▅▅▅	應	○→	兄弟庚辰土	▅▅　▅▅	
玄武	父母丙午火	▅▅　▅▅			官鬼庚寅木	▅▅　▅▅	
白虎	兄弟丙辰土	▅▅　▅▅		╳→	妻財庚子水	▅▅▅▅▅	應

學周易研究中心舉辦的「首屆大易文化研討班」，這次也發了一本他們自己編寫的《增刪卜易》，對比我以前買的版本，好了很多。從此，我放棄了之前所學的其他術數方法，只對與「京氏易六親占法」相關的著作感興趣了。這個時期的自學，由於環境因素的影響，基本上是偷偷進行的。

九十年代後期，由於有了互聯網，我開始在網上和一些朋友討論和交流，在這個過程中，發現很多想學習的朋友，因為沒有資料，學習起來十分困難。基於這種情況，我開始用手頭的資料，錄入整理成電子文本，供易友們學習。再後來，隨著互聯網的發展，網上資料的增多，我經過對照發現，現代出版的古籍，錯漏太多，同時，因為古籍生僻字太多，加上沒有注釋，很多後學的朋友感覺學起來不易，也為了我自己對這一門學術研究的需要，因此，觸發了我想把「京氏易六親占法」相關的古籍，重新校注整理的想法。

我和易友鼎升，本著「為往聖繼絕學，為後世傳經典」的基本精神，十幾年來，到處搜求，各處尋找，也得到很多易友的幫助，終於收集到一批古籍資料，我從中選取有傳承價值，以及有研究價值的十幾個古籍版本，進行校對注釋整理，經歷十多年的不懈努力，終於完成了這一工作。希望能為有志於傳承這一門學術的朋友，提供最原始的資料，也希望能讓後來的學者少走彎路。

在這套古籍著作的校注整理過程中，得到「鼎升」先生的很多具體指導，以及「冰天烈焰」、「犀角尖尖」，「天地一掌中」等網友提供的原版影印古籍資料，也得到「漢典論壇」等網絡上很多朋友的幫助，在此一併向他們致謝。書中有些注釋資料，來源於網絡，未能一一加以說明，也請原作者諒解。

雖然經歷了十幾年的多次校對，注釋，整理，但書稿中不可避免還會存在一些問題，希望能得到方家的指正，也希望得到讀者的批評，在有機會的情況下，再作進一步的修訂，不至於誤導讀者。

京氏易學愛好者　湖北省潛江市　周光虎
撰於己丑年夏至日　公曆2009年6月21日　星期日
2017年9月28日9時40分星期四　重新修訂
2020年再修訂
網名：虎易
QQ：770900074
微信：wxid_e9cvbx1mugcf22
電子郵箱：tiger1955@163.com
新浪博客：http://blog.sina.com.cn/hbhy
http://blog.sina.com.cn/u/1248458677

《卜筮全書》校注整理說明

京氏易六親占卦法卜筮之術，自西漢京房創立，歷經二千餘年，因戰亂兵火等各種原因，能流傳下來的完整著作不多。

《卜筮全書》是明代中晚期的一個輯錄本，《明史·卷九十八·志第七十四》收錄有「劉均《卜筮全書》八卷」，「姚際隆①《卜筮全書》十四卷」。劉均的八卷本目前已經不存，只有姚際隆修訂的十四卷本存世。從其《黃金策·上》注釋「明誠意伯劉伯溫先生著。向為秘本，今將公諸天下」看，修訂本應該是在原有八卷本的基礎上原本補入了《黃金策》六卷的內容。

該書輯錄了明代以前，以及明代早期的一些重要著作，如《通玄妙論》、《闡奧歌章》、《闡幽精要》、《天玄賦》、《黃金策》等，為後世讀者研究「京氏易六親占卦法」的傳承和演變，提供了寶貴的資料。

我於2003年，為便利有心學習「京氏易六親占卦法」的朋友，曾經據（中州古籍出版社）1994年5月第一版，郭小明校點的《卜筮全書》和（中國書籍出版社）1991年3月第一版，郭志城、李郅②高、劉英傑編著之《中國術數概觀·卜筮卷》，錄入整理過一個初稿。

縱觀以上兩書，斷句標點不太準確，也存在內容脫漏的現象，估計也是後來傳抄過程中產生錯漏。兩個版本，大約都是採用雍正六年（1728年）完成的《古今圖書集成》版為底本校對、標點的，存在一些不足之處，難以令人滿意。

乙酉歲，有幸從網上得到「談易齋重訂」影印電子版本（1630年版）。從題頭和敘來看，是姚際隆百愚先生刪繁補缺，重新整理後的原版。為方便後學，當年即據此版，重新校對成電子版本，發佈在網上，供大家學習參考。那次整理，主要是根據一些朋友認為古文難讀的情況，特別對文中的生僻字進行了注釋。

後來，我又從網上，得到《續修四庫全書》（子部・術數類・第1059冊），收錄的【明・談易齋重訂・金閶翁少麓梓行】《卜筮全書》十四卷，此本與之前「談易齋重訂」影印本為同一版本。以及《欽定古今圖書集成》（第466冊，博物彙編・藝術典，第五百四十四卷，卜筮部匯考四）收錄的《卜筮全書》本。由於一直在錄入整理其他古籍，沒有時間對此書重新校點。

此次重新校對注釋，主要做了以下幾個方面的工作：

一、對文中明顯的錯別字，直接改正，採用校勘記的方式說明。

二、對原版中的生僻字，以現代漢語拼音注音，並簡注字義。

三、《續修四庫全書》翁少麓刻本，採用舊式標點。《欽定古今圖書集成》本，無標點。現在採用現代標點方式，重新標點。

四、有些內容原版缺漏，據已知的更早期的著作，互相校對補入。

五、對書中一些名詞，採用腳注的方式進行注釋。對文中的內容，按我個人的理解，以「虎易按」的方式進行注釋，供讀者參考。

雖經多次校注，估計錯誤和闕漏之處也可能在所難免。讀者如發現校注錯誤，煩請告訴我及時改正。以免誤傳，貽誤後學。

注釋

①姚際隆：《明史•卷九十八•志第七十四》作「趙際隆」，據本書作者姓名，修改為「姚際隆」。

②郅（zhi）：極；最。

初校稿完成於：2005年12月4日

二校稿完成於：2005年12月12日

三校注釋定稿：2017年6月12日

統一重校定稿：2019年7月13日

京氏易學愛好者　湖北省潛江市　虎易

網名：虎易
QQ：77090074
微信：wxid_e9cvbx1mugcf22
電子郵箱：tiger1955@163.com
新浪博客：http://blog.sina.com.cn/hbhy
http://blog.sina.com.cn/u/1248458677

談易齋重訂卜筮全書

是書雖有舊本，然雜亂無序。今本坊敦請百愚姚先生，删繁補缺，迥異①他書，上可以闡先聖之玄機，次可以探諸家之秘旨，讀者幸毋忽焉。

金閶②翁少麓③梓行④

注釋

①迥（jiǒng）異：完全不同。

②金閶（chāng）：地名，今江蘇省蘇州市。

③麓（lù）：生長在山腳的林木。

④梓（zǐ）行：刻版印行。

敘

卜筮①之理，前知②之理也。卜世三十，卜年八百③，周有前知也。嚴君平④日閱數人，百錢自養，閉肆講老子，漢有前知也。吳範⑤催孫權集兵，生擒黃祖，吳有前知也。郭璞⑥授《青囊書》，洞陰陽之微。淳于智令夏侯藻慟哭⑦，百家人屋崩不死，晉有前知也。顏惡頭⑧㊀卜婦云：「登高臨下水洞洞⑨，唯聞人聲不見形」。婦人云：「昨汲井胎中有聲」。果然。郭從周謂何中立㊁云：「三字來時月正圓，一麾從此出秦關⑩」。時中立㊂初及第⑪，八月十五日，果授知制誥，改秦州，晉魏⑫有前知也。李淳風⑬見赤黑二馬入河，人問二馬何先起？有人筮得《離》卦，云：「離為火，火赤色，赤馬先起」。李曰：「火未燃，煙先發，黑馬先起」⑭。果然。邵康節⑮觀友人園中牡丹，占之花當敗於午三刻，俄一馬逸至，踐損其花⑯，唐宋有前知也。元之范疇，湯通玄。國朝⑰之翟祥、沈景暘⑱、周仲高，皆前知也。

我姚君百愚之纂修《卜筮全書》，大要以《京房易⑲》論為主，以《青囊》諸書輔之。精微矣，而極其明顯。玄奧矣，而極其簡易。深心研究之下，直令宇宙生心，造化在手。其為斯世斯人計，詳且密矣。非考古證今，緣此測彼，因往知來者，孰能與於斯。

將見百愚聲譽，與君平、郭璞諸家相接武⑳。百愚製述，繼《怪牒神經》、《金繩玉策》諸書相流播。百愚行藏，偕㉑高人隱士，弘道濟時，潛身利物相不朽。

第書已壽梨，只恐雷雨雲霧中，上帝攝六丁神，追取所泄書，即青丘元老，不能秘護。奈百愚布耄㉒，一朝如隗炤書版㉓，索精易者指點屋下之金，如袁孝叔㉔㊃得異人授畫蛇盤鏡之驗，令人有至誠如神之感。因敘之。

時崇禎庚午夏四月既望㉕

東吳顧宗孟㉖書於蘭玉居中

注釋

①卜筮（bǔshì）：泛指占卜。卜，以龜甲推斷吉凶。筮，以蓍草推斷吉凶。合稱卜筮。

②前知：預知；有預見；事先知道。《禮記・中庸》曰：「至誠之道，可以前知」。

③卜世三十，卜年八百：《左傳・宣公三年》曰：「成王定鼎於郟鄏（jiá rǔ），卜世三十，卜年七百，天所命也」。參閱《左傳・宣公三年》。

④嚴君平：蜀人，君平卜筮於成都市，以為「卜筮者賤業，而可以惠眾人」。裁日閱數人，得百錢足自養，則閉肆下簾而授《老子》。參閱《漢書・卷七十二・王貢兩龔鮑傳・第四十二》。

⑤吳範：吳範字文則，會稽上虞人也。以治歷數，知風氣，聞於郡中。初，權在吳，欲討黃祖，範曰：「今茲少利，不如明年。明年戊子，荊州劉表亦身死國亡」。權遂征祖，卒不能克。明年，軍出，行及尋陽，範見風氣，因詣船賀，催兵急行，至即破祖，祖得夜亡。權恐失之，範曰：「未遠，必生禽祖」。至五更中，果得之」。參閱《三國志·吳書·十八》。

⑥郭璞：郭璞，字景純，河東聞喜人也。有郭公者，客居河東，精於卜筮，璞從之受業。公以《青囊中書》九卷與之。參閱《晉書·列傳第四十二》。

⑦淳于智令夏侯藻慟哭：淳于智，字叔平，濟北盧人也。譙人夏侯藻母病困，詣智卜，忽有一狐當門向之嘷。藻怖愕，馳見智。智曰：「其禍甚急，君速歸，在狐嘷處拊心啼哭，令家人驚怪，大小必出，一人不出，哭勿止，然後其禍可救也」。藻還，如其言，母亦扶病而出。家人既集，堂屋五間拉然而崩。參閱《晉書·列傳第六十五》。

⑧顏惡頭：章武郡人也。妙於《易》筮。遊州市觀卜，有婦人負囊粟來卜，歷七人，皆不中而強索其粟。惡頭尤之。卜者曰：「君若能中，何不為卜？」惡頭因筮之，曰：「登高臨下水洞洞，唯聞人聲不見形」。婦人曰：「妊身已七月矣，向井上汲水，忽聞胎聲，故卜」。惡頭曰：「吉，十月三十日有一男子」。詣卜者乃驚服曰：「是顏生邪？」

相與具羊酒謝焉。參閱《北史·列傳第七十七·藝術上·顏惡頭》。

⑨泂泂（jiǒng）：遙遠的樣子。

⑩《詩話總龜》記載：何龍圖中正初登第，聞西川郭從周精於卜，乃以縑素求筮，從周作一絕贈之云：「三字來時月正圓，一麾從此出秦關。錢塘春色濃如酒，貪醉花間臥不還」。公後官達，以三月十五日授知制誥，以言邊事忤旨，出知秦州，後移杭州而捐館舍。從周之筮，何其驗歟！（載《翰府名淡》）。

⑪及第：科舉應試中選。因榜上題名有甲乙次第，故名。隋唐只用於考中進士，明清殿試之一甲三名稱賜進士及第，亦省稱及第。

⑫晉魏：《續資治通鑒長編·卷一百七十三》記載：「皇佑四年十一月，……戊申」。「先是，兵部員外郎、知制誥何中立為龍圖閣直學士、知秦州。諫官、御史皆言中立非治邊才。己酉，改知慶州」。郭從周的詩，也收錄在《全宋詩》。從以上記錄，知此事是發生在宋仁宗·皇佑四年，即1052年。作者此處作「晉魏」有誤，當作「宋」字。

⑬李淳風：（602—670），岐州雍人（今陝西省寶雞市鳳翔縣）。唐代傑出天文學家、數學家，道家學者，撰《麟德曆》代《戊寅曆》，所撰《典章文物志》、《乙巳占》、《秘閣錄》，並《演齊人要術》等凡十餘部，多傳於代。李淳風和袁天罡所著《推背圖》

以其預言準確而著稱於世。李淳風是世界上第一個給風定級的人。參閱《舊唐書·卷七十九·列傳第二十九·李淳風》。

⑭火未然，煙先發，黑馬先起：昔李淳風見赤黑二馬入河，人問二馬何先起？有人演得《離》卦，云：「離為火，火赤色，赤色先起」。李曰：「火未然，煙先發，黑馬先起」。果然。參閱《梅花易數·易理玄微》。

⑮邵康節：邵雍（1011—1077）字堯夫，謚號康節，自號安樂先生、伊川翁，後人稱百源先生，尊稱邵子。其先范陽（今河北涿縣）人，幼隨父遷共城（今河南輝縣）。少有志，讀書蘇門山百源上。仁宗嘉祐及神宗熙寧中，先後被召授官，皆不赴。創「先天學」，以為萬物皆由「太極」演化而成。著有《觀物篇》、《先天圖》、《伊川擊壤集》、《皇極經世》等著作。參閱《宋史·列傳第一百八十六·道學一·邵雍》。

⑯踐損其花：邵雍與客往司馬公家共觀牡丹，時值花開甚盛。客曰：「花盛如此，亦有數乎？」先生曰：「莫不有數。且因問而可以占矣」。遂占之：……遂與客曰：「怪哉！此花明日午時，當為馬所踐毀」。眾客愕然，不信。次日午時，果有貴官觀牡丹，二馬相齧，群至花間弛驟，花盡為之踐毀。參閱《梅花易數·牡丹占》。

⑰國朝：指明朝。

⑱沈景暘（yáng）：吾鄉沈景暘卜易甚驗。永樂中，驛取至京，太宗命午門上布卦，

乃問英國公征南事。景暘得占曰：「此大勝之兆，明日正午當得捷音」。其時，果有飛騎至，報生擒黎賊，盡得其國，一刻不違。上大悅。賜景暘鈔幣遺歸故里。參閱《寓圃雜記・卷第四・卜士沈景暘》。

⑲《京房易》：漢代京房所創的易學方法，《漢書》稱為「京氏易」。

⑳接武：步履相接。指前後相接；繼承。

㉑偕（xié）：共同，在一起。

㉒耄（mào）：年老。古稱大約七十至九十歲的年紀。

㉓隗炤（wěi zhào）書版：晉汝陰人隗炤，善《易》，臨終以書版授妻，謂五年後有龔姓詔使來，可示此版求金。五年後，使者果至，妻示版求金。使者出蓍占筮，告炤妻曰：你夫自藏金，知吾善《易》，故書版以寄意，金埋在堂屋東頭，地下九尺。妻還掘之，皆如卜焉。參閱《晉書・列傳第六十五・藝術》。

㉔袁孝叔：有老父授袁孝叔書一編云：「君之壽與位盡具於此，事已前定……但受一命，即開一幅」。每之任，視書無差。後秩滿歸閿鄉別墅，晨起欲就巾櫛，忽有物墜鏡中，類蛇而有四足，孝叔驚僕，數日卒。其妻閱留書，猶餘半軸，乃開視之，惟有空紙數幅，畫一蛇盤鏡中。後用以為典實。參閱唐・鍾輅《前定錄・袁孝叔》。

㉕崇禎庚午夏四月既望：即公元 1630 年農曆四月十六。崇禎：是明朝第十六位皇帝朱

由檢的年號。庚午：公元1630年。夏四月：農曆四月。既望：農曆十五日為望，十六日為既望。

㉖顧宗孟：萬曆四十七年己未科（1609年），第三甲進士。

校勘記

㈠「顏惡頭」，原本作「顏惡來」，疑誤，據《北史・列傳第七十七・藝術上・顏惡頭》原文改作。

㈡㈢「中立」，原本作「中正」，疑誤，據《宋史・列傳第六十一》原文改作。

㈣「袁孝叔」，原本作「袁淑」，疑誤，據《前定錄》原文改作。

卜筮全書目錄

卷四

卷五

卷八

卷九 六七三

卜筮全書目錄終

虎易按：原版目錄無編號，為方便讀者查閱，據目錄順序補入編號。正文內容也依此補入編號，不另注釋說明。

校勘記

㈠「殺」，原本作「煞」，義同，為統一用字體例改作。後文遇此字，均依此例改作，不另作校勘說明。

卜筮全書凡例

易之為義，從日從月，陰陽之變，會意成名。易曰：「變動不居，周流六虛」。故卜筮之道貴在融通，勿泥形跡。

吾人戴天履地，氣血精神，莫不稟承天命。聖人作易，以泄造化之妙。故人于日用事物，進退行藏，行天地之正，合天地之宜，一念才萌，神明斯應。今人以非義不軌，而思趨吉避凶，欲求卦之靈驗，未之有也。易不可以占險，其是之謂乎？

凡有所占，當必誠必敬，齋心盥沐，焚香祈禱，則能感格神明，洞垂玄鑒。苟或不然，難望響應。

卜以決疑。既卜之後，若可若否，悉憑卦象。毋率己意，欲其吉而必使之吉，慮其凶而必使之凶，再覆再占，以瀆先聖。不惟怠忽神明，抑且反無張主。易曰：「初筮告，再三瀆，瀆則不告」。

凡自占或與人占，事在六親之中，當以用爻推看。或有事出異常，難以生剋剖斷者，須將世、應、日辰為主，或旺、生、扶、合，或衰、剋、刑、沖，定其吉凶悔吝。玄玄妙妙，惟在人之變通。

卜筮固當鄭重其事，預發虔誠，專心致志。倘事在急迫，又何暇論其時日哉，古有

「子不問卜」之說，亦不足泥。曾于子日占驗諸事，詳見《黃金策》注中。

是書刪削繁蕪，增刊秘本。始著入門之節要，次列玄奧之篇章，末附吉凶之星曜，條貫有倫，燦然不紊。同志之士一覽自知，無煩絮語。

《天玄賦》等書細注，適足以盡探玄索隱之妙。蓋白文只能綱領大要，便於誦記。善讀者自能詳味，而熟玩焉。

注釋

①吾（wú）人：我們。

②戴天履（lǚ）地：頂天立地。猶言生於天地之間。

③稟（bǐng）承天命：聽命於自然的規律、法則。

④萌（méng）：開始；產生。

⑤趨（qū）吉避凶：謀求安吉，避開災難。

⑥齋心盥沐（guàn mù）：莊重恭敬的齋戒沐浴；洗手洗臉。

⑦焚（fén）香祈禱（qí dǎo）：燒香，向神祝告求福。

⑧感格神明：感格神明：謂感應通達天地間一切神靈。

⑨洞垂玄鑒（xuán jiàn）：洞察高明的見解。

⑩苟（gǒu）或不然：假如不是這樣。
⑪瀆（dú）：輕慢，不敬。
⑫惟（wéi）：只；只是。
⑬怠（dài）忽神明：怠惰玩忽。指輕慢或不尊敬神明。
⑭剖（pōu）斷：剖明決斷。
⑮衰（shuāi）：力量減退，衰落，沒落。與「盛」相對。
⑯吉凶悔吝（lìn）：吉凶者，失得之象也。悔吝者，憂虞之象也。——《易・繫辭上》。
⑰虔（qián）誠：恭敬而有誠意。
⑱倘（tǎng）：假使，如果。
⑲何暇（xiá）：哪裡有閒暇。
⑳刪削繁蕪（shān xuē fán wú）：刪去繁多；蕪雜，不必要的文字。
㉑星曜（yào）：日、月、星均稱「曜」，日、月、火、水、木、金、土七個星合稱「七曜」。
㉒條貫：一個事情的內部結構，條理。
㉓燦然不紊（wěn）：形容文辭華麗可觀，明白，清晰，不紛雜紊亂。

八卦方位之圖

卜筮全書　凡例

八卦方位之圖

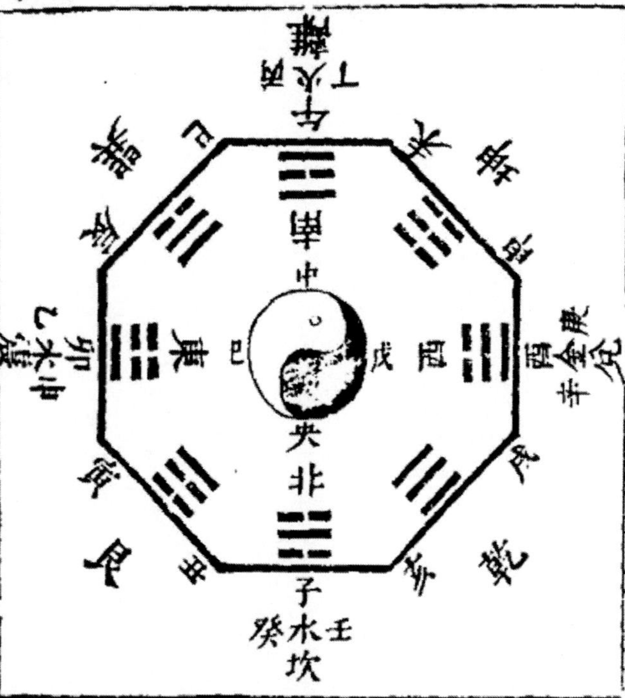

二

昔刻載有河圖洛書者室等圖此乃古聖人參贊玄機非後學所易曉且以京房管略以錢代蓍之法行之有似乎贅今竝刪去惟存一圖如右俾學者知八宮之方隅定位五行所屬開卷了然斯亦造詣之捷徑云

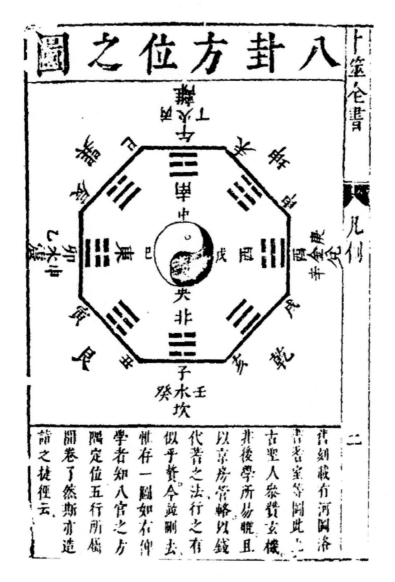

舊刻載有河圖、洛書、蓍室等圖，此上古聖人參贊玄機，非後學所易曉。且以京房①、管輅②以錢代蓍③之法行之，有似乎贅④，今故刪去，惟存一圖如上。俾⑤學者知八宮之方隅定位，五行所屬，開卷了然，斯亦造詣⑥之捷徑云。

注釋

①京房：（公元前77—前37年），字君明，本姓李，好音律，推律自定為京氏。東郡頓丘（今河南清豐西南）人。治《易》，事梁人焦延壽，延壽字贛。贛常曰：「得我道以亡身者，京生也」。房以明災異得幸，為石顯所譖誅，年僅四十一歲。房授東海殷嘉、河東姚平、河南乘弘，皆為郎、博士。由是《易》有京氏之學。京氏撰寫了大量易學著作，《漢書·藝文志》載有：《孟氏京房》十一篇，《災異孟氏京房》六十六篇，《京氏段嘉》十二篇。《五行志》又引京房《易傳》、《易占》二書。以上京氏著作大多佚失，今只存《京氏易傳》三卷。故項安世謂，以京房考之，世所傳《火珠林》即其遺法。納甲六親占法，即始於京房，他開創了納甲六親占法的預測模式。參閱《漢書·京房傳》。《漢書·儒林傳》。

②管輅（lù）：（209—256），三國時魏術士。字公明，平原（今山東平原）人。年八九歲，便喜仰觀星辰。成人後，精通《周易》，善於卜筮、相術，習鳥語，相傳每言輒中，

出神入化。正元初，應清河太守華表召為文學掾，官至少府丞。相傳其自知壽不過四十七八，年四十八果卒。管輅是歷史上著名的術士，被後世奉為卜卦觀相的祖師。一生著述甚豐，有《周易通靈訣》2卷、《周易通靈要訣》1卷、《破躁經》1卷、《占箕》1卷。參閱《三國志·魏書第二十九·方技傳》。

③以錢代蓍（shī）：以金錢搖卦的方法，代替蓍草揲蓍成卦的方法。

④贅（zhuì）：多餘的，無用的。

⑤俾（bǐ）：使。

⑥造詣（yì）：學業、專門技術等達到的水平、程度。

卜筮全書卷之一

吳門逸叟　姚際隆　刪補
長邑諸生　王友　校正

啟蒙節要

一、六十甲子歌

甲子乙丑海中金，丙寅丁卯爐中火，戊辰己巳大林木，庚午辛未路傍土，壬申癸酉劍鋒金。
甲戌乙亥山頭火，丙子丁丑澗①下水，戊寅己卯城頭土，庚辰辛巳白鑞②金㊀，壬午癸未楊柳木。
甲申乙酉井泉水，丙戌丁亥屋上土，戊子己丑霹靂火，庚寅辛卯松柏木，壬辰癸巳長流水。
甲午乙未砂中金，丙申丁酉山下火，戊戌己亥平地木，庚子辛丑壁上土，壬寅癸卯金箔③金。

甲辰乙巳覆燈火，丙午丁未天河水，戊申己酉大驛④土，庚戌辛亥釵釧⑤金，壬子癸丑桑柘⑥木。

甲寅乙卯大溪水，丙辰丁巳沙中土，戊午己未天上火，庚申辛酉石榴木，壬戌癸亥大海水。

虎易按：此篇宜更名為《六十甲子納音歌》，似更為準確。本歌訣中「戊寅己卯城頭土」，也有書籍作「城牆土」。「甲申乙酉井泉水」，也有書籍作「泉中水」。「壬寅癸卯金箔金」，也有書籍作「錫箔金」。「甲辰乙巳覆燈火」，也有書籍作「佛燈火」。「甲午乙未

六十甲子納音表

干支	甲子乙丑	丙寅丁卯	戊辰己巳	庚午辛未	壬申癸酉
納音	海中金	爐中火	大林木	路旁土	劍鋒金
干支	甲戌乙亥	丙子丁丑	戊寅己卯	庚辰辛巳	壬午癸未
納音	山頭火	澗下水	城頭土	白鑞金	楊柳木
干支	甲申乙酉	丙戌丁亥	戊子己丑	庚寅辛卯	壬辰癸巳
納音	井泉水	屋上土	霹靂火	松柏木	長流水
干支	甲午乙未	丙申丁酉	戊戌己亥	庚子辛丑	壬寅癸卯
納音	沙中金	山下火	平地木	壁上土	金箔金
干支	甲辰乙巳	丙午丁未	戊申己酉	庚戌辛亥	壬子癸丑
納音	覆燈火	天河水	大驛土	釵釧金	桑柘木
干支	甲寅乙卯	丙辰丁巳	戊午己未	庚申辛酉	壬戌癸亥
納音	大溪水	沙中土	天上火	石榴木	大海水

砂中金」，也有書籍作「沙中金」。其意思相近，不另作考據。在京氏易六親占法預測中，一般很少運用納音。所以，關於納音的起源及論述，這裡就不多作介紹了。讀者可參看《五行大義》以及其他相關著作，熟悉理解此內容。

注釋

①澗（jiàn）：夾在兩山間的水溝。
②白鑞（là）：1. 錫的別名。2. 錫與鉛的合金。即焊錫。
③金箔（bó）：黃金捶成的薄片。
④大驛（yì）：驛道；大道。
⑤釵釧（chāi chuàn）：釵簪與臂鐲。泛指婦人的飾物。
⑥桑柘（zhè）木：桑木與柘木。桑樹和柘樹，木材質堅而緻密，是貴重的木料。

校勘記

㈠「白鑞金」，原本作「白蠟金」，疑誤，據其文意改作。

二、五行相生相剋

相生：金生水，水生木，木生火，火生土，土生金。

相剋：金剋木，木剋土，土剋水，水剋火，火剋金。

附：五行相生圖和五行相剋圖

三、六親相生相剋

生我者為父母，我生者為子孫，剋我者為官鬼，我剋者為妻財，比合者為兄弟。

虎易按：《卜筮元龜・五行配六親法》曰：「以卦宮所屬五行為我，渾天甲子所屬五行為他」。即成卦後，以本卦的卦宮五行屬性為「我」，然後按「生我」、「我生」、「剋我」、「我剋」、「比和」的配六親體例，給本卦各爻配置六親。例如成卦為《火天大有》卦：

虎易附例：001

乾宮：火天大有（歸魂）

本　　卦

官鬼己巳火	▅▅▅▅▅	應
父母己未土	▅▅　▅▅	
兄弟己酉金	▅▅▅▅▅	
父母甲辰土	▅▅▅▅▅	世
妻財甲寅木	▅▅▅▅▅	
子孫甲子水	▅▅▅▅▅	

《乾》宮卦，《乾》宮五行屬金，即以第四爻屬金的五行為「我」，以第三和第五爻屬土的五行為「生我」的父母，以初爻屬水的五行為「我生」的子孫，以上爻（六爻）屬火的五行為「剋我」的官鬼，以二爻屬木的五行為「我剋」的妻財，以四爻屬金的五行為與《乾》宮五行「比和」的兄弟。讀者應該熟悉理解此內容，便於熟練準確的為各卦配置六親。

六親相生相剋表

六親	父母	兄弟	子孫	妻財	官鬼
相生	兄弟	子孫	妻財	官鬼	父母
相剋	子孫	妻財	官鬼	父母	兄弟

四、八卦象例

乾三連，坤六斷，震仰盂，艮覆碗，離中虛，坎中滿，兌上缺，巽下斷。

虎易按：此歌訣來自朱熹《周易本義・八卦取象歌》，是按八卦的卦形，形象描述的。附圖如下，供讀者參考。

乾三連，指乾卦的三個爻都是陽爻，卦畫是連在一起的三根長線。

坤六斷，指坤卦的三個爻都是陰爻，卦畫是中間斷開的六根短線。

震仰盂，指震卦的卦形，象一個仰面向上，盛東西的盂。

《周易本義・八卦取象歌》圖

卦名	乾	坤	震	艮	離	坎	兌	巽
卦象	☰	☷	☳	☶	☲	☵	☱	☴
歌訣	乾三連	坤六斷	震仰盂	艮覆碗	離中虛	坎中滿	兌上缺	巽下斷

艮覆碗，指艮卦的卦形，象一個底在上覆扣的碗。

離中虛，指離卦的中爻卦畫，是中間斷開的虛線。

坎中滿，指坎卦的中爻卦畫，是連接飽滿的實線。

兌上缺，指兌卦的上爻卦畫，是中間斷開的虛線。

巽下斷，指巽卦的下爻卦畫，是中間斷開的虛線。

讀者可參閱朱熹《周易本義・八卦取象歌》，熟悉理解八卦的名稱、卦形，便於今後可以熟練的應用。

附：八卦讀音及象意

《乾》（qián）：八卦之一。乾為天、為圜、為君、為父、為玉、為金、為寒、為冰、為大赤、為良馬、為老馬、為瘠馬、為駁馬、為木果。

《坤》（kūn）：八卦之一。坤為地、為母、為布、為釜、為吝嗇、為均、為子母牛、為大輿、為文、為眾、為柄、其於地也為黑。

《震》（zhèn）：八卦之一。震為雷、為龍、為玄黃、為敷、為大塗、為長子、為決躁、為蒼莨竹、為萑葦。其於馬也，為善鳴、為馵足，為的顙。其於稼也，為反生。其究為健，為蕃鮮。

《巽》（xùn）：八卦之一。巽為木、為風、為長女、為繩直、為工、為白、為長、為高、為進退、為不果、為臭。其於人也，為寡發、為廣顙、為多白眼、為近利市三倍。其究為躁卦。

《坎》（kǎn）：八卦之一。坎為水、為溝瀆、為隱伏、為矯輮、為弓輪。其於人也，為加憂、為心病、為耳痛、為血卦、為赤。其於馬也，為美脊、為亟心、為下首、為薄蹄、為曳。其於輿也，為多眚，為通、為月、為盜。其於木也，為堅多心。

《離》（lí）：八卦之一。離為火、為日、為電、為中女、為甲冑、為戈兵。其於人也，為大腹。為《乾》卦、為鱉、為蟹、為蠃、為蚌、為龜。其於木也，為科上槁。

《艮》（gèn）：八卦之一。艮為山、為徑路、為小石、為門闕、為果蓏、為閽寺、為指、為狗、為鼠、為黔喙之屬。其於木也，為堅多節。

《兌》（duì）：八卦之一。兌為澤、為少女、為巫、為口舌、為毀折、為附決。其於地也，為剛鹵。為妾、為羊。

虎易按：以上內容，錄自《易·說卦傳》，讀者可參閱《易·說卦傳》原著，瞭解熟悉八卦的各種象意，便於今後熟練應用。

注釋

①盂（yú）：盛飲食或其他液體的圓口器皿。

②覆（fù）：翻轉，傾覆。

③圜（yuán）：圜，天體也。——《說文》。按，渾圓為圜，平圓為圓。

④瘠（jí）馬：瘦弱的馬。

⑤駁（bó）馬：毛色斑駁之馬。

⑥釜（fǔ）：古炊器。斂口圜底，或有二耳。其用於鬲，置於灶，上置甑以蒸煮。盛行於漢代。有鐵制的，也有銅或陶制的。

⑦大輿（yú）：大車。

⑧玄黃：指天地的顏色。玄為天色，黃為地色。

⑨長（zhǎng）子：排行最大的兒子。

⑩決躁：迅疾。

⑪蒼筤（làng）竹：竹的一種。

⑫萑葦（huán wěi）：竹的一種。

⑬馵（zhù）足：後左腳白色的馬。

⑭的顙（sǎng）：白額。孔穎達疏：「白額為的顙」。

⑮蕃（fān）鮮：茂盛而鮮明。
⑯長女：排行最大的女兒。
⑰繩直：猶準繩。謂其筆直。
⑱不果：指不果決。沒有成為事實，終於沒有實行。
⑲廣顙（sǎng）：寬廣的額頭。
⑳溝瀆（dú）：田間的水道。
㉑矯輮（jiǎo róu）：矯正；整飭。矯，使曲的變直；揉，使直的變曲。
㉒亟（jí）：亟，急也。——《廣雅》。
㉓曳（yè）：拖，牽引。
㉔多眚（shěng）：多災險。
㉕甲冑（zhòu）：鎧甲和頭盔。
㉖戈兵：兵器。亦代指戰爭。
㉗蠃（luǒ）：蜾蠃也。一種寄生蜂。
㉘徑（jìng）路：小路。
㉙門闕（quē）：古代宮殿、官府、祠廟、陵墓前由雙闕組成的出入口。
㉚果蓏（luǒ）：瓜果的總稱。

㉛閽（hūn）寺：閽人和寺人。古代宮中掌管門禁的官。

㉜黔喙（qián huì）：黑嘴。借指牲畜野獸之類。

㉝附決：謂隨之而脫落。

㉞剛鹵（lǔ）：謂土地堅硬而含鹽鹵。

五、八宮所屬

《乾》、《兌》屬金，《震》、《巽》屬木，《坎》屬水，《離》屬火，《坤》、《艮》屬土。

六、以錢代蓍法①

以錢三文，熏于爐上，致敬而祝，祝曰：「天何言哉，叩②之即應，神之靈矣，感而遂通。今有某人，有事關心，罔知休咎③，罔釋厥疑④，惟神惟靈，望垂昭報⑤，若可若否，尚明告之」。祝畢擲⑥錢：

一背為單，畫「⚊」；

虎易按：單屬陽爻，也稱為少陽，卦畫為「⚊」。

二背為拆，畫「⚋」；

虎易按：拆屬陰爻，也稱為少陰，卦畫為「⚋」。

三背為重，畫「○」；

虎易按：重屬陽爻，也稱為老陽，卦畫為「⚊○」。

純字為交，畫「╳」；

虎易按：交屬陰爻，也稱為老陰，卦畫為「⚋╳」。

自下而上，三擲內卦成。

再祝曰：「某宮三象，吉凶未判，再求外象三爻，以成一卦，以決憂疑」。祝畢復如前法再擲，合成一卦而斷吉凶。至敬至誠無不感應。

訣曰：

兩背由來拆，雙眉本是單，渾眉交定位，總背是重安；

單單單曰乾，拆拆拆曰坤，單拆單曰離，拆單拆曰坎。

餘卦倣此。

單變為重，拆變為交。

虎易按：「單變為重，拆變為交」，疑其有誤，當作「重變為拆，交變為單」，供讀者參考。

此節講解用銅錢搖卦，代替用蓍草成卦的方法。搖卦時，用三個銅錢，平放在手心，雙手合扣握著。然後集中意念，專想所要預測的一種事。一事一測，不宜有其他雜念，也不得想要預測幾個事情。最好是用口說出，因為說話的時候，是不可能想其他事情的，效果會更好。時間大約為半分鐘左右，以心情平靜，意念集中，無其他雜念摻入為準，就可以開始搖卦了。

一個卦有六個爻，因此要搖六次，並記錄下每次所搖的爻象。因為搖出六個爻，才能成一個卦，所以也稱為六爻卦。裝卦時「自下裝上」，依次按初、二、三、四、五、上的次序排列裝卦。

如果搖出的是一個背面，兩個正面，就記錄為單，畫「⚊」爻，也稱為少陽爻。

如果搖出的是兩個背面，一個正面，就記錄為拆，畫「⚋」爻，也稱為少陰爻。

如果搖出的是三個背面，就記錄為重，畫「○」爻，屬陽爻，謂陽動，也稱為老陽爻。

如果搖出的是三個正面，就記錄為交，畫「╳」爻，屬陰爻，謂陰動，也稱為老陰爻。

其中，少陽爻和少陰爻為靜爻，是不能變的。如果搖出的六次，都是少陽爻和少陰爻，則稱為靜卦。老陽爻和老陰爻稱為動爻，也稱為發動，有動爻就會發生變化。

如果搖出的六次中，有老陽爻和老陰爻，按照老陽爻變少陰爻，老陰爻變少陽爻的規定，就有了變卦。下面試搖一卦為例：

第一次搖出一個背面，兩個正面，畫「⚊」爻；

第二次搖出三個正面，畫「⚋×」爻；

第三次搖出兩個背面，一個正面，畫「⚋」爻；

第四次搖出三個背面，畫「⚊○」爻；

第五次搖出兩個背面，一個正面，畫「⚋」爻；

第六次搖出一個背面，兩個正面，畫「⚊」爻；

按照初、二、三、四、五、上的次序排列裝卦，形成的卦稱為主卦，也稱為本卦。因為卦中有二、四兩個爻是動爻，按照老陽爻變少陰爻、老陰爻變少陽爻的規定，就有了變卦。裝卦如下：

爻位	本　卦	世應	動爻	變　卦	說明
上爻	⚊			⚊	靜爻不變
五爻	⚋	世		⚋	靜爻不變
四爻	⚊		○→	⚋	老陽爻動，變成少陰爻。
三爻	⚋			⚋	靜爻不變
二爻	⚋	應	×→	⚊	老陰爻動，變成少陽爻。
初爻	⚊			⚊	靜爻不變

所得本卦為《火雷噬嗑》，變卦為《山澤損》。

六爻卦的初爻、二爻、三爻、四爻、五爻、上爻，是表示爻象所處的位置，也稱為爻位。其他搖卦和裝卦的方法倣此。

八宮單卦是由三爻卦畫組成的，也稱為「單卦」或「經卦」，由兩個單卦上下重疊組成的六爻卦，也稱為「重卦⑦」，或者稱為「別卦」。在下面的單卦稱為「下卦」，也稱為「內卦」，在上面的單卦稱為「上卦」，也稱為「外卦」。

注釋

①以錢代蓍（shī）法：以搖銅錢成卦的方法，代替蓍草揲蓍成卦的方法。揲（shé）蓍：亦稱「揲蓍草」，「數蓍草」。古人以數點蓍草數，用來成卦的一種方法，稱為揲蓍。

②叩（kòu）：詢問。

③罔（wǎng）知休咎（jiù）：不知道吉凶，善惡。

④厥（jué）疑：解除疑惑。

⑤昭（zhāo）報：明白的顯示。

八宮單卦卦象圖

並附每爻形成所搖銅錢的正、背面個數。

乾卦	銅錢正背面個數	坤卦	銅錢正背面個數
⚊	一個背面，兩個正面。	⚋	兩個背面，一個正面。
⚊	一個背面，兩個正面。	⚋	兩個背面，一個正面。
⚊	一個背面，兩個正面。	⚋	兩個背面，一個正面。
初、二、三爻都是陽爻。		初、二、三爻都是陰爻。	
震卦	銅錢正背面個數	艮卦	銅錢正背面個數
⚋	兩個背面，一個正面。	⚊	一個背面，兩個正面。
⚋	兩個背面，一個正面。	⚋	兩個背面，一個正面。
⚊	一個背面，兩個正面。	⚋	兩個背面，一個正面。
初爻為陽爻，二、三爻為陰爻。		初、二爻為陰爻，三爻為陽爻。	
離卦	銅錢正背面個數	坎卦	銅錢正背面個數
⚊	一個背面，兩個正面。	⚋	兩個背面，一個正面。
⚋	兩個背面，一個正面。	⚊	一個背面，兩個正面。
⚊	一個背面，兩個正面。	⚋	兩個背面，一個正面。
初為陽爻，二為陰爻，三為陽爻。		初為陰爻，二為陽爻，三為陰爻。	
兌卦	銅錢正背面個數	巽卦	銅錢正背面個數
⚋	兩個背面，一個正面。	⚊	一個背面，兩個正面。
⚊	一個背面，兩個正面。	⚊	一個背面，兩個正面。
⚊	一個背面，兩個正面。	⚋	兩個背面，一個正面。
初、二爻為陽爻，三爻為陰爻。		初爻為陰爻，二、三爻為陽爻。	

⑥擲（zhì）：扔，拋。

⑦重卦：謂重迭八卦以成六十四卦，每卦由兩個單卦組成，凡六爻。

七、六十四卦名

乾宮八卦　俱屬金

乾為天、天風姤、天山遯、天地否、風地觀、山地剝、火地晉、火天大有。

坎宮八卦　俱屬水

坎為水、水澤節、水雷屯、水火既濟、澤火革、雷火豐、地火明夷、地水師。

艮宮八卦　俱屬土

艮為山、山火賁、山天大畜、山澤損、火澤睽、天澤履、風澤中孚①，風山漸。

震宮八卦　俱屬木

震為雷、雷地豫、雷水解、雷風恒、地風升、水風井、澤風大過，澤雷隨。

巽宮八卦　俱屬木

巽為風、風天小畜、風火家人、風雷益、天雷无妄，火雷噬嗑，山雷頤，山風蠱。

離宮八卦　俱屬火

離為火，火山旅，火風鼎，火水未濟，山水蒙，風水渙，天水訟、天火同人。

坤官八卦　俱屬土

坤為地，地雷復，地澤臨，地天泰，雷天大壯、澤天夬，水天需，水地比。

兌宮八卦　俱屬金

兌為澤，澤水困，澤地萃，澤山咸，水山蹇，地山謙，雷山小過，雷澤歸妹。

虎易按：以上所列八宮六十四卦，對八宮的卦宮屬性，卦名，讀者宜背誦熟悉，便於今後熟練應用。

注釋

①孚（fú）：孚，信也。——《爾雅》

八、八卦次序

乾一、兌二、離三、震四、巽五、坎六、艮七、坤八。

九、五行次序

水一、火二、木三、金四、土五。

十、六十四卦次第歌

乾坤屯蒙需訟師，比小畜兮履泰否，同人大有謙豫隨，蠱臨觀兮噬嗑賁。剝復无妄大畜頤，大過坎離三十備。

咸恒遯兮及大壯，晉與明夷家人睽，蹇解損益夬姤萃，升困井革鼎震繼。艮漸歸妹豐旅巽，兌渙節兮中孚至，小過既濟兼未濟，是為下經三十四。

虎易按：《易・序卦傳》將六十四卦，分為上經三十卦和下經三十四卦。朱熹《周易本義》依其順序，編成上述《上下經卦名次序歌》。為方便讀者學習，附朱熹

《周易本義・上下經卦名次序歌》表，及六十四卦的卦名和卦形，以便幫助讀者對照理解和記憶。並附「六十四卦標準讀音」表於後，供讀者參考。

附：六十四卦標準讀音

《乾》（qián）《坤》（kūn）《屯》（zhūn）《蒙》（méng）《需》（xū）《訟》（sòng）《師》（shī），《比》（bì）《小畜》（xiǎo xù）兮《履》（lǚ）《泰》（tài）《否》（pǐ）；《同人》（tóng rén）《大有》（dà yǒu）《謙》（qiān）《豫》（yù）《隨》（suí），《蠱》（gǔ）《臨》（lín）《觀》（guān）兮《噬嗑》（shì hé）《賁》（bì）；《剝》（bō）《復》（fù）《无妄》（wú wàng）《大畜》（dà xù）《頤》（yí），《大過》（dà guò）《坎》（kǎn）《離》（lí）三十備。

《咸》（xián）《恒》（héng）《遯》（dùn）兮及《大壯》（dà zhuàng），《晉》（jìn）與《明夷》（míng yí）《家人》（jiā rén）《睽》（kuí）；《蹇》（jiǎn）《解》（xiè）《損》（sǔn）《益》（yì）《夬》（guài）《姤》（gòu）《萃》（cuì），《升》（shēng）《困》（kùn）《井》（jǐng）《革》（gé）《鼎》（dǐng）《震》（zhèn）繼；《艮》（gèn）《漸》（jiàn）《歸妹》（guī mèi）《豐》（fēng）《旅》（lǚ）《巽》（xùn），《兌》（duì）《渙》（huàn）《節》（jié）兮《中孚》（zhōng fú）至；《小過》（xiǎo guò）《既濟》（jì jì）兼《未濟》（wèi jì），是為下經三十四。

《周易本義·上下經卦名次序歌》表

上經三十卦

乾坤屯蒙需訟師，比小畜兮履泰否；同人大有謙豫隨，
蠱臨觀兮噬嗑賁；剝復無妄大畜頤，大過坎離三十備。

䷀	䷁	䷂	䷃	䷄	䷅	䷆	䷇
乾為天	坤為地	水雷屯	山水蒙	水天需	天水訟	地水師	水地比
䷈	䷉	䷊	䷋	䷌	䷍	䷎	䷏
風天小畜	天澤履	地天泰	天地否	天火同人	火天大有	地山謙	雷地豫
䷐	䷑	䷒	䷓	䷔	䷕	䷖	䷗
澤雷隨	山風蠱	地澤臨	風地觀	火雷噬嗑	山火賁	山地剝	地雷復
䷘	䷙	䷚	䷛	䷜	䷝		
天雷無妄	山天大畜	山雷頤	澤風大過	坎為水	離為火		

下經三十四卦

咸恒遯兮及大壯，晉與明夷家人睽；蹇解損益夬姤萃，升困井革鼎震繼；
艮漸歸妹豐旅巽，兌渙節兮中孚至；小過既濟兼未濟，是為下經三十四。

䷞	䷟	䷠	䷡	䷢	䷣	䷤	䷥
澤山咸	雷風恒	天山遯	雷天大壯	火地晉	地火明夷	風火家人	火澤睽
䷦	䷧	䷨	䷩	䷪	䷫	䷬	䷭
水山蹇	雷水解	山澤損	風雷益	澤天夬	天風姤	澤地萃	地風升
䷮	䷯	䷰	䷱	䷲	䷳	䷴	䷵
澤水困	水風井	澤火革	火風鼎	震為雷	艮為山	風山漸	雷澤歸妹
䷶	䷷	䷸	䷹	䷺	䷻	䷼	䷽
雷火豐	火山旅	巽為風	兌為澤	風水渙	水澤節	風澤中孚	雷山小過
䷾	䷿						
水火既濟	火水未濟						

十一、繫辭八卦象類歌

乾為君兮首與馬，卦屬老陽體至剛，坎雖為耳又為豕，艮為手狗男之詳。
震卦但為龍與足，三卦皆名曰少陽，陽剛終極資陰濟，造化因知不易量。
坤為臣兮腹與牛，卦屬老陰體至柔，離雖為目又為雉，兌為口羊女之流。
巽卦但為雞與股，少陰三卦皆相侔，陰柔終極資陽濟，萬象搜羅靡不周。

虎易按：本歌訣是描述八卦所主象意，讀者可參閱《易・說卦傳》及前面所附：「八卦讀音及象意」，理解此節內容。

十二、十天干

甲乙東方木，
丙丁南方火，
戊己中央土，
庚辛西方金，
壬癸北方水。

十二地支對應五行、十二生肖表

地支	五行	生肖
子	水	鼠
丑	土	牛
寅	木	虎
卯	木	兔
辰	土	龍
巳	火	蛇
午	火	馬
未	土	羊
申	金	猴
酉	金	雞
戌	土	狗
亥	水	豬

十天干、方位、五行對照表

天干	甲乙	丙丁	戊己	庚辛	壬癸
方位	東方	南方	中央	西方	北方
五行	木	火	土	金	水

十三、十二地支

子水鼠，丑土牛，寅木虎，卯木兔，辰土龍，巳火蛇，午火馬，未土羊，申金猴，酉金雞，戌土狗，亥水豬。

十四、納甲歌

其法詳見後逐卦爻象①式

乾金甲子外壬午，子寅辰午申戌。
坎水戊寅外戊申。寅辰午申戌子。
艮土丙辰外丙戌，辰午申戌子寅。
震木庚子外庚午。子寅辰午申戌。
巽木辛丑外辛未，丑亥酉未巳卯。
離火己卯外己酉。卯丑亥酉未巳。
坤土乙未外癸丑，未巳卯丑亥酉。
兌金丁巳外丁亥。巳卯丑亥酉未。

右訣每句下小注，凡學者皆宜熟讀。然自下升上，一如點畫卦爻法。

虎易按：此歌訣是對八宮卦納入天干和地支以及爻位的規定。列表如下，供讀者參考，讀者宜準確記憶，便於在今後實踐中去應用。

以《地天泰》卦為例，內卦為《乾》，外卦為《坤》，裝卦如下。

內卦為乾卦，按照「乾金甲子外壬午」的規定，乾內卦裝天干甲；按「子寅辰午申戌」的順序，從初爻起裝甲子，二爻裝甲寅，三爻裝甲辰。外卦為坤卦，按照「坤土乙未外癸丑」的規定，坤外卦裝天干癸；按「未巳卯丑亥酉」的順序，從四爻裝癸丑，五爻裝癸亥，六爻裝癸酉。

其他卦的納干支裝卦方法，均倣此。

注釋

①爻（yáo）象：《周易》中六爻相交成卦所表示的事物形象。《易・繫辭下》曰：「爻象動乎內，

八卦纳干支装卦表

干支 爻位 八卦		乾卦		坎卦		艮卦		震卦		巽卦		離卦		坤卦		兑卦	
		纳干	纳支	纳干	纳支	纳干	纳支	纳干	纳支	纳干	纳支	纳干	纳支	纳干	纳支	纳干	纳支
外卦	上爻	壬	戌	戊	子	丙	寅	庚	戌	辛	卯	己	巳	癸	酉	丁	未
	五爻	壬	申	戊	戌	丙	子	庚	申	辛	巳	己	未	癸	亥	丁	酉
	四爻	壬	午	戊	申	丙	戌	庚	午	辛	未	己	酉	癸	丑	丁	亥
内卦	三爻	甲	辰	戊	午	丙	申	庚	辰	辛	酉	己	亥	乙	卯	丁	丑
	二爻	甲	寅	戊	辰	丙	午	庚	寅	辛	亥	己	丑	乙	巳	丁	卯
	初爻	甲	子	戊	寅	丙	辰	庚	子	辛	丑	己	卯	乙	未	丁	巳

吉凶見乎外」。孔穎達疏：「言爻者，效此物之變動也；象也者……言象此物之形狀也」。

十五、安放世應歌

八卦之首世六當，謂八純卦，世都在第六爻。

以下初爻輪上揚，若各宮之第二卦，世在初爻。第三卦世在二爻，餘可類推。

遊魂八位四爻立，每宮第七卦，謂之遊魂，世在四爻。

歸魂八位三爻詳。各宮第八卦，為歸魂，世在三爻。

世初應四，世二應五，世三應六，世四應初，世五應二，世六應三。

假如《乾》卦，世在六，應在三。《姤》卦便世在初，應在四。《遯》卦世在二，應在五，《否》、《觀》、《剝》皆從其序，各進一位。至《晉》卦，不得上至第六爻，仍縮下安在第四爻，應在初爻，是為遊魂卦。至《大有》卦，又退下一爻，世在第三爻，應為第六爻，為歸魂卦。各宮各卦，皆依此例推之。

虎易按：此歌訣是八宮各卦裝世爻和應爻的爻位規定。

八宮的首卦，世爻裝在第六爻，即上爻，應爻裝在三爻。

虎易附例：002

《泰》卦納干支裝卦表

內外卦	卦形	干支
外卦坤	▅▅　▅▅	癸酉
	▅▅　▅▅	癸亥
	▅▅　▅▅	癸丑
內卦乾	▅▅▅▅▅	甲辰
	▅▅▅▅▅	甲寅
	▅▅▅▅▅	甲子

第二卦世爻裝在初爻，應爻裝在四爻。

第三卦世爻裝在二爻，應爻裝在五爻。

第四卦世爻裝在三爻，應爻裝在上爻。

第五卦世爻裝在四爻，應爻裝在初爻。

第六卦世爻裝在五爻，應爻裝在二爻。

第七卦遊魂，世爻裝在四爻，應爻裝在初爻。

第八卦歸魂，世爻裝在三爻，應爻裝在上爻。

下面以《乾》宮八卦為例，排列如下，供讀者參考。

其他各宮各卦，裝世爻和應爻的方法，皆依《乾》宮之例推演。

乾宮八卦安世應表

乾宮首卦	乾宮第二卦	乾宮第三卦	乾宮第四卦
乾為天	天風姤	天山遯	天地否
⚊ 世 ⚊ ⚊ ⚊ 應 ⚊ ⚊	⚊ ⚊ ⚊ 應 ⚊ ⚊ ⚋ 世	⚊ ⚊ 應 ⚊ ⚊ ⚋ 世 ⚋	⚊ 應 ⚊ ⚊ ⚋ 世 ⚋ ⚋
世上，應三。	世初，應四。	世二，應五。	世三，應上。
乾宮第五卦	乾宮第六卦	乾宮遊魂卦	乾宮歸魂卦
風地觀	山地剝	火地晉	火天大有
⚊ ⚊ ⚋ 世 ⚋ ⚋ ⚋ 應	⚊ ⚋ 世 ⚋ ⚋ ⚋ 應 ⚋	⚊ ⚋ ⚊ 世 ⚋ ⚋ ⚋ 應	⚊ 應 ⚋ ⚊ ⚊ 世 ⚊ ⚊
世四，應初。	世五，應二。	世四，應初。	世三，應上。

十六、安身訣

子午持世身居初，丑未持世身居二，寅申持世身居三，卯酉持世身居四，辰戌持世身居五，巳亥持世身居六。

虎易按：世身之說，起源於《卜筮元龜·推占來情休旺吉凶要訣章》，原本曰：「子午為世身在初，丑未為世身在二，寅申為世身在三，卯酉為世身在四，辰戌為

六十四卦世身定例

巳亥持世身在六爻	卦名	大過	節	既濟	革	離	鼎	渙	同人	萃	謙	
	世爻	丁亥	丁巳	己亥	丁亥	己巳	辛亥	辛巳	己亥	乙巳	癸亥	
	世身	丁未	戊子	戊子	丁未	己巳	己巳	辛卯	壬戌	丁未	癸酉	
辰戌持世身在五爻	卦名	乾	大有	震	解	井	隨	泰	益	頤	旅	蒙
	世爻	壬戌	甲辰	庚戌	戊辰	戊戌	庚辰	甲辰	庚辰	丙戌	丙辰	丙戌
	世身	壬申	己未	庚申	庚申	戊戌	丁酉	癸亥	辛巳	丙子	己未	丙子
卯酉持世身在四爻	卦名	否	晉	恒	賁	睽	坤	臨	夬	比	巽	蠱
	世爻	乙卯	己酉	辛酉	己卯	己酉	癸酉	丁卯	丁酉	乙卯	辛卯	辛酉
	世身	壬午	己酉	庚午	丙戌	己酉	癸丑	癸丑	丁亥	戊申	辛未	丙戌
寅申持世身在三爻	卦名	屯	豐	艮	大畜	履	漸	需	困	咸	蹇	
	世爻	庚寅	庚申	丙寅	甲寅	壬申	丙申	戊申	戊寅	丙申	戊申	
	世身	庚辰	己亥	丙申	甲辰	丁丑	丙申	甲辰	戊午	丙申	丙申	
丑未持世身在二爻	卦名	姤	觀	豫	升	明夷	損	中孚	家人	噬嗑	兌	歸妹
	世爻	辛丑	辛未	乙未	癸丑	癸丑	丁丑	辛未	己丑	己丑	丁未	丁丑
	世身	辛亥	乙巳	乙巳	辛亥	己丑	丁卯	丁卯	己丑	庚寅	丁卯	丁卯
子午持世身在初爻	卦名	遯	剝	坎	師	復	大壯	小畜	無妄	未濟	訟	小過
	世爻	丙午	丙子	無子	戊午	庚子	庚午	甲子	壬午	戊午	壬午	丙午
	世身	丙辰	乙未	戊寅	戊寅	庚子	甲子	甲子	庚子	戊寅	戊寅	丙辰

世身在五，巳亥為世身在六」。所謂「世身」，是以世爻地支為準，確定安世身之爻位。讀者要注意，不要和「月卦身」搞混淆了。

《卜筮全書·黃金策總斷·千金賦》曰：「世人多以『子午持世身居初』之身爻用之，多有不驗，且未曉其義。予見《卜易玄機》、《金鎖玄關》，明卦身之身，甚為得旨。故捨彼而取此焉」。

《易隱》曰：「凡卦之身，用之為重，世之身司事還輕。世若不空不破，不須論身。世或空破，禍福方憑身象。蓋取身以代世之勞耳」。

《增刪卜易》曰「古用卦身、世身，余試不驗而不用」。

以上幾本書的作者論述，也充分說明，論卦還是應該以世爻為準。古有此說，予以保留。附「六十四卦世身定例」如下，有興趣的讀者，也可以在實踐中去應用，看是否有應用價值。

十七、起月卦身訣

陰世則從五月起，陽世還從子月生，子月，乃十一月也。欲得識其卦上月，月從

初數至世分㈠。

看世在交拆爻為陰，在重單爻為陽。卦上月者，是卜卦之身定矣㈡。俱要從㈢初爻上數至世，便知何月卦，即是卦身也。子月係十一月也。與子午持世身居初不同㈣。

喜旺相，又得天喜、貴人、解神、福德，諸吉神臨身大吉，添進財喜。臨身忌空亡，官鬼、文書、兄弟纏害，相剋、入墓、刑沖、破害、干涉，不吉之兆。不可不看㈤。吉神照臨則吉，凶殺剋害則凶。

假如《乾》卦：

世爻是單，便以十一月從初爻數上去，到第六爻世上，即是四月卦也。

又如《明夷》卦：

世爻是拆，從初爻以五月數起至世，即八月卦也。

虎易按：「起月卦身訣」，是確定月卦身的起例原則。先確定世爻是陰爻，還是陽爻。

如果世爻是陽爻，就從初爻開始數子，二爻丑，三爻寅，四爻卯，五爻辰，六爻巳。世在初爻，月卦為子。世在二

《卜筮全書》教例：001			
爻位	乾宮：乾為天	卦身	月
上爻	父母壬戌土 ▅▅▅▅ 世		巳
五爻	兄弟壬申金 ▅▅▅▅		辰
四爻	官鬼壬午火 ▅▅▅▅		卯
三爻	父母甲辰土 ▅▅▅▅ 應		寅
二爻	妻財甲寅木 ▅▅▅▅	伏巳	丑
初爻	子孫甲子水 ▅▅▅▅		子

《卜筮全書》教例：002			
爻位	坎宮：地火明夷	卦身	月
上爻	父母癸酉金 ▅ ▅	酉	亥
五爻	兄弟癸亥水 ▅ ▅		戌
四爻	官鬼癸丑土 ▅ ▅ 世		酉
三爻	兄弟己亥水 ▅▅▅▅		申
二爻	官鬼己丑土 ▅ ▅		未
初爻	子孫己卯木 ▅▅▅▅ 應		午

爻，月卦為丑。世在三爻，月卦為寅。世在四爻，月卦為卯。世在五爻，月卦為辰。世在六爻，月卦為巳。看卦中哪個爻是月卦，就安在哪個爻上。

如果世爻是陰爻，就從初爻開始數午，二爻未，三爻申，四爻酉，五爻戌，六爻亥。世在初爻，月卦為午。世在二爻，月卦為未。世在三爻，月卦為申。世在四爻，月卦為酉。世在五爻，月卦為戌。世在六爻，月卦為亥。再看卦中哪個爻是月卦，就安在哪個爻上。

如果卦中沒有此地支，則從本宮首卦，或者對宮去尋找。

下面再附世爻為陽和陰各一例，供讀者參考。

《天地否》卦，世爻在第三爻，臨陰爻。按照「陰世則從五月起」的原則，從初爻起數午，二爻數未，三爻數申，數到世爻，就以申爻為卦身。《否》卦申爻在第五爻，卦身就安在第五爻申上。

《澤火革》卦，世爻在第四爻，臨陽爻。按照「陽世還從子月生」的原則，從初爻起數子，二爻數丑，三爻數寅，四爻數

虎易附例：003

世爻為陰爻起月卦身例

爻位	乾宮：天地否（六合）	卦身	月
上爻	父母壬戌土 ▅▅▅▅▅ 應		亥
五爻	兄弟壬申金 ▅▅▅▅▅	申	戌
四爻	官鬼壬午火 ▅▅▅▅▅		酉
三爻	妻財乙卯木 ▅▅ ▅▅ 世		申
二爻	官鬼乙巳火 ▅▅ ▅▅		未
初爻	父母乙未土 ▅▅ ▅▅		午

虎易附例：004

世爻為陽爻起月卦身例

爻位	坎宮：澤火革	卦身	月
上爻	官鬼丁未土 ▅▅ ▅▅		巳
五爻	父母丁酉金 ▅▅▅▅▅		辰
四爻	兄弟丁亥水 ▅▅▅▅▅ 世		卯
三爻	兄弟己亥水 ▅▅▅▅▅		寅
二爻	官鬼己丑土 ▅▅ ▅▅		丑
初爻	子孫己卯木 ▅▅▅▅▅ 應	卯	子

卯，數到世爻，就以卯爻為卦身。《革》卦卯爻在初爻，卦身就安在初爻卯上。其他各卦，起月卦身法倣此。

下面附「六十四卦對應各月卦表」，說明如下：

如正月的八個卦，都是三爻持世，為陽爻，按照「陽世還從子月生」和「月從初數至世分」的體例，從初爻開始數子，二爻數丑，三爻數寅就是世爻，對應月卦為寅，對應節氣為立春，對應月令為正月。其中《大有》《蠱》《泰》三卦有月卦爻，《既濟》《漸》《恒》《同人》《咸》五卦無月卦爻，或有伏月卦爻。二月的八個卦，則是四爻為陽爻持世，其月卦為卯。其他各月均倣此。

我的看法，京氏的月卦，主要是用來推演卦氣旺衰的。應用時，不可用農曆的

六十四卦對應各月卦表

節氣	月支	月令	六十四卦對應十二月								持世爻位	陰陽
立春	寅	正月	大有	恒	既濟	漸	泰	蠱	同人	咸	三爻持世	陽爻
驚蟄	卯	二月	晉	大過	革	睽	大壯	無妄	訟	小過	四爻持世	陽爻
清明	辰	三月	井	履	夬	渙					五爻持世	陽爻
立夏	巳	四月	乾	艮	巽	離					上爻持世	陽爻
芒種	午	五月	姤	豫	旅	困					初爻持世	陰爻
小暑	未	六月	遯	屯	家人	萃					二爻持世	陰爻
立秋	申	七月	否	隨	師	損	比	益	未濟	歸妹	三爻持世	陰爻
白露	酉	八月	觀	升	明夷	中孚	需	頤	蒙	蹇	四爻持世	陰爻
寒露	戌	九月	剝	豐	噬嗑	謙					五爻持世	陰爻
立冬	亥	十月	震	坎	坤	兌					上爻持世	陰爻
大雪	子	十一月	節	賁	復	小畜					初爻持世	陽爻
小寒	丑	十二月	解	大畜	臨	鼎					二爻持世	陽爻

正月、二月初一開始作為對應標準，應該以每月的節令為準。即「立春」節後用「寅」，對應正月。「驚蟄」節後用「卯」，對應二月。其他各月的對應標準，均倣此。讀者可參考十二月建的內容。

校勘記

㈠「欲得識其卦上月，月從初數至世分」，原本作「欲得識其卦中意，從初數至世方真」，疑誤，據《卜筮元龜·上月分捷法》原文改作。

㈡「卦上月者，是卜卦之身定矣」，原本脱漏，據《新鍥斷易天機·論推六十四卦上月分法》原文補入。

㈢「俱要從」，原本作「俱要」，疑誤，據《新鍥斷易天機·論推六十四卦上月分法》原文改作。

㈣「子月係十一月也。與子午持世身居初不同」，原本脱漏，據《新鍥斷易天機·論推六十四卦上月分法》原文補入。

㈤「喜旺相，又得天喜、貴人、解神、福德，諸吉神臨身大吉，添進財喜。臨身忌空亡，官鬼、文書、兄弟纏害，相剋、入墓、刑沖、破害、干涉，不吉之兆。不可不看」，原本脱漏，據《新鍥斷易天機·論推六十四卦上月分法》原文補入。

十八、起六神訣

甲乙起青龍，丙丁起朱雀，戊日起勾陳，己日起騰蛇，庚辛起白虎，壬癸起玄武。

俱從下起至上。

附例：今以甲乙丙丁日起，附載為式，餘倣此。

爻　位	初爻	二爻	三爻	四爻	五爻	六爻
甲乙日例	青龍	朱雀	勾陳	騰蛇	白虎	玄武
丙丁日例	朱雀	勾陳	騰蛇	白虎	玄武	青龍

虎易按：六神也稱為六獸，此歌訣是六神配六爻位的起例方法，讀者宜理解其體例，便於熟練配置。

例如：「甲乙起青龍」，指天干是甲或者乙的日子起卦，就從初爻開始配青龍，二爻配朱雀，三爻配勾陳，四爻配騰蛇，五爻配白虎，六爻配玄武。「丙丁起朱雀，戊日起勾陳，己日起騰蛇，庚辛起白虎，壬癸起玄武」倣此。

為方便讀者查閱對照，將十天干起六神，製作成圖表，供讀者參考。

日天干配六神表

天幹／爻位	甲乙日	丙丁日	戊日	己日	庚辛日	壬癸日
上　爻	玄武	青龍	朱雀	勾陳	騰蛇	白虎
五　爻	白虎	玄武	青龍	朱雀	勾陳	騰蛇
四　爻	騰蛇	白虎	玄武	青龍	朱雀	勾陳
三　爻	勾陳	騰蛇	白虎	玄武	青龍	朱雀
二　爻	朱雀	勾陳	騰蛇	白虎	玄武	青龍
初　爻	青龍	朱雀	勾陳	騰蛇	白虎	玄武

注釋

①青龍：二十八宿中「角、亢、氐、房、心、尾、箕」東方七宿的合稱。

②朱雀：二十八宿中「井、鬼、柳、星、張、翼、軫」南方七宿的合稱。

③勾陳：即鉤陳。星官名。勾陳是中國神話傳說中上古六神之一，屬土。漢劉向《說苑・辨物》：「璿璣，謂北辰，勾陳樞星也」。

④騰蛇：星名。《晉書・天文志上》曰：「騰蛇二十二星在營室北，天蛇也，主水蟲」。

⑤白虎：二十八宿中「奎、婁、胃、昴、畢、觜、參」西方七宿的合稱。

⑥玄武：二十八宿中「斗、牛、女、虛、危、室、壁」北方七宿的合稱。

十九、飛伏神歌

乾坤來往換，艮兌兩邊求，震巽相抽取，坎離遞送流。

《乾》卦伏神從《坤》卦尋，《坤》卦伏神從《乾》卦取。兩宮互相交換，下六宮一如此例。

假如《乾》卦六爻是子寅辰午申戌，其伏神用《坤》卦未巳卯丑亥酉。

又如《天風姤》卦，外三爻是本宮出現，不必看其伏神。內三爻是《巽》宮來，方要察其本宮，子寅辰伏在丑亥酉內也。至《風地觀》、《山地剝》、《火地晉》，內外卦皆是別宮，其本宮六爻皆伏藏於內。至《火天大有》歸魂卦，外三爻是伏藏，內三爻是出現，餘宮各卦可以類推。

凡看伏神，因用爻不上卦，或被沖剋，不得已而按索之。學者自宜變通，不可拘泥。

虎易按：本節內容，讀者可參閱《斷易天機・伏神定局》的相關論述，理解飛伏神的飛伏原理及方法，便於在實踐中去應用。

二十、不全爻象各卦歌

伏羲始畫八卦時，龍馬負圖河出龜，文王重為六十四，卜筮惟憑龜與蓍㊀。

試論泰復夬需旅，鼎解大畜豫賁推，十卦本來無父母，若卜父母非所宜。以上無父母爻。

更有觀剝恒升井，大過六卦弟兄虧，若占兄弟切須忌，縱無大患主①災危。以上無兄弟爻。

遯履中孚漸蹇渙，屯睽既濟革明夷，小過咸蒙謙姤卦，占財難得妻難為㊁。以上無妻財爻。

無子惟㊂有十六卦，二過否蠱並頤隨，大畜賁觀中孚井，遯升歸妹晉損兌。以上無子孫爻。

小畜未濟家人卦，更逢旅訟渙益頤，八者之中皆㈣無鬼，問病可喜亦可悲㈤。以上無官鬼爻。

虎易按：此歌訣是對六十四卦之中六親不全卦的歸納描述，其中無兩種六親的卦，一並列於下表之中，供讀者參考。

注釋

①主：預示。如「主吉」，即預示吉。「主凶」，即預示凶。「主災危」，即預示有災危。其他均倣此。

校勘記

㈠「伏羲始畫八卦時，龍馬負圖河出龜，文王重為六十四，卜筮惟憑龜與蓍」，原

六親不全的卦 按八宮順序排列											
無父母爻	賁	大畜	豫	解	旅	鼎	復	泰	夬	需	十卦
無兄弟爻	觀	剝	恒	升	井	大過					六卦
無妻財爻	姤	遯	屯	既濟	革	明夷	睽	履			十六卦
	中孚	漸	蒙	渙	咸	蹇	謙	小過			
無子孫爻	遯	否	觀	晉	賁	大畜	損	中孚			十六卦
	升	井	大過	隨	頤	蠱	小過	歸妹			
無官鬼爻	小畜	家人	益	頤	旅	未濟	渙	訟			八卦
以下十二卦無兩種六親											
無官父爻	旅										一卦
無官財爻	渙										一卦
無官子爻	頤										一卦
無父子爻	賁	大畜									兩卦
無兄子爻	觀	升	井	大過							四卦
無財子爻	遯	中孚	小過								三卦

本脱漏，據《新鍥斷易天機・六十四卦吉凶歌》原文補入。

㈡「遯履中孚漸蹇渙，屯睽既濟革明夷，小過咸蒙謙姤卦，占財難得妻難為」，原本作「遯履姤孚漸謙渙，屯睽既濟革明夷，小過咸蒙並蹇卦，十六卦中妻財虧」，疑誤，據《卜筮元龜・總論六十四卦吉凶歌》原文改作。

㈢「惟」，原本作「亦」，疑誤，據《卜筮元龜・總論六十四卦吉凶歌》原文改作。

㈣「皆」，原本作「都」，疑誤，據《卜筮元龜・總論六十四卦吉凶歌》原文改作。

㈤「問病可喜亦可悲」，原本作「求官謁貴豈相宜」，疑誤，據《卜筮元龜・總論六十四卦吉凶歌》原文改作。

二十一、五件俱全各卦歌

五位六親兼備者，二十之卦報君知，乾坤節豐巽大有，艮震比臨无妄師。

大壯兌困噬嗑萃，同人坎與八純離，父母妻財兄與弟，子孫官鬼為五位。

大凡①有吉無則凶，更須筮者心多智。

此篇不過為總斷，後有彖爻宜熟玩，諸君綢繹②此篇詩，他時視此皆筌蹄㈠。

虎易按：六親俱全的卦，一共有二十個：《乾》、《坤》、《震》、《巽》、

《坎》、《離》、《艮》、《兌》、《大有》、《節》、《豐》、《師》、《无妄》、《噬嗑》、《同人》、《臨》、《大壯》、《比》、《困》、《萃》。列於下表，供讀者參考。

五件俱全二十卦									
乾	坤	震	巽	坎	離	艮	兌	大有	節
豐	師	無妄	噬嗑	同人	臨	大壯	比	困	萃

注釋

①大凡：大抵，大概。

②綢繹（yì）：通「紬繹」「抽繹」。從雜亂之中理出頭緒。

校勘記

㈠「五位六親兼備者，二十之卦報君知，乾坤節豐巽大有，艮震比臨无妄師。大壯兌困噬嗑萃，同人坎與八純離，父母妻財兄與弟，子孫官鬼為五位。大凡有吉無則凶，更須筮者心多智。此篇不過為總斷，後有象爻宜熟玩，諸君綢繹此篇詩，他時視此皆筌蹄」，原本作「五位各爻兼備者，二十之卦報君知，八純節豐及大有，比臨无妄大壯師。萃卦噬嗑同人困，財官父兄子皆宜」，疑誤，據《卜筮元龜·總論六十四卦吉凶歌》原文改作。

二十二、遊魂八卦歌

《明夷》與《頤》《晉》，《需》《訟》及《中孚》，《小過》並《大過》，遊魂應在初。

二十三、歸魂八卦歌

《歸妹》及《同人》，《師》《隨》《蠱》《漸》輪，《比》還兼《大有》，八卦是歸魂。

二十四、年上起月歌

甲己之年丙作首，乙庚之歲戊為頭，丙辛之位從庚上，丁壬壬位順行流，更加戊癸從何起，甲寅

年上起月表

年干	甲己	乙庚	丙辛	丁壬	戊癸
寅月	丙寅	戊寅	庚寅	壬寅	甲寅
卯月	丁卯	己卯	辛卯	癸卯	乙卯
辰月	戊辰	庚辰	壬辰	甲辰	丙辰
巳月	己巳	辛巳	癸巳	乙巳	丁巳
午月	庚午	壬午	甲午	丙午	戊午
未月	辛未	癸未	乙未	丁未	己未
申月	壬申	甲申	丙申	戊申	庚申
酉月	癸酉	乙酉	丁酉	己酉	辛酉
戌月	甲戌	丙戌	戊戌	庚戌	壬戌
亥月	乙亥	丁亥	己亥	辛亥	癸亥
子月	丙子	戊子	庚子	壬子	甲子
丑月	丁丑	己丑	辛丑	癸丑	乙丑

之上好追求。

假如甲、己年，其正月便是丙寅月，二月是丁卯月，挨順輪去。乙、庚年，正月是戊寅月，二月是己卯月。其餘倣此。

二十五、日上起時歌

甲己還加甲，乙庚丙作初，丙辛從戊起，丁壬庚子居，戊癸何方發，壬子是真途。

假如甲、己日，甲子時起。乙、庚日，丙子時起。餘例推。

日上起時表

日干	甲己	乙庚	丙辛	丁壬	戊癸
子時	甲子	丙子	戊子	庚子	壬子
丑時	乙丑	丁丑	己丑	辛丑	癸丑
寅時	丙寅	戊寅	庚寅	壬寅	甲寅
卯時	丁卯	己卯	辛卯	癸卯	乙卯
辰時	戊辰	庚辰	壬辰	甲辰	丙辰
巳時	己巳	辛巳	癸巳	乙巳	丁巳
午時	庚午	壬午	甲午	丙午	戊午
未時	辛未	癸未	乙未	丁未	己未
申時	壬申	甲申	丙申	戊申	庚申
酉時	癸酉	乙酉	丁酉	己酉	辛酉
戌時	甲戌	丙戌	戊戌	庚戌	壬戌
亥時	乙亥	丁亥	己亥	辛亥	癸亥

二十六、定寅時法

正九五更二點徹，二八五更四點歇，三七平光是寅時，四六日出寅無別。

五月日高三丈地，十月十二四更二，仲冬十一月也才到四更初，便是寅時君須記。

卜筮全書卷之二

吳門逸叟　姚際隆　刪補
長邑諸生　王友　校正

卦爻呈象　附總判爻辭

一、納甲法

納甲歌訣，見前啟蒙節要內。今以其法俱載，以便學者詳覽。其法皆自下而上，陽甲隔位順輪，陰甲隔位逆轉。

虎易按：本卷按原本內容，增加了卦宮、爻位，對各宮的八個卦進行排序。對六合、六沖、遊魂、歸魂卦，一律用括號附加在卦名後。製作成

卦宮／爻位	乾	坎	艮	震	坤	巽	兌	離
	四卦屬陽				四卦屬陰			
上爻	戌	子	寅	戌	酉	卯	未	巳
五爻	申	戌	子	申	亥	巳	酉	未
四爻	午	申	戌	午	丑	未	亥	酉
三爻	辰	午	申	辰	卯	酉	丑	亥
二爻	寅	辰	午	寅	巳	亥	卯	丑
初爻	子	寅	辰	子	未	丑	巳	卯

圖表對應的形式，便於讀者對照理解。本卷內容，採用《周易本義》和《新鍥斷易天機》進行校對。

二、逐卦爻辭

乾為天					
屬金　乾上乾下（六冲）（乾宮首卦）					
爻位	卦　形	六親	納甲五行	世應	世身
上九	▅▅▅▅	父母	壬戌土	世	
九五	▅▅▅▅	兄弟	壬申金		身
九四	▅▅▅▅	官鬼	壬午火		
九三	▅▅▅▅	父母	甲辰土	應	
九二	▅▅▅▅	妻財	甲寅木		
初九	▅▅▅▅	子孫	甲子水		

六龍御天①之卦，廣大包容之象。

【判曰】：乾者，健也。大哉乾元，蔭覆②無偏，玄㊀運造化，萬物資始。雲行雨施，變化不言，東西任意，南北安然。

【六爻斷】

初九：潛龍，勿用。

九二：見③龍在田，利見大人。

九三：君子終日乾乾，夕惕若，厲无咎④。

九四：或躍在淵，无咎。

九五：飛龍在天，利見大人。

上九：亢龍⑤有悔。

用九：見群龍，无首吉。

注釋

①御（yù）天：控御天道，統治天下。《易・乾》：「時乘六龍以御天」。

②蔭覆（yīn fù）：庇護。

③見（xiàn）：《易・乾》注：「出潛離隱，故曰見。」

④无咎：無災禍；無過失。《易・乾》：「君子終日乾乾，夕惕若厲，无咎」。孔穎達疏：「謂既能如此戒慎，則無罪咎」。

⑤亢（kàng）龍：一、比喻驕橫無德之君。二、泛指剛愎躁進之人。

校勘記

㈠「玄」，原本作「元」，疑誤，據《新鍥斷易天機・卷三・乾為天》原文改作。

天風姤					
屬金　乾上巽下（乾宮第二卦）					
爻位	卦　形	六親	納甲五行	世應	世身
上九	⚊	父母	壬戌土		
九五	⚊	兄弟	壬申金		
九四	⚊	官鬼	壬午火	應	
九三	⚊	兄弟	辛酉金		
九二	⚊	子孫	辛亥水		身
初六	⚋	父母	辛丑土	世	

風雲相濟之卦，或聚或散之象㊀。

【判曰】：姤者，遇也。以陰遇陽，天風相引㊁，以柔遇剛，不期而會㊂。本無所望，而卒然值之，勿用取女㊃，不期而遇。占者得之，所謀無不吉也。

【六爻斷】

初六：繫于金柅①，貞吉。有攸②往，見凶，羸豕③孚㊄蹢躅④。

九二：包有魚，无咎，不利賓。

九三：臀无膚，其行次且，厲，无大咎。

九四：包无魚，起凶。

九五：以杞⑤包瓜，含章，有隕自天。

上九：姤其角，吝，无咎。

注釋

①金柅（nǐ）：金屬制的車剎。《易・姤》：「初六，繫于金柅，貞吉」。王弼注：「金者堅剛之物，柅者制動之主」。朱熹《周易本義》：「柅，所以止車，以金為之，其剛可知」。

②攸（yōu）：放在動詞之前，構成名詞性詞組，相當於「所」。攸，所也。——《爾雅》

③羸豕（léi shǐ）：母豬。

④蹢躅（zhí zhú）：徘徊不前的樣子。

⑤杞（qǐ）：木名。枸杞。朱熹解「杞」字意為：高大堅實之木。

校勘記

㈠「或聚或散之象」，原本作「君臣會合之象」，疑誤，據《新鍥斷易天機・卷三・天風姤》原文改作。

㈡「天風相引」，原本脫漏，據《新鍥斷易天機・卷三・天風姤》原文補入。

㈢「不期而會」，原本脫漏，據《新鍥斷易天機・卷三・天風姤》原文補入。

㈣「勿用取女」，原本脫漏，據《新鍥斷易天機・卷三・天風姤》原文補入。

㈤「孚」，原本脫漏，據《周易本義・姤》原文補入。

天山遯					
屬金　乾上艮下（乾宮第三卦）					
爻位	卦　形	六親	納甲五行	世應	世身
上九	⚊	父母	壬戌土		
九五	⚊	兄弟	壬申金	應	
九四	⚊	官鬼	壬午火		
九三	⚊	兄弟	丙申金		
六二	⚋	官鬼	丙午火	世	
初六	⚋	父母	丙辰土		身

豹隱南山之卦，遷善遠惡之象。

【判曰】：遯者，退也。處遯之時，陽道欲衰㈠，惡事即起，善事欲衰。欲進欲退，疑惑難為，以小制大，君子避之。

【六爻斷】

初六：遯尾①厲，勿用有攸往㈡。

六二：執之用黃牛之革，莫之勝說。

九三：係遯，有疾厲。畜臣妾，吉。

九四：好遯，君子吉，小人否。

九五：嘉遯②，貞吉。

上九：肥遯③，无不利。

注釋

①遯尾：朱熹《周易本義》：「遯而在後，尾之象，危之道也。占者不可以有所往，但晦處靜俟，可免災耳」。後因以指退居以待時機。

②嘉（jiā）遯：舊時謂合乎正道的退隱，合乎時宜的隱遯。

③肥遯：孔穎達疏：「子夏傳曰：『肥，饒裕也』。……上九最在外極，無應於內，心無疑顧，是遯之最優，故曰肥遯」。後因稱退隱為「肥遯」。

校勘記

㈠「衰」，原本作「虧」，疑誤，據《新鍥斷易天機・卷三・天山遯》原文改作。

㈡「勿用有攸往」，原本作「勿用利有攸往」，疑誤，據《周易本義・天山遯》原文改作。

天地否					
屬金　乾上坤下（六合）（乾宮第四卦）					
爻位	卦　形	六親	納甲五行	世應	世身
上九	▅▅▅▅▅	父母	壬戌土	應	
九五	▅▅▅▅▅	兄弟	壬申金		
九四	▅▅▅▅▅	官鬼	壬午火		身
六三	▅▅　▅▅	妻財	乙卯木	世	
六二	▅▅　▅▅	官鬼	乙巳火		
初六	▅▅　▅▅	父母	乙未木		

天地不交之卦，人口不圓㊀之象。

【判曰】：否者，塞也。天地不交，陰陽閉塞，夫婦不和，別離南北。君子道消，小人道長，人物乖違，不通之象。

【六爻斷】

初六：拔茅茹①以其彙，貞吉亨。

六二：包承，小人吉，大人否，亨。

六三：包羞②。

九四：有命，无咎，疇離祉③。

九五：休否，大人吉。其亡其亡，繫于苞桑④。

上九：傾否，先否後喜。

注釋

①茅茹（máo rú）：茅根相牽連貌。喻同類事物之相互牽引。

②包羞（xiū）：忍受羞辱。

③祉（zhǐ）：福。

④繫于苞桑：苞桑：桑樹之本。孔穎達疏：「苞，本也。凡物繫于桑之苞本，則牢固也」。後因用「苞桑」指帝王能經常思危而不自安，國家就能鞏固。

校勘記

㊀「圓」，原本作「員」，疑誤，據《新鍥斷易天機·卷三·天地否》原文改作。

風地觀					
屬金　巽上坤下（乾宮第五卦）					
爻位	卦　形	六親	納甲五行	世應	世身
上九	▅▅▅▅▅	妻財	辛卯木		
九五	▅▅▅▅▅	官鬼	辛巳火		
六四	▅▅　▅▅	父母	辛未土	世	
六三	▅▅　▅▅	妻財	乙卯木		
六二	▅▅　▅▅	官鬼	乙巳火		身
初六	▅▅　▅▅	父母	乙未土	應	

雲卷晴空之卦，春花競發之象。

【判曰】：觀者，觀也。觀國之光，風在地上，萬國興昌㈠。財不破散，去處難強，求官得位㈡，爵祿加彰①。

【六爻斷】

初六：童觀，小人无咎，君子吝。

六二：窺觀②，利女貞。

六三：觀我生，進退。

六四：觀國之光，利用賓于王。

九五：觀我生，君子无咎。

上九：觀其生，君子无咎。

注釋

①爵祿（jué lù）加彰（zhāng）：指授予爵位、官職和俸祿的表彰。

②窺（kuī）觀：從小孔、縫隙或隱蔽處偷看。謂所見狹小。

校勘記

㈠「萬國興昌」，原本作「萬物榮昌」，疑誤，據《新鍥斷易天機・卷三・風地觀》原文改作。

㈡「去處難強，求官得位」，原本脫漏，據《新鍥斷易天機・卷三・風地觀》原文補入。

山地剝					
屬金　艮上坤下（乾宮第六卦）					
爻位	卦　形	六親	納甲五行	世應	世身
上九	▅▅▅▅▅	妻財	丙寅木		
六五	▅▅　▅▅	子孫	丙子水	世	
六四	▅▅　▅▅	父母	丙戌土		
六三	▅▅　▅▅	妻財	乙卯木		
六二	▅▅　▅▅	官鬼	乙巳火	應	
初六	▅▅　▅▅	父母	乙未土		身

去舊生新之卦，群陰剝盡之象。

【判曰】：剝者，落也。山高岌岌①，其形似剝，陰道將盈，陽道衰弱。卦臨九月，霜葉凋落，人離財散，求官失爵。

【六爻斷】

初六：剝牀以足，蔑②貞凶。

六二：剝牀以辨，蔑貞凶。

六三：剝之，无咎。

六四：剝牀以膚，凶。

六五：貫魚以宮人寵，无不利。

上九：碩果不食，君子得輿③，小人剝廬④。

注釋

①岌岌（jí）：形容山勢高聳；也形容十分危險，快要傾覆或滅亡。

②蔑（miè）：輕視；輕侮。

③輿（yú）：車輛，尤指馬車。

④剝廬：扒毀房舍。

火地晉					
屬金　離上坤下（乾宮遊魂卦）					
爻位	卦　形	六親	納甲五行	世應	世身
上九	——	官鬼	己巳火		
六五	— —	父母	己未土		
九四	——	兄弟	己酉金	世	身
六三	— —	妻財	乙卯木		
六二	— —	官鬼	乙巳火		
初六	— —	父母	乙未土	應	

龍劍出匣之卦，以臣遇君之象。

【判曰】：晉者，進也。日出于地，柔而上行，巡運照耀，昇進其明。居官益位，禍滅福生，利見王侯，任意必亨。

【六爻斷】

初六：晉如，摧如，貞吉。罔孚，裕无咎。

六二：晉如，愁如，貞吉。受茲介福，于其王母。

六三：眾允，悔亡。

九四：晉如鼫鼠①，貞厲。
六五：悔亡，失得勿恤②，往吉，无不利。
上九：晉其角，維用伐邑③，厲吉，无咎，貞吝。

注釋

①鼫（shí）鼠：指螻蛄（lóu gū）。
②恤（xù）：顧慮；憂慮。
③邑（yì）：古代稱侯國為邑。

火天大有					
屬金　離上乾下（乾宮歸魂卦）					
爻位	卦　形	六親	納甲五行	世應	世身
上九	▅▅▅▅▅	官鬼	己巳火	應	
六五	▅▅　▅▅	父母	己未土		身
九四	▅▅▅▅▅	兄弟	己酉金		
九三	▅▅▅▅▅	父母	甲辰土	世	
九二	▅▅▅▅▅	妻財	甲寅木		
初九	▅▅▅▅▅	子孫	甲子水		

金玉滿堂之卦，日麗㊀中天之象。

【判曰】：大有者，寬也。柔得尊位，官祿日實，掩惡揚善，豐財和義。廣納包容，成物之美，自天佑①之，吉無不利。

【六爻斷】

初九：无交害，匪咎，艱則无咎。

九二：大車以載，有攸往，无咎。

九三：公用亨于天子，小人弗②克。

九四：匪其彭③，无咎。

六五：厥④孚交如，威如吉。

上九：自天佑之，吉无不利。

注釋

①佑（yòu）：保護；保佑。

②弗：不。

③彭：通「旁」。側，邊。

④厥（jué）：其。

校勘記

㊀「日麗」，原本作「大明」，疑誤，據《新鍥斷易天機・卷三・火天大有》原文改作。

坎為水					
屬水　坎上坎下（六沖）（坎宮首卦）					
爻位	卦　形	六親	納甲五行	世應	世身
上六	▅▅　▅▅	兄弟	戊子水	世	
九五	▅▅▅▅▅	官鬼	戊戌土		
六四	▅▅　▅▅	父母	戊申金		
六三	▅▅　▅▅	妻財	戊午火	應	
九二	▅▅▅▅▅	官鬼	戊辰土		
初六	▅▅　▅▅	子孫	戊寅木		身

船涉㊀重灘之卦，外虛中實之象。

【判曰】：坎者，陷也。逢流則注，遇坎則止，出入艱險，隨坎不已。陰愁伏慝，共相謀計，千里辭家，始免迍否①。

【六爻斷】

初六：習坎，入于坎窞②，凶。

九二：坎有險，求小得。

六三：來之坎坎，險且枕；入于坎窞，勿用。

六四：樽③酒簋④，貳用缶⑤，納約自牖⑥，終无咎。

九五：坎不盈，祇既平，无咎。

上六：繫用徽纆⑦，寘⑧于叢棘⑨，三歲不得，凶。

注釋

①迍否（zhūn pǐ）：指困頓不利。迍，通「屯」。屯謂艱難，否謂隔塞。

②窞（dàn）：坎中小坎；深坑。

③樽（zūn）：古代盛酒的器具。

④簋（guǐ）：古代盛食物的器具。

⑤缶（fǒu）：盛酒漿的瓦器。大腹小口，有蓋。

⑥牖（yǒu）：窗戶。

⑦徽纆（huī mò）：繩索。古時常特指拘繫罪人者。《易・坎》：「上六，繫用徽纆，寘于叢棘」。陸德明釋文引劉表云：「三股曰徽，兩股曰纆，皆索名」。

⑧寘（zhì）：安排；放置。

⑨叢棘（cóng jí）：古時囚禁犯人的地方，四周用荊棘堵塞，以防犯人逃跑，故稱。

校勘記

㊀「涉」，原本作「渡」，疑誤，據《新鍥斷易天機・卷三・坎為水》原文改作。

水澤節					
屬水　坎上兌下（六合）（坎宮第二卦）					
爻位	卦　形	六親	納甲五行	世應	世身
上六	▅▅ ▅▅	兄弟	戊子水		身
九五	▅▅▅▅▅	官鬼	戊戌土		
六四	▅▅ ▅▅	父母	戊申金	應	
六三	▅▅ ▅▅	官鬼	丁丑土		
九二	▅▅▅▅▅	子孫	丁卯木		
初九	▅▅▅▅▅	妻財	丁巳火	世	

船行風橫之卦，寒暑有節之象。

【判曰】：節者，止也。天地得節，四時所成，節以制度，儉以豐盈。內憂外悅，不出戶庭，于身謹節，無不康寧。

【六爻斷】

初九：不出戶庭，无咎。

九二：不出門庭，凶。

六三：不節若，則嗟①若，无咎。

六四：安節，亨。

九五：甘節吉，往有尚。

上六：苦節，貞凶，悔亡。

注釋

①嗟（jiē）：歎息。

水雷屯					
屬水　坎上震下（坎宮第三卦）					
爻位	卦　形	六親	納甲五行	世應	世身
上六	⚋	兄弟	戊子水		
九五	⚊	官鬼	戊戌土	應	
六四	⚋	父母	戊申金		
六三	⚋	官鬼	庚辰土		身
六二	⚋	子孫	庚寅木	世	
初九	⚊	兄弟	庚子水		

龍居淺水之卦，萬物始生之象。

【判曰】：屯者，難也。象迍之時，動則難生，如常之事，先易後爭。時方屯難，切忌遠行，婚姻即吉，謀望不亨。

【六爻斷】

初九：盤桓①，利居貞，利建侯。

六二：屯如邅②如，乘馬班如，匪寇婚媾③。女子貞不字，十年乃字。

六三：即鹿无虞，惟入于林中，君子幾，不如舍，往吝。

六四：乘馬班如，求婚媾，往吉，无不利。

九五：屯其膏。小，貞吉；大，貞凶。

上六：乘馬班如，泣血漣如。

注釋

①盤桓（pán huán）：徘徊；逗留。

②邅（zhān）：難於行走的樣子。多用以形容境遇之不順。
③媾（gòu）：婚姻；嫁娶。

舟楫濟川之卦，陰陽配合之象。

【判曰】：既濟者㈠，合也。水火相遇，會合之義，往渡得船，成功必濟。所求必從，所欲㈡必遂，斯不失時，謂之既濟。

【六爻斷】
初九：曳①其輪，濡②其尾，无咎。
六二：婦喪其茀③，勿逐，七日得。
九三：高宗伐鬼方，三年克之，小人勿用。
六四：繻④有衣袽⑤，終日戒。

水火既濟					
屬水　坎上離下（坎宮第四卦）					
爻位	卦　形	六親	納甲五行	世應	世身
上六	▅▅　▅▅	兄弟	戊子水	應	身
九五	▅▅▅▅▅	官鬼	戊戌土		
六四	▅▅　▅▅	父母	戊申金		
九三	▅▅▅▅▅	兄弟	己亥水	世	
六二	▅▅　▅▅	官鬼	己丑土		
初九	▅▅▅▅▅	子孫	己卯木		

九五：東鄰殺牛，不如西鄰之禴祭⑥，實受其福。
上六：濡其首，厲。

注釋

①曳（yè）：拖，拉，牽引。

②濡（rú）：沾濕。

③茀（fú）：朱熹注：「婦車之蔽」。車蔽，古代婦女乘車不露於世，車之前後設障以自隱蔽。一說為婦人頭巾，或婦女發飾。帛易為「發」字。

④繻（xū）：彩色的絲織品。

⑤袽（rú）：爛衣服或破舊棉絮。

⑥禴（yuè）祭：祭名，中國夏商兩代在春天舉行，周代在夏天舉行。

校勘記

㈠「者」，原本脱漏，據《新鍥斷易天機・卷三・水火既濟》原文補入。

㈡「欲」，原本作「從」，疑誤，據《新鍥斷易天機・卷三・水火既濟》原文改作。

澤火革

屬水　兌上離下（坎宮第五卦）

爻位	卦　形	六親	納甲五行	世應	世身
上六	▅▅ ▅▅	官鬼	丁未土		身
九五	▅▅▅▅▅	父母	丁酉金		
九四	▅▅▅▅▅	兄弟	丁亥水	世	
九三	▅▅▅▅▅	兄弟	己亥水		
六二	▅▅ ▅▅	官鬼	己丑土		
初九	▅▅▅▅▅	子孫	己卯木	應	

豹變為虎之卦，改舊從新之象。

【判曰】：革者，改也。改故就新，變易之道，交易其所，君子豹變。時有不遇，並宜改革，守舊則凶，從新則吉。

【六爻斷】

初九：鞏用黃牛之革。

六二：巳日乃革之，征吉，无咎。

九三：征凶，貞厲。革言三就，有孚。

九四：悔亡，有孚改命，吉。

九五：大人虎變，未占有孚。

上六：君子豹變，小人革面，征凶，居貞吉。

雷火豐					
屬水　震上離下（坎宮第六卦）					
爻位	卦　形	六親	納甲五行	世應	世身
上六	⚋	官鬼	庚戌土		
六五	⚋	父母	庚申金	世	
九四	⚊	妻財	庚午火		
九三	⚊	兄弟	己亥水		身
六二	⚋	官鬼	己丑土	應	
初九	⚊	子孫	己卯木		

日麗中天之卦，背暗向明之象。

【判曰】：豐者，大也。日中見斗，幽而不明，此事適大，隱映其形。水中見日，無所取呈，求財未得，事卒難明。

【六爻斷】

初九：遇其配主，雖旬无咎，往有尚。

六二：豐其蔀①，日中見斗，往得疑疾，有孚發若，吉。

九三：豐其沛②，日中見沫③，折其右肱④，无咎。

九四：豐其蔀，日中見斗，遇其夷主，吉。

六五：來章，有慶譽，吉。

上六：豐其屋，蔀其家，窺其戶，闃⑤其无人，三歲不覿⑥，凶。

注釋

①蔀（bù）：覆蓋於棚架上以遮蔽陽光的草席。

②沛（pèi）：通「旆」。旗，幡。古代旗末端狀如燕尾的垂旒（liú）。

③沬（mò）：朱熹注：為小星。

④肱（gōng）：上臂，手臂由肘到肩的部分。後多引伸泛指洛膊。

⑤闃（qù）：空虛。

⑥覿（dí）：見；相見。

地火明夷					
屬水　坤上離下（坎宮遊魂卦）					
爻位	卦　形	六親	納甲五行	世應	世身
上六	▅▅　▅▅	父母	癸酉金		
六五	▅▅　▅▅	兄弟	癸亥水		
六四	▅▅　▅▅	官鬼	癸丑土	世	
九三	▅▅▅▅▅	兄弟	己亥水		
六二	▅▅　▅▅	官鬼	己丑土		身
初九	▅▅▅▅▅	子孫	己卯木	應	

鳳凰垂翼之卦，出明入暗之象。

【判曰】：明夷者，傷也。日㈠入地中，掩傷明德，君子在厄，三日不食。文王之難，困于叢棘，凡百有事㈡，且宜止息。

【六爻斷】

初九：明夷于飛，垂其翼。君子于行，三日不食，有攸往，主人有言。

六二：明夷，夷于左股，用拯①馬壯，吉。

九三：明夷于南狩②，得其大首，不可疾貞。

六四：入于左腹，獲明夷之心，于出門庭。

六五：箕子之明夷，利貞。

上六：不明晦，初登于天，後入于地。

注釋

①拯（zhěng）：援救，救助。

②南狩（shòu）：猶南巡。

校勘記

㊀「日」，原本作「火」，疑誤，據《新鍥斷易天機・卷三・地火明夷》原文改作。

㊁「凡百有事」，原本作「百凡謀望」，疑誤，據《新鍥斷易天機・卷三・地火明夷》原文改作。

地水師					
屬水　坤上坎下（坎宮歸魂卦）					
爻位	卦　形	六親	納甲五行	世應	世身
上六	▅▅　▅▅	父母	癸酉金	應	
六五	▅▅　▅▅	兄弟	癸亥水		
六四	▅▅　▅▅	官鬼	癸丑土		
六三	▅▅　▅▅	妻財	戊午火	世	
九二	▅▅▅▅▅	官鬼	戊辰土		
初六	▅▅　▅▅	子孫	戊寅木		身

天馬出群之卦，以寡伏眾之象。

【判曰】：師者，眾也。獨行越師，最不宜動，君子有命，小人勿用。共相克伐，改㊀道成訟。

【六爻斷】

初六：師出以律，否臧①，凶。

九二：在師中，吉，无咎。王三錫命。

六三：師或輿尸，凶。

六四：師左次，无咎。

六五：田有禽，利執言，无咎。長子帥師，弟子輿尸，貞凶。

上六：大君有命，開國承家，小人勿用。

注釋

①否臧（pǐ zāng）：否，惡。臧，善。朱子曰：「否臧，謂不善也」。

校勘記

㊀「改」，原本作「政」，疑誤，據《新鍥斷易天機·卷三·地水師》原文改作。

艮為山					
屬土　艮上艮下（六冲）（艮宮首卦）					
爻位	卦　形	六親	納甲五行	世應	世身
上九	⚊	官鬼	丙寅木	世	
六五	⚋	妻財	丙子水		
六四	⚋	兄弟	丙戌土		
九三	⚊	子孫	丙申金	應	身
六二	⚋	父母	丙午火		
初六	⚋	兄弟	丙辰土		

遊魚避網之卦，積小成高之象。

【判曰】：艮者，止也。純艮危危，安靜無虧，時止即㊀止，時移即移。錢財散失，失在小兒，尋求不得，東北宜之。

【六爻斷】

初六：艮其趾，无咎，利永貞。

六二：艮其腓[①]，不拯其隨，其心不快。

九三：艮其限，列其夤[②]，厲熏心。

六四：艮其身，无咎。

六五：艮其輔，言有序，悔亡。

上九：敦艮，吉。

注釋

①腓（féi）：脛骨後的肉，即腿肚子。

②夤（yín）：夾脊肉。朱熹注：「夤，膂也」。膂：指脊樑骨。

校勘記

㈠「即」，原本作「則」，疑誤，據《新鍥斷易天機・卷三・艮為山》原文改作。

山火賁

屬土　艮上離下（六合）（艮宮第二卦）					
爻位	卦　形	六親	納甲五行	世應	世身
上九	▅▅▅▅▅	官鬼	丙寅木		
六五	▅▅　▅▅	妻財	丙子水		
六四	▅▅　▅▅	兄弟	丙戌土	應	身
九三	▅▅▅▅▅	妻財	己亥水		
六二	▅▅　▅▅	兄弟	己丑土		
初九	▅▅▅▅▅	官鬼	己卯木	世	

猛虎負隅之卦，光明通泰之象。

【判曰】：賁者，飾也。光彩烜赫，火色含丹，文章交錯，應雜其間。進退榮益，束帛戔戔。

【六爻斷】

初九：賁其趾，舍車而徒。

六二：賁其須。

九三：賁如濡如，永貞吉。

六四：賁如皤如，白馬翰如，匪寇婚媾。

六五：賁于丘園，束帛戔戔，吝，終吉。

上九：白賁，无咎。

注釋

①烜（xuǎn）赫：昭著；顯赫。

②束帛戔戔（shù bó jiān jiān）：捆為一束的五匹帛稱為束帛。朱熹《周易本義》：「戔戔，淺小之意」。一說為堆積貌。見李鼎祚集解引馬融注。

③賁如皤（pó）如：皤，白色。集解：「白素之貌。」

④丘園：家園；鄉村。《易・賁》：「六五，賁於丘園，束帛戔戔」。王肅注：「失位無應，隱處丘園」。孔穎達疏：「丘謂丘墟，園謂園圃。唯草木所生，是質素之所」。後以「丘園」指隱居之處。

山天大畜					
屬土　艮上乾下（艮宮第三卦）					
爻位	卦　形	六親	納甲五行	世應	世身
上九	▬▬▬	官鬼	丙寅木		
六五	▬ ▬	妻財	丙子水	應	
六四	▬ ▬	兄弟	丙戌土		
九三	▬▬▬	兄弟	甲辰土		身
九二	▬▬▬	官鬼	甲寅木	世	
初九	▬▬▬	妻財	甲子水		

龍潛大壑之卦，積小成大之象㊀。

【判曰】：大畜者，聚也。剛健篤實，積聚豐隆，居官食祿，建立其功。論訟有益，道理亨通，利涉大川，初吉後凶㊁。

【六爻斷】

初九：有厲，利已。

九二：輿說，輹。

九三：良馬逐，利艱貞，曰閑輿衛，利有攸往。

六四：童牛之牿，元吉。

六五：豶豕之牙，吉。

上九：何天之衢，亨。

注釋

①大壑（hè）：大海。

②篤（dǔ）實：純厚樸實；忠誠老實。

③轐（fù）：古代在車軸下面束縛車軸的東西，也叫伏兔，轐用於大車。車伏兔，即墊在車箱和車軸之間的木塊。上面承載車箱，下面呈弧形，架在軸上。

④牿（gù）：綁在牛角上使其不能觸人的橫木。

⑤豶（fén）豕：閹過的公豬。

⑥衢（qú）：四通八達的道路。

校勘記

㈠「龍潛大壑之卦，積小成大之象」，原本作「積小成高之卦，龍潛大壑之象」，疑誤，據《新鍥斷易天機・卷三・山天大畜》原文改作。

㈡「初吉後凶」，原本作「後吉先凶」，疑誤，據《新鍥斷易天機・卷三・山天大畜》原文改作。

山澤損					
屬土　艮上兌下（艮宮第四卦）					
爻位	卦　形	六親	納甲五行	世應	世身
上九	▅▅▅▅▅	官鬼	丙寅木	應	
六五	▅▅　▅▅	妻財	丙子水		
六四	▅▅　▅▅	兄弟	丙戌土		
六三	▅▅　▅▅	兄弟	丁丑土	世	
九二	▅▅▅▅▅	官鬼	丁卯木		身
初九	▅▅▅▅▅	父母	丁巳火		

鑿石見玉之卦，握土為山之象。

【判曰】：損者，益也。損下益上㊀，後易先難。本非走失，事主憂官。必損而已，何以為安。

【六爻斷】

初九：已事遄往，无咎，酌損之。

九二：利貞，征凶，弗損益之。

六三：三人行，則損一人；一人行，則得其友。

六四：損其疾，使遄有喜，无咎。

六五：或益之十朋之龜，弗克違，元吉。

上九：弗損益之，无咎，貞吉，利有攸往，得臣无家。

注釋

①遄（chuán）：快；疾速。

火澤睽					
屬土　離上兌下（艮宮第五卦）					
爻位	卦　形	六親	納甲五行	世應	世身
上九	▅▅▅▅▅	父母	己巳火		
六五	▅▅　▅▅	兄弟	己未土		
九四	▅▅▅▅▅	子孫	己酉金	世	身
六三	▅▅　▅▅	兄弟	丁丑土		
九二	▅▅▅▅▅	官鬼	丁卯木		
初九	▅▅▅▅▅	父母	丁巳火	應	

猛虎陷阱之卦，二女同居之象。

【判曰】：睽者，背也。兩情相違，大事非吉，小事無違㊀，口舌相伴。財散人離，病者難瘥，行者不歸。

【六爻斷】

初九：悔亡。喪馬，勿逐，自復。見惡人，无咎。

九二：遇主于巷，无咎。

六三：見輿曳，其牛掣，其人天且劓，无初有終。

九四：睽孤，遇元夫，交孚，厲无咎。

六五：悔亡，厥宗噬膚，往何咎？

校勘記

㊀「損下益上」，原本作「損上益下」，疑誤，據《新鍥斷易天機・卷三・山澤損》原文改作。

上九：睽孤，見豕負塗，載鬼一車。先張之弧，後說之弧，匪寇婚媾，往遇雨則吉。

注釋

①瘥（chài）：病癒。

②掣（chè）：牽引；拉。

③劓（yì）：劓刑。割鼻的刑罰，古代五刑之一。

校勘記

㊀「兩情相違，大事非吉，小事無違」，原本作「志不相得，作事乖違」，疑誤，據《新鍥斷易天機·卷三·火澤睽》原文改作。

天澤履					
屬土　乾上兌下（艮宮第六卦）					
爻位	卦　形	六親	納甲五行	世應	世身
上九	▅▅▅▅	兄弟	壬戌土		
九五	▅▅▅▅	子孫	壬申金	世	
九四	▅▅▅▅	父母	壬午火		
六三	▅▅　▅▅	兄弟	丁丑土		身
九二	▅▅▅▅	官鬼	丁卯木	應	
初九	▅▅▅▅	父母	丁巳火		

如履虎尾之卦，安中防危之象。

【判曰】：履者，禮也。如履虎尾，防慮宜深，堅冰之患，戒慎兢兢①。安中防危，憂中望喜，眇②而能視，跛③而能履。

【六爻斷】

初九：素履，往，无咎。

九二：履道坦坦，幽人貞吉。

六三：眇能視，跛能履，履虎尾，咥人凶。武人為于大君。

九四：履虎尾，愬愬④，終吉。

九五：夬履，貞厲。

上九：視履考祥，其旋元吉。

注釋

①戒慎兢兢（jiè shèn jīng jīng）：警惕謹慎，小心謹慎。

②眇（miǎo）：一隻眼小。引申眼睛失明，或一目失明。

③跛（bǒ）：瘸；腿或腳有毛病。

④愬愬（shuò）：恐懼貌。

風澤中孚					
屬土　巽上兌下（艮宮遊魂卦）					
爻位	卦　形	六親	納甲五行	世應	世身
上九	⚊	官鬼	辛卯木		
九五	⚊	父母	辛巳火		
六四	⚋	兄弟	辛未土	世	
六三	⚋	兄弟	丁丑土		
九二	⚊	官鬼	丁卯木		身
初九	⚊	父母	丁巳火	應	

鶴鳴子和之卦，事有定期之象。

【判曰】：中孚，信也。天地養育，萬物安居，澤被草木，信及豚魚①。利涉大川，厄難消除。

【六爻斷】

初九：虞②吉，有他不燕。

九二：鳴鶴在陰，其子和之。我有好爵，吾與爾靡③之。

六三：得敵，或鼓、或罷、或泣、或歌。

六四：月幾望，馬匹亡，无咎。

九五：有孚攣④如，无咎。

上九：翰音⑤登于天，貞凶。

注釋

①豚（tún）魚：豚和魚。多比喻微賤之物。

②虞（yú）：通「娛」。

③靡（mí）：共飲；共享。

④攣（luán）：維繫，牽繫。

⑤翰（hàn）音：飛向高空的聲音。比喻徒有虛聲。

風山漸					
屬土　巽上艮下（艮宮歸魂卦）					
爻位	卦　形	六親	納甲五行	世應	世身
上九	▅▅▅▅▅	官鬼	辛卯木	應	
九五	▅▅▅▅▅	父母	辛巳火		
六四	▅▅　▅▅	兄弟	辛未土		
九三	▅▅▅▅▅	子孫	丙申金	世	身
六二	▅▅　▅▅	父母	丙午火		
初六	▅▅　▅▅	兄弟	丙辰土		

高山植木之卦，積小成大之象。

【判曰】：漸者，進也。漸進之義，動靜皆宜，食無求飽，款曲施為。婚姻必得，行人必歸，即日相見，開門待之㈠。

【六爻斷】

初六：鴻漸于干，小子厲，有言，无咎。

六二：鴻漸于磐，飲食衎衎①，吉。

九三：鴻漸于陸，夫征不復，婦孕不育，凶。利禦寇。

六四：鴻漸于木，或得其桷②，无咎。

九五：鴻漸于陵，婦三歲不孕，終莫之勝，吉。

上九：鴻漸于陸，其羽可用為儀，吉。

注釋

①衎衎（kàn）：和樂貌。

②桷（jué）：指橫平可作桷的樹枝。

校勘記

㈠「婚姻必得，行人必歸，即日相見，開門待之」，原本作「婚姻和合，行人將歸」，疑誤，據《新鍥斷易天機・卷三・風山漸》原文改作。

震為雷					
屬木　震上震下（六沖）（震宮首卦）					
爻位	卦　形	六親	納甲五行	世應	世身
上六	▅▅　▅▅	妻財	庚戌土	世	
六五	▅▅　▅▅	官鬼	庚申金		身
九四	▅▅▅▅▅	子孫	庚午火		
六三	▅▅　▅▅	妻財	庚辰土	應	
六二	▅▅　▅▅	兄弟	庚寅木		
初九	▅▅▅▅▅	父母	庚子水		

震驚百里之卦，有聲無形之象。

【判曰】：震者，動也。重雷發響，百里飛聲，無事之者，愕然①而驚。求謀不遂㈠，官爵難成，空聞其響，不見其形。

【六爻斷】

初九：震來虩虩，後笑言啞啞，吉。

六二：震來厲，億喪貝，躋②于九陵，勿逐七日得。

六三：震蘇蘇，震行无眚③。

九四：震遂泥。

六五：震往來厲，億无喪有事。

上六：震索索，視矍矍④，征凶。震不于其躬，于其鄰，无咎。婚媾有言。

注釋

①愕（è）然：驚訝貌。

②躋（jī）：升，登。

③眚（shěng）：過錯；災難。

④矍矍（jué）：驚懼四顧貌。

校勘記

㈠「求謀不遂」，原本作「求謀和遂」，疑誤，據《新鍥斷易天機·卷三·震為雷》原文改作。

雷地豫					
屬木　震上坤下（六合）（震宮第二卦）					
爻位	卦　形	六親	納甲五行	世應	世身
上六	▅▅　▅▅	妻財	庚戌土		
六五	▅▅　▅▅	官鬼	庚申金		
九四	▅▅▅▅▅	子孫	庚午火	應	
六三	▅▅　▅▅	兄弟	乙卯木		
六二	▅▅　▅▅	子孫	乙巳火		身
初六	▅▅　▅▅	妻財	乙未土	世	

鸞鳳①生雛②之卦，萬物發榮之象。

【判曰】：豫者，悅也。雷出于地，開蟄鼓翼，天地順動，日時不忒。先王制禮，殷薦崇德，凡事無疑，上下悅懌③。

【六爻斷】

初六：鳴豫，凶。

六二：介于石，不終日，貞吉。

六三：盱④豫，悔，遲有悔。

九四：由豫，大有得。勿疑，朋盍簪⑤。

六五：貞疾，恒不死。

上六：冥豫⑥，成有渝，无咎。

注釋

①鸞（luán）鳳：鸞鳥與鳳凰。

②雛（chú）：幼小的鳥。

③悅懌（yuè yì）：歡樂；愉快。

④盱（xū）：睜大眼睛。

⑤盍簪（hé zān）：孔穎達疏：「群朋合聚而疾來也」。後以指士人聚會。

⑥冥豫（míng yù）：謂耽於逸樂。

雷水解					
屬木　震上坎下（震宮第三卦）					
爻位	卦　形	六親	納甲五行	世應	世身
上六	⚋	妻財	庚戌土		
六五	⚋	官鬼	庚申金	應	身
九四	⚊	子孫	庚午火		
六三	⚋	子孫	戊午火		
九二	⚊	妻財	戊辰土	世	
初六	⚋	兄弟	戊寅木		

春雷行雨之卦，憂散喜生之象。

【判曰】：解者，散也。出于險難，惡事消散，獄訟可釋，共相歌贊。婚不和諧，人如隔面，久患在床，今當冰泮①。

【六爻斷】

初六：无咎。

九二：田獲三狐，得黃矢，貞吉。

六三：負且乘，致寇至，貞吝。

九四：解而拇②，朋至斯孚。

六五：君子維有解，吉，有孚于小人。

上六：公用射隼③于高墉④之上，獲之，无不利。

注釋

①冰泮（bīng pàn）：指冰開始融解，也比喻瓦解、消失。

②拇（mǔ）：手大指。

③射隼（sǔn）：隼，一種兇猛的鳥。後即以「射隼」為待機殲敵之喻。

④高墉（yōng）：城牆，高牆。

雷風恒					
屬木　震上巽下（震宮第四卦）					
爻位	卦　形	六親	納甲五行	世應	世身
上六	⚋	妻財	庚戌土	應	
六五	⚋	官鬼	庚申金		
九四	⚊	子孫	庚午火		身
九三	⚊	官鬼	辛酉金	世	
九二	⚊	父母	辛亥水		
初六	⚋	妻財	辛丑土		

日月長明之卦，四時不忒①之象。

【判曰】：恒者，久也。恒㊀久安靜，不動為良，四時變化，天道之常。日月運轉，普照其光，君子以立，不易其方。

【六爻斷】

初六：浚恒②，貞凶无攸利。

九二：悔亡。

九三：不恒其德，或承之羞，貞吝。

九四：田无禽。

六五：恒其德，貞。婦人吉，夫子凶。

上六：振恒，凶。

注釋

①四時不忒（tè）：指春夏秋冬四時沒有變更，沒有差錯。

②浚（jùn）恒：謂求之太過，超出恒常。

校勘記

㈠「恒」，原本作「長」，疑誤，據《新鍥斷易天機・卷三・雷風恒》原文改作。

地風升					
屬木　坤上巽下（震宮第五卦）					
爻位	卦　形	六親	納甲五行	世應	世身
上六	▅▅ ▅▅	官鬼	癸酉金		
六五	▅▅ ▅▅	父母	癸亥水		
六四	▅▅ ▅▅	妻財	癸丑土	世	
九三	▅▅▅▅▅	官鬼	辛酉金		
九二	▅▅▅▅▅	父母	辛亥水		身
初六	▅▅ ▅▅	妻財	辛丑土	應	

靈鳥翱翔之卦，顯達光明之象。

【判曰】：升者，進也。木生于土，萌芽漸長，積小成大，升進而上。宜見王公，利有攸往㊀，出闇向明，亨通之象。

【六爻斷】

初六：允升，大吉。

九二：孚乃利用禴，无咎。

九三：升虛邑。

六四：王用亨于岐山，吉，无咎。

六五：貞吉，升階。

上六：冥升，利于不息之貞。

校勘記

㊀「利有攸往」，原本作「褒嘉歡賞」，疑誤，據《新鍥斷易天機·卷三·地風升》原文改作。

水風井					
屬木　坎上巽下（震宮第六卦）					
爻位	卦　形	六親	納甲五行	世應	世身
上六	▅▅　▅▅	父母	戊子水		
九五	▅▅▅▅▅	妻財	戊戌土	世	身
六四	▅▅　▅▅	官鬼	戊申金		
九三	▅▅▅▅▅	官鬼	辛酉金		
九二	▅▅▅▅▅	父母	辛亥水	應	
初六	▅▅　▅▅	妻財	辛丑土		

珠藏深淵之卦，守靜安常之象。

【判曰】：井者，靜也。邑乃可改，井不可移，安身勿動，守道無虧。所作于人，且宜修之，逃亡難得，應沒還期。

【六爻斷】

初六：井泥不食，舊井无禽。

九二：井谷射鮒[1]，甕[2]敝[3]漏。

九三：井渫不食[4]，為我心惻。可用汲，王明，並受其福。

六四：井甃[5]，无咎。

九五：井洌[6]，寒泉食。

上六：井收勿幕，有孚元吉。

注釋

①鮒（fù）：蛤蟆。

②甕（wèng）：汲水罐。

③敝（bì）：破舊。

④渫（xiè）：淘；淘去泥污。

⑤井甃（zhòu）：修井。

⑥洌（liè）：寒冷。王弼注：洌，潔也。

澤風大過					
屬木　兌上巽下（震宮遊魂卦）					
爻位	卦　形	六親	納甲五行	世應	世身
上六	▅▅　▅▅	妻財	丁未土		身
九五	▅▅▅▅▅	官鬼	丁酉金		
九四	▅▅▅▅▅	父母	丁亥水	世	
九三	▅▅▅▅▅	官鬼	辛酉金		
九二	▅▅▅▅▅	父母	辛亥水		
初六	▅▅　▅▅	妻財	辛丑土	應	

寒木生花之卦，本末俱弱之象。

【判曰】：大過者，禍也。澤下有風，觸事不貞，憂以大過㊀，事卒難明。兩刑兩剋，所求不成，枯楊借生，自滅之徵①。

【六爻斷】

初六：藉用白茅，无咎。

九二：枯楊生稊②，老夫得其女妻，无不利。

九三：棟橈③，凶。

九四：棟隆吉，有他吝。

九五：枯楊生華，老婦得其士夫，无咎

无譽。

上六：過涉滅頂凶，无咎。

注釋

①徵（zhēng）：預兆；跡象，表露出來的不很顯著的情況，可藉以推斷過去或將來。

②稊（tí）：楊柳新長出的嫩芽。

③棟橈（dòng ráo）：屋樑脆弱曲折。

校勘記

㊀「澤下有風，觸事不貞，憂以大過」，原本作「四陽過盛，上下不勝，棟橈之象」，疑誤，據《新鍥斷易天機·卷三·澤風大過》原文改作。

澤雷隨					
屬木　兌上震下（震宮歸魂卦）					
爻位	卦　形	六親	納甲五行	世應	世身
上六	▅▅　▅▅	妻財	丁未土	應	
九五	▅▅▅▅▅	官鬼	丁酉金		身
九四	▅▅▅▅▅	父母	丁亥水		
六三	▅▅　▅▅	妻財	庚辰土	世	
六二	▅▅　▅▅	兄弟	庚寅木		
初九	▅▅▅▅▅	父母	庚子水		

良工琢玉之卦，如水推車之象。

【判曰】：隨者，順也。上剛下柔，隨時之義，改故鼎新，眾美俱至。士子得官，宜增祿位，凡百遂心㊀，吉無不利。

【六爻斷】

初九：官有渝，貞吉。出門交有功。

六二：係小子，失丈夫。

六三：係丈夫，失小子。隨有求得，利居貞。

九四：隨有獲，貞凶。有孚在道以明，何咎？

九五：孚于嘉，吉。

上六：拘係之，乃從維之。王用亨于西山。

注釋

①琢（zhuó）玉：雕刻加工玉石。

校勘記

㊀「凡百遂心」，原本作「百事遂意」，疑誤，據《新鍥斷易天機・卷三・澤雷隨》原文改作。

巽為風					
屬木　巽上巽下（六冲）（巽宮首卦）					
爻位	卦　形	六親	納甲五行	世應	世身
上九	▅▅▅▅▅	兄弟	辛卯木	世	
九五	▅▅▅▅▅	子孫	辛巳火		
六四	▅▅　▅▅	妻財	辛未土		身
九三	▅▅▅▅▅	官鬼	辛酉金	應	
九二	▅▅▅▅▅	父母	辛亥水		
初六	▅▅　▅▅	妻財	辛丑土		

風行草偃①之卦，上行下效之象。

【判曰】：巽者，順也。乃順成天，動用相尚，消息交通，無諸蔽障②。惡事不同，風飄其響，所作隨順，進達之象。

【六爻斷】

初六：進退，利武人之貞。

九二：巽在床下，用史巫紛若，吉，无咎。

九三：頻巽，吝。

六四：悔亡，田獲三品。

九五：貞吉，悔亡，无不利，无初有終。先庚三日，後庚三日，吉。

上九：巽在牀下，喪其資斧，貞凶。

注釋

①風行草偃（yǎn）：《論語・顏淵》：「君子之德風，小人之德草，草上之風，必偃。」比喻庶民被德教感化而順從君上。

②蔽障（bì zhàng）：阻隔；阻礙。

風天小畜					
屬木　巽上乾下（巽宮第二卦）					
爻位	卦　形	六親	納甲五行	世應	世身
上九	▅▅▅▅▅	兄弟	辛卯木		
九五	▅▅▅▅▅	子孫	辛巳火		
六四	▅▅　▅▅	妻財	辛未土	應	
九三	▅▅▅▅▅	妻財	甲辰土		
九二	▅▅▅▅▅	兄弟	甲寅木		
初九	▅▅▅▅▅	父母	甲子水	世	身

匣藏寶劍之卦，密雲不雨之象。

【判曰】：小畜者，塞也。密雲不雨，夫婦反覆，信息不通，出行卻伏。求事不成，遲而未速。

【六爻斷】

初九：復自道，何其咎，吉。

九二：牽復，吉。

九三：輿說輻，夫妻反目。

六四：有孚，血去惕出，无咎。

九五：有孚攣如，富以其鄰。

上九：既雨既處，尚德載，婦貞厲。月幾望，君子征凶。

風火家人					
屬木　巽上離下（巽宮第三卦）					
爻位	卦　形	六親	納甲五行	世應	世身
上九	▅▅▅▅▅	兄弟	辛卯木		
九五	▅▅▅▅▅	子孫	辛巳火	應	
六四	▅▅　▅▅	妻財	辛未土		
九三	▅▅▅▅▅	父母	己亥水		
六二	▅▅　▅▅	妻財	己丑土	世	身
初九	▅▅▅▅▅	兄弟	己卯木		

入海求珠之卦，開花結子之象。

【判曰】：家人者，同也。陰陽得位，夫婦克隆①。田土㊀增廣，財入本宮。婚姻之道，以存始終。不求自合，家慶融融。

【六爻斷】

初九：閑有家，悔亡。

六二：无攸遂，在中饋②，貞吉。

九三：家人嗃嗃③，悔厲吉。婦子嘻嘻，終吝。

六四：富家，大吉。

九五：王假有家，勿恤吉。

上九：有孚威如，終吉。

注釋

①克隆：興隆，昌盛。

②中饋（kuì）：指家中供膳諸事。也指妻室。

③嗃嗃（hè）：嚴厲；嚴酷貌。

校勘記

㊀「田土」，原本作「田木」，疑誤，據《新鍥斷易天機・卷四・風火家人》原文改作。

風雷益					
屬木　巽上震下（巽宮第四卦）					
爻位	卦　形	六親	納甲五行	世應	世身
上九	⚊	兄弟	辛卯木	應	
九五	⚊	子孫	辛巳火		身
六四	⚋	妻財	辛未土		
六三	⚋	妻財	庚辰土	世	
六二	⚋	兄弟	庚寅木		
初九	⚊	父母	庚子水		

鴻鵠①遇風之卦，河水添河㊀之象。

【判曰】：益者，損也。風雷相舉，益道如然，小人達情，刑獄之愆②。君子位變，見善則遷，利有攸往，行人速還。

【六爻斷】

初九：利用為大作，元吉，无咎。

六二：或益之十朋之龜，弗克違，永貞吉。王用享于帝，吉。

六三：益之用凶事，无咎。有孚中行，告公用圭③。

六四：中行，告公從，利用為依遷國。
九五：有孚惠心，勿問元吉，有孚惠我德。
上九：莫益之，或擊之。立心勿恒，凶。

注釋

①鴻鵠（hóng hú）：鴻雁與天鵝。
②愆（qiān）：過錯；罪過。
③告公用圭（guī）：古代帝王與公、侯、伯、子、男五等諸侯於朝聘時各執玉圭以為信符。圭有六種，表不同的爵秩等級。

校勘記

㊀「河水添河」，原本作「滴水天河」，疑誤，據《新鍥斷易天機・卷四・風雷益》原文改作。

天雷无妄					
屬木　乾上震下（六沖）（巽宮第五卦）					
爻位	卦　形	六親	納甲五行	世應	世身
上九	▅▅▅▅▅	妻財	壬戌土		
九五	▅▅▅▅▅	官鬼	壬申金		
九四	▅▅▅▅▅	子孫	壬午火	世	
六三	▅▅　▅▅	妻財	庚辰土		
六二	▅▅　▅▅	兄弟	庚寅木		
初九	▅▅▅▅▅	父母	庚子水	應	身

石中蘊①玉之卦，守舊安常之象。

【判曰】：无妄者，天災也。天雷震響，驚怖如摧，病勿與藥，雖凶可為。先凶後吉，散而復來，災不為害，居安慮危㊀。

【六爻斷】

初九：无妄，往吉。

六二：不耕獲，不菑畬②，則利有攸往。

六三：无妄之災，或繫之牛，行人之得，邑人之災。

九四：可貞，无咎。

九五：无妄之疾，勿藥有喜。

上九：无妄行有眚，无攸利。

注釋

①蘊（yùn）：積聚，蓄藏。

②菑畬（zī shē）：耕耘。

校勘記

㊀「先凶後吉，散而復來，災不為害，居安慮危」，原本作「百凡謀望，居安慮危」，疑誤，據《新鍥斷易天機・卷四・天雷无妄》原文改作。

火雷噬嗑					
屬木　離上震下（巽宮第六卦）					
爻位	卦　形	六親	納甲五行	世應	世身
上九	▅▅▅▅▅	子孫	己巳火		
六五	▅▅　▅▅	妻財	己未土	世	
九四	▅▅▅▅▅	官鬼	己酉金		
六三	▅▅　▅▅	妻財	庚辰土		
六二	▅▅　▅▅	兄弟	庚寅木	應	身
初九	▅▅▅▅▅	父母	庚子水		

日中為市之卦，頤中有物之象。

【判曰】：噬嗑者，囓①也。上下相合，物在頤間，飲食之事，聚會相延。財爻持世，求之不難，所為事理，內外俱安。動無不吉，盡獲周旋㊀。

【六爻斷】

初九：屨校②滅趾，无咎。

六二：噬膚滅鼻，无咎。

六三：噬臘肉，遇毒，小吝，无咎。

九四：噬乾胏③，得金矢，利艱貞，吉。

六五：噬乾肉，得黃金，貞厲，无咎。

上九：何校滅耳，凶。

注釋

①嚙（niè）：用嘴咬。

②屨校（jù xiào）：謂戴上脚鐐。

③胏（zǐ）：乾肉；亦特指連骨的乾肉。

校勘記

㈠「動無不吉，盡獲周旋」，原本脱漏，據《新鍥斷易天機·卷四·火雷噬嗑》原文補入。

龍隱深潭之卦，遷善遠惡之象。

【判曰】：頤者，養也。謹言節食，能養其身，震動艮止，萬物皆春。惡事消散，不害于人。

山雷頤					
屬木　艮上震下（巽宮遊魂卦）					
爻位	卦　形	六親	納甲五行	世應	世身
上九	▅▅▅▅▅	兄弟	丙寅木		
六五	▅▅　▅▅	父母	丙子水		身
六四	▅▅　▅▅	妻財	丙戌土	世	
六三	▅▅　▅▅	妻財	庚辰土		
六二	▅▅　▅▅	兄弟	庚寅木		
初九	▅▅▅▅▅	父母	庚子水	應	

【六爻斷】

初九：舍爾靈龜，觀我朵頤，凶。

六二：顛頤①拂經②，于丘頤，征凶。

六三：拂頤貞凶。十年勿用，无攸利。

六四：顛頤吉，虎視眈眈③，其欲逐逐，无咎。

六五：拂經，居貞吉，不可涉④大川。

上九：由頤厲吉，利涉大川。

注釋

①顛頤（diān yí）：謂在上養在下者。

②拂（fú）經：違反常理。

③虎視眈眈（dān）：眈眈：注視的樣子。象老虎那樣兇狠地盯著。形容心懷不善，伺機攫取。

④涉（shè）：趟水過河。

山風蠱					
屬木　艮上巽下（巽宮歸魂卦）					
爻位	卦　形	六親	納甲五行	世應	世身
上九	⚊	兄弟	丙寅木	應	
六五	⚋	父母	丙子水		
六四	⚋	妻財	丙戌土		身
九三	⚊	官鬼	辛酉金	世	
九二	⚊	父母	辛亥水		
初六	⚋	妻財	辛丑土		

三蠱㊀食血之卦，以惡害義之象。

【判曰】：蠱者，事也。幹父之蠱㊁，任用于先，三蠱㊂在器，陰害相連。厭昧之事，其疾難痊，官鬼持世，憂病憂官㊃。

【六爻斷】

初六：幹父之蠱，有子，考无咎，厲，終吉。

九二：幹母之蠱，不可貞。

九三：幹父之蠱，小有悔，无大咎。

六四：裕父之蠱，往見吝。

六五：幹父之蠱，用譽。

上九：不事王侯，高尚其事。

校勘記

㈠㈢「三蠱」，原本作「三蟲」，疑誤，據《新鍥斷易天機・卷四・山風蠱》原文改作。

㈡「蠱」，原本作「體」，疑誤，據《新鍥斷易天機・卷四・山風蠱》原文改作。

㈣「官鬼持世，憂病憂官」，原本作「求謀欲起，慮恐相干」，疑誤，據《新鍥斷易天機・卷四・山風蠱》原文改作。

離為火					
屬火　離上離下（六沖）（離宮首卦）					
爻位	卦　形	六親	納甲五行	世應	世身
上九	▅▅▅▅▅	兄弟	己巳火	世	身
六五	▅▅　▅▅	子孫	己未土		
九四	▅▅▅▅▅	妻財	己酉金		
九三	▅▅▅▅▅	官鬼	己亥水	應	
六二	▅▅　▅▅	子孫	己丑土		
初九	▅▅▅▅▅	父母	己卯木		

飛禽遇網之卦，大明當天之象。

【判曰】：離者，麗也。光明美麗，不利出師，二鳥同飛，雄失其雌。婚姻未合，易起官非，口舌相尚，財散人離。

【六爻斷】

初九：履錯然，敬之，无咎。

六二：黃離，元吉。

九三：日昃之離，不鼓缶而歌，則大耋之嗟，凶。

九四：突如其來如，焚如，死如，棄如。

六五：出涕沱若③，戚嗟若，吉。

上九：王用出征，有嘉折首，獲匪其醜，无咎。

注釋

①雌（cí）：母鳥。引申為母的。

②大耋（dié）：古八十歲曰耋。一說指七十歲。故以「大耋」指老年人，或指高齡。

③出涕沱（tì tuó）若：慟哭的，淚如雨下的。

火山旅					
屬火　離上艮下（六合）（離宮第二卦）					
爻位	卦　形	六親	納甲五行	世應	世身
上九	▅▅▅▅▅	兄弟	己巳火		
六五	▅▅　▅▅	子孫	己未土		身
九四	▅▅▅▅▅	妻財	己酉金	應	
九三	▅▅▅▅▅	妻財	丙申金		
六二	▅▅　▅▅	兄弟	丙午火		
初六	▅▅　▅▅	子孫	丙辰土	世	

如鳥焚巢①之卦，樂極哀生之象。

【判曰】：旅者，客也。長途落落，羈旅淒淒②，火行山上，逐草高低。如鳥焚巢，無枝可棲③，雖然先笑，後有悲啼。

【六爻斷】

初六：旅瑣瑣④，斯其所取災。

六二：旅即次，懷其資，得童僕貞。

九三：旅焚其次，喪其童僕，貞厲。

九四：旅于處，得其資斧⑤，我心不快。

六五：射雉⑥，一矢亡，終以譽命。

上九：鳥焚其巢，旅人先笑後號咷⑦。喪牛于易，凶。

注釋

①巢（cháo）：鳥的窩。

②羈旅淒淒（jī lǚ qī qī）：指客居異鄉的人，悲傷淒涼。

③棲（qī）：此處指鳥類歇息。

④瑣瑣（suǒ suǒ）：疑慮不定。

⑤資斧：貨財器用。

⑥射雉（zhì）：射獵野雞。古代的一種田獵活動。

⑦號咷（táo）：大聲的哭喊。

火風鼎					
屬火　離上巽下（離宮第三卦）					
爻位	卦　形	六親	納甲五行	世應	世身
上九	⚊	兄弟	己巳火		身
六五	⚋	子孫	己未土	應	
九四	⚊	妻財	己酉金		
九三	⚊	妻財	辛酉金		
九二	⚊	官鬼	辛亥水	世	
初六	⚋	子孫	辛丑土		

調和鼎鼐[1]之卦，去故取新之象。

【判曰】：鼎者，定也。鼎象九州[2]，和羹[3]之器，變生為熟，以成香味。鼎乃易溢[4]，不宜爭事，官鬼持世，求官最利。

【六爻斷】

初六：鼎顛趾，利出否。得妾[5]以其子，无咎。

九二：鼎有實，我仇有疾，不我能即，吉。

九三：鼎耳革，其行塞。雉膏不食，方雨虧悔，終吉。

九四：鼎折足，覆公餗⑥，其形渥⑦，凶。
六五：鼎黃耳，金鉉⑧，利貞。
上九：鼎玉鉉⑨，大吉，无不利。

注釋

①調和鼎鼐（dǐng nài）：鼎和鼐，是古代兩種烹飪器具，用於調和五味。因古代宰相治理天下，揆度百事，就如同在鼎中調味一般。故以鼎鼐比喻宰相的職位。
②鼎（dǐng）象九州：相傳夏禹鑄九鼎，象徵九州，夏商周三代奉為象徵國家政權的傳國之寶。戰國時，秦楚皆有興師到周求鼎之事。周顯王時，九鼎沒於泗水彭城下。
③和羹（gēng）：配以不同調味品而製成的羹湯。
④溢（yì）：水漫出來。
⑤妾（qiè）：妻子之外另娶的女人。
⑥餗（sù）：鼎中的食物。泛指佳餚美味。
⑦渥（wò）：沾潤。通「剭（wū）」。剭誅。古代誅殺貴族在屋內行刑，不暴露於市。
⑧金鉉（xuàn）：舉鼎具。貫穿鼎上兩耳的橫杆。金屬制，用以提鼎。
⑨玉鉉：玉制的舉鼎之具。狀如鉤，用以提鼎之兩耳。孔穎達疏：「鼎玉鉉者，玉

者，堅剛而有潤者也。上九，居鼎之終，鼎道之成，體剛處柔，則是用玉鉉以自舉者也，故曰『鼎玉鉉』也」。

火水未濟					
屬火　離上坎下（離宮第四卦）					
爻位	卦　形	六親	納甲五行	世應	世身
上九	▅▅▅▅▅	兄弟	己巳火	應	
六五	▅▅　▅▅	子孫	己未土		
九四	▅▅▅▅▅	妻財	己酉金		
六三	▅▅　▅▅	兄弟	戊午火	世	
九二	▅▅▅▅▅	子孫	戊辰土		
初六	▅▅　▅▅	父母	戊寅木		身

竭海求珠之卦，憂中望喜之象。

【判曰】：未濟者，失也。水火不交，剛柔失位，求事未成，多有壅滯①。如狐渡㊀水，必濡其尾，積小成大，謂之未濟。

【六爻斷】

初六：濡其尾，吝。

九二：曳其輪，貞吉。

六三：未濟，征凶，利涉大川。

九四：貞吉，悔亡。震用伐鬼方，三年有賞于大國。

六五：貞吉，无悔。君子之光，有孚，吉。

上九：有孚于飲酒，无咎。濡其首，有孚失是。

注釋

①壅滯（yōng zhì）：阻隔；堵塞。

校勘記

㊀「渡」，原本作「度」，疑誤，按現代用字方式改作。

山水蒙

屬火　艮上坎下（離宮第五卦）

爻位	卦　形	六親	納甲五行	世應	世身
上九	▅▅▅▅▅	父母	丙寅木		
六五	▅▅　▅▅	官鬼	丙子水		身
六四	▅▅　▅▅	子孫	丙戌土	世	
六三	▅▅　▅▅	兄弟	戊午火		
九二	▅▅▅▅▅	子孫	戊辰土		
初六	▅▅　▅▅	父母	戊寅木	應	

人藏祿寶㊀之卦，萬物始生之象。

【判曰】：蒙者，昧也。蒙以養正，山下有泉，回還反覆，迷悶相連。多憂過失，病患相纏，欲進欲退，疑惑不前。

【六爻斷】

初六：發蒙，利用刑人，用說桎梏①，以往吝。

九二：包蒙吉，納婦吉，子克家。

六三：勿用取女，見金夫，不有躬，无攸利。

六四：困蒙，吝。
六五：童蒙，吉㈡。
上九：擊蒙，不利為寇，利禦寇。

注釋

①桎梏（zhì gù）：刑具。腳鐐手銬。

校勘記

㈠「祿寶」，原本作「煙草」，疑誤，據《新鍥斷易天機·卷四·山水蒙》原文改作。
㈡「吉」，原本作「吝」，疑誤，據《周易本義·山水蒙》原文改作。

風水渙					
屬火　巽上坎下（離宮第六卦）					
爻位	卦　形	六親	納甲五行	世應	世身
上九	⚊	父母	辛卯木		身
九五	⚊	兄弟	辛巳火	世	
六四	⚋	子孫	辛未土		
六三	⚋	兄弟	戊午火		
九二	⚊	子孫	戊辰土	應	
初六	⚋	父母	戊寅木		

順水行舟之卦，大風吹物之象。

【判曰】：渙者，散也。逐波隨水，患難將消，惡事離身，獄訟出牢。利涉大川，舟楫①遙遙，出入無滯，福德滔滔。

【六爻斷】

初六：用拯，馬壯，吉。

九二：渙奔其機，悔亡。

六三：渙其躬，无悔。

六四：渙其群，元吉。渙有丘，匪夷所思。

九五：渙汗其大號，渙王居，无咎。

上九：渙其血去，逖②出，无咎。

注釋

①舟楫（zhōu jí）：船和槳。後以「舟楫」泛指船隻。

②逖（tì）：遠。

天水訟

屬火　乾上坎下（離宮遊魂卦）					
爻位	卦　形	六親	納甲五行	世應	世身
上九	▅▅▅▅▅	子孫	壬戌土		
九五	▅▅▅▅▅	妻財	壬申金		
九四	▅▅▅▅▅	兄弟	壬午火	世	
六三	▅▅　▅▅	兄弟	戊午火		
九二	▅▅▅▅▅	子孫	戊辰土		
初六	▅▅　▅▅	父母	戊寅木	應	身

縱鷹逐兔之卦，天水相違之象。

【判曰】：訟者，論也。天道西往，水脈東流，求事未遂，心常懷憂。爭訟宜止，可用和休。

【六爻斷】

初六：不永所事，小有言，終吉。

九二：不克訟，歸而逋①。其邑人三百戶，无眚。

六三：食舊德，貞，厲終吉。或從王事，无成。

九四：不克訟，復即命，渝，安貞，吉。

九五：訟，元吉。

上九：或錫之鞶帶②，終朝三褫③之。

注釋

①逋（bū）：逃亡，逃跑。

②鞶（pán）帶：皮制的大帶，為古代官員的服飾。

③褫（chǐ）：奪去衣服。脫去，解下，剝奪。

天火同人					
屬火　乾上離下（離宮歸魂卦）					
爻位	卦　形	六親	納甲五行	世應	世身
上九	▅▅▅▅▅	子孫	壬戌土	應	身
九五	▅▅▅▅▅	妻財	壬申金		
九四	▅▅▅▅▅	兄弟	壬午火		
九三	▅▅▅▅▅	官鬼	己亥水	世	
六二	▅▅　▅▅	子孫	己丑土		
初九	▅▅▅▅▅	父母	己卯木		

游魚從水之卦，管鮑分金之象。

【判曰】：同人者，親也。同心之言，其臭如蘭，二人同心，其利斷金。所求皆得，無不稱心。

【六爻斷】

初九：同人于門，无咎。

六二：同人于宗，吝。

九三：伏戎①于莽②，升其高陵，三歲不興。

九四：乘其墉，弗克攻，吉。

九五：同人先號咷而後笑，大師克相遇。

上九：同人于郊，无悔。

注釋

①伏戎（róng）：埋伏軍隊或刺客。

②莽（mǎng）：草叢。

坤為地					
屬土　坤上坤下（六沖）（坤宮首卦）					
爻位	卦　形	六親	納甲五行	世應	世身
上六	▅▅　▅▅	子孫	癸酉金	世	
六五	▅▅　▅▅	妻財	癸亥水		
六四	▅▅　▅▅	兄弟	癸丑土		身
六三	▅▅　▅▅	官鬼	乙卯木	應	
六二	▅▅　▅▅	父母	乙巳火		
初六	▅▅　▅▅	兄弟	乙未土		

生載萬物之卦，君倡臣和㊀之象。

【判曰】：坤者，順也。乃順成天，萬物資生，用動則濁，用靜則清。所作有順，萬物皆成。

【六爻斷】

初六：履霜，堅冰至。

六二：直方大，不習无不利。

六三：含章①可貞，或從王事，無成有終。

六四：括囊，无咎，无譽。

六五：黃裳，元吉。

上六：龍戰于野，其血玄黃。

用六：利永貞。

注釋

①含章：包含美質。

校勘記

㊀「君倡臣和」，原本作「博厚無疆」，疑誤，據《新鍥斷易天機·卷四·坤為地》原文改作。

地雷復					
屬土　坤上震下（六合）（坤宮第二卦）					
爻位	卦　形	六親	納甲五行	世應	世身
上六	▅▅　▅▅	子孫	癸酉金		
六五	▅▅　▅▅	妻財	癸亥水		
六四	▅▅　▅▅	兄弟	癸丑土	應	
六三	▅▅　▅▅	兄弟	庚辰土		
六二	▅▅　▅▅	官鬼	庚寅木		
初九	▅▅▅▅▅	妻財	庚子水	世	身

淘沙見金之卦，反覆往來之象。

【判曰】：復者，反也。反覆其道，反覆徘徊㊀，內動㊁外順，出入無災㊂。世應相合，遷官益財，失而復得，往而復來。婚姻占得，夫婦和諧。

【六爻斷】

初九：不遠復，无祇①悔，元吉。

六二：休復，吉。

六三：頻復，厲，无咎。

六四：中行獨復。

六五：敦復，无悔。

上六：迷復，凶，有災眚。用行師終有大敗，以其國君凶，至于十年不克征。

注釋

①祇（qí）：大。

校勘記

㈠「反覆其道，反覆徘徊」，原本脱漏，據《新鍥斷易天機·卷四·地雷復》原文補入。

㈡「内動」，原本作「内悦」，疑誤，據其卦象之意改作。

㈢「出入無災」，原本作「舉動無違」，疑誤，據《新鍥斷易天機·卷四·地雷復》原文改作。

地澤臨					
屬土　坤上兌下（坤宮第三卦）					
爻位	卦　形	六親	納甲五行	世應	世身
上六	▅▅ ▅▅	子孫	癸酉金		
六五	▅▅ ▅▅	妻財	癸亥水	應	
六四	▅▅ ▅▅	兄弟	癸丑土		身
六三	▅▅ ▅▅	兄弟	丁丑土		
九二	▅▅▅▅▅	官鬼	丁卯木	世	
初九	▅▅▅▅▅	父母	丁巳火		

鳳入雞群之卦，以上臨下之象。

【判曰】：臨者，大也。以大臨小，以上臨下，內悅外順，婚姻上卦㊀。居官進升，文才和雅，縱有災殃㊁，不能相惹。

【六爻斷】

初九：咸臨，貞吉。

九二：咸臨，吉，无不利。

六三：甘臨，无攸利。既憂之，无咎。

六四：至臨，无咎。

六五：知臨，大君之宜，吉。

上六：敦臨，吉，无咎。

校勘記

㊀「內悅外順，婚姻上卦」，原本作「內柔外和，人非欺詐」，疑誤，據《新鍥斷易天機・卷四・地澤臨》原文改作。

㊁「縱有災殃」，原本作「縱有災害」，疑誤，據《新鍥斷易天機・卷四・地澤臨》原文改作。

地天泰					
屬土　坤上乾下（六合）（坤宮第四卦）					
爻位	卦　形	六親	納甲五行	世應	世身
上六	⚋	子孫	癸酉金	應	
六五	⚋	妻財	癸亥水		身
六四	⚋	兄弟	癸丑土		
九三	⚊	兄弟	甲辰土	世	
九二	⚊	官鬼	甲寅木		
初九	⚊	妻財	甲子水		

天地交泰㊀之卦，小往大來之象。

【判曰】：泰者，通也。天地交泰，陰陽和光，麒麟①悉出，丹鳳來翔。小人道滅，君子道昌，求謀順遂，惡事消亡。

【六爻斷】

初九：拔茅茹以其彙，征吉。

九二：包荒，用馮河，不遐遺②。朋亡，得尚㊁于中行。

九三：无平不陂③，无往不復。艱貞无咎，勿恤其孚，于食有福。

六四：翩翩④，不富以其鄰，不戒以孚。

六五：帝乙歸妹，以祉元吉。

上六：城復于隍⑤，勿用師，自邑告命，貞吝。

注釋

①麒麟(qí lín)：古代傳說中的一種動物。形狀像鹿，頭上有角，全身有鱗甲，尾像牛尾。

古人以為仁獸、瑞獸，拿它象徵祥瑞。

②遐遺（xiá yí）：疏遠遺棄。

③陂（bēi）：山坡；斜坡。

④翩翩（piān piān）：飛行輕快貌。

⑤隍（huáng）：沒有水的護城壕。

校勘記

㈠「天地交泰」，原本作「天地交暢」，疑誤，據《新鍥斷易天機・卷四・地天泰》原文改作。

㈡「得尚」，原本作「不用」，疑誤，據《周易本義・地天泰》原文改作。

雷天大壯					
屬土　震上乾下（六沖）（坤宮第五卦）					
爻位	卦　形	六親	納甲五行	世應	世身
上六	⚋	兄弟	庚戌土		
六五	⚋	子孫	庚申金		
九四	⚊	父母	庚午火	世	
九三	⚊	兄弟	甲辰土		
九二	⚊	官鬼	甲寅木		
初九	⚊	妻財	甲子水	應	身

先順後逆之卦，羝羊觸藩①之象。

【判曰】：大壯者，志也。羝羊觸藩，其道難全，令人剛強，已成過愆。非利勿貪，善莫大焉。

【六爻斷】

初九：壯于趾，征凶，有孚。

九二：貞吉。

九三：小人用壯，君子用罔，貞厲。羝羊觸藩，羸其角。

九四：貞吉，悔亡。藩決不羸，壯于大輿之輹。

六五：喪羊于易，无悔。

上六：羝羊觸藩，不能退㊀，不能遂。无攸利，艱則吉。

注釋

①羝羊觸藩（dī yáng chù fān）：羝羊：公羊。觸：抵撞。藩：籬笆。公羊的角纏在

籬笆上，進退不得。比喻進退兩難。

校勘記

㈠「不能退」，原本脫漏，據《周易本義・雷天大壯》原文補入。

澤天夬					
屬土　兌上乾下（坤宮第六卦）					
爻位	卦　形	六親	納甲五行	世應	世身
上六	▅▅　▅▅	兄弟	丁未土		
九五	▅▅▅▅▅	子孫	丁酉金	世	
九四	▅▅▅▅▅	妻財	丁亥水		身
九三	▅▅▅▅▅	兄弟	甲辰土		
九二	▅▅▅▅▅	官鬼	甲寅木	應	
初九	▅▅▅▅▅	妻財	甲子水		

神劍斬蛟①之卦，先損後益之象。

【判曰】：夬者，決也。乾兌相刑，惡聞其聲，文字契約②，事未易成。必須剛斷，始得吉亨。

【六爻斷】

初九：壯于前趾，往不勝為咎。

九二：惕號㈠，莫夜有戎，勿恤。

九三：壯于頄③，有凶。君子夬夬④，獨行遇雨，若濡有慍⑤，无咎。

九四：臀无膚，其行次且；牽羊悔亡，聞言不信。

九五：莧陸⑥夬夬，中行无咎。

上六：无號，終有凶。

注釋

①蛟（jiāo）：古代傳説中指興風作浪，能發洪水的龍。

②契約：指雙方或多方共同協議訂立的條款、文書。

③頄（qiú）：顴（quán）骨。眼睛下邊兩腮上面突出的顏面骨。

④夬夬：果決貌。

⑤慍（yùn）：含怒，生氣。

⑥莧（xiàn）陸：即商陸。多年生草本，春初發苗，葉卵形而大。夏季開紅紫或白色小花。入秋結實，實多肉，赤黑色。嫩葉可食，其根有毒，可供藥用。

校勘記

㈠「惕號」，原本作「陽號」，疑誤，據《周易本義·澤天夬》原文改作。

水天需					
屬土　坎上乾下（坤宮遊魂卦）					
爻位	卦　形	六親	納甲五行	世應	世身
上六	▅▅　▅▅	妻財	戊子水		
九五	▅▅▅▅▅	兄弟	戊戌土		
六四	▅▅　▅▅	子孫	戊申金	世	
九三	▅▅▅▅▅	兄弟	甲辰土		身
九二	▅▅▅▅▅	官鬼	甲寅木		
初九	▅▅▅▅▅	妻財	甲子水	應	

雲靄①中天之卦，密雲不雨之象。

【判曰】：需者，須也。雲行于天，見險不前，身將有危㊀，恐被勾連。大事欲至，憂慮懸懸，光亨貞吉，利涉大川。

【六爻斷】

初九：需于郊，利用恒，无咎。

九二：需于沙，小有言，終吉。

九三：需于泥，致寇至。

六四：需于血，出自穴。

九五：需于酒食，貞吉。

上六：入于穴，有不速之客三人來，敬之，終吉。

注釋

①雲靄（ǎi）：雲氣，雲霧。

校勘記

㊀「身將有危」，原本作「將身有厄」，疑誤，據《新鍥斷易天機・卷四・水天需》原文改作。

水地比					
屬土　坎上坤下（坤宮歸魂卦）					
爻位	卦　形	六親	納甲五行	世應	世身
上六	▅▅　▅▅	妻財	戊子水	應	
九五	▅▅▅▅▅	兄弟	戊戌土		
六四	▅▅　▅▅	子孫	戊申金		身
六三	▅▅　▅▅	官鬼	乙卯木	世	
六二	▅▅　▅▅	父母	乙巳火		
初六	▅▅　▅▅	兄弟	乙未土		

眾星拱北①之卦，水行地上之象。

【判曰】：比者，和也。撫臨萬國，內通外流，水流㊀于地，本性和柔。先王制禮，以親諸侯，元永貞吉，百事無憂。

【六爻斷】

初六：有孚比之，无咎。有孚盈缶，終來有他，吉。

六二：比之自內，貞吉。

六三：比之匪人。

六四：外比之，貞吉。

九五：顯比。王用三驅，失前禽，邑人

不誡吉。

上六：比之无首，凶。

注釋

①眾星拱北：拱：環繞，拱衛。北：指北極星。天上眾星拱衛北辰。舊指有德的國君在位，得到天下臣民的擁戴。

校勘記

㊀「水流」，原本作「水行」，疑誤，據《新鍥斷易天機·卷四·水地比》原文改作。

兌為澤					
屬金　兌上兌下（六沖）（兌宮首卦）					
爻位	卦　形	六親	納甲五行	世應	世身
上六	⚋	父母	丁未土	世	
九五	⚊	兄弟	丁酉金		
九四	⚊	子孫	丁亥水		
六三	⚋	父母	丁丑土	應	
九二	⚊	妻財	丁卯木		身
初九	⚊	官鬼	丁巳火		

江湖養物之卦，天降雨澤之象。

【判曰】：兌者，悅也。澤潤萬物，恩惠兆民，居上愛下，悅而忻忻①。利有攸往，無不利貞㊀。

【六爻斷】

初九：和兌，吉。

九二：孚兌吉，悔亡。

六三：來兌，凶。

九四：商兌未寧，介疾有喜。

九五：孚于剝，有厲。

上六：引兌。

注釋

①忻忻（xīn xīn）：欣喜得意貌。

校勘記

㊀「無不利貞」，原本作「無不亨貞」，疑誤，據《新鍥斷易天機・卷四・兌為澤》原文改作。

澤水困					
屬金　兌上坎下（六合）（兌宮第二卦）					
爻位	卦　形	六親	納甲五行	世應	世身
上六	▅▅　▅▅	父母	丁未土		
九五	▅▅▅▅▅	兄弟	丁酉金		
九四	▅▅▅▅▅	子孫	丁亥水	應	
六三	▅▅　▅▅	官鬼	戊午火		身
九二	▅▅▅▅▅	父母	戊辰土		
初六	▅▅　▅▅	妻財	戊寅木	世	

河中無水之卦，守己待時之象。

【判曰】：困者，危也。水在澤下，萬物不生，君子困窮，小人濫盈。三山幽谷，向暗背明，占者有難，守而勿爭。

【六爻斷】

初六：臀困于株木，入于幽谷，三歲不覿①。

九二：困于酒食，朱紱②方來，利用亨祀③。征凶，无咎。

六三：困于石，據于蒺藜④，入于其宮，不見其妻，凶。

九四：來徐徐，困于金車，吝，有終。

九五：劓刖⑤，困于赤紱⑥，乃徐有說，利用祭祀。

上六：困于葛藟⑦，于臲卼⑧，曰動悔，有悔，征㊀吉。

注釋

①覿（dí）：見；相見。

②朱紱（fú）：古代禮服上的紅色蔽膝。後多借指官服。

③享祀（xiǎng sì）：祭祀。

④蒺藜（jí lí）：古代用木或金屬製成的帶刺的障礙物，布在地面，以阻礙敵軍前進。因與蒺藜果實形狀相似，故名。

⑤劓刖（yì yuè）：割鼻斷足。

⑥赤紱：赤色蔽膝。為大夫以上所服。

⑦葛藟（gě lěi）：植物名。又稱「千歲藟」。落葉木質藤本。葉廣卵形，夏季開花，圓錐花序，果實黑色，可入藥。

⑧臲卼（niè wù）：動搖不安貌。

校勘記

㈠「征」，原本作「貞」字，疑誤，據《周易本義·澤水困》原文改作。

澤地萃					
屬金　兌上坤下（兌宮第三卦）					
爻位	卦　形	六親	納甲五行	世應	世身
上六		父母	丁未土		身
九五		兄弟	丁酉金	應	
九四		子孫	丁亥水		
六三		妻財	乙卯木		
六二		官鬼	乙巳火	世	
初六		父母	乙未土		

魚龍會聚之卦，如水就下之象。

【判曰】：萃者，聚也。內外喜悅，上下俱柔，萬事蕃息①，利祿悠悠。求謀有濟，宜保羊牛，他人剋己，終不成憂㊀。

【六爻斷】

初六：有孚不終，乃亂乃萃，若號，一握為笑。勿恤往，无咎。

六二：引吉，无咎，孚乃利用禴。

六三：萃如嗟如，无攸利。往无咎，小吝。

九四：大吉，无咎。

九五：萃有位，无咎，匪孚。元永貞，悔亡。

上六：齎諮涕洟②，无咎。

注釋

①覿蕃（fān）息：滋生，繁衍。

②齎諮涕洟（jī zī tì tì）：歎息，涕淚俱下哭泣。

校勘記

㈠「宜保羊牛。他人剋己，終不成憂」，原本作「解釋憂愁」，疑誤，據《新鍥斷易天機·卷四·澤地萃》原文改作。

澤山咸					
屬金　兌上艮下（兌宮第四卦）					
爻位	卦　形	六親	納甲五行	世應	世身
上六	▅▅ ▅▅	父母	丁未土	應	
九五	▅▅▅▅▅	兄弟	丁酉金		
九四	▅▅▅▅▅	子孫	丁亥水		
九三	▅▅▅▅▅	兄弟	丙申金	世	身
六二	▅▅ ▅▅	官鬼	丙午火		
初六	▅▅ ▅▅	父母	丙辰土		

山澤通氣之卦，至誠感神之象。

【判曰】：咸者，感也。天地感應，萬物和平，男女感應，夫婦康寧。感應之事，無有不亨。

【六爻斷】

初六：咸其拇。

六二：咸其腓，凶，居吉。

九三：咸其股，執其隨，往吝。

九四：貞吉，悔亡，憧憧[1]往來，朋從爾思。

九五：咸其脢②，无悔。

上六：咸其輔頰③舌。

注釋

①憧憧（chōng chōng）：往來不絕貌。

②脢（méi）：背脊肉。

③輔頰（jiá）：上頷與面頰。泛指面頰。

水山蹇

屬金　坎上艮下（兌宮第五卦）

爻位	卦　形	六親	納甲五行	世應	世身
上六	▅▅　▅▅	子孫	戊子水		
九五	▅▅▅▅▅	父母	戊戌土		
六四	▅▅　▅▅	兄弟	戊申金	世	
九三	▅▅▅▅▅	兄弟	丙申金		身
六二	▅▅　▅▅	官鬼	丙午火		
初六	▅▅　▅▅	父母	丙辰土	應	

飛雁銜①蘆之卦，背明向暗之象。

【判曰】：蹇者，難也。利往西南，不利東北，背明向暗○，多有壅塞。求事未遂，尚多疑惑。

【六爻斷】

初六：往蹇，來譽。

六二：王臣蹇蹇，匪躬之故。

九三：往蹇，來反。

六四：往蹇，來連。

九五：大蹇，朋來。

上六：往蹇，來碩②吉，利見大人。

注釋

①銜（xián）：用嘴含，用嘴叼。

②碩（shuò）：引申為大。

校勘記

㊀「背明向暗」，原本作「向暗背明」，疑誤，據《新鍥斷易天機・卷四・水山蹇》原文改作。

地山謙					
屬金　坤上艮下（兌宮第六卦）					
爻位	卦　形	六親	納甲五行	世應	世身
上六	▅▅　▅▅	兄弟	癸酉金		身
六五	▅▅　▅▅	子孫	癸亥水	世	
六四	▅▅　▅▅	父母	癸丑土		
九三	▅▅▅▅▅	兄弟	丙申金		
六二	▅▅　▅▅	官鬼	丙午火	應	
初六	▅▅　▅▅	父母	丙辰土		

地中有山之卦，仰高就下之象。

【判曰】：謙者，退也。謙而受益，滿而受虧，謙謙君子，尊人自卑。利用謙遜，萬事無違。

【六爻斷】

初六：謙謙君子，用涉大川，吉。

六二：鳴謙，貞吉。

九三：勞謙，君子有終，吉。

六四：无不利，撝謙①。

六五：不富以其鄰，利用侵伐，无不利。

上六：鳴謙，利用行師，征邑國。

注釋

①撝（huī）謙：謂施行謙德。泛指謙遜。

雷山小過

屬金　震上艮下（兌宮遊魂卦）

爻位	卦　形	六親	納甲五行	世應	世身
上六	⚋	父母	庚戌土		
六五	⚋	兄弟	庚申金		
九四	⚊	官鬼	庚午火	世	
九三	⚊	兄弟	丙申金		
六二	⚋	官鬼	丙午火		
初六	⚋	父母	丙辰土	應	身

飛鳥遺音之卦，上逆下順之象。

【判曰】：小過者，過也。飛鳥翩翩，翱翔于天㊀，進則有咎，退則無愆。多憂過失，疾病相纏，出入不利，必有迍邅①。

【六爻斷】

初六：飛鳥以凶。

六二：過其祖，遇其妣②，不及其君，遇其臣无咎。

九三：弗過防之，從或戕③之，凶。

九四：无咎，弗過遇之，往厲必戒，勿用永貞。

六五：密雲不雨，自我西郊，公弋④取彼在穴。

上六：弗遇過之，飛鳥離之，凶，是謂災眚。

注釋

①迍邅（zhūnzhān）：處境艱險，前進困難。形容境遇困頓不順。

②妣（bǐ）：母親。

③戕（qiāng）：殘殺、殺害。

④弋（yì）：射。用帶繩子的箭射獵。

校勘記

㈠「翱翔于天」，原本作「音徹于天」，疑誤，據《新鍥斷易天機·卷四·地山謙》原文改作。

雷澤歸妹

屬金　震上兌下（兌宮歸魂卦）

爻位	卦　形	六親	納甲五行	世應	世身
上六	⚋	父母	庚戌土	應	
六五	⚋	兄弟	庚申金		
九四	⚊	官鬼	庚午火		
六三	⚋	父母	丁丑土	世	
九二	⚊	妻財	丁卯木		身
初九	⚊	官鬼	丁巳火		

浮雲蔽日之卦，陰陽不交之象。

【判曰】：歸妹者，大也。歸妹未吉，其道將窮，天地不交，閉塞不通。有殃①有咎，無始無終，所作不順，必見其凶。

【六爻斷】

初九：歸妹以娣②，跛能履，征吉。

九二：眇能視，利幽人之貞。

六三：歸妹以須，反㊀歸以娣。

九四：歸妹愆期，遲歸有時。

六五：帝乙歸妹，其君之袂③，不如其娣之袂良。月幾望，吉。

上六：女承筐无實，士刲④羊无血，无攸利。

注釋

①殃（yāng）：禍害；災難。

②娣（dì）：古代姐妹共嫁一夫，幼為娣，長為姒（sì）。

③袂（mèi）：衣袖，袖口。

④刲（kuī）：宰殺。

校勘記

㊀「反」，原本作「及」，疑誤，據《周易本義・雷澤歸妹》原文改作。

卜筮全書卷之三

吳門逸叟　姚際隆　刪補
長邑諸生　王友　校正

通玄妙論

一、無鬼無氣

鬼者，無形而有用，卦中不可無，宜靜不宜動。帶吉神動亦能為福，加凶殺動無不為殃。
占身無鬼，資財聚散不常，多招兄弟嫉妒。
占婚無鬼，婚難成。縱成，夫當夭折㈠。
占官無鬼，命無官星㈡，功名難就。卦中縱有貴人，終為貴而無位，其事難成㈢。
占訟無鬼，無官主張，訟以官為主，其事亦難成㈣。
占㈤失脫無鬼，必自遺失。不然，賊亦難獲。

占㊅求財，卦㊆無鬼，兄弟必專權。主在他人手下趁財，財亦薄。

占宅無鬼，謂之無氣。

鬼者，財之主也，財雖旺，必有主張，然後能聚。無鬼，無主也，必主破耗多端，資財不聚。

占病無鬼，必無叩告之門，乃天年命盡也，其病難療。

惟有占產、出行、行人、田蠶，無鬼方為大吉之兆也。

虎易按：「占婚無鬼，婚難成。縱成，夫當夭折」，此句指女方占婚。男方占婚用財，女方占婚用官。供讀者參考。

校勘記

㊀「夫當夭折」，原本作「夫當大折」，疑誤，據《新鍥斷易天機·天玄賦·無鬼無氣》原文改作。

㊁「命無官星」，原本脱漏，據《新鍥斷易天機·天玄賦·無鬼無氣》原文補入。

㊂「其事難成」，原本脱漏，據《新鍥斷易天機·天玄賦·無鬼無氣》原文補入。

㊃「占訟無鬼，無官主張，訟以官為主，其事亦難成」，原本脱漏，據《新鍥斷易天機·天玄賦·無鬼無氣》原文補入。

㊄「占」，原本脱漏，據《皇極策數祖數・附錄・無鬼無氣》原文補入。

㊅「占」，原本脱漏，據其行文體例補入。

㊆「卦」，原本脱漏，據《新鍥斷易天機・天玄賦・無鬼無氣》原文補入。

二、絕處逢生

且如申日占卦，遇用爻屬木，木見申則絕，木爻無用矣，此同無也㊀。若得水爻發動來相生，木爻仍復有用，譬諸①㊁人當困窮之際，得遇貴人扶持，必有寒谷回春之象，此乃是絕處逢生也。

占婚，遇世應絕處逢生，事將解而後成，意久淡而後濃。或可言男女家貧乏無力㊂，得人扶策②，其事亦可成。

占產，遇子孫絕處逢生，子孫㊃將死而復生。

占㊄妻，財絕處逢生，妻將危而有救，乃凶中回吉之象㊅。

占官，遇父母絕處逢生，文書雖有阻節，終有貴人主張，其事必成。

占訟，遇官鬼絕處逢生，訟必有理。若見財動相生，可用資財囑託官吏，姑待官鬼旺相年月日，其事可振㊆。

求財，若遇妻財絕處逢生㊇，財幾失而仍得，先難後獲，其利反厚，非比旺相之財有限，資生之財無窮也㊈。

出行，遇世爻絕處逢生，本意已懶，被人糾合③。

行人，若應爻絕處逢生，必遇故人同回。若世剋則不然，必是他鄉遇故知，不免稽延④㊉。

家宅，吉神絕處逢生，家宅㊀復有興隆之象。凶神絕處逢生，災欲退而禍復來，病治瘥而官事至。

占國，同此義推㊁。

占病，用爻與吉神絕處逢生，病將死而復活。鬼爻與忌神⑤絕處逢生，病欲安而復作。

虎易按：「絕處逢生」，《易冒・絕生章》曰：「蓋絕生之法有五：用神受日月之剋，遇動爻之生，一也。受動爻之剋，遇變爻之生，一也。受變爻之剋，遇動爻之生，一也。伏用受日月之剋，遇飛爻動爻之生，一也。伏用受飛爻動爻之剋，遇日月之生，一也。此五者皆謂之絕處逢生也。其不能生者有三：用神自受破散，不能生者一。飛爻動爻生我者受破散，不能生者二。變爻生我者受破絕，不能生者三。忌神亦以此參之」。《增刪卜易・增刪黃金策・千金賦》曰：「大凡世與用神，或絕於日，或化絕，若得月日動爻生者，謂之絕處逢生。且如寅日占卦，酉爲用神，酉絕於寅。若在辰戌丑未月，或爻中動出辰戌丑未，以土生酉金，皆謂之絕處逢生」。《增刪卜易·疾病章》曰：「用爻受刑沖剋制，但得日月動爻，有一而生扶者，乃爲絕處逢生，臨危有救」。以上論述，供讀者參考。

注釋

①譬（pì）諸：譬如。

②扶策：幫助。

③糾（jiū）合：糾集、聚集、召集、集合。

④稽延：拖延，耽誤。

⑤忌神：剋用神者，即爲忌神。

校勘記

㈠「此同無也」，原本脱漏，據《新鍥斷易天機·天玄賦·絕處逢生》原文補入。

㈡「諸」，原本脱漏，據《新鍥斷易天機·天玄賦·絕處逢生》原文補入。

㈢「或可言男女家貧乏無力」，原本作「或可斷其貧乏無力」，疑誤，據《新鍥斷易天機・天玄賦・絕處逢生》原文改作。

㊃「孫」，原本脫漏，據《新鍥斷易天機・天玄賦・絕處逢生》原文補入。

㊄「占」，原本脫漏，據《皇極策數祖數・附錄・絕處逢生》原文補入。

㊅「乃凶中回吉之象」，原本脫漏，據《新鍥斷易天機・天玄賦・絕處逢生》原文補入。

㊆「可用資財囑託官吏，姑待官鬼旺相年月日，其事可振」，原本作「須用資財囑託」，疑誤，據《新鍥斷易天機・天玄賦・絕處逢生》原文改作。

㊇「求財，若遇妻財絕處逢生」，原本脫漏，據《新鍥斷易天機・天玄賦・絕處逢生》原文補入。

㊈「財幾失而仍得，先難後獲，其利反厚，非比旺相之財有限，資生之財無窮也」，原本在「妻將危而有救」後，疑誤，據《新鍥斷易天機・天玄賦・絕處逢生》內容順序，調整在此處。

㊉「若世剋則不然，必是他鄉遇故知，不免稽延」，原本脫漏，據《新鍥斷易天機・天玄賦・絕處逢生》原文補入。

⑪「家宅」，原本脫漏，據《新鍥斷易天機・天玄賦・絕處逢生》原文補入。

⑫「占國，同此義推」，原本脫漏，據《新鍥斷易天機・天玄賦・絕處逢生》原文補入。

三、合處逢沖

且如占得《雷地豫》卦：

世應相生，六爻相合，吉無不利，乃事事可成之象也。卻在子日占得，子沖應上午，害世上未，此乃合處逢沖也。

《卜筮全書》教例：003		
時間：子日		
震宮：雷地豫（六合）		
本　　卦		
妻財庚戌土	▅▅　▅▅	
官鬼庚申金	▅▅　▅▅	
子孫庚午火	▅▅▅▅▅	應
兄弟乙卯木	▅▅　▅▅	
子孫乙巳火	▅▅　▅▅	
妻財乙未土	▅▅　▅▅	世

占婚遇之，必然被人破說①，兩邊相毀㊀，當見將成而解。

占官，若㊁遇官鬼、文書逢沖㊂，其中尚有反覆變動。貴人見許，復不作成，文書將完而不就㊃。

占財遇之，財將入手而不得。

謀事遇之，必因人阻滯，事㊄將成而有變。

惟有占訟與占㊅病，喜遇合處逢沖，合則事必成，逢沖災必散。決然事將危而有救、病欲死而復生。其餘倣此㊆。

又云㊇：吉神合處不可沖，凶神合處喜逢沖也，庶幾②可遵此斷㊈。

虎易按：「合處逢沖」，《增刪卜易．日辰章》曰：「爻逢合住，遇日建以衝開，謂之「合處逢沖」。供讀者參考。《卜筮正宗‧合處逢沖、沖中逢合論》合處逢沖有三：凡得六合變六沖一也，日月沖爻二也，動爻變沖三也。合處逢沖，謀雖成而終散。供讀者參考。

注釋

①破說：說人家的壞話，破壞人家的關係。

②庶（shù）幾：相近，差不多。

校勘記

㈠「必然被人破說，兩邊相毀」，原本作「必然被人譭謗」，疑誤，據《新鍥斷易天機‧天玄賦‧合處逢沖》原文改作。

㈡「若」，原本脫漏，據《新鍥斷易天機‧天玄賦‧合處逢沖》原文補入。

㈢「文書逢沖」，原本作「文書暗沖」，疑誤，據《新鍥斷易天機‧天玄賦‧合處逢沖》原文改作。

㈣「貴人見許，復不作成，文書將完而不就」，原本脫漏，據《新鍥斷易天機‧天玄賦‧合處逢沖》原文補入。

(五)「事」，原本脱漏，據《新鍥斷易天機・天玄賦・合處逢沖》原文補入。

(六)「占」，原本脱漏，據《新鍥斷易天機・天玄賦・合處逢沖》原文補入。

(七)「其餘倣此」，原本脱漏，據《新鍥斷易天機・天玄賦・合處逢沖》原文補入。

(八)「又云」，原本脱漏，據《新鍥斷易天機・天玄賦・合處逢沖》原文補入。

(九)「庶幾可遵此斷」，原本脱漏，據《新鍥斷易天機・天玄賦・合處逢沖》原文補入。

四、隨官入墓

隨官入墓，其目有三：有身隨鬼入墓，有世隨鬼入墓，有命隨鬼入墓。

且如丑日，占得《雷水解》卦：

身在五爻，鬼亦在五，此乃身隨鬼入墓也(一)。

虎易按：「隨官入墓，其目有三：有身隨鬼入墓，有世隨鬼入墓，有命隨鬼入墓」，後文稱其為「三墓」，此論並非完全合理。《增刪卜易・隨鬼入墓章》曰：「古有日墓、動墓、化墓，

《卜筮全書》教例：004		
時間：丑日		
震宮：雷水解		
本　　卦		
妻財庚戌土	▅▅ ▅▅	
官鬼庚申金	▅▅ ▅▅	應
子孫庚午火	▅▅▅▅▅	
子孫戊午火	▅▅ ▅▅	
妻財戊辰土	▅▅▅▅▅	世
兄弟戊寅木	▅▅ ▅▅	

謂之三墓」，《增刪卜易・各門類題頭總注章》曰：「三墓者：用爻入日墓、入動墓，動而化墓」，我認為此「三墓」的論述是合理的，可以作為「三墓」之定論。「隨官入墓」，「入」，是「進入」的意思，我看各書論述，世爻、用爻隨官安靜，也論入墓，似有不當。試問，世爻、用爻隨官，安靜而不動，如何去入墓呢？，我認為，「隨官入墓」之論，安靜之爻不宜論為入墓，只有發動之爻才可以論為入墓。世爻、用爻隨官發動，『動入日墓，動入動墓，動而化墓』，只有這樣動而入三墓，才可以稱為隨官入墓為宜。否則，即如《增刪卜易・隨鬼入墓章》覺子曰「執此數論，若逢辰戌丑未之日，竟不敢占卦」也。至於「有身隨鬼入墓，有命隨鬼入墓」之說，我認為在應用上比較牽強，沒有多大價值，讀者可以參考，在實踐中去應用，檢驗為宜。讀者也可參考《增刪卜易・隨鬼入墓章》內容，充分理解「隨官入墓」，便於在實踐中應用。也提請讀者注意分辨，在實踐中去應用和檢驗。

「身在五爻」，此「身」不是指「月卦身」，而是指「世身」。按「子午持世身居初，丑未持世身居二，寅申持世身居三，卯酉持世身居四，辰戌持世身居五，巳亥持世身居六」體例，本卦辰爻持世，則「世身」在五爻。官鬼庚申金與世身同在五爻，入日令丑土之墓。

若未日，占得《山天大畜》：世在二爻，屬木，乃世隨鬼入墓也。

又如未日，寅生人占得《地雷復》：卯生人占得《火澤睽》：本命皆在鬼爻，此乃命隨鬼入墓也。

以上三墓，不問占何事，意皆非吉兆。

占身遇之，須防目下①有災，終身不能顯達。

占婚，遇世隨鬼入墓，男家貧乏，女財不備。

占產，遇命隨鬼入墓，須防妻命入黃泉。

求官遇之，事體難成。若已成來占㊁，終不能振。若入殺墓，能入任所㊂，不能出也。殺墓者，丁未、

《卜筮全書》教例：005		
時間：未日		
艮宮：山天大畜		
本　　卦		
官鬼丙寅木	▅▅▅▅▅	
妻財丙子水	▅▅　▅▅	應
兄弟丙戌土	▅▅　▅▅	
兄弟甲辰土	▅▅▅▅▅	
官鬼甲寅木	▅▅▅▅▅	世
妻財甲子水	▅▅▅▅▅	

《卜筮全書》教例：006		
時間：未日		
坤宮：地雷復（六合）		
本　　卦		
子孫癸酉金	▅▅　▅▅	
妻財癸亥水	▅▅　▅▅	
兄弟癸丑土	▅▅　▅▅	應
兄弟庚辰土	▅▅　▅▅	
官鬼庚寅木	▅▅　▅▅	
妻財庚子水	▅▅▅▅▅	世

《卜筮全書》教例：007		
時間：未日		
艮宮：火澤睽		
本　　卦		
父母己巳火	▅▅▅▅▅	
兄弟己未土	▅▅　▅▅	
子孫己酉金	▅▅▅▅▅	世
兄弟丁丑土	▅▅　▅▅	
官鬼丁卯木	▅▅▅▅▅	
父母丁巳火	▅▅▅▅▅	應

戊戌是也。

虎易按：「殺墓者，丁未、戊戌是也」，此殺墓之說，不知依據什麼原理及體例而來，請讀者注意研究。

占訟遇之，恐㊃有牢獄禁繫之憂，或訟散身危，或訟中有病。

求財遇之，勤勞備曆，利㊄歸他人。

出行遇之，多是去不成。若去愈為不美，必主去後有病。

行人遇之，作本名占最不吉，必有災險㊅。

家宅遇之，須防㊆宅長有憂。更加凶殺，必見頃危㊇。

移居相遇，定移不成㊈。

占病逢之，十占九死。

風水逢之，坐下必有伏屍、舊穴。

以前略舉一二卦為則例，其餘諸卦倣此推詳②之㊉。

注釋

①目下：立刻；馬上。

②推詳：推究詳察。

校勘記

㊀「身在五爻，鬼亦在五，此乃身隨鬼入墓也」，原本作「身鬼俱在五爻，乃身隨鬼入墓也」，疑誤，據《新鍥斷易天機・天玄賦・隨官入墓》原文改作。

㊁「若已成來占」，原本作「雖成」，疑誤，據《新鍥斷易天機・天玄賦・隨官入墓》原文改作。

㊂「能入任所」，原本作「能入仕所」，疑誤，據《新鍥斷易天機・天玄賦・隨官入墓》原文改作。

㊃「恐」，原本脱漏，據《新鍥斷易天機・天玄賦・隨官入墓》原文補入。

㊄「利」，原本作「終」，疑誤，據《新鍥斷易天機・天玄賦・隨官入墓》原文改作。

㊅「行人遇之，作本名占最不吉，必有災險」，原本脱漏，據《新鍥斷易天機・天玄賦・隨官入墓》原文補入。

㊆「須防」，原本脱漏，據《新鍥斷易天機・天玄賦・隨官入墓》原文補入。

㊇「更加凶殺，必見頃危」，原本脱漏，據《新鍥斷易天機・天玄賦・隨官入墓》原文補入。

㊈「移居相遇，定移不成」，原本脱漏，據《新鍥斷易天機・天玄賦・隨官入墓》原文補入。

㊉「以前略舉一二卦為則例，其餘諸卦做此推詳之」，原本作「略舉一二卦為例，其餘各以類推」，疑誤，據《新鍥斷易天機・天玄賦・隨官入墓》原文改作。

五、逢沖暗動

且如六爻安靜，不遇沖則不動。若日辰相沖，名曰暗動。暗動者有吉有凶，各有所用焉㈠，不可一概而論。若遇凶殺暗動，傷身尅世，件件皆非所宜，百事皆不為佳㈡。吉神暗動，合世生身，事事無不為吉也。予推其義，暗者必非明也，乃陰私　潛伏也，福來而不知，禍來而未覺。爻吉則暗中有補，爻凶則暗中有傷。

虎易按：「若日辰相沖，名曰暗動」，旺相之爻遇日辰相沖，名曰暗動。休囚之爻遇日辰相沖，名曰日破；或曰沖散。

占婚遇之，吉則暗中有人網維，凶則暗中有人破說㈢。

占產，遇胎爻或子孫暗動，必曾轉胎。

占㈣求官遇之，吉則有無心之機會，暗中得人作成㈤。凶則暗中有人損己，小人嫉妒，默地害事㈥。

占訟遇之，吉則得人解救，凶則被人暗算。

失脫遇之，吉則言暗中捕捉可獲。凶則言此事暗昧　，不可追尋㈦。

求財遇之，吉則隱然求之，利益殊厚。凶則言須防幽暗費財，或陰中被人劫騙，罔可知覺㈧。

出行逢之，須防不測，吉凶皆然(九)。

行人遇之，吉則言心欲動而未發。凶則言暗昧中有阻節(十)，未能起身。

家宅遇之，吉則暗中有補，福已至而不知。凶則暗中有害，禍欲萌而未覺。

占病遇之，吉神動則言病人有默佑，陰騭所致也。凶則言脈病人，不病須防暗有傷(十一)。

此章宜細玩之，萬無一失(十二)。

注釋

①陰私：暗中幹的或隱秘不可告人的事。

②暗昧：隱蔽、曖昧的事。

③陰騭（zhì）：猶陰德。指在人世間所做的而在陰間可以記功的好事、陰功。

校勘記

(一)「焉」，原本脱漏，據《新鍥斷易天機・天玄賦・逢沖暗動》原文補入。

(二)「百事皆不為佳」，原本脱漏，據《新鍥斷易天機・天玄賦・逢沖暗動》原文補入。

(三)「說」，原本作「敗」，疑誤，據《新鍥斷易天機・天玄賦・逢沖暗動》原文改作。

(四)「占」，原本脱漏，據《新鍥斷易天機・天玄賦・逢沖暗動》原文補入。

㈤「暗中得人作成」，原本脱漏，據《新鍥斷易天機·天玄賦·逢沖暗動》原文補入。

㈥「凶則暗中有人損己，小人嫉妒，默地害事」，原本作「凶則暗中有人損害」，疑誤，據《新鍥斷易天機·天玄賦·逢沖暗動》原文改作。

㈦「吉則言暗中捕捉可獲。凶則言此事暗昧，不可追尋」，原本作「吉則暗中捕捉可獲。凶則暗昧難尋」，疑誤，據《新鍥斷易天機·天玄賦·逢沖暗動》原文改作。

㈧「凶則言須防幽暗費財，或陰中被人劫騙，罔可知覺」，原本作「凶則被人劫騙，利不可得」，疑誤，據《新鍥斷易天機·天玄賦·逢沖暗動》原文改作。

㈨「出行逢之，須防不測，吉凶皆然」，原本脱漏，據《新鍥斷易天機·天玄賦·逢沖暗動》原文補入。

㈩「吉則言心欲動而未發。凶則言暗昧中有阻節」，原本作「吉則心欲動而未發。凶則暗中有阻」，疑誤，據《新鍥斷易天機·天玄賦·逢沖暗動》原文改作。

⑪「占病遇之，吉神動則言病人有默佑，陰騭所致也。凶則言脤病人，不病須防暗有傷」，原本作「占病亦隨其所遇之神，而定其吉凶也」，疑誤，據《新鍥斷易天機·天玄賦·逢沖暗動》原文改作。

⑫「此章宜細玩之，萬無一失」，原本脱漏，據《新鍥斷易天機·天玄賦·逢沖暗動》原文補入。

六、助鬼傷身

生助官鬼者，不過是㊀妻財也。不宜發動，動則衰鬼變成旺鬼。旺鬼遇之，其勢愈凶。

且如申日，占得《離》之《賁》㊁卦：

鬼臨應爻剋世，本非佳兆。更兼妻財發動，生助鬼爻，其凶愈甚㊂。此乃助鬼傷身也。

虎易按：「鬼臨應爻剋世」，我認為，此例應爻官鬼安靜，不宜論為應爻剋世爻。我想，作者此處，應該是借這個卦例，說明「助鬼傷身」的意思。請讀者注意分辨，不必執泥。

凡卦鬼剋身世者，無財凶有限，若有兩財皆動，其禍不可勝言。倘得子孫發動，福神來解，庶可反凶成吉，轉禍為祥。

虎易按：「倘得子孫發動，福神來解，庶可反凶成吉，轉禍為祥」，是指卦中只有子孫爻發動，

《卜筮全書》教例：008						
時間：申日						
離宮：離為火（六沖）				艮宮：山火賁（六合）		
本　　卦				**變　　卦**		
兄弟己巳火	▅▅▅▅▅	世		父母丙寅木	▅▅▅▅▅	
子孫己未土	▅▅　▅▅			官鬼丙子水	▅▅　▅▅	
妻財己酉金	▅▅▅▅▅		○→	子孫丙戌土	▅▅　▅▅	應
官鬼己亥水	▅▅▅▅▅	應		官鬼己亥水	▅▅▅▅▅	
子孫己丑土	▅▅　▅▅			子孫己丑土	▅▅　▅▅	
父母己卯木	▅▅▅▅▅			父母己卯木	▅▅▅▅▅	世

就可以剋制官鬼。讀者千萬不要和前句連在一起去理解運用，否則就會失之千里了。如果子孫與妻財同動，則子孫動生財，財動生官，形成接續相生，只能使官鬼更旺。請讀者注意分辨清楚，不至於混淆了。

占身遇之，須防日下①有災。若財帶桃花又加玄武，恐斯人色欲過度，必致傷身；或偏房②寵妾眾多也。

占婚遇之，亦不為吉。世者男家也，鬼者夫也，自剋自家，本不為美。更遇財爻發動，生助鬼爻，縱使成就，必主其婦不賢不孝公姑③，搬唆④夫主，割戶分門，不和兄弟。

占產遇鬼剋二爻⑤，妻財發動，乃母之命必剋子，主懷胎之後常不安，亦主難成生養。

求官遇鬼帶貴剋世，乃日轉遷階之象。若鬼帶大殺劫殺剋世，又兼財動生殺，必主身有災殃，官防玷剝⑥。

占訟遇之，他人廣費資財，囑託官吏。主官司不順我，我必有輸名，乃以直作曲之象，大凶。

失脫遇之，因財露見動人眼目，故失，須防再求。又云：恐是自失之後，被人獲去，事出偶然，見財起謀，非故意來偷也。

求財遇鬼帶大小耗，必主此財求得之後，非官即病，耗散費用。出行遇之，因財忽有阻節。家宅遇之，乃財多害己也。若鬼帶白虎、喪門、弔客之類，必因財有病。若鬼加朱雀、官符，必因財致訟。又云：或家有不賢之妻，多招禍殃。占國遇之，必有奸臣聚斂，蒙蔽其主，恐乖國政。占病遇之，若占父母必致傾危，其餘問病，亦主沉重纏綿，卒難脫體。若作本名占，或因財致病，或房事過為，乃大凶之兆。以上諸事，若有子孫發動，解神來救，庶可反凶成吉，變禍為祥。以上數節，俱出《天玄賦》㈣。

虎易按：「助鬼傷身」，妻財爻發動或者臨日月生官鬼，即為「助鬼」；官鬼爻發動或者暗動，沖剋刑害世爻或者用爻，即為「傷身」。妻財不值日月，安靜不動，則不能生官鬼。若妻財爻值日月，或卦中發動、暗動，生助鬼爻，鬼爻又動，沖剋刑害世爻、用爻，就是「助鬼傷身」。讀者要注意其運用條件。「以上諸事，若有子孫發動，解神來救，庶可反凶成吉，變禍為祥」，此句是在「助鬼傷身」的情況下所言，既然已經是「助鬼傷身」，若子孫再發動，只會更助妻財之力，接續相生鬼爻，使官鬼力量更大，對世爻或者用爻傷害更重。我認為，此論述是混亂的，不太完善。當卦中只有官鬼動剋世爻或者用爻的情況下，若有子孫爻發動，才可以剋制官鬼，稱為解神來救。提請讀者注意，一定要明確清楚「助鬼傷身」的含義，深入理解此段內容，千萬不可混淆，否則，在應用的過程中，可能就會失之千里。

注釋

①日下：目前、現在。

②偏房：舊時稱妾為偏房。相對於正室，故稱為偏房。

③公姑：公婆。

④搬唆（suō）：搬弄是非、調唆慫恿。

⑤鬼剋二爻：按鬼谷辨爻法，二爻為胎爻位。二爻被鬼剋，則不利胎孕。

⑥玷（diàn）剝：因污點或者小的過失而被剝官撤職。

校勘記

㈠「是」，原本脫漏，據《新鍥斷易天機・天玄賦・助鬼傷身》原文補入。

㈡「占得《離》之《賁》卦」，原本作「占得《離》卦」，疑誤，據其「更兼妻財發動，生助鬼爻」之意原本改作。

㊂「其凶愈甚」，原本作「其凶愈不可當」，疑誤，據《新鍥斷易天機・天玄賦・助鬼傷身》原文改作。

㊃「占身遇之，須防日下有災」以下的內容，原本脫漏，據《新鍥斷易天機・天玄賦・助鬼傷身》原文補入。

七、六親取用

父母

生我者謂之父母也，能為凶，能為吉，各有所用。遇財則有傷本體，逢鬼則增長光輝。發動則剋傷子孫，生扶兄弟。審其動靜衰旺，各有所宜，學者自宜詳玩。

兄弟

比和者謂之兄弟也，大抵不能為福，亦不能為大凶，無非破敗、剋剝、阻滯之神也。怕逢官鬼發動，則受制，喜遇父母興隆，則有依。動則傷剋妻財，扶持福德。此理弘深，自宜推測。

子孫

我生者謂之子孫也，逢之者無不為佳，背之者莫能為福。卦無父母則無剋，爻有兄弟則有依，動則生財傷剋官鬼。

妻財

我剋者謂之妻財也，諸事逢之無不為吉，惟占父母及文書不宜見之。值兄弟則有損，遇福德則愈佳，逢官鬼則洩氣，動靜皆吉。雖然動則生鬼，亦不宜發動也。後之學易者，自當通變。

官鬼

剋我者謂之官鬼也，大抵為凶處多，為福處少。所畏者福德，所恃者妻財。動則剋傷兄弟，生扶父母。然卦中雖凶而不可無，但宜靜而不宜動耳。占身命，帶貴人，當為貴用，加凶殺仍作鬼推。遇吉必進祿加官，逢凶必喪亡疾病。占婚姻，為夫。旺相帶青龍者，必聰明俊雅之人。加貴人必有勾當，不然亦是宦家子弟。若在胎養沐浴爻上，今雖未仕，他日必貴。最宜持世，或臨陽象，皆名得地。其餘所占，不及盡述，詳具《天玄賦》總論中。

八、斷易總論

且如四時之旺相，實專八卦之吉凶。春木旺而夏火炎，秋金堅而冬水盛。木火兼用于春天，火土用事于夏月，金水專三秋之令，水木主一冬之權。臨用爻為福不淺，臨忌爻為禍非輕。

先定財官出現伏藏，次論支神休囚旺相。父母輔佐于官鬼，子孫輔佐于妻財。父母與官鬼同氣相求，子孫與妻財同聲相應。私用以妻財為主，公用以官鬼為尊。最忌動搖，大宜安靜。

出現旺相，可為遠日之圖；有氣伏藏，只利暫時之用。用神無氣伏藏，急要日辰生合。日辰旺相，方能生合相扶。用爻休囚，最怕逢空沖剋。

旺相能剋休囚，休囚難剋旺相。交、重能剋單、拆；單、拆難剋交、重。伏藏不論旬空，旬空者：甲子旬中戌亥空之類。出現怕臨月破。假如正月建寅，用爻是申，為月破也。

用官忌子孫持世，求財忌兄弟臨身。財官若遇生扶，謀望並無阻滯。身世若無救助，所為必主參商①。

兄弟動搖，買婢求財空費力。子孫興發，求官應舉枉勞心。

父母為饕餮②之神，兄弟為剋剝之鬼。尋常占卜不宜父母交重，一應謀為切忌兄爻發作。

鬼動禍起，切莫與人交爭。財動耗財，慎勿與人爭訟。

父母動，勞心勞力；兄弟興，為詐為虛。

用官宜伏父母，用財宜伏子孫。官伏子孫，用官必無成就。財伏父母，用財一半虧傷。用財伏官，怕侵匿之擾；用官伏兄，怕阻隔之撓。用父伏財皆為患，用財伏兄總不中。用神要拱合生扶，忌神須刑沖剋破。

散官治病，全賴子孫；興訟求名，須憑官鬼。口舌是非爭競，為緣兄弟爻興；謀為重疊艱辛，皆因父母爻動。

應動事變，託人相反不相從；世動理虧，凡事改求宜改作。世應相生人扶助，世應相剋事遲疑。應空吉凶不成，間動謀為多阻。

月建臨于用爻，求官必定遷高職。月破臨于用爻，作事無成病不痊。

八純剋世剋用，作事有始無終；五墓臨世臨身，問病一生九死。

明用爻之得失、定事體之吉凶。求安求樂求長久，最宜爻象安寧。圖借圖賒圖脫卸，看取用爻興旺。

休囚獨發，事體遲疑；旺相若興，事情急速。世臨五墓，如醉如癡；用值三刑，遭傷遭損。

略言機妙，全在推詳。外演爻辭，定六親之象；內占八卦，決百事之疑。洞燭纖毫，包含萬象，下通人事，上應天時。

注釋

①參商：參星與商星。兩星不同時在天空出現，因以比喻親友分隔兩地，不得相見，也比喻人與人感情不和睦。

②饕餮（tāo tiè）：傳説中的一種貪殘的怪物。比喻貪吃者或性情貪婪的人。

卜筮全書卷之四

吳門逸叟　姚際隆　刪補
長邑諸生　王友　校正

闡奧歌章　上

一、碎金賦

子動生財，不宜父擺；兄動剋財，子動能解。

擺，動也。蓋子動則㊀生財，若是父動，則剋了子㊁，子不能生財矣。

兄動則能剋財，若得子動，兄必貪生于子，忘剋于財，謂之貪生忘剋，而財反得生矣。

財動生鬼，切忌兄搖；子動剋鬼，財動能消。

搖，動也。蓋財動能生鬼，若是兄動剋財，鬼不得㊂生矣。

若子孫發動，則能剋鬼，若得財爻發動，則泄子孫之氣，而生官鬼之精神矣。

父動生兄，忌財相剋；鬼動剋兄，父動能泄。

父乃兄之元辰①，忌財剋之。鬼乃兄之忌神，喜父泄之。

父動生兄，若見財爻動，則父無用而不能生兄矣。

官鬼發，剋兄弟，若見父母動，則漏泄官鬼之氣，而不能為人害矣。蓋鬼生父，父生兄，是皆生忌剋之義也㈣。

鬼動生父，忌子交重；財動剋父，鬼動能中。

交重，動也。鬼動能生父，若是子動，則剋制官鬼，不能生父矣。

財動則能剋父，若得鬼動，財必貪生于鬼，忘剋于父，是鬼為財之中人也。

兄動生子，忌鬼搖揚；父動剋子，兄動無妨。

搖揚，動也。蓋兄動能㈤生子，若是㈥鬼動剋兄，子失元辰矣。

父動能剋子孫，若得兄動，則泄減父之凶勢，而子得無妨也。

子興剋鬼，父動無妨；若然兄動，鬼必遭傷。

興，動也㈦。子動必傷官鬼，若得父動剋子，則鬼無事。

若是㈧兄動生子，子愈有力，其鬼必遭傷害也。

財興剋父，兄動無憂；若然子動，父命難留。

財爻發動，必剋父母。若得兄動剋財，財不能剋父也。

若是子動生財，財必乘勢㈨，其父必難救援也。

父興剋子，財動無事；若是鬼興，其子必死。

父動能剋子孫⑩，若得財動剋父，子孫有救。

若是鬼動，愈生父怒，其子必死無疑矣。

鬼興剋兄，子動可救；財若交重，兄弟不久。

官鬼動能剋兄弟⑪，若得⑫子動剋鬼，則兄弟有救。

若是⑬財動生鬼，則鬼惡愈盛，其兄必難救也⑭。

兄興剋財，鬼興無礙；若是父興，財遭剋害。

兄弟動則剋財⑮，若得鬼動剋兄，財得無事。

若父動生兄，其兄愈加狂暴②⑯，財必遭于剋害也。

虎易按：此賦是以四言歌賦的形式，論述動爻之間發生的生、剋、合關係，先於與靜爻發生的生、剋、合關係。卦中六親生、剋、合等作用關係的變化，是隨動爻的變化而發生變化的。

歸納起來，有以下五種類型：

一、卦中忌神與原神同動，忌神則不能直接剋用神，就形成忌神生原神，原神生用神的「接續相生」現象。這種現象，是因為忌神「貪生」原神，所以「忘剋」用神，稱為「貪生忘剋」，原神生用神的力量更大。

二、卦中仇神與原神同動，則原神被仇神所剋，不能生用神。

三、卦中仇神與忌神同動，就形成仇神生忌神，忌神剋用神的「接續相剋」現象，則忌神剋用神的力量更大。

四、忌神動剋用神，如有泄神同動，則稱為「忌神受制」，忌神不能剋用神。

五、忌神動，與卦中其他動爻相合，忌神就被合住，不能剋用神。這種現象，是因為忌神「貪合」其他動爻，「忘剋」用神，稱為「貪合忘剋」。這種情況此賦沒有論及。

以上論述，請讀者參看此賦注解，互相參考，充分理解這些動爻運用的條件和原則。

名詞定義：

用神：對應所測事物的類事六親，即為用神。

原神：生用神者，即為原神。

忌神：剋用神者，即為忌神。

仇神：剋原神者，生忌神，即為仇神。

泄神：剋忌神者，即為泄神。

注釋

①元辰：也稱為「元神」、「原神」。「元辰歌」曰：「即父為兄之元辰，兄為子之元辰之類」。

②狂暴：兇暴；殘暴。

校勘記

㈠「則」，原本脱漏，據《新鍥斷易天機・碎金賦》原文補入。

㈡「則剋了子」，原本作「剋子」，疑誤，據《新鍥斷易天機・碎金賦》原文改作。

㈢「鬼不得」，原本作「鬼不能」，疑誤，據《新鍥斷易天機・碎金賦》原文改作。

㈣「蓋鬼生父，父生兄，是皆生，忌剋之義也」，原本脱漏，據《新鍥斷易天機・碎金賦》原文補入。

㈤「能」，原本作「則」，疑誤，據《新鍥斷易天機・碎金賦》原文改作。

㈥㈧⒀「若是」，原本作「若」，疑誤，據《新鍥斷易天機・碎金賦》原文改作。

㈦「興，動也」，原本脱漏，據《新鍥斷易天機・碎金賦》原文補入。

㈨「若是子動生財，財必乘勢」，原本作「若是子孫發動，生助妻財，其勢轉盛」，疑誤，據《新鍥斷易天機・碎金賦》原文改作。

㈩「父動能剋子孫」，原本作「父動剋子」，疑誤，據《新鍥斷易天機・碎金賦》原文改作。

⑾「官鬼動能剋兄弟」，原本作「官動剋兄」，疑誤，據《新鍥斷易天機・碎金賦》原文改作。

⑿「若得」，原本作「若」，疑誤，據《新鍥斷易天機・碎金賦》原文改作。

㈣「其兄必難救也」，原本作「兄必難救」，疑誤，據《新鍥斷易天機・碎金賦》原文改作。

㈤「兄弟動則剋財」，原本作「兄動剋財」，疑誤，據《新鍥斷易天機・碎金賦》原文改作。

㈥「其兄愈加狂暴」，原本作「其兄愈加狂戾」，疑誤，據《新鍥斷易天機・碎金賦》原文改作。

二、斷易通玄賦

易爻不妄成，

易本天機之事，其爻豈妄成也㈠。

虎易按：人因事而求卦，卦因事而顯爻，爻不虛發，卦不妄成。所成之卦，必然會顯示出與所求測之事相關的信息。

神爻豈亂發？

卦中六爻，一爻有一神主之㈡，神聖靈機，豈有亂發。

虎易按：「發」，指發動。《增刪卜易・動散章》曰：「神兆機於動，動必有因」。卦爻發動，必然顯示所測事物的客觀現象，以及各種互相關聯的因素。作者因感卦爻動靜之神奇，故敬稱其為「神爻」。「一爻有一神主之」，每一個爻都據其五行，配置有相應的六親，每一種六親，各自表示不同的人物和事。

體象或既成，

本卦為體，之卦為象。或既成之，當審禍福㊂。

虎易按：「體」，指本體，即表示事物本身的卦體。「象」，指由卦體所顯示出來的卦象、爻象、爻位、六親、六神、五行生剋等各種現象。「之卦為象」，此說不太合理，請讀者注意分辨。

無者形憂色。

看所占何事，若無上卦㊃，定可憂也。

虎易按：「無者」，指主卦無用神，即無主事爻。用神不上卦，也預示事物不會很順利，可能會出現反覆，所以有憂疑。

始須論天喜，

鬼谷①論天喜詩云：「春戌夏丑為天喜，秋辰冬未三三止，世上遇此必歡欣，百事得之皆有理」㊄。如正月起戌，二月起亥㊅，順行十二位是也。

次看貴人方。

貴人見後神殺②章內。

虎易按：本書天乙貴人曰：「甲戊兼牛羊，乙己鼠猴鄉，丙丁豬雞位，壬癸兔蛇藏，庚辛逢馬虎，此是貴人方」。《卜筮元龜・易卦發蒙歌》曰：「甲戊庚日牛羊，乙己日鼠猴，丙丁日豬雞，壬癸日兔蛇，六辛逢虎馬，此是貴人方」。《增刪卜易・星煞章・天乙貴人》曰：「甲戊庚牛羊，乙己鼠猴鄉，丙丁豬雞位，壬癸兔蛇藏，六辛逢馬虎，此是貴人方」。以上兩書除文字有些差異，其內容是一致的。本書與以上兩者的差異，是庚的定位問題，學術界目前對此並無統一的定論。供讀者參考，讀者可以在實踐中去應用，檢驗其正誤。

天乙貴人表

天干	貴人
甲	丑未
乙	申子
丙	酉亥
丁	酉亥
戊	丑未
己	申子
庚	寅午
辛	寅午
壬	卯巳
癸	卯巳

三合百事吉，

三合見後神殺章內。

虎易按：三合，即寅午戌合成火局，申子辰合成水局，巳酉丑合成金局，亥卯未合成木局。用神或世爻逢三合，就形成了一股合力，是有利的。但是，求測不同的事情，用神或世爻遇三合，也是有喜有忌的，不可一概而論。讀者應當根據所測之事，具體分析為宜。具體的運用方法，可參考後面的分章論述。

祿馬最為良。

定祿訣詩云：「甲祿在寅，乙祿在卯，丙戊祿在巳，丁己祿居午，庚祿居申，辛祿在酉，壬祿在亥，癸祿在子」。

定驛馬訣云：「申子辰馬居寅，寅午戌馬居申，巳酉丑馬在亥，亥卯未馬在巳」。

假如甲日有寅爻，則是祿也。申子辰日有寅爻，則是馬也。

若有此爻臨世應，求官可進步，名利俱成。更要發動有氣，不落空亡，大吉之兆也㈦。

虎易按：有祿有馬，是利於求官升職之象，所以為良。

爻動始為定，

細看卦中何爻動，以動者而定吉凶㈧。

虎易按：卦中動爻，生助用神為吉，剋制用神為凶。

次急㈨論空亡。

吉神忌空，凶殺喜空。

論空亡訣例云：甲子旬中無戌亥，甲寅旬中無子丑，甲辰旬中無寅卯，甲午旬中無辰巳，甲申旬中無午未，甲戌旬中無申酉，是也。

如占得卦象俱吉，值一位空亡，必主一事無氣㈩。

彭城 有秘訣，切記不可忘。

彭城論空亡訣云：「男值空亡憂遠行，女值空亡憂病生，暴病空亡宜作福，久病空亡身不真。財若空亡難把捉，鬼遇空亡官事停，被他空亡徒事縷，賊來不至空有聲。妻值空亡妻有孕，室女空亡有外情，宅值空亡急作福，父母空亡憂病生。兄弟空亡不得力，子孫空亡主伶仃④，此是彭城細密訣，切須仔細灼其情」。此訣屢試屢效，故為密訣，切不可忘也㊉。

四沖主沖並，

袁天罡論四沖詩云：「辰戌丑未為四沖，縱然占吉也成凶，或是相生或兄弟，也須被破事無終」。如沖、並，有凶有吉，用之切須審詳，可知也㊀。

虎易按：沖，指日月或卦爻地支相沖。並，指卦爻地支與日辰地支相同，稱為並。

例如丑日占卦，卦中有丑爻，稱為並。

刑極俱主傷。

天罡論四刑詩云：「寅申巳亥為四刑，凡作十事無一成，婚姻官事俱不吉，縱得相生也不寧」。

又論四極詩云：「子午卯酉為四極，凡百所遇皆無益，雖然世應得相生，決定主凶斷無吉」。假如世子應午，即是極位。沖與刑倣此㊂。

虎易按：「刑」，指「三刑」。「極」，指「四極」。「三刑」，即子卯刑，寅巳申刑，丑戌未刑，辰午酉亥自刑等四種相刑。「四極」，實質是「子午」、「卯酉」對沖。《卜筮元龜》始有「四沖」、「四刑」、「四極」之說，是將「子午、卯酉、寅申、巳亥、辰戌、丑未」六對相沖的地支，分成「子午卯酉」、「寅申巳亥」、「辰戌丑未」三組，每組四個地支，兩兩相沖。其所論，都屬「六沖」內容。因此，「四沖」、「四刑」、「四極」這三個名詞應取消爲宜，其內容可歸於「六沖」之內。

世應俱發動，必然有改㊁張⑤。

值世應二爻動，必主有變更也㊄。

龍動家有喜，

青龍乃福慶之神，遇動，必主有喜㊅。

虎動主有喪。

白虎本凶神，遇動，定主有喪禍㊆。

勾陳朱雀動，須忌有文章。

勾陳朱雀動，主文字立至。

虎易按：「龍動家有喜，虎動主有喪。勾陳朱雀動，須忌有文章」兩句，是指六神臨爻發動的一般表示意義。六親占法當以用神爲主，神殺只是附和描述之神，讀者可參考《黃金策》之相關論述，不致被誤。

日動憂尊長，

看所卜之日辰屬何爻，遇動，則尊長有災咎。

辰動損兒郎。

看所卜之時辰屬何爻，遇動，則小兒有損。

虎易按：「日動憂尊長，辰動損兒郎」，此說不太合理。妻財爻動剋父母，則父母尊長可能有憂。父母爻動剋子孫，則子孫可能有損。因此，宜修改為「財動憂尊長，父動損兒郎」。

陽動男人滯，

陽爻動，主男人疾。

陰動女人殃。

陰爻動，主女人災。

虎易按：「陽動男人滯，陰動女人殃」，此說也不太合理。女占夫用官，子孫爻動剋官，則男人有阻滯或疾病。男占妻用財，兄弟爻動剋財，則女人有災禍。因此，宜修改為「子動男人滯，兄動女人殃」。

出行宜世動，

若占出行，世動則吉，斷然離得，且無阻隔㊅。

歸魂不出疆。

若占出行，得歸魂卦，斷主躊躇⑹不進㈨。

應動值三合，行人立回莊。

應爻若動，行人主在三合日到家。

占宅青龍旺，豪富冠一鄉。

大凡占宅，若值龍爻旺，定主富貴㈩。

父母爻興旺，為官至侯王。

鬼谷云：「父母爻乃為印綬，若旺定貴㈩」。

天喜若持世，公事定無妨。

公訟最愛天喜，若持世，定主無妨㈢。

勾陳剋玄武，捕賊不須忙。

鬼谷云：「若勾陳剋玄武，捕賊必獲得㈢」。

虎易按：官鬼爻臨玄武屬水，主盜賊。子孫爻臨勾陳屬土，主捕人（警察）。土剋水，子孫剋制官鬼，捕賊易獲。

父病嫌大殺，

父病，遇大殺爻上卦，定死㈣。

空亡母不長。

母病，若值空亡，定主喪亡(二五)。

虎易按：「父病嫌大殺」，此句及注釋，不太合理。測父母病，以父母爻為用神，卦中若財動，則剋制父母。「空亡母不長」，近病逢空則愈，久病逢空則死。

無鬼病難療，

探玄歌云：「卦中無鬼病難療」。如卜病遇無鬼，定主難治(二六)。

虎易按：占病，官鬼爻不上卦，表示不能確定病因，或無法對症施治。

鬼旺主發狂。

探玄歌云(二七)：「鬼旺財與難保命」。

虎易按：如果鬼旺，或財動助鬼，剋世爻、用神，主病情嚴重。

請看考鬼曆，禱謝得安康。

若人問病，有鬼，須看後占祟，問考鬼曆，看屬何鬼，宜令問卜者，祭之則吉(二八)。

虎易按：現代醫學十分發達，凡遇預測疾病，應該首先建議求測人找醫生去檢查、治療為宜。只有醫生確實無法確診，或採用各種科學手段都無法確認的所謂「神鬼之氣」所致的病症，或者醫生確認無法治療的疾病，方可採用占卦的方式輔助分析，判斷，輔助化解。讀者可參考後面疾病章的內容，用以分析其病症，病源，以及產生病症的原因。並根據其客觀的具體狀態，幫助求測者選擇可以剋、泄、合、化官鬼的醫生、藥物、食物、時間、方位等方法。對於可以確認的，根據需要，也可採用相應的祭祀化解的方法，幫助病人求保平安。特別需要提醒讀者，對於選擇的各種方法，必須另外起卦分析、檢驗、確認所選用的方法是否有效，只有能確認有效的情況下，方可建議人家進行。否則，如果還不會此方法的讀者，千萬不可濫用，以免誤導求測者，造成間接謀殺病人，那就等同於犯罪，慎之！慎之！

占婚嫌財死，

凡占婚，財爻生旺吉，死墓婚不利。看卦身屬何位，則就其上起長生，看死位在何爻，若值財死，起而婚定不成㊄。

占產看陰陽。

若占生產，須看子孫爻，若屬陰則是女，陽則男子也。萬無一失㊄。

虎易按：占產以子孫爻為用神，按子孫爻所屬五行的陰陽判斷，五行屬陽（子寅辰午申戌）則為男，五行屬陰（丑卯巳未酉亥）則為女。如果子孫爻發動，則按陰動變為男，陽動變為女來判斷。我認為，這種判斷方法，大多數情況下是能對應的，但也並非所有的都能對應，讀者可以作為一種分析的參考。

若要問風水，三四世吉昌。

卜葬最喜三世、四世卦，若值此定吉[21]。

長生沐浴訣，

秘訣：凡十二位，長生、沐浴、冠帶、臨官、帝旺、衰、病、死、墓、絕、胎、養。金生在巳，火生在寅，木生在亥，水土共生申。十二位，當周而復始用之。

虎易按：下面附「長生十二宮對照表」，供讀者參考，理解此內容。

假如占求財，看財爻在何位，若是金爻，則就巳上起長生，午沐浴，順數去。若值生旺墓日，主有財。

大抵前雙字日有氣，後單字，除墓日皆無氣，內有胎養二日自如，餘並倣此例而行也[22]。

虎易按：「大抵前雙字日有氣」，指「長生、沐浴、冠帶、臨官、帝旺」五種狀態。「後單字，除墓日皆無氣」，指「衰、病、死、絕」四種狀態。

五行 / 狀態	長生十二宮對照表				
	五行				
	水	火	木	金	土
長生	申	寅	亥	巳	申
沐浴	酉	卯	子	午	酉
冠帶	戌	辰	丑	未	戌
臨官	亥	巳	寅	申	亥
帝旺	子	午	卯	酉	子
衰	丑	未	辰	戌	丑
病	寅	申	巳	亥	寅
死	卯	酉	午	子	卯
墓	辰	戌	未	丑	辰
絕	巳	亥	申	寅	巳
胎	午	子	酉	卯	午
養	未	丑	戌	辰	未

卦卦要審詳。

言前長生法極驗，一卦不憑此則不可[23]。

萬千言不盡，

萬千言豈能盡也。

略舉其大綱。

天地之機，豈一訣能盡，但舉其大綱耳[24]。

分別各有類，

如後數卷，皆分門別類，以盡世間事也。

無物不包藏。

謂門類既多，無物不包藏也[25]。

虎易按：本節內容，作者將一些基本的知識和概念，用歌賦的形式進行編排，讓讀者容易理解和記憶。此歌賦和《黃金策・總斷千金賦》一樣，是根據各種條件下，對不同預測，占斷方法的一個基本歸納，讀者可以作為參考。

本書標題為「斷易通玄賦」，《新鍥斷易天機》標題為「孫臏總斷卦歌」。兩書賦文內容相同，但注釋大同小異，校勘時擇善而從，對兩書合理的內容，予以保留，不另說明。

注釋

①鬼谷：鬼谷子，姓王名詡，又名王禪、王通，號玄微子，春秋戰國時期衛國朝歌人，因隱居鬼谷，故自稱鬼谷先生。「王禪老祖」是後人對鬼谷子的稱呼。其長於持身養性和縱橫術、精通兵法、武術、奇門八卦，著有《鬼谷子》兵書十四篇傳世。民間稱其為王禪老祖，中國春秋戰國史上一代顯赫人物，是「諸子百家」之一，縱橫

家的鼻祖，也是位卓有成就的教育家，他的弟子有兵家：孫臏、龐涓；縱橫家：蘇秦、張儀。經常進入雲夢山采藥修道。因隱居清溪鬼谷，所以稱鬼谷子先生。

②神殺：也作「神煞」。是吉神凶殺的統稱。吉者稱為神；凶者稱為殺。

③彭城，又名彭城邑、彭城縣，曾為古都涿鹿和今江蘇徐州的舊稱。據先秦典籍《世本》記載：「涿鹿在彭城，黃帝都之」。公元前221年，秦統一六國，實行郡縣制，改彭城邑為彭城縣。

④伶仃（líng dīng）：孤苦無依靠。

⑤改張：改變，變更。

⑥躊躇（chóu chú）：猶豫，遲疑不決。

校勘記

㈠「其爻豈妄成也」，原本作「豈妄成也」，疑誤，據《新鍥斷易天機・孫臏總斷卦歌》原文改作。

㈡「一爻有一神主之」，原本脫漏，據《新鍥斷易天機・孫臏總斷卦歌》原文補入。

㈢「或既成之，當審禍福」，原本脫漏，據《新鍥斷易天機・孫臏總斷卦歌》原文補入。

㈣「看所占何事，若無上卦」，原本作「所占之事，若不上卦」，疑誤，據《新鍥斷易天機・孫臏總斷卦歌》原文改作。

㈤「鬼谷論天喜詩云：『春戌夏丑為天喜，秋辰冬未三三止，世上遇此必歡欣，百事得之皆有理』」，原本脱漏，據《新鍥斷易天機・孫臏總斷卦歌》原文補入。

㈥「如正月起戌，二月起亥」，原本作「如正月起戌亥」，疑誤，據其文意改作。

㈦假如甲日有寅爻，則是祿也。申子辰日有寅爻，則是馬也。若有此爻臨世應，求官可進步，名利俱成。更要發動有氣，不落空亡，大吉之兆也」，原本作「假如甲日有寅爻，則是祿也，即甲祿在寅，乙祿在卯。申子辰日有寅爻，則是馬也，即申子辰馬居寅。若有此爻臨世應，求官可進，名利俱成。祿馬全篇歌訣，俱見後神殺章內」，疑誤，據《新鍥斷易天機・孫臏總斷卦歌》原文改作。

㈧「細看卦中何爻動，以動者而定吉凶」，原本作「看卦之動爻，而定其吉凶」，疑誤，據《新鍥斷易天機・孫臏總斷卦歌》原文改作。

㈨「次急」，原本作「次吉」，疑誤，據《新鍥斷易天機・孫臏總斷卦歌》原文改作。

㈩「論空亡訣例云：甲子旬中無戌亥，甲寅旬中無子丑，甲辰旬中無寅卯，甲午旬中無辰巳，甲申旬中無午未，甲戌旬中無申酉，是也。如占得卦象俱吉，值一位空亡，必主一事無氣」，原本脱漏，據《新鍥斷易天機・孫臏總斷卦歌》原文補入。

⑪「彭城論空亡訣云：『男值空亡憂遠行，女值空亡憂病生，暴病空亡宜作福，久

病空亡身不真。財若空亡難把捉，鬼遇空亡官事停，被他空亡徒事縷，賊來不至空有聲。妻值空亡妻有孕，室女空亡有外情，宅值空亡急作福，父母空亡憂病生。兄弟空亡不得力，子孫空亡主伶仃，此是彭城細密訣，切須仔細灼其情』。此訣屢試屢效，故為密訣，切不可忘也」，原本作「訣云：子落空亡憂遠行，病值空亡宜作福，久病空亡身不真，財若空亡難把捉，鬼遇空亡官事停，妻值空亡妻有孕，空女空亡有外情，宅值空亡急作福，父母空亡憂病生，兄弟空亡不得力，子孫空亡主伶仃」，疑誤，據《新鍥斷易天機・孫臏總斷卦歌》原文改作。

⑫「袁天罡論四沖詩云：『辰戌丑未為四沖，縱然占吉也成凶，或是相生或兄弟，也須被破事無終』。如沖、並，有凶有吉，用之切須審詳，可知也」，原本作「辰戌丑未為四沖，縱然占吉也成凶」，疑誤，據《新鍥斷易天機・孫臏總斷卦歌》原文改作。

⑬「天罡論四刑詩云：『寅申巳亥為四刑，凡作十事無一成，婚姻官事俱不吉，縱得相生也不寧』。又論四極詩云：『子午卯酉為四極，凡百所遇皆無益，雖然世應得相生，決定主凶斷無吉』。假如世子應午，即是極位。沖與刑倣此」，原本作「寅申巳亥為四刑，凡作十事無一成，婚姻官事俱不吉，縱得相生也不真」，疑誤，據《新鍥斷易天機・孫臏總斷卦歌》原文改作。

⑭「改」，原本作「攺」（yǐ），疑誤，據其文意改作。

⑮「值世應二爻動，必主有變更也」，原本作「世應俱動，定見不寧之兆」，疑誤，據《新鍥斷易天機・孫臏總斷卦歌》原文改作。

⑯「青龍乃福慶之神，遇動，必主有喜」，原本作「青龍動，主有喜慶」，疑誤，據《新鍥斷易天機・孫臏總斷卦歌》原文改作。

⑰「白虎本凶神，遇動，定主有喪禍」，原本作「白虎動，定有凶喪」，疑誤，據《新鍥斷易天機・孫臏總斷卦歌》原文改作。

⑱「若占出行，世動則吉，斷然離得，且無阻隔」，原本作「凡占出行，世動則吉，且無阻隔」，疑誤，據《新鍥斷易天機・孫臏總斷卦歌》原文改作。

⑲「若占出行，得歸魂卦，斷主躊躇不進」，原本作「歸魂卦，主躊躇不進」，疑誤，據《新鍥斷易天機・孫臏總斷卦歌》原文改作。

⑳「大凡占宅，若值龍爻旺，定主富貴」，原本作「占宅若見龍旺，定主富貴」，疑誤，據《新鍥斷易天機・孫臏總斷卦歌》原文改作。

㉑「鬼谷云：父母爻乃為印綬，若旺定貴」，原本作「印旺主大貴」，疑誤，據《新鍥斷易天機・孫臏總斷卦歌》原文改作。

㉒「公訟最愛天喜，若持世，定主無妨」，原本作「天喜持世，訟必有理」，疑誤，據《新鍥斷易天機・孫臏總斷卦歌》原文改作。

㉓「鬼谷云：若勾陳剋玄武，捕賊必獲得」，原本作「若勾陳剋玄武，捕盜易獲」，疑誤，據《新鍥斷易天機・孫臏總斷卦歌》原文改作。

㉔「父病，遇大殺爻上卦，定死」，原本作「父病，殺爻上卦，定死」，疑誤，據《新鍥斷易天機・孫臏總斷卦歌》原文改作。

㉕「母病，若值空亡，定主喪亡」，原本作「母病，若空亡，定主喪」，疑誤，據《新鍥斷易天機・孫臏總斷卦歌》原文改作。

㉖「探玄歌云：『卦中無鬼病難療』。如卜病遇無鬼，定主難治」，原本作「占病無鬼，定主不治」，疑誤，據《新鍥斷易天機・孫臏總斷卦歌》原文改作。

㉗「探玄歌云」，原本脫漏，據《新鍥斷易天機・孫臏總斷卦歌》原文補入。

㉘「若人問病，有鬼，須看後占祟，問考鬼曆，看屬何鬼，宜令問卜者，祭之則吉」，原本作「須看考鬼曆屬何鬼，祭之則吉」，疑誤，據《新鍥斷易天機・孫臏總斷卦歌》原文改作。

㉙「凡占婚，財爻生旺吉，死墓婚不利。看卦身屬何位，則就其上起長生，看死位在何爻，若值財死，起而婚定不成」，原本作「財爻生旺吉，死墓婚不利」，疑誤，據《新鍥斷易天機・孫臏總斷卦歌》原文改作。

㉚「若占生產，須看子孫爻，若屬陰則是女，陽則男子也。萬無一失」，原本作

「子爻陽男陰女」，疑誤，據《新鍥斷易天機・孫臏總斷卦歌》原文改作。

㊄「卜葬最喜三世、四世卦，若值此定吉」，原本作「葬最喜三四世卦，大吉」，疑誤，據《新鍥斷易天機・孫臏總斷卦歌》原文改作。

㊀「秘訣：凡十二位，長生、沐浴、冠帶、臨官、帝旺、衰、病、死、墓、絕、胎、養。金生在巳，火生在寅，木生在亥，水土共生申。十二位，當周而復始用之。假如占求財，看財爻在何位，若是金爻，則就巳上起長生，午沐浴，順數去。若值生旺墓日，主有財。大抵前雙字日有氣，後單字，除墓日皆無氣，內有胎養二日自如，餘並做此例而行也」，原本作「金長生在巳，其法詳見後神殺章內」，疑誤，據《新鍥斷易天機・孫臏總斷卦歌》原文改作。

㊁「言前長生法極驗，一卦不憑此則不可」，原本作「言前長生訣，必要詳察」，疑誤，據《新鍥斷易天機・孫臏總斷卦歌》原文改作。

㊂「天地之機，豈一訣能盡，但舉其大綱耳」，原本作「略舉其大綱大目耳」，疑誤，據《新鍥斷易天機・孫臏總斷卦歌》原文改作。

㊃「謂門類既多，無物不包藏也」，原本作「包藏萬象，不出此易卦也」，疑誤，據《新鍥斷易天機・孫臏總斷卦歌》原文改作。

三、諸爻持世訣

世爻旺相主安康，作事亨通大吉昌，謀望諸般皆遂意，縱他刑害不能傷。
父母持世事憂否，身帶文書及官鬼，夫妻相剋不和同，到老用求他姓子。
子孫持世事無憂，官鬼從今了便休，求失此時應易得，營生作事有來由。
鬼爻持世事難安，占身不病也遭官，財物時時憂失脫，骨肉分離會合難。
財爻持世益財榮，若問求財定稱心，更得子孫臨應上，官鬼從他斷不成。
兄弟持世剋妻財，憂官未了事還來，鬼旺正當防口舌，身強必定損其財。

四、世應生剋動靜空亡訣

世應相生則吉，世應相剋則凶，世應比和事卻中，作事謀為可用。
應動他人反變，應空他意難同，世空世動我心慵①，只恐自家懶動。

注釋

①慵（yōng）：困倦；懶惰；懶散。

五、世應間爻訣

世應當中兩間爻，發動所求多阻隔，假饒有氣事分明，必定慢慢㊀方始得。
世應當中兩間爻，忌神發動莫相交。元辰與用當中動，事到酕醄①始得梢。

注釋

①酕醄（máo táo）：大醉的樣子。

校勘記

㊀「慢慢」，原本作「叨叨」，疑誤，據《海底眼・世應當中隔爻》原文改作。

六、身爻喜忌訣

身上臨官不見官，所憂畢竟變成歡，目前凶事終須吉，緊急還來漸漸寬。
身臨天喜與青龍，定期喜事入門中，若逢驛馬身臨動，出路求謀事事通。
身爻切忌入空亡，作事難成且守常，化入空亡尤要忌，勸君安分守家邦。

七、飛伏生剋吉凶歌

伏剋飛神為出暴，飛來剋伏反傷身，伏去生飛名洩氣，飛來生伏得長生。爻逢伏剋飛無事，用見飛傷伏不寧，飛伏比和為有助，伏藏出現審來因。

虎易按：「伏剋飛神為出暴」，我的理解，是指伏神剋飛神，伏神如同對飛神使用暴力，有強行出現之意。「飛來剋伏反傷身」，是指飛神剋伏神，伏神則受傷。「伏去生飛名洩氣」，是指伏神生飛神，則飛神會脫散、耗泄自身的力量。「飛來生伏得長生」，是指飛神生伏神，伏神得到飛神的扶助。

從這個歌訣看，其論述方式，是採用宋元時期以本宮伏神為用神而論的，提請讀者注意，不要混淆了。

《海底眼・飛伏》、《新鍥斷易天機・伏神定局》的內容，與本書歌訣文字有些差異，讀者可互相參閱。

八、斷易勿泥神殺歌

易卦陰陽在變通，五行生剋妙無窮，時人不辨陰陽理，神殺將來定吉凶。

《京氏易傳》世爻飛伏表

八宮	八純 上世	一變 初世	二變 二世	三變 三世	四變 四世	五變 五世	遊魂 四世	歸魂 三世
乾宮	乾 壬戌土 癸酉金	姤 辛丑土 甲子水	遯 丙午火 甲寅木	否 乙卯木 甲辰土	觀 辛未土 壬午火	剝 丙子水 壬申金	晉 己酉金 丙戌土	大有 甲辰土 乙卯木
震宮	震 庚戌土 辛卯木	豫 乙未土 庚子水	解 戊辰土 庚寅木	恒 辛酉金 庚辰土	升 癸丑土 庚午火	井 戊戌土 庚申金	大過 丁亥水 戊申金	隨 庚辰土 辛酉金
坎宮	坎 戊子水 己巳火	節 丁巳火 戊寅木	屯 庚寅木 戊辰土	既濟 己亥水 戊午火	革 丁亥水 戊申金	豐 庚申金 戊戌土	明夷 癸丑土 庚午火	師 戊午火 己亥水
艮宮	艮 丙寅木 丁未土	賁 己卯木 丙辰土	大畜 甲寅木 丙午火	損 丁丑土 丙申金	睽 己酉金 丙戌土	履 壬申金 丙子水	中孚 辛未土 壬午火	漸 丙申金 丁丑土
坤宮	坤 癸酉金 壬戌土	復 庚子水 乙未土	臨 丁卯木 乙巳火	泰 甲辰土 乙卯木	大壯 庚午火 癸丑土	夬 丁酉金 癸亥水	需 戊申金 丁亥水	比 乙卯木 甲辰土
巽宮	巽 辛卯木 庚戌土	小畜 甲子水 辛丑土	家人 己丑土 辛亥水	益 庚辰土 辛酉金	无妄 壬午火 辛未土	噬嗑 己未土 辛巳火	頤 丙戌土 己酉金	蠱 辛酉金 庚辰土
離宮	離 己巳火 戊子水	旅 丙辰土 己卯木	鼎 辛亥水 己丑土	未濟 戊午火 己亥水	蒙 丙戌土 己酉金	渙 辛巳火 己未土	訟 壬午火 辛未土	同人 己亥水 戊午火
兌宮	兌 丁未土 丙寅木	困 戊寅木 丁巳火	萃 乙巳火 丁卯木	咸 丙申金 丁丑土	蹇 戊申金 丁亥水	謙 癸亥水 丁酉金	小過 庚午火 癸丑土	歸妹 丁丑土 丙申金

虎易按：《海底眼・易道》：「王曰：故易云：『生生之謂易，成象之謂乾，效法之謂坤，極數知來之謂占，變通之謂事，陰陽不測之謂神』。易有爻象，壬有神殺。京房不知易道，亂留神殺，以誤後人，不可以殺用之」。

《御定星曆考原・提要》曰：「然神殺之說，則莫知所起。《易緯・乾鑿度》有太乙行九宮法，太乙，天之貴神也。《漢志・兵家陰陽類》亦稱順時而發，推刑德，隨鬥擊，因五勝，假鬼神而為助。又陰陽家類，稱出於羲和之官。拘者為之，則牽於禁忌，拘於小數，捨人事而任鬼神。則神殺之說，自漢代已盛行矣。夫鬼神本乎二氣，二氣化為五行，以相生相剋為用。得其相生之氣，則其神吉。得其相剋之氣，則其神凶。此亦自然之理。至其神各命以名，雖似乎無稽，然物本無名，凡名皆人之所加。如周天列宿，各有其名，亦人所加，非所本有。則所謂某神某神，不過假以記其方位，別其性情而已，不必以詞害意也。歷代方技之家，所傳不一，輾轉附益，其說愈繁，要以不悖於陰陽五行之理者近是」。

此論應該是比較客觀的，可供讀者參考。

《增刪卜易・星煞章》曰：「諸書星煞最多。予留心四十餘載，獨驗貴人、祿、馬、天喜。然亦不能獨操禍福之權。用神旺者，見之愈吉。用神失陷，雖有如無」。

以上轉錄各書論述，供讀者參考，讀者也可以在實踐中去應用，檢驗其是否可用。

京氏易六親占法是以陰陽變化，五行生剋制化、刑沖合害的基本原理，作為基本法則，變通應用的。我認為，雖然不可以用神殺作為定吉凶的依據，但應用神殺作為取象的輔助手段，去擴展分析一些現象，還是具有一定的輔助作用的，讀者可以參考，兼收並蓄，善用則用。

九、忌神歌

忌神，即子為鬼之忌，鬼為兄之忌之類。

看卦還㊀須看忌神，忌神宜靜不宜興，忌神急要逢沖剋，若遇生扶用受刑。

忌爻若遇生扶，用爻便受刑剋。

虎易按：《新鍥斷易天機・新增論忌神》注釋曰：「夫忌神者，卦中剋用之神是也。與者，發動也。假如卦中得巳火子孫為用，忌子水父母發動來剋。若得戊己辰戌丑未日辰，則子水被剋；或得午日，則子水被沖，而巳火子孫無虞矣。又如本卦中得辰戌丑未午動，能沖剋子水而救巳火之害也。玄微賦云：『忌神急須日辰衝破』，蓋以此也。夫如卦中得寅卯木動，則分泄水氣，反為巳火子孫之元辰，所謂凶中得吉，逢生救者也。子為鬼之忌神，鬼為兄之忌神，兄為財之忌神，財為父之忌神，父為子之忌神」。讀者可參閱原著。

校勘記

㊀「還」，原本作「先」，疑誤，據《新鍥斷易天機・新增論忌神》原文改作。

十、元辰歌

父為兄㊀之元辰，兄㊁為子之元辰之類。

元辰出現志揚揚，用伏藏兮也不妨，須要生扶兼旺相，最嫌沖剋及刑傷。

虎易按：以上內容，《新鍥斷易天機·論元辰》原作有注釋，讀者可參閱原著。

校勘記

㊀㊁「兄」，原本作「元」，疑誤，據《新鍥斷易天機·論元辰》原文改作。

十一、用爻洩氣歌

財動泄子孫之氣，子動泄兄弟之氣之類。

用逢洩氣動搖搖，作事消疏①不遂頭，最喜元辰相救助，忌神發動切須愁。

虎易按：以上內容，《新鍥斷易天機·論洩氣》原作有注釋，讀者可參閱原著。

十二、六爻安靜訣

卦值㊀六爻安靜，且看用與日辰，日辰剋用及沖刑，其事宜當謹慎。

更在世應推究，忌神切莫加臨，世應臨用及元辰，生旺㊁斷然昌盛。

虎易按：以上內容，《新鍥斷易天機・六爻俱靜類》原作有注釋，讀者可參閱原著。

校勘記

㊀「值」，原本作「遇」，疑誤，據《新鍥斷易天機・六爻俱靜類》原文改作。

㊁「生旺」，原本作「作事」，疑誤，據《新鍥斷易天機・六爻俱靜類》原文改作。

十三、六爻亂動訣

六爻亂動事難明，須向親宮看用神，用若休囚遭剋害，須知此事費精神。

虎易按：以上內容，《新鍥斷易天機・六爻俱動類》原作有注釋，讀者可參閱原著。

十四、用爻不上卦或落空亡訣

用象如無或落空，就將本卦六親攻，動爻生用終須吉，若遇交重剋用凶。

夫用爻者，假如問子孫，則子孫為用爻。問官鬼，則官鬼為用爻。問妻財，則妻財為用爻。問父母，則父母為用爻。問兄弟，則兄弟為用爻㈠。
喜卦中動爻與日辰相生相合則吉，忌卦中動爻與日辰相剋相沖則凶也㈡。
又如㈢用爻不上卦，或落空亡，就將本宮六親用爻審明，飛伏生剋，以定吉凶。
《玄微賦》云：「明用爻之得失，定事體之吉凶」。豈虛語哉㈣。

校勘記

㈠「問官鬼，則官鬼為用爻。問妻財，則妻財為用爻。問父母，則父母為用爻。問兄弟，則兄弟為用爻」，原本脱漏，據《新鍥斷易天機·論用爻類》原文補入。
㈡「喜卦中動爻與日辰相生相合則吉，忌卦中動爻與日辰相剋相沖則凶也」，原本作「動爻生合則吉，沖剋則凶」，疑誤，據《新鍥斷易天機·論用爻類》原文改作。
㈢「又如」，原本作「或」，疑誤，據《新鍥斷易天機·論用爻類》原文改作。
㈣「豈虛語哉」，原本脱漏，據《新鍥斷易天機·論用爻類》補入。

十五、用爻伏藏訣

用在旁宮號伏藏，若遭刑剋定非祥，縱然生旺無刑剋，作事平平不久長。

卦中無本宮之卦，故曰伏藏，不出現也㊀，若各宮之第五、第六、第七之卦是也。《玄微賦》云：「無氣伏藏，只利暫時之用」。合而觀之，詎①不信夫㊁。

注釋

①詎（jù）：豈；難道。

校勘記

㊀「不出現也」，原本脱漏，據《新鍥斷易天機・用爻伏藏》原文補入。
㊁「合而觀之，詎不信夫」，原本脱漏，據《新鍥斷易天機・用爻伏藏》原文補入。

十六、用爻出現訣

用爻出現在親宮，縱值休囚亦不凶，更得生扶兼旺相，管教作事永亨通。

夫出現，指卦名中有本宮之卦也。且如八純之卦，名曰內外出現。各宮之第二、第三、第四之卦，本宮皆在外象，名曰外卦出現。又如各宮末後歸魂之卦，本宮皆內象，名曰內卦出現。《玄微賦》云：「出現旺相，堪為遠日之謀」。此之謂也㊀。

虎易按：原本「假如庚申日占卦，得寅木子孫為用爻，卻被日辰庚申金剋了，是日辰剋用，凶也。若得卦中亥子元辰發動，則又無事。又如庚申日占卦，得子水妻財為用爻，卻喜庚申金能生子水。又申子辰三合，是日辰與用相生合也。《玄微賦》云：「用爻，急要日辰生扶是也」」。以上注釋與本節內容不符，據《新鍥斷易天機・新增論日辰》，將此注釋改排在後面「日辰訣」內。另外將《新鍥斷易天機・用爻出現》注釋補充在此，供讀者參考。讀者可參閱《新鍥斷易天機・用爻出現》原著。

校勘記

㈠「夫出現」後的注釋內容，原本脫漏，據《新鍥斷易天機・用爻出現》原文補入。

十七、用爻空亡訣

空在旁宮不斷空，即伏藏不論空亡也。空如出現卻為空，忌神最喜逢空吉，用與元辰不可空。

春土夏金秋是木，三冬逢火是真空，春之辰戌丑未，夏之申酉，秋之寅卯，冬之巳午，四季月之亥子，是為真空。旬中占得真空卦，縱吉須知到底凶。

虎易按：「春之辰戌丑未，夏之申酉，秋之寅卯，冬之巳午，四季月之亥子，是為真空」。此說也不太合理。我認為惟《易林補遺·易林總斷章》曰：「空被提綱剋去，乃是真空」的定義，是較為合理的。具體論述如下。例如辰戌丑未土空，逢寅卯月，寅卯屬木，木剋土，土為真空。辰月屬土，與戌丑未比和，則不為真空。申酉金空，逢巳午月，巳午屬火，火剋金，金為真空。但申酉金如果得日令及動爻生助，則金空逢巳為得長生，不為真空。寅卯木空，逢申酉月，申酉屬金，金剋木，木為真空。巳午火空，逢亥子月，亥子屬水，水剋火，火為真空。亥子水空，逢辰戌丑未月，辰戌丑未屬土，土剋水，水為真空。以上看法，供讀者參考。讀者應理解真空的含義，以便在實踐中應用。

十八、日辰訣

問卦先須問日辰，日辰剋用不堪①親，日辰與用相生合，作事何愁不稱心。

假如庚申日占卦，得寅木子孫為用爻，卻被日辰庚申金剋了，是日辰剋用，凶也。若得卦中亥子元辰發動，則又無事。

又如庚申日占卦，得子水妻財為用爻，卻喜庚申金能生子水。又申子辰三合，是日辰與用相生合也。

《玄微賦》云：「用爻，急要日辰生扶是也」㊀。

虎易按：本節原本無注釋，據《新鍥斷易天機·新增論日辰》注釋，將原附於「用爻出現訣」下的注釋，改排在此處。

《海底眼·日辰》曰：「占卦先須究日辰，日辰沖戰不堪親，若見合生當喜悅，更須輕重卦中因」，讀者可參閱原著。

注釋

①不堪（kān）：不能夠；不可以。

校勘記

㊀「假如庚申日占卦」後的注釋內容，原本脱漏，據《新鍥斷易天機·新增論日辰》原文補入。

十九、六神空亡訣

青龍空亡家虛喜，朱雀空亡訟得理。勾陳空亡無勾連，騰蛇空亡怪異已。白虎空亡病可痊，玄武空亡盜賊死。

二十、六神吉凶訣

青龍百事盡和諧，朱雀文書公事來。勾陳剋世爭田土，騰蛇入夢十分乖。白虎主多驚與厄，若言玄武失其財。

二十一、六親發動訣

父母當頭剋子孫，病人無藥主沉昏，親姻子息應難得，買賣勞心利不存㈠。
觀望行人書信動，論官下狀理先分，士人科舉彰金榜①㈡，失物逃亡要訴論。
子孫發用傷官鬼㈢，占病求醫身便痊，行人買賣身康泰，婚姻喜美是姻緣㈣。
產婦當生子易養，詞訟空論事不全，謁貴②無官休進用，守舊常占可自然㈤。
官鬼從來剋兄弟，婚姻未就生疑滯，病困門庭禍祟③纏，更改動身皆不利㈥。
出外逃亡定見災，詞訟傷身有囚繫，買賣財輕賭鬥輸，失物難尋多暗昧㈦。
妻財立用剋文書，應舉求官總是虛，買賣交關④財利合，親戚如意樂無虞⑤㈧。
行人在外身欲動㈨，產婦求神易免除，失物靜安家未出，病者傷脾腹胃虛㈩。

兄弟同人先剋財，患人占者氣衰災，應舉雷同文不一，若是常占尚破財⑪。有害虛詞應帶眾，出路行人身未來⑫，貨物經商消折本，買婢求妻事不諧。

虎易按：此歌訣源自《海底眼·六親爻用》，分別論述不同的六親發動後，對所求測的事物產生的影響。

下面以「父母當頭剋子孫，病人無藥主沉昏，親姻子息應難得，買賣勞心利不存，觀望行人書信動，論官下狀理先分，士人科舉彰金榜，失物逃亡要訴論」為例，談點看法，供讀者參考。

父母爻是子孫爻的忌神，發動就可以剋制子孫爻。

預測疾病，以子孫爻為醫生，為藥物。子孫爻被剋，表示疾病無人可治，也可表示醫生的水平比較差，也可以表示醫藥不對病症。所以，病人因無藥可治，就會處於昏沉的狀態了。

測生育子孫，子孫爻是表示子孫後輩的，受發動的父母爻剋制，就很難得到子孫了。

測買賣，父母爻是辛苦，勞心之神，也是財爻的泄神。父母爻發動，就辛苦勞累，利潤也不會大。

測行人，父母爻表示書信，消息。父母爻發動，表示可以得到行人的信息。

測官訟，父母爻表示狀詞、證據、道理，發動對世爻有利，則表示理在求測者一方；如果對應爻有利，就說明理在對方了。

測考試錄取，（古時稱為科舉。）父母爻表示成績。發動旺相，表示成績好，所以利於錄取，能登金榜。

測失物，父母爻表示物品。看失物的狀態，可以判斷可否找回。

測逃亡，父母爻發動，表示要申述到官方，由官方派人去抓捕了。

以上只是總體上的一般論述，是在只考慮該父母爻發動，並且該父母爻處於旺相狀態，而不考慮其他因素影響的情況下，可能出現的情況。

提請讀者注意：具體預測，還是要看具體的卦、爻的變化，以及日、月、動爻等等其他條件，綜合分析，才可以分析判斷具體的吉凶。

其他六親發動，對所測事物的影響倣此，就不一一解說了，請讀者仔細玩味，理解其原理為宜。

注釋

①金榜：科舉時代殿試揭曉的榜。

②謁（yè）貴：拜見有官職或者有地位的人。

③禍祟（huò suì）：舊謂鬼神所興作的災禍。

④交關：猶交易。

⑤無虞（yú）：沒有憂患，太平無事。

校勘記

㈠「父母當頭剋子孫，病人無藥主沉昏，親姻子息應難得，買賣勞心利不存」，原本作「父動當頭剋子孫，病人無藥主昏沉，姻親子息應難得，買賣勞心利不存」，疑誤，據《海底眼·六親爻用·父母用》原文改作。

㈡「士人科舉彰金榜」，原本作「士人科舉登金榜」，疑誤，據《海底眼·六親爻用·父母用》原文改作。

㈢「子孫發用傷官鬼」，原本作「子孫發動傷官鬼」，疑誤，據《海底眼·六親爻用·子孫用》原文改作。

㈣「婚姻喜美是姻緣」，原本作「婚姻喜美是前緣」，疑誤，據《海底眼·六親爻用·子孫用》原文改作。

㈤「產婦當生子易養，詞訟空論事不全，謁貴無官休進用，守舊常占可自然」，原本作「產婦當生子易養，詞訟私和不到官，謁貴求名休進用，勸君守分聽乎天」，疑誤，據《海底眼·六親爻用·子孫用》原文改作。

㈥「病困門庭禍祟纏，更改動身皆不利」，原本作「病困門庭禍祟來，耕種蠶桑皆不利」，疑誤，據《海底眼・六親爻用・官鬼用》原文改作。

㈦「出外逃亡定見災，詞訟傷身有囚繫，買賣財輕賭鬥輸，失物難尋多暗昧」，原本作「出外逃亡定見災，詞訟官非有囚繫，買賣財輕賭博輸，失脱難尋多暗昧」，疑誤，據《海底眼・六親爻用・官鬼用》原文改作。

㈧「財爻立用剋文書，應舉求名總是虛，買賣交關財利合，親戚如意樂無虞」，原本作「財爻發動剋文書，應舉求名總是虛，將本經營為大吉，親姻如意樂無虞」，疑誤，據《海底眼・六親爻用・妻財用》原文改作。

㈨「行人在外身欲動」，原本作「行人在外身將動」，疑誤，據《海底眼・六親爻用・妻財用》原文改作。

㈩「病者傷脾腹胃虛」，原本作「病人傷胃更傷脾」，疑誤，據《海底眼・六親爻用・妻財用》原文改作。

⑪「兄弟同人先剋財，患人占者氣衰災，應舉雷同文不一，若是常占尚破財」，原本作「兄弟同人剋了財，病人難愈未離災，應舉雷同為大忌，官非陰賊耗錢財」，疑誤，據《海底眼・六親爻用・妻財用》原文改作。

⑫「有害虛詞應累眾，出路行人身未來」，原本作「若帶吉神為有助，出路行人尚未來」，疑誤，據《海底眼・六親爻用・兄弟用》原文改作。

二十二、六親持世歌

父母持世及身宮，旺相文書喜信通㈠，田宅禾苗皆遂意，占身問病卻成凶㈡。
子孫持世為福神，事成憂散穀財榮，占胎問病重重吉㈢，謁貴求官反不亨。
官鬼持世必得官，文書印信兩相看，占婚問病俱凶犯，破宅傷財身不榮㈣。
陰為妻妾陽為財，持世持身總稱懷，財穀田蠶收百倍，若占病產鬼為胎。
陽為兄弟陰姊妹，所問所謀皆退悔，縱使福神同位臨，到頭不遂空勞費㈤。

校勘記

㈠「旺相文書喜信通」，原本作「旺相文書喜信逢」，疑誤，據《周易尚占·六親斷例》原文改作。
㈡「占身問病卻成凶」，原本作「占胎問病卻成凶」，疑誤，據《周易尚占·六親斷例》原文改作。
㈢「占胎問病重重吉」，原本作「占胎問病重重喜」，據《周易尚占·六親斷例》原文改作。
㈣「占婚問病俱凶犯，破宅傷財身不榮」，原本作「占婚問病俱凶兆，破宅傷財身不安」，疑誤，據《周易尚占·六親斷例》原文改作。
㈤「縱使福神同位臨，到頭不遂空勞費」，原本作「又使凶神同位臨，到頭不遂空勞費」，疑誤，據《周易尚占·六親斷例》原文改作。

二十三、六親變化歌

父母化父母，文書定相許㈠，化子不傷丁，化鬼身遷舉，化財宅長憂，兄弟本身取。
子孫化子孫，人情兩稱情㈡，化父田蠶旺，化財加倍榮，化鬼憂産病，兄弟必相爭㈢。
官化官為祿，求官宜疾速，化財占病凶，化父文書逐，化子必傷官，化兄家不睦。
妻財化妻財，錢龍入宅來，化官憂戚戚，化子笑哈哈，化父宜家宅，化兄當破財。
兄弟化兄弟，凡占無所利，化父父憂驚，化財財未遂，化官身有災，化子卻如意。

虎易按：此歌訣論述六親發動後，變化出的六親，對該動爻及所求測事物產生的影響。只是一般泛論，讀者應根據具體的六親變化，以及相關的分析判斷原理，對照原本，逐句思考理解，去辨別和分析，在實踐中應用。

校勘記

㈠「文書定相許」，原本作「文書定不許」，疑誤，據《周易尚占·六親斷例》原文改作。
㈡「人情兩稱情」，原本作「人財兩稱情」，疑誤，據《周易尚占·六親斷例》原文改作。
㈢「化鬼憂產病」，原本作「化鬼憂病產」，疑誤，據《周易尚占·六親斷例》原文改作。

二十四、六神歌斷

發動青龍萬事通，進財進祿福無窮，臨凶遇殺都無礙，惟忌臨金與落空。
朱雀交重文印旺，殺神相並謾勞功，是非口舌皆因此，持水臨空卻利公。
勾陳發動憂田土，累歲迍邅為殺逢，持木落空方脫灑，縱然安靜也迷蒙㈠。
螣蛇發動憂縈碎，怪夢陰魔暗裡逢㈡，持木落空方始吉，交重旺相必然凶。
白虎交重驚怪事，求官臨鬼反豐隆，持金世殺妨人口，遇火加空卻不同㈢。
玄武動搖多暗昧，若臨旺相賊交攻，土爻相並邪無犯，帶殺依然咎在躬。

虎易按：此歌訣論述六神喜忌，以及六神對所求測事物產生的影響。只是一般泛論，讀者應根據六神屬性及喜忌，以及相關的分析判斷原理，對照原本，逐句思考理解，去辨別和分析，在實踐中應用。

校勘記

㈠「勾陳發動憂田土，累歲迍邅為殺逢，持木落空方脫灑，縱然安靜也迷蒙」，原本作「勾陳發動憂田土，累歲迍邅遇殺逢，持水落空方脫灑，縱饒安靜也迷蒙」，疑誤，據《周易尚占・六神斷例》原文改作。

㈡「騰蛇發動憂榮碎，怪夢陰魔暗裡逢」，原本作「騰蛇發動憂縈絆，怪夢陰魔暗裡攻」，疑誤，據《周易尚占·六神斷例》原文改作。

㈢「白虎交重驚怪事，求官臨鬼反豐隆，持金世殺妨人口，遇火加空卻不同」，原本作「白虎交重喪惡事，官司病患必成凶，持金坐世妨人口，遇火臨空便不同」，疑誤，據《周易尚占·六神斷例》原文改作。

二十五、年建天符

太歲①爻也，子年即看子爻，主管一年之事。

天符青龍木，發動加官祿，在外益資財，內搖生眷屬。
天符朱雀火，文書非小可，殺並是非生，內搖家事瑣。
天符勾陳土，田蠶十分許，殺並事勾連，騰蛇同類取。
天符白虎金，經營必稱心，殺神如並者，禍患定來侵。
天符玄武水，陰私並賊鬼，若與吉神交，變憂而成喜。

注釋

①太歲：術數用語。指太歲之神，命學上以太歲為百神之主，尊貴不可犯，其所在方位不宜興

造、移徙、嫁娶，犯者必凶。古代天文學中假設的歲星。又稱歲陰或太陰。參閱《爾雅・釋天》、《淮南子・天文訓》、《史記・天官書》、清王引之《經義述聞・太歲考》。

二十六、月建直符

正月寅爻動是也，主管一月之事。

月建為青龍，動則不雷同，內搖人口旺，外動祿財豐。
前三為朱雀，文書不待約，吉助有升遷，殺交遭繫縛。
後三為玄武，所謀皆不許，在外損錢財，在家憂宅主。
對宮為白虎，凡占當忌取，外動有憂驚，內搖生疾苦。
後一為勾陳，連連碎事侵，旺相尤為咎，休囚禍更深。
騰蛇正起辰㈠，逐月逆流行，內外皆為咎，空亡卻稱情。

虎易按：「月建為青龍」，指正月從寅上起青龍。「前三為朱雀」，指正月從寅前三位的巳上起朱雀。「後三為玄武」，指正月從寅後三位的亥上起玄武。「對宮為白虎」，指正月從與寅對宮的申上起白虎。「後一為勾陳」，指正月從寅後一位的丑上起勾陳。「騰蛇正起辰，逐月逆流行」，指正月從辰上起騰蛇，逐月逆行十二月。除騰蛇起例為逆行外，其他都是順行。

月建六神例

月建／六神	正月	二月	三月	四月	五月	六月	七月	八月	九月	十月	十一	十二
青龍	寅	卯	辰	巳	午	未	申	酉	戌	亥	子	丑
朱雀	巳	午	未	申	酉	戌	亥	子	丑	寅	卯	辰
勾陳	丑	寅	卯	辰	巳	午	未	申	酉	戌	亥	子
騰蛇	辰	卯	寅	丑	子	亥	戌	酉	申	未	午	巳
白虎	申	酉	戌	亥	子	丑	寅	卯	辰	巳	午	未
玄武	亥	子	丑	寅	卯	辰	巳	午	未	申	酉	戌

校勘記

㊀「螣蛇正起辰」，原本作「螣蛇正辰起」，疑誤，據《周易尚占・直符斷例》原文改作。

二十七、日建傳符　子日子爻動方斷㊀，管一日之事。

日建加青龍，財祿喜重重，朱雀宜施用，勾陳事未通。
螣蛇多怪異，白虎破財凶，玄武陰私撓，應在日辰中。

校勘記

㊀「方斷」，原本脱漏，疑誤，據《周易尚占・神殺斷例》原文補入。

二十八、神殺斷例

問喜宜天喜，消憂㊀天解星，大殺休施用，咸池莫問婚。
病遇天醫瘥，囚因血忌刑，求雨占雷殺，占身忌殺神。
往亡休出入，負結好饒人，三丘並五墓，飛廉及浴盆。

四般休問病，占孕亦憂驚，公訟忌刑害，亡劫事難伸。
遇死憂凶事，逢生吉慶生，三合與六合，內外總光亨㊁。
天德與月德㊂，萬事得圓成，吉凶隨例斷，慎勿順人情。
凶處忌有氣，吉處忌凶神，子旬無戌亥，六甲①細推論。

虎易按：此歌訣論述各種神殺的一般應用情況，讀者可根據各種神殺所表示的含義，在實踐應用中去對應。神煞的作用，在於輔助分析判斷事物，吉神只有遇上對用神有利的情況下則可論吉，凶神也只有遇上對用神不利的情況下方可論凶。

注釋

①六甲：用十天干十二地支相配，循環為六十，稱為六十甲子。其中有甲子、甲戌、甲申、甲午、甲辰、甲寅六個天干為甲，故稱六甲。

校勘記

㊀「憂」，原本作「愁」，疑誤，據《周易尚占·神殺斷例》原文改作。
㊁「遇死憂凶事，逢生吉慶生，三合與六合，內外總光亨」，原本脱漏，據《周易尚占·神殺斷例》原文補入。
㊂「天德與月德」，原本作「天德與財德」，疑誤，據《周易尚占·天符斷例》原文改作。

二十九、附六爻諸占定位

二十九、附六爻諸占定位																		
爻位	天時	家宅	身命	國事	鬼神	求謀	疾病	六畜	出行	買賣	蠶桑	田禾	行人	產育	鬥毆	詞訟	盜賊	逃亡
六爻	天	棟宇	廊宇	太廟	天神	國事	頭腦	馬	店舍	地頭	繭	水	地頭	公婆	官司	聖駕	外省	外境
五爻	雨	人口	父	天子	社司	官事	心肺	牛	道路	店舍	蔟①	田禾	道路	收生婆	刀槍	部台	外府	州
四爻	雷	門戶	母	公候	土地	人事	脾□	羊	車馬	中途	筐	秋苗	戶	夫身	梃杖	監司	外縣	縣
三爻	風	床	兄弟	大夫	家先	家事	肝□	豬	行李	伴侶	葉	田段	門	看生	拳手	府	街市	鎮
二爻	露	灶	妻妾	士子	司命	身事	腿股	犬	伴侶	己身	苗	穀種	身	胞胎	罵訾②	州縣	鄰里	市
初爻	雲	井	小口	庶民	井神	心事	足踝	雞	己身	行貨	蠶	牛	足	產婦	口舌	耆③保	家賊	鄉

虎易按：此表內容，大約是從《鬼谷辨爻法》輯錄而來。原版文字模糊不清，或者無法辨認的字，以「□」代替。其中也有舛訛④之處。讀者可參看《天玄賦・田蠶章》，或者《新鍥斷易天機・鬼谷辨爻法》的相關內容，互相參考為宜。

注釋

①蔟（cù）：蠶蔟。

②罵詈（lì）：辱罵詛咒。

③耆（qí）：古稱六十歲曰耆。亦泛指壽考。

④舛訛（chuǎn è）：錯亂；錯誤。

卜筮全書卷之五

吳門逸叟　姚際隆　刪補
長邑諸生　王友　校正

闡奥歌章　下

三十、陰晴雨晦章　四首

（一）

乾為天象震雷龍，坎兑為陰巽起風，坤艮往來無雨順，火山爻動日和融㈠。
乍①雨乍晴離坎並，半陰半晦兑離重，殺臨未濟終須濟，既濟雖陰雨不充。
巽入坎來風後雨，凡臨坤位細濛濛㈡，畜過密雲終不雨，隨臨有雨歲時豐㈢。
天地不交膏不降，陰陽方並謝天工㈣，八純火動遊魂木，火傘炎炎張太空。
地火明夷天色晦，火雷噬嗑電光紅，離爻帶殺晴明斷，朱雀飛揚事一同。
大有不重天朗朗，同人安靜日烘烘，晉有龍爻終雨少，屯無雷殺只雲濃。
龍動澤山咸大吉，虎交天水訟無功，勾陳帶土來持世，縱有陰雲不濟農。

玄武水爻霖②復作㊄，青龍木德澤無窮，坎宮雷殺交重並，大雨傾盆霹靂攻。
最喜子辰來坎位，卻嫌戌午到離宮，陽重陰現陰須準，陰變陽爻陽不從。
壬丙電光禾穀潤，乙庚雷雨歲興隆㊅，應身白虎成虛設，競世勾陳更不終㊆。
玄武剋身收稻穀，火神傷世損田公，純陽安靜多應旱，雖動遊魂理不容㊇。
內外相生奇合偶，霧密大作物亨通㊈，雷殺水神雙入坎，不憂無雨卻憂洪。
火神變水龍加虎㊉，東畔才陰西見虹，不動龍爻玄武水，徒勞舉目望蒼穹③。
欲占雨信期何日，水旺龍生身對沖，龍水身雷俱不動，九江四瀆被天封。
艮火相交可決晴，水衰火旺日光明，占晴但看庚交甲，止雨休教甲變庚(十一)。
庚甲互交龍虎助，狂風猛雨聽雷聲，火神雷殺加離位，一聲霹靂赤天晴(十二)。

注釋

①乍（zhà）：忽然；剛；才。
②霖（lín）：久下不停的雨。
③蒼穹（cāng qióng）：蒼天；天空。

校勘記

㈠「坤艮往來無雨順，火山爻動日和融」，原本作「坤艮往來無雨象，火山交動日和融」，疑誤，據《周易尚占·陰晴雨晦章》原文改作。

㈡「凡臨坤位細濛濛」，原本作「兑臨坤位細濛濛」，疑誤，據《周易尚占·陰晴雨晦章》原文改作。

㈢「隨臨有雨歲時豐」，原本作「隨臨沾渥歲時豐」，疑誤，據《周易尚占·陰晴雨晦章》原文改作。

㈣「陰陽方並謝天工」，原本作「陰陽相並荷天公」，疑誤，據《周易尚占·陰晴雨晦章》原文改作。

㈤「玄武水爻霖復作」，原本作「玄武水爻霖大作」，疑誤，據《周易尚占·陰晴雨晦章》原文改作。

㈥「乙庚雷雨歲興隆」，原本作「乙庚雷雨歲豐隆」，疑誤，據《周易尚占·陰晴雨晦章》原文改作。

㈦「競世勾陳更不終」，原本作「剋世勾陳更不中」，疑誤，據《周易尚占·陰晴雨晦章》原文改作。

㈧「雖動遊魂理不容」，原本作「發動純陰四海通」，疑誤，據《周易尚占·陰晴雨晦章》原文改作。

㊈「霧密大作物亨通」，原本作「滂沱如注聽淙淙」，疑誤，據《周易尚占・陰晴雨晦章》原文改作。

㊉「火神變水龍加虎」，原本作「火神變水加龍虎」，疑誤，據《周易尚占・陰晴雨晦章》原文改作。

⑪「止雨休教甲變庚」，原本作「卜雨休教甲變庚」，疑誤，據《周易尚占・陰晴雨晦章》原文改作。

⑫「火神雷殺加離位，一聲霹靂赤天晴」原本作「火神搖動加離位，皎皎金烏漾赤輪」，疑誤，據《周易尚占・陰晴雨晦章》原文改作。

（二）

凡人占卦問陰晴，水動雨兮火動晴，木動風生土陰晦，金爻發動雨沉沉。

（三）

財興雲雨鬼興雷，子動虹㊀霞霽色①開，父動乍晴還乍雨，兄搖風露雪霜推㊁。

虎易按：（二）（三）兩段，《新鍥斷易天機・占天時・吉安道人曰》收錄有此內容，讀者可互相參考。

注釋

①霽（jì）色：晴朗的天色。一種藍色，與雨後天晴的天空一樣的顏色。

校勘記

㊀「虹」，原本作「紅」，疑誤，據《新鍥斷易天機·占天時·吉安道人曰》原文改作。

㊁「兄搖風露雪霜摧」，原本作「兄與風雹雪霜摧」，疑誤，據《新鍥斷易天機·占天時·吉安道人曰》原文改作。

（四）

占雨：以初爻為雲、二為電、三為風、四為雷、五為雨、六為天。

初動雲奔鐵騎，二動電掣金蛇，三動狂風拔木，四動雷撼山川，五動大雨傾盆，六動翻江倒海。

占晴：以初爻為雲、二為露、三為霞、四為虹、五為日月、六為天。

初動雲歸岩穴，二動露滴花梢，三動霞明錦繡，四動虹駕津樑，五動日張火傘，六動天浸冰壺。

水化火驟雨晴明，火化水晴天變雨。六爻無水火逢空，不晴不雨陰天氣。

虎易按：占天時的幾篇論述，雖然良莠不齊，但其為後世保存了古代占法的原始資料，對研究占法的演變，以及古人的研究思路，還是有益的，可謂功不可沒。歸納起來，有如下幾類：

以八卦論：《乾》、《離》主晴，《坎》主雨，《震》主雷電、《巽》主風，《坤》、《艮》主陰，《兌》主甘澤。

以天干合化五行論：甲己化土陰雲，丁壬化木生風，乙庚化金作雨，丙辛化水必雨，戊癸化火主晴。

以天干五行論：甲乙主風，丙丁主晴，壬癸主雨等。

以地支五行論：寅卯主風，巳午主晴，亥子主雨等。

以六神論：青龍主風，朱雀主晴，勾陳、騰蛇主陰，玄武主雨。

以爻位論：占雨：初爻為雲，二電，三風，四雷，五雨，六天。占晴：以初爻為雲、二為露、三為霞、四為虹、五為日月、六為天。根據爻位的高低位置，判斷天氣晴雨的程度。

以世爻和應爻論：應剋世無雨，世剋應大雨。

以六親論：父母爻主雨，妻財爻主晴，子孫爻主虹霞，兄弟爻主風霜，官鬼爻主雷電。

對於晴雨、風雪等現象的程度，一般都是以旺相、休囚的狀態來進行分析。

《火珠林・占天時》曰：「若問天時，須詳內外，互換干合，方明定體」。

《火珠林·天道晴雨》又曰：「財為晴，父為雨，兄為風。子為雲霧，在冬為雪。官鬼為雷，冬春為雪，夏為熱」。

《海底眼·占陰晴》曰「天象陰晴父母推」。

《天玄賦·雨暘章》曰：「若問陰晴，全憑水火」。

至明代中後期，《黃金策·天時章》指出：「天時一占，自《卜筮元龜》而下，皆以水火為晴雨之主，而不究六親制化，蓋執一不通之論也。惟《海底眼》有『天象陰晴父母推』之說，深為得旨，然又引而不發。所以學者多泥古法，而不求其理，良可歎也」。

《易林補遺》作者也指出：「占雨，取父母為主，水象為憑。占晴，取子孫為主，火象為憑」。

我以為，《海底眼·占陰晴》「天象陰晴父母推」，《易林補遺》「占雨，取父母為主。占晴，取子孫為主」。占天時以六親為用，從理論上來說，是京氏易六親占法之本體，應該可以作為定論。

讀者可參考以上各種論述，在實踐中去應用，去檢驗，去粗取精，去僞存真。

注釋

①電掣（chè）：電光急閃而過。喻迅速、轉瞬即逝。

三十一、禾苗田地章　四首

（一）

應為種子世為田，世應相生獲十全㊀，種子剋田尤小吉，世來剋應儉時年。
財爻旺相禾豐足，發動子孫為大福㊁，更得青龍天喜重，高低遠近皆成熟。
子孫發動合天符，財與龍爻出現扶㊂，無殺無沖倉廩①實，若逢二耗卻成虛。
交重官鬼應難斷，金鬼蝗蟲火鬼旱，大殺同宮總不收，發動喜神猶減半。
鬼爻扶鬼水來傷，土木同宮卻不妨㊃，鬼化為財宜晚種，財交父母兩重祥。
官爻旺相渾無望，鬼化空亡事反常，財在外重遲下種，龍來內發早移秧㊄。
六爻安靜禾平善㊅，亂動青苗必受殃，妻財二耗同時同㊆，雖熟應知半入倉。
內外相生無殺害，七分成熟莫商量，財來金舍收千倍，財入空亡便莫望㊇。
龍與子孫同類取，剋身持世穀無疆，若逢朱雀交重惡，白虎當頭總不良㊈。
玄武更加官鬼並，雖收一半屬官糧㊉，火天大有都成熟，地火明夷盡地荒⑪。
天地不交休指望，陰陽和合好收藏，吉凶悔吝分明斷，立位旁通更審詳。

注釋

①倉廩（lǐn）：貯藏米穀的倉庫。

校勘記

㈠「世應相生獲十全」，原本作「世應相生獲萬全」，疑誤，據《周易尚占·禾苗田地章》原文改作。

㈡「發動子孫為大福」，原本作「發動子孫為天福」，疑誤，據《周易尚占·禾苗田地章》原文改作。

㈢「財與龍爻出現扶」，原本作「財與龍爻出現枝」，疑誤，據《周易尚占·禾苗田地章》原文改作。

㈣「鬼爻扶鬼水來傷，土木同宮卻不妨」，原本作「鬼爻扶水水來傷，土木同空卻不妨」，疑誤，據《周易尚占·禾苗田地章》原文改作。

㈤「官爻旺相渾無望，鬼化空亡事反常，財在外重遲下種，龍來內發早移秧」，原本作「官爻旺相渾無望，鬼落空亡事反常，財在外興遲下種，龍來內發早栽秧」，疑誤，據《周易尚占·禾苗田地章》原文改作。

㈥「六爻安靜禾平善」，原本作「六爻安靜禾平吉」，疑誤，據《周易尚占·禾苗田地章》原文改作。

⑦「妻財二耗同時動」，原本作「妻財二耗同爻動」，疑誤，據《周易尚占・禾苗田地章》原文改作。

⑧「內外相生無殺害，七分成熟莫商量，財來金舍收千倍，財入空亡便莫望」，原本作「財與內卦收千倍，財落空亡必有傷」，疑誤，據《周易尚占・禾苗田地章》原文改作。

⑨「白虎當頭總不良」，原本作「白虎張牙總不良」，疑誤，據《周易尚占・禾苗田地章》原文改作。

⑩「雖收一半屬官糧」，原本作「雖收只好辦官糧」，疑誤，據《周易尚占・禾苗田地章》原文改作。

⑪「地火明夷盡地荒」，原本作「地火明夷遍處荒」，疑誤，據《周易尚占・禾苗田地章》原文改作。

（二）

六爻不可鬼相臨，

六爻無鬼最吉，若鬼臨牛位主牛損。餘倣此。

若值空亡逐一尋。

六爻皆怕空亡，若不空最吉。

金世生蟲火世熟，

若世爻屬金主生蟲，屬火則大熟也。

木與土世主豐登㊀。

若世爻屬木土，則㊁其年十分收成。

若無諸殺相沖剋，定許其年十倍盈。

諸殺：即大耗、小耗等凶神是也。鬼谷例云：「正月起申順行是大耗，起未順行是小耗」。若遇動，定主虛耗㊂。

若無二殺相沖㊃，可許十倍收成。

若值震離相配合，

若《震》上《離》下合為《豐》卦，主有大熟之兆㊄。

自然豐稔①動歡聲。

若《震》《離》配合成《豐》卦，主大熟，則農家亦歡樂也㊅。

注釋

①豐稔（rěn）：農作物豐收。

校勘記

㈠「登」，原本作「谷」，疑誤，據《新鍥斷易天機・占田禾・袁天綱占田禾法》原文改作。

㈡「則」，原本脱漏，據《新鍥斷易天機・占田禾・袁天綱占田禾法》原文補入。

㈢「鬼谷例云：正月起申順行是大耗，起未順行是小耗。若遇動，定主虛耗」，原本脱漏，據《新鍥斷易天機・占田禾・袁天綱占田禾法》原文補入。

㈣「若無二殺相沖」，原本作「如無」，疑誤，據《新鍥斷易天機・占田禾・袁天綱占田禾法》原文改作。

㈤「若震上離下合為《豐》卦，主有大熟之兆」，原本作「《雷火豐》，主大熟之兆」，疑誤，據《新鍥斷易天機・占田禾・袁天綱占田禾法》原文改作。

㈥「若震離配合成《豐》卦，主大熟，則農家亦歡樂也」，疑誤，據《新鍥斷易天機・占田禾・袁天綱占田禾法》原文補入。

（三）

凡人占卦問耕田，子旺財明大有年，兄位交重防損壞，父興誠恐不周全。

虎易按：讀者可參閲《新鍥斷易天機・占田禾・經驗占耕田云》原文。

（四）

世貞行㊀年為田地，應悔為種為荒蕪，世剋應兮倉廩積，外剋內兮倉廩虛。
初爻為田二為種，三為生㊁長四苗秀，五爻為禾主收成，六是田夫主災咎。
初爻鬼剋田瘦瘠①，二爻鬼剋重種㊂植，三爻鬼剋多穢草②㊃，四爻鬼剋費耘力。
五爻鬼剋阻收成，六爻鬼剋憂疾病㊄，金爻為鬼憂旱蝗㊅，火鬼大旱年饑荒㊆，
水鬼水災木鬼耗，帶殺化鬼共分張㊇，卦中兩鬼兩家共，年豐須是鬼空亡㊈。
大抵財爻宜旺相，不值空亡為上吉，六爻刑殺不加臨，年穀豐登倉庫實㊉。

注釋

①瘦瘠（jí）：指土壤貧瘠，不肥沃。

②穢（huì）草：雜草。

校勘記

㊀「行」，原本作「為」，疑誤，據《卜筮元龜·天時地利門·占農田章》原文改作。

㊁「生」，原本作「主」，疑誤，據《卜筮元龜·天時地利門·占農田章》原文改作。

㊂「種」，原本作「耕」，疑誤，據《卜筮元龜·天時地利門·占農田章》原文改作。

㈣「草」，原本作「工」，疑誤，據《卜筮元龜・天時地利門・占農田章》原文改作。

㈤「六爻鬼剋憂疾病」，原本作「六爻鬼剋憂病疾」，疑誤，據《卜筮元龜・天時地利門・占農田章》原文改作。

㈥「金爻為鬼憂旱蝗」，原本作「金爻為鬼旱蟲多」，疑誤，據《卜筮元龜・天時地利門・占農田章》原文改作。

㈦「火鬼大旱年饑荒」，原本作「火爻大旱年荒饑」，疑誤，據《卜筮元龜・天時地利門・占農田章》原文改作。

㈧「帶殺化鬼共分張」，原本作「土爻為鬼總非宜」，疑誤，據《卜筮元龜・天時地利門・占農田章》原文改作。

㈨「卦中兩鬼兩家共，年豐須是鬼空亡」，原本脱漏，年豐須是鬼空亡」，據《卜筮元龜・天時地利門・占農田章》原文補入。

㈩「大抵財爻宜旺相，不值空亡為上吉，六爻刑殺不加臨，年穀豐登倉庫實」，原本作「大抵鬼空財旺相，豐年稔歲樂無虞」，疑誤，據《卜筮元龜・天時地利門・占農田章》原文改作。

三十二、住居宅第章　五㈠首　附風水一首。

校勘記

㈠原本作「四」字，據其內容類型原本改作「五」字。

（一）

住宅休占火澤睽，鬼臨人口定分離，龍交大壯人財旺，虎並同人宅舍衰。
二畜見龍財帛進，殺交兩過棟樑摧，貴持震巽生財本，喜入風雷立福基。
離坎交重宜謹慎，艮坤安靜莫遷移，戶無徭役占逢賁，家有餘糧卜得頤。
田宅豐隆因大有，血財傷損為明夷㈠，乾坤旺相增人口，澤地生成聚寶資。
革鼎長男能幹事，晉升宅長有操持，妻財內旺為財斷，官鬼爻興作怪推。
木鬼壽棺停有日，金官硬物藏多時㈡，休囚銅鐵皆先定，旺相金銀盡預知。
水鬼井池中出現，土官牆壁內偷窺，火官內動無他事，古器多年再發輝。
剋世剋身都不用，生身生世始堪①為，水財內旺宜穿井，內發土財堪作池。
金旺妻財金玉進，火財內發火光飛，木財到底宜營造，若犯空亡總是非。
子孫空亡家絕後，父母空亡宅必危，父母身子都旺相，人財資益莫猜疑㈢。

更兼天喜青龍助，富貴康寧天賜伊。

注釋

①堪（kān）：能夠；可以。

校勘記

㈠「田宅豐隆因大有，血財傷損為明夷」，原本作「田宅興隆因大有，血傷財損為明夷」，疑誤，據《周易尚占・住居宅地章》原文改作。

㈡「金官硬物藏多時」，原本作「金官硬物畜多時」，疑誤，據《周易尚占・住居宅地章》原文改作。

㈢「子孫空亡家絕後，父母空亡宅必危，父母身子都旺相，人財資益莫猜疑」，原本作「子若空亡家絕後，父母空亡宅必危，父子妻爻都旺相，豐盈財貨莫猜疑」，疑誤，據《周易尚占・住居宅地章》原文改作。

（二）

凡占家宅之凶吉，初井二灶三床席。

井乃在內之物，故初爻見之。灶又在井之外，故二爻見之。床席又在灶之外，故于㊀三爻見之。

四為門戶五為人，

門戶又在床席之外，故于㊁四爻見之。人乃屋之主，故五爻見之。

六為棟宇兼牆壁。

棟宇牆壁，至外之物，故六爻見之。

六爻俱靜人宅安，

占家宅，若得六爻安靜，未論其他吉凶，居住定然安穩。

好與隨爻仔細看。

若值卦中有一爻變動，隨其所動，仔細推之㊂，則吉凶不逃藻鑑①矣。

鬼臨門戶家不寧，

門戶乃第四爻也。若官鬼臨于門戶爻，定主家有官災口舌，不寧之事㊃。

騰蛇妖怪夢魂驚。

騰蛇本主怪異、邪魔之事，若在四爻門戶發動，定主家中主妖怪出現，人口夢寐不寧也㊄。

殺爻旺相官災起，

占宅最怕勾陳動，鬼谷起勾陳殺例云：正月起辰二月卯，每月逆行一位。

如正月占宅，辰爻動，便是殺旺，若值有此㊅，主官災起也。

殺遇休囚疾病生。

旺主官非，衰主疾病，惟無殺最吉。若有殺爻上卦，即便休囚，亦主家有疾病㊆。

六爻動多帶土木，

《艮》外卦四爻、六爻是土木，《震》內卦二爻、三爻是土木。若遇《山雷頤》卦，二三爻發動，及四爻、六爻發動：

則是動多土木也㊇。

若非起造即修營。

若值卦中多土木爻動，定主其家起造，否則修補牆壁也㊈。

六爻動多帶水火，

卦中水火爻動，如《乾》卦初爻動及四爻動：

則是六爻動多帶水火也㊉。

《卜筮全書》教例：009

巽宮：山雷頤（遊魂）				坤宮：雷天大壯（六沖）		
本　卦				**變　卦**		
兄弟丙寅木	▅▅▅▅▅		○→	妻財庚戌土	▅▅　▅▅	
父母丙子水	▅▅　▅▅			官鬼庚申金	▅▅　▅▅	
妻財丙戌土	▅▅　▅▅	世	╳→	子孫庚午火	▅▅▅▅▅	世
妻財庚辰土	▅▅　▅▅		╳→	妻財甲辰土	▅▅▅▅▅	
兄弟庚寅木	▅▅　▅▅		╳→	兄弟甲寅木	▅▅▅▅▅	
父母庚子水	▅▅▅▅▅	應		父母甲子水	▅▅▅▅▅	應

水火之災不暫停。

若值所占之卦多水火爻動，定主時有水火不虞之厄也⑪。

更被空亡並殺害，

更被空亡，並前勾陳殺為害，定主不吉也⑫。

狼籍破敗少人丁。

既被空亡殺害，主狼藉破敗，損害人丁也⑬。

初為小口二妻妾，

小口至卑，故在初爻見之。妻妾又處小口之上，故在二爻見之⑭。

三為次長弟連兄。

次長，乃伯叔兄弟也。兄弟伯叔又處妻妾之上，故三爻見之⑮。

四為母位五為父，

四近于五爻至尊之位⑯，母本從父而行，故以四爻母，而五爻為父也。

六為祖宅及墳塋。

六爻又在尊位之上，舍祖宅墳塋之外，他非所尊矣⑰，故六爻見之。

《卜筮全書》教例：010

乾宮：乾為天（六沖）				巽宮：巽為風（六沖）		
本卦				變卦		
父母壬戌土	▅▅▅	世		妻財辛卯木	▅▅▅	世
兄弟壬申金	▅▅▅			官鬼辛巳火	▅▅▅	
官鬼壬午火	▅▅▅		○→	父母辛未土	▅ ▅	
父母甲辰土	▅▅▅	應		兄弟辛酉金	▅▅▅	應
妻財甲寅木	▅▅▅			子孫辛亥水	▅▅▅	
子孫甲子水	▅▅▅		○→	父母辛丑土	▅ ▅	

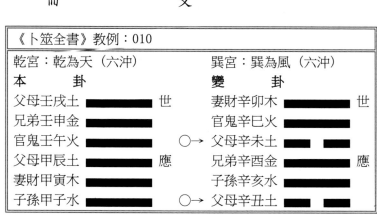

五行親屬更取用，

五行，金、木、水、火、土也。以親戚本命所屬，合卦渾天甲②所屬取用也。

一家禍福自然明。

若依上法取用，則一家內外親眷，禍福瞭然③可知也。

大凡欲要論血財，

血財者，乃六畜也㊅。

卦中仔細與推排。

卦中造化，當仔細與推詳也。

一爻數至四五六，

若遇問六畜，亦當次第論之，又不可以前辨爻法用之，其鬼谷又別有爻法也㊈。

雞犬豬羊牛馬畜。

鬼谷辨爻法云：占六畜，初雞、二犬、三豬、四羊、五牛、六馬。如看所占何畜，以其爻有氣無氣斷之㊉。

有形無氣即傷殘，

當看所屬爻，分有無形氣。形即畜之生肖是也㊉，氣即看其衰旺耳。

鬼谷辨爻法	
六爻	馬
五爻	牛
四爻	羊
三爻	豬
二爻	犬
初爻	雞

如立春後甲戌旬占雞？遇八純《坤》：則為有形無氣，值此定主傷殘也㉜。

虎易按：本卦子孫酉金，酉屬雞，卦中見酉為有形，酉值旬空而無氣，所以稱為「有形無氣」。《易・說卦傳》曰：「乾為馬，坤為牛，震為龍，巽為雞，坎為豕，離為雉，艮為狗，兌為羊」。下面附「八卦與生肖對照表」和「十二地支與十二生肖對照表」，供讀者對照參考。

《卜筮全書》教例：011
時間：立春後　甲戌旬（旬空：申酉）
占事：占雞？
坤宮：坤為地（六沖）
本　　卦
子孫癸酉金 ▅▅　▅▅ 世
妻財癸亥水 ▅▅　▅▅
兄弟癸丑土 ▅▅　▅▅
官鬼乙卯木 ▅▅　▅▅ 應
父母乙巳火 ▅▅　▅▅
兄弟乙未土 ▅▅　▅▅

有氣無形即生育。

若值本肖不上卦，但得本屬爻有氣，即主生育。假如占羊，第四爻是財，有氣無形，為吉兆也㉝。

虎易按：「假如占羊，第四爻是財，有氣無形」，按鬼谷辯爻法，第四爻是羊位，現在不是羊肖的未，所以稱為「無形」。

仍于十二肖中求，

既六畜各有生肖，當與求之，依前法斷也㉞。

八卦與生肖對照表

八卦	乾	坤	震	巽	坎	離	艮	兌
生肖	馬	牛	龍	雞	豕	雉	狗	羊

未為羊兮丑為牛。

未為羊爻，丑為牛爻[25]，他可類推。

十二地支與十二生肖對照表

地支	子	丑	寅	卯	辰	巳	午	未	申	酉	戌	亥
屬相	鼠	牛	虎	兔	龍	蛇	馬	羊	猴	雞	狗	豬

坤牛乾馬卦中取[26]，

《說卦》《坤》為牛，《乾》為馬，此但舉其大概。若以《說卦》考之，雖萬殊可知。

更論旺相與休囚。

以上所占六畜，要看旺相休囚，以斷凶吉。值旺則吉，值休囚則無氣[27]。

乾兌休囚鼎鐺[4]破，

《乾》、《兑》二卦皆屬金，若遇休囚，主鼎鐺破碎不全。

卦如死氣分明課。

大凡卦值死氣，豈能為好，當分明與占也。

坎衰古井及枯池，

《坎》卦本屬水，若值入衰宮，水象休囚，主人家有涸井及枯池[28]。

離衰灶鬼將興禍。

《離》為火，若值休囚，主人家灶神欲為禍患矣。

震巽傷兮棟樑摧[29]，

《震》、《巽》屬木，若值得《震》、《巽》卦，或有殺臨及死休囚卦，定主棟樑傾摧也㉚。

坤艮傷兮土動來。

《坤》、《艮》屬土，若值《坤》、《艮》二卦有殺及休囚死廢，定主家有土動也。若被沖剋及休囚，必主牆坍土陷也㉛。

卦中震巽重重旺，

《震》、《巽》重重旺者，如立春得《雷風恒》卦，內外六爻俱動是也㉜：

兩宮旺相，乃木象興隆也。

虎易按：《恒》卦變《益》卦，《恒》外卦《震》，內卦《巽》；《益》外卦《巽》，內卦《震》，兩卦內外都是《震》、《巽》，逢立春後旺相，所以稱為「震巽重重旺」。

興工欲造新樓臺㉝。

若值《震》、《巽》二卦重重發旺，主人家欲造新樓臺亭

《卜筮全書》教例：012

時間：立春

震宮：雷風恒				巽宮：風雷益		
本卦				**變卦**		
妻財庚戌土	▅▅ ▅▅	應	╳→	兄弟辛卯木	▅▅▅▅▅	應
官鬼庚申金	▅▅ ▅▅		╳→	子孫辛巳火	▅▅▅▅▅	
子孫庚午火	▅▅▅▅▅		○→	妻財辛未土	▅▅ ▅▅	
官鬼辛酉金	▅▅▅▅▅	世	○→	妻財庚辰土	▅▅ ▅▅	世
父母辛亥水	▅▅▅▅▅		○→	兄弟庚寅木	▅▅ ▅▅	
妻財辛丑土	▅▅ ▅▅		╳→	父母庚子水	▅▅▅▅▅	

館也㉔。木爻大發，宜其建造宏麗也。

卦中坤艮殺兼鬼，

如六月丙丁日，得《地山謙》卦：

二爻是鬼，又是勾陳殺，則是《坤》、《艮》殺兼鬼也㉕。

因知墳墓欲為災。

若值鬼殺臨于《坤》、《艮》卦，主人家墳墓不安，欲為災害也㉖。

內卦為宅外為人，

先有宅，後有人，故以宅為內，人為外。曾記孫臏⑤有一訣云㉗：「若占宅，未住以外為人，若住以外為宅」。其說亦有理，姑兩存之。

內外相生宅可親。

若內卦生外卦，則其宅可以相親。如《天山遯》是也㉘：

《卜筮全書》教例：013

時間：未月　丙丁日

兌宮：地山謙

六神	本卦		
青龍	兄弟癸酉金	▅▅　▅▅	
玄武	子孫癸亥水	▅▅　▅▅	世
白虎	父母癸丑土	▅▅　▅▅	
騰蛇	兄弟丙申金	▅▅▅▅▅	
勾陳	官鬼丙午火	▅▅　▅▅	應
朱雀	父母丙辰土	▅▅　▅▅	

《卜筮全書》教例：014

艮宮：山天大畜

本卦		
官鬼丙寅木	▅▅▅▅▅	
妻財丙子水	▅▅　▅▅	應
兄弟丙戌土	▅▅　▅▅	
兄弟甲辰土	▅▅▅▅▅	
官鬼甲寅木	▅▅▅▅▅	世
妻財甲子水	▅▅▅▅▅	

虎易附例：005

乾宮：天山遯

本卦		
父母壬戌土	▅▅▅▅▅	
兄弟壬申金	▅▅▅▅▅	應
官鬼壬午火	▅▅▅▅▅	
兄弟丙申金	▅▅▅▅▅	
官鬼丙午火	▅▅　▅▅	世
父母丙辰土	▅▅　▅▅	

虎易按：「若內卦生外卦，則其宅可以相親」，即內卦宅生外卦人，因此是吉利的。原本所附《山天大畜》卦，外卦《艮》土生內卦《乾》金，是外卦人生內卦宅，與「若內卦生外卦」文意不符。現改作《天山遯》卦，則是內卦《艮》土生外卦《乾》金，與「若內卦生外卦」文意相符，供讀者參考。

《卜筮全書》教例：015		
艮宮：火澤睽		
本　　卦		
父母己巳火	▅▅▅▅▅	
兄弟己未土	▅▅　▅▅	
子孫己酉金	▅▅▅▅▅	世
兄弟丁丑土	▅▅　▅▅	
官鬼丁卯木	▅▅▅▅▅	
父母丁巳火	▅▅▅▅▅	應

宅若剋人居不穩，

若內剋外，則人口迍邅，是非疾病，主人居處不穩[39]。如《風天小畜》卦是也[40]：

虎易按：「若內剋外」，即內卦宅剋外卦人，因此是不吉利的。原本所附《火澤睽》卦，是外卦《離》火剋內卦《兌》金，與「若內剋外」文意不符。現改作《風天小畜》卦，是內卦《乾》金剋外卦《巽》木，與「若內剋外」文意相符，供讀者參考。

虎易附例：006		
巽宮：風天小畜		
本　　卦		
兄弟辛卯木	▅▅▅▅▅	
子孫辛巳火	▅▅▅▅▅	
妻財辛未土	▅▅　▅▅	應
妻財甲辰土	▅▅▅▅▅	
兄弟甲寅木	▅▅▅▅▅	
父母甲子水	▅▅▅▅▅	世

人能剋宅住無迍㊶。

若外剋內則吉，乃能整舊鼎新，修營創造。如《澤風大過》卦是也㊷：

虎易按：「若外剋內則吉」，即外卦人剋內卦宅，因此是吉利的。原本所附《風澤中孚》卦，是內卦《兌》金剋外卦《巽》木，與「若外剋內則吉」文意不符。現改作《澤風大過》卦，則是外卦《兌》金剋內卦《巽》木，與「若外剋內則吉」文意相符，供讀者參考。

《卜筮全書》教例：016		
艮宮：風澤中孚（遊魂）		
本　　卦		
官鬼辛卯木	▅▅▅▅▅	
父母辛巳火	▅▅▅▅▅	
兄弟辛未土	▅▅　▅▅	世
兄弟丁丑土	▅▅　▅▅	
官鬼丁卯木	▅▅▅▅▅	
父母丁巳火	▅▅▅▅▅	應

虎易附例：007		
震宮：澤風大過（遊魂）		
本　　卦		
妻財丁未土	▅▅　▅▅	
官鬼丁酉金	▅▅▅▅▅	
父母丁亥水	▅▅▅▅▅	世
官鬼辛酉金	▅▅▅▅▅	
父母辛亥水	▅▅▅▅▅	
妻財辛丑土	▅▅　▅▅	應

災衰鬼殺交重惡，

鬼殺動，故人家陵替⑥災傷也。正如前所謂六月得《地山謙》卦是也。若值爻多變動，定不吉也㊸。

禍患遊魂及八純。

凡占宅，得遊魂及八純卦，主人家連歲有禍患也㊹。

世在二三為大吉，

占宅，若得世在二爻，三爻為大吉。如《風火家人》、《風雷益》卦是也[45]：

身居三四守常倫。

身居在三爻、四爻，但可守常而已。如《風地觀》、《雷風恒》卦是也[46]：

虎易按：「身居三四守常倫」，此「身」是指「世爻」而言。原本所附《天澤履》卦，其世爻在五爻位，與「身居三四守常倫」文意不符。現改作《風地觀》卦，其世爻在四爻位，與「身居三四守常倫」文意相符，供讀者參考。

《卜筮全書》教例：017

巽宮：風火家人

本	卦	
兄弟辛卯木	▅▅▅▅▅	
子孫辛巳火	▅▅▅▅▅	應
妻財辛未土	▅▅　▅▅	
父母己亥水	▅▅▅▅▅	
妻財己丑土	▅▅　▅▅	世
兄弟己卯木	▅▅▅▅▅	

《卜筮全書》教例：018

巽宮：風雷益

本	卦	
兄弟辛卯木	▅▅▅▅▅	應
子孫辛巳火	▅▅▅▅▅	
妻財辛未土	▅▅　▅▅	
妻財庚辰土	▅▅　▅▅	世
兄弟庚寅木	▅▅　▅▅	
父母庚子水	▅▅▅▅▅	

虎易附例：008

乾宮：風地觀

本	卦	
妻財辛卯木	▅▅▅▅▅	
官鬼辛巳火	▅▅▅▅▅	
父母辛未土	▅▅　▅▅	世
妻財乙卯木	▅▅　▅▅	
官鬼乙巳火	▅▅　▅▅	
父母乙未土	▅▅　▅▅	應

《卜筮全書》教例：019

震宮：雷風恒

本	卦	
妻財庚戌土	▅▅　▅▅	應
官鬼庚申金	▅▅　▅▅	
子孫庚午火	▅▅▅▅▅	
官鬼辛酉金	▅▅▅▅▅	世
父母辛亥水	▅▅▅▅▅	
妻財辛丑土	▅▅　▅▅	

世辰剋應那[47]能好，

若遇世辰剋于應爻，極不吉。如《水澤節》卦是也[48]：

世應相生福可臻⑦。

若遇世應相生，則其福立至。如《雷地豫》卦是也[49]：

本宮旺相宅堪居，

立春則《艮》旺《震》相，如占宅得《艮》宮八卦，《震》宮八卦，則其宅可以居住也[50]。

卦內休囚禍未除。

立春《坤》死《兌》囚，如占宅得《坤》宮八卦，《兌》宮八卦，則家宅原有災禍尚未除也[51]。

財若動時妻有疾，

若值妻財發動，主妻有疾病也[52]。

空亡死氣主兒孤。

若卦值空亡及死氣，此人家子息必孤[53]。

忽逢白虎家防哭，

鬼谷論白虎殺例云：「正月起申二月酉，順行十二

《卜筮全書》教例：020		
坎宮：水澤節（六合）		
本　卦		
兄弟戊子水	▅▅ ▅▅	
官鬼戊戌土	▅▅▅▅▅	
父母戊申金	▅▅ ▅▅	應
官鬼丁丑土	▅▅ ▅▅	
子孫丁卯木	▅▅▅▅▅	
妻財丁巳火	▅▅▅▅▅	世

《卜筮全書》教例：021		
震宮：雷地豫（六合）		
本　卦		
妻財庚戌土	▅▅ ▅▅	
官鬼庚申金	▅▅ ▅▅	
子孫庚午火	▅▅▅▅▅	應
兄弟乙卯木	▅▅ ▅▅	
子孫乙巳火	▅▅ ▅▅	
妻財乙未土	▅▅ ▅▅	世

位」。若遇此爻動，其家防有哭聲也[54]。

更值喪門暴病殂[8]。

鬼谷論喪門殺例云：「正月未、二月辰、三月丑、四月戌，只此四位，輪十二月」。若遇此殺在內三爻，更發動，斷主其家有人暴病死也[55]。

陰化為陽憂女子，

值陰卦有殺，變為陽卦，其家須防女子有災也[56]。

陽化為陰損丈夫。

值陽卦有殺，變為陰卦，其家主損男子也[57]。

世間占卜能推類，

占卜不可一言以盡，但當融通活變，一切事機，以例而推。

天地神明可感孚[9]。

通一而萬事畢，既能類推，則天地神明自然可以感格[10]也，可不敬哉[58]。

虎易按：此歌訣描述了占家宅分爻的方法，六親分爻的方法，六畜分爻的方法，並指出六爻俱靜人宅安，內外相生宅可親，鬼殺蛇動臨，官災疾病生等基本分析方法。讀者可根據其基本分析方法，舉一反三，結合具體的事理，去分析判斷吉凶。

注釋

①藻鑑（zǎo jiàn）：亦作「藻鑒」。品藻和鑒別。

②合卦渾天甲：即八卦渾天納甲。參閱「納甲歌」。

③瞭（liǎo）然：明白，清楚。

④鼎鐺（dǐng chēng）：鼎：古代烹煮用的器物。鐺：烙餅或做菜用的平底淺鍋。鼎和鐺。泛指煮器。

⑤孫臏：生卒年不詳，中國戰國初期軍事家，兵家代表人物。孫臏原名不詳，因受過臏刑，故名孫臏。

⑥陵替：衰落；衰敗。

⑦臻（zhēn）：到；到達。

⑧殂（cú）：死亡。

⑨感孚：使人感動信服。

⑩感格：感動，感化。

校勘記

㈠「于」，原本脱漏，據《新鍥斷易天機・占家宅・郭璞占宅歌》原文補入。

㊂「仔細推之」，原本作「而推詳之」，疑誤，據《新鍥斷易天機・占家宅・郭璞占宅歌》原文改作。

㊃「門戶乃第四爻也。若官鬼臨于門戶爻，定主家有官災口舌，不寧之事」，原本作「若官鬼在第四爻，主有官非口舌之事」，疑誤，據《新鍥斷易天機・占家宅・郭璞占宅歌》原文改作。

㊄「騰蛇本主怪異、邪魔之事，若在四爻門戶發動，定主家中主妖怪出現，人口夢寐不寧也」，原本作「騰蛇本主怪異、邪魔之事，若在四爻發動，主妖怪出現，人口夢魘也」，疑誤，據《新鍥斷易天機・占家宅・郭璞占宅歌》原文改作。

㊅「若值有此」，原本脱漏，據《新鍥斷易天機・占家宅・郭璞占宅歌》原文補入。

㊆「惟無殺最吉。若有殺爻上卦，即便休囚，亦主家有疾病」，原本脱漏，據《新鍥斷易天機・占家宅・郭璞占宅歌》原文補入。

㊇「《艮》外卦四爻、六爻是土木，《震》內卦二爻、三爻是土木。若遇《山雷頤》卦，二三爻發動，及四爻、六爻發動：則是動多土木也」，原本作「卦中土木爻動」，疑誤，據《新鍥斷易天機・占家宅・郭璞占宅歌》原文改作。

㊈「若值卦中多土木爻動，定主其家起造，否則修補牆壁也」，原本作「雖不建造，亦當修理牆垣」，疑誤，據《新鍥斷易天機・占家宅・郭璞占宅歌》原文改作。

⑩「如《乾》卦初爻動及四爻動，則是六爻動多帶水火也」，原本脱漏，據《新鍥斷易天機・占家宅・郭璞占宅歌》原文補入。

⑪「若值所占之卦多水火爻動，定主時有水火不虞之厄也」，原本作「主有水火災厄也」，疑誤，據《新鍥斷易天機・占家宅・郭璞占宅歌》原文改作。

⑫「更被空亡，並前勾陳殺為害，定主不吉也」，原本作「空亡殺害，俱非吉兆」，疑誤，據《新鍥斷易天機・占家宅・郭璞占宅歌》原文改作。

⑬「既被空亡殺害，主狼藉破敗，損害人丁也」，原本作「主人家人丁損失、衰微破耗」，疑誤，據《新鍥斷易天機・占家宅・郭璞占宅歌》原文改作。

⑭「小口至卑，故在初爻見之。妻妾又處小口之上，故在二爻見之」，原本作「小口至卑，故在初爻。妻妾處小口之上，故在二爻」，疑誤，據《新鍥斷易天機・占家宅・郭璞占宅歌》原文改作。

⑮「次長，乃伯叔兄弟也。兄弟伯叔又處妻妾之上，故三爻見之」，原本作「次長，乃伯叔兄弟也，位在三爻」，疑誤，據《新鍥斷易天機・占家宅・郭璞占宅歌》原文改作。

⑯「四近于五爻至尊之位」，原本作「五爻至尊之位」，疑誤，據《新鍥斷易天機・占家宅・郭璞占宅歌》原文改作。

⑰「矣」，原本脱漏，據《新鍥斷易天機・占家宅・郭璞占宅歌》原文補入。

⑱「血財者，乃六畜也」，原本作「血財，乃畜也」，疑誤，據《新鍥斷易天機·占家宅·郭璞占宅歌》原文改作。

⑲「若遇問六畜，亦當次第論之，又不可以前辨爻法用之，其鬼谷又別有爻法也」，原本作「若問六畜，亦當次第論之」，疑誤，據《新鍥斷易天機·占家宅·郭璞占宅歌》原文改作。

⑳「鬼谷辨爻法云：占六畜，初雞、二犬、三豬、四羊、五牛、六馬。如看所占何畜，以其爻有氣無氣斷之」，原本作「初雞、二犬、三豬、四羊、五牛、六馬。看所占何畜，以其爻有氣無氣斷之」，疑誤據《新鍥斷易天機·占家宅·郭璞占宅歌》原文改作。

㉑「形即畜之生肖是也」，原本作「形即畜之本命」，疑誤，據《新鍥斷易天機·占家宅·郭璞占宅歌》原文改作。

㉒「如立春後甲戌旬占雞，遇八純《坤》。則為有形無氣，值此定主傷殘也」，原本脫漏，據《新鍥斷易天機·占家宅·郭璞占宅歌》原文補入。

㉓「若值本肖不上卦，但得本屬爻有氣，即主生育。假如占羊，第四爻是財，有氣無形，為吉兆也」，原本作「雖無本肖，假如占羊，第四爻是財，有氣無形，為吉兆也」，疑誤，據《新鍥斷易天機·占家宅·郭璞占宅歌》原文改作。

㉔「既六畜各有生肖，當與求之，依前法斷也」，原本作「六畜各有生肖，當與求之，依前法斷」，疑誤，據《新鍥斷易天機·占家宅·郭璞占宅歌》原文改作。

㉕「未為羊爻，丑為牛爻」，原本作「未羊丑牛」，疑誤，據《新鍥斷易天機・占家宅・郭璞占宅歌》原文改作。

㉖「坤牛乾馬卦中取」，原本作「坤牛乾馬卦中求」，疑誤，據《新鍥斷易天機・占家宅・郭璞占宅歌》原文改作。

㉗「以上所占六畜，要看旺相休囚，以斷凶吉。值旺則吉，值休囚則無氣」，原本作「論其衰旺，以斷凶吉」，疑誤，據《新鍥斷易天機・占家宅・郭璞占宅歌》原文改作。

㉘「《坎》卦本屬水，若值入衰宮，水象休囚，主人家有涸井及枯池」，原本作「坎水，水象休囚，主人家有涸井及枯池」，疑誤，據《新鍥斷易天機・占家宅・郭璞占宅歌》原文改作。

㉙「震巽傷兮棟樑摧」，原本作「震巽傷兮樑棟摧」，疑誤，據《新鍥斷易天機・占家宅・郭璞占宅歌》原文改作。

㉚「《震》、《巽》屬木，若值得《震》、《巽》卦，或有殺臨及死休囚卦，定主棟樑傾摧也」，原本作「《震》《巽》屬木，若有殺神傷剋、及休囚死絕，必主樑崩柱壞也」，疑誤，據《新鍥斷易天機・占家宅・郭璞占宅歌》原文改作。

㉛「《坤》、《艮》屬土，若值《坤》、《艮》二卦有殺及休囚死廢，定主家有土動也。若被沖剋及休囚，必主牆坍土陷也」，原本作「《坤》《艮》屬土，若被沖剋及休囚，必主牆坍土陷也。若值《坤》《艮》二卦有殺及休囚死廢，定主家有土動也」，疑

誤，據《新鍥斷易天機・占家宅・郭璞占宅歌》原文改作。

㉜「《震》《巽》重重旺者，如立春得《雷風恒》卦，內外六爻俱動是也」，原本脫漏，據《新鍥斷易天機・占家宅・郭璞占宅歌》原文補入。

㉝「興工欲造新樓臺」，原本作「興工欲創新樓臺」，疑誤，據《新鍥斷易天機・占家宅・郭璞占宅歌》原文改作。

㉞「若值《震》《巽》二卦重重發旺，主人家欲造新樓臺亭館也」，原本脫漏，據《新鍥斷易天機・占家宅・郭璞占宅歌》原文補入。

㉟「如六月丙丁日，得《地山謙》卦：二爻是鬼，又是勾陳殺，則是《坤》、《艮》殺兼鬼也」，原本作「丙丁日，得《地山謙》卦，二爻是鬼，是勾陳殺，則是《坤》《艮》殺兼鬼也」，疑誤，據《新鍥斷易天機・占家宅・郭璞占宅歌》原文改作。

㊱「若值鬼殺臨于《坤》、《艮》卦，主人家墳墓不安，欲為災害也」，原本作「若鬼殺蘊于《坤》《艮》，主人家墳墓不安，興災作禍也」，疑誤，據《新鍥斷易天機・占家宅・郭璞占宅歌》原文改作。

㊲「曾記孫臏有一訣云」，原本作「又一說云」，疑誤，據《新鍥斷易天機・占家宅・郭璞占宅歌》原文改作。

㊳「如《天山遯》是也」，原本作「如《山天大畜》是也」，疑誤，據其卦理及文意改作。

㊴「主人居處不穩」，原本脫漏，據《新鍥斷易天機・占家宅・郭璞占宅歌》原文補入。

㊵「如《風天小畜》卦是也」，原本作「如《火澤睽》卦是也」，疑誤，據其卦理及文意改作。

㊶「人能剋宅住無迍」，原本作「人能剋宅住無屯」，疑誤，據《新鍥斷易天機・占家宅・郭璞占宅歌》原文改作。

㊷「如《澤風大過》卦是也」，原本作「如《風澤中孚》卦是也」，疑誤，據其卦理及文意改作。

㊸「正如前所謂六月得《地山謙》卦是也。若值爻多變動，定不吉也」，原本脫漏，據《新鍥斷易天機・占家宅・郭璞占宅歌》原文補入。

㊹「凡占宅，得遊魂及八純卦，主人家連歲有禍患也」，原本作「占宅，得遊魂及八純卦，主有連年禍患也」，疑誤，據《新鍥斷易天機・占家宅・郭璞占宅歌》原文改作。

㊺「占宅，若得世在二爻，三爻為大吉。如《風火家人》、《風雷益》卦是也」，原本作「占宅，二世、三世大吉」，疑誤，據《新鍥斷易天機・占家宅・郭璞占宅歌》原文改作。

㊻「身居在三爻、四爻，但可守常而已。如《風地觀》、《雷風恒》卦是也」，原本作「若身在三四爻，止可安常守靜」，疑誤，據《新鍥斷易天機・占家宅・郭璞占宅歌》原文改作。

㊼「若遇世辰剋于應爻，極不吉。如《水澤節》卦是也」，原本作「若世剋應，為不吉」，疑誤，據《新鍥斷易天機・占家宅・郭璞占宅歌》原文改作。

㊽「若遇世應相生，則其福立至。如《雷地豫》卦是也」，原本作「世應相生，福慶綿

遠」，據《新鍥斷易天機·占家宅·郭璞占宅歌》原文改作。

(50)「立春則《艮》旺《震》相，如占宅得《艮》宮八卦，《震》宮八卦，則其宅可以居住也」，原本作「立春則《震》旺《艮》相，占得二宮，宅可住也」，疑誤，據《新鍥斷易天機·占家宅·郭璞占宅歌》原文改作。

(51)「立春《坤》死《兌》囚，如占宅得《坤》宮八卦，《兌》宮八卦，則家宅原有災禍尚未除也」，原本作「立春《坤》休《兌》囚，占宅得二宮卦，禍未除也」，疑誤，據《新鍥斷易天機·占家宅·郭璞占宅歌》原文改作。

(52)「若值妻財發動，主妻有疾病也」，原本作「若值妻財發動，則妻宮有悔也」，疑誤，據《新鍥斷易天機·占家宅·郭璞占宅歌》原文改作。

(53)「若卦值空亡及死氣，此人家子息必孤」，原本作「空亡死氣，子息必孤」，疑誤，據《新鍥斷易天機·占家宅·郭璞占宅歌》原文改作。

(54)「鬼谷論白虎殺例云：『正月起申二月酉，順行十二位』。若遇此爻動，其家防有哭聲也」，原本作「白虎殺例：正月起申二月酉，順行十二位」，疑誤，據《新鍥斷易天機·占家宅·郭璞占宅歌》原文改作。

(55)「鬼谷論喪門殺例云：「正月未、二月辰、三月丑、四月戌，只此四位，輪十二月」。若遇此殺在內三爻，更發動，斷主其家有人暴病死也」，原本作「喪門殺例：正月未、二月辰、三月丑、四月戌，只此四位，輪十二月。若遇此殺在內三爻，更發動，主其家必有暴病死也」，疑誤，據《新鍥斷易天機・占家宅・郭璞占宅歌》原文改作。

㊱「值陰卦有殺，變為陽卦，其家須防女子有災也」，原本作「陰變陽，女子疾」，疑誤，據《新鍥斷易天機・占家宅・郭璞占宅歌》原文改作。

㊲「值陽卦有殺，變為陰卦，其家主損男子也」，原本作「陽變陰，丈夫災」，疑誤，據《新鍥斷易天機・占家宅・郭璞占宅歌》原文改作。

㊳「可不敬哉」，原本脫漏，據《新鍥斷易天機・占家宅・郭璞占宅歌》原文補入。

（三）

凡人占卦問家宅，五事俱全不可剋，子興有喜沒官非，更無災病與盜賊。財動田園多進退，音書不就尊㈠長厄，兄動耗財妻妾病，是非謀望多阻隔。父興小口不安寧，屋廬破敗畜牲滅㈡，鬼動官非災病起㈢，門戶㈣不利弟兄厄。人能審實此章歌，卦象吉凶無差忒①。

注釋

①無差忒：指無差錯；無誤差。

校勘記

㊀「尊」，原本作「家」，疑誤，據《新鍥斷易天機・占家宅・經驗云》原文改作。

㊁「屋廬破敗畜牲滅」，原本作「屋廬搖動畜牲沒」，疑誤，據《新鍥斷易天機・占家宅・經驗云》原文改作。

㊂「鬼動官非災病起」，原本作「鬼動官非災悔來」，疑誤，據《新鍥斷易天機・占家宅・經驗云》原文改作。

㊃「門戶」，原本作「戶門」，疑誤，據《新鍥斷易天機・占家宅・經驗云》原文改作。

（四）

遷動占家㊀起蓋同，先尋父母在何宮，最要財爻無損害，子孫出現得榮豐。鬼旺㊁爻重災禍至，動爻剋世主人㊂凶，父動住㊃家多惱括㊄，絕命遊魂最不中㊅。

校勘記

㊀「遷動占家」，原本作「凡占家宅」，疑誤，據《海底眼・占家宅》原文改作。

㊁「鬼旺」，原本作「官鬼」，疑誤，據《海底眼・占家宅》原文改作。

㊂「人」，原本作「大」，疑誤，據《海底眼・占家宅》原文改作。

㈣「住」，原本作「自」，疑誤，據《海底眼・占家宅》原文改作。
㈤「括」，原本作「聒」，疑誤，據《海底眼・占家宅》原文改作。
㈥「中」，原本作「通」，疑誤，據《海底眼・占家宅》原文改作。

（五）

凡㈠六爻皆無水者，其家溝不流而水不決。無土者，離平地而在高樓。無火者，香火冷而灶不修㈡。無金者，其家則財不聚而人不居㈢。無木者，床榻破而椅桌損㈣。火多則人事繁㈤，木多則人清秀，水多則陽㈥人旺，金多則陰㈦女眾，土多則財物㈧盛。

校勘記

㈠「凡六爻皆無水者」，原本作「六爻無水者」，疑誤，據《卜筮元龜・家宅門・推宅爻位總論》原文改作。
㈡「其家神佛不供而灶不修也」，原本作「香火冷而灶不修」，疑誤，據《卜筮元龜・家宅門・推宅爻位總論》原文改作。

㊂「其家則財不聚而人不居」，原本作「家資乏而人不居」，疑誤，據《卜筮元龜・家宅門・推宅爻位總論》原文改作。

㊃「其家床榻破而鍋灶損」，原本作「床榻破而椅桌損」，疑誤，據《卜筮元龜・家宅門・推宅爻位總論》原文改作。

㊄「繁」，原本作「煩」，疑誤，據《卜筮元龜・家宅門・推宅爻位總論》原文改作。

㊅「陽」，原本作「陰」，疑誤，據《卜筮元龜・家宅門・推宅爻位總論》原文改作。

㊆「陰」，原本作「婦」，疑誤，據《卜筮元龜・家宅門・推宅爻位總論》原文改作。

㊇「物」，原本作「帛」，疑誤，據《卜筮元龜・家宅門・推宅爻位總論》原文改作。

附風水

凡占風水要推詳，五件俱全不可傷，財動田園多進退，不然尊長有災殃。

父興必是還魂地，小口畜牲總不昌，鬼動弟兄多忤逆①，戶門不利惹官妨。

兄興財物多消耗，或是陰人主少亡，子動雖然無訟事，兒孫不貴外人殃。

但得子孫無損害，枝枝葉葉永無疆。

注釋

①忤逆（wǔnì）：叛逆，不孝敬父母。

三十三、移徙章　三首

（一）

遷居先以動爻求，動爻旺相決無憂，初爻旺相鄉村吉，二爻旺相好居州。
三爻市井四坊鎮，五近京師事最優㊀，上爻好向山林住，龍扶子動獲祥休。
白虎當頭休妄動，騰蛇纏足莫往謀①，朱雀交重防口舌，玄武遷移被賊偷。
朱雀又臨官鬼位，官司口舌有來由，那更剋身無主世，身遭重厄訟遭囚㊁。
六爻安靜休搬動，亂動移居又不休㊂，外剋內兮應剋世，舊宅不如新宅利。
內剋外兮世剋應，到底只宜居舊地㊃，世應相生內外和，守舊遷居總如意。
若教動處落空亡，不利遷移利守常，五世遊魂搬則利，內爻旺相住無妨㊄。
忽然內外俱衰敗，守則災危搬受殃㊅，鬼化子孫移富貴，財爻化鬼住安康。

注釋

①徃（wǎng）謀：急切的謀求。

校勘記

㈠「五近京師事最優」，原本作「五近京師住最優」，疑誤，據《周易尚占·移徙章》原文改作。

㈡「那更剋身無主世，身遭重厄訟遭囚」，原本作「那更剋世兼持世，病遭危困訟遭囚」，疑誤，據《周易尚占·移徙章》原文改作。

㈢「亂動移居又不休」，原本作「亂動移居又不周」，疑誤，據《周易尚占·移徙章》原文改作。

㈣「到底只宜居舊地」，原本作「遷徙不如居舊地」，疑誤，據《周易尚占·移徙章》原文改作。

㈤「五世遊魂搬則利」，原本作「五世遊魂搬則吉」，疑誤，據《周易尚占·移徙章》原文改作。

㈥「忽然內外俱衰敗，守則災危搬受殃」，原本作「若然內外俱衰敗，守又災危搬又殃，此是命途多舛錯，何須怨恨費商量」，疑誤，據《周易尚占·移徙章》原文改作。

（二）

移居須忌鬼交重，世值空亡不可逢，卦入墓中難起離，若逢動處路頭通。內休外旺移終吉，內旺外休行必凶，內外若然俱有氣，去留俱好任東西。

(三)

遷徙先將父母推，財興剋父必生災，子孫發動須興旺，兄鬼交重禍患來。

三十四、墳墓章　一首

若占墳塚①靜為強，發動之時便反常，初世出官為大吉，二爻持世次為良。
三爻主世平平穩，四爻半吉保安康，五與上爻俱永好㊀，遊魂後代必為商。
歸魂猶自三分好，若值八純全有妨㊁，為甚乾坤無忌諱，高低無物不包藏。
未葬之先㊂亡在外，既葬須知內是亡，內外相生為大吉㊃，比和決定福難量。
殺交內外還相剋，損宅破財災㊄幾場，青龍旺相來持世，管取存亡獲吉祥。
乾坤不動墳安穩，龍喜交重家道昌，五墓劫神傷子息，三丘陰殺損妻房。
世旺生身㊅官入墓，子孫代代入朝堂，殺臨父母憂家長，劫犯陰爻宅母當。
鬼爻不動亡人吉，身位無交㊆祭主康，破家只為財為鬼，發福多因陰及陽㊇。
衝破臨身終㊈有礙，合神持世卻無妨，陰交為穴要先知，初與二爻宜葬基。
三爻與四平平地，五六高原信可宜，穴是金爻宜土白，火爻土赤更無疑。
土穴畢竟知黃土，若是水穴黑淄②泥，木穴土青須有準，木神旺相有根③梯。

水爻旺相須逢水，土旺應知石是奇，旺在火炎須有器，金爻旺相物光輝。
福德青龍兼並者，斷然嘉瑞應臨期，青龍持世地曲屈，前有木橋兼水池。
朱雀持世鳳凰勢，近路周圍有樹依，勾陳持世地拱揖，四畔有山前後圍。
騰蛇持世彎弓勢，左右伏山低又齊，白虎持世南流水，玄武尖峰朝地基。
卦無父母墳荒廢，卦無兄弟成孤勢，卦無官鬼不宜官，卻是尋常平穩地。
卦無丑未少羊牛，卦無戌酉雞犬亡，十二爻神④依此例，窮通⑤休旺細消詳⑥㊉。

注釋

①墳塚（fén zhǒng）：墳墓。用土堆成的墳包。亦作「墳冢」。
②淄（zī）：黑色。
③拫（hén）：牽引。
④爻神：對卦爻的敬稱。
⑤窮通：窮困與顯達。
⑥消詳：端詳；揣摩。

校勘記

㈠「五與上爻俱永好」，原本作「五六兩爻懼不吉」，疑誤，據《周易尚占・墳塚章》原文改作。

㈡「若值八純全有妨」，原本作「坎卦占來定不昌」，疑誤，據《周易尚占・墳塚章》原文改作。

㈢「未葬之先」，原本作「未葬之前」，疑誤，據《周易尚占・墳塚章》原文改作。

㈣「大吉」，原本作「上吉」，疑誤，據《周易尚占・墳塚章》原文改作。

㈤「災」，原本作「禍」，疑誤，據《周易尚占・墳塚章》原文改作。

㈥「世旺生身」，原本作「世旺身生」，疑誤，據《周易尚占・墳塚章》原文改作。

㈦「身位無交」，原本作「身位安寧」，疑誤，據《周易尚占・墳塚章》原文改作。

㈧「陰及陽」，原本作「陰變陽」，疑誤，據《周易尚占・墳塚章》原文改作。

㈨「終」，原本作「發」，疑誤，據《周易尚占・墳塚章》原文改作。

㈩「陰交為穴要先知」後的內容，原本脱漏，據《周易尚占・墳塚章》原文補入。

三十五、身命章　一首

凡占㈠身世要先知，神殺交重次第推，身旺龍池多吉慶，身衰虎並定憂疑。
子孫持世明時㈡喜，兄弟臨身悔且㈢危，切忌勾陳連㈣鬼旺，卻宜天喜與財依。
妻財陽位財豐厚，陰位妻財妻子宜㈤，祿馬貴人三合併，臨身妙義福根基。
子孫發動添人口，父母交重官可期，內卦為身外為命，身命比和任意為。
世為身兮應為命，世應相生更是奇，世命應身刑又剋，不傷自己即傷妻。
妻財不現財無聚，卦沒子孫難立兒，更將八卦推心屬，內坎機圓心事足。
內兌柔和有主張，內乾果斷無私曲，離明坤厚性融通，巽順艮卑謙自牧。
身命但能依此推，青龍天喜皆為福。

校勘記

㈠「凡占」，原本作「占身」，疑誤，據《周易尚占・身命章》原文改作。

㈡「時」，原本作「而」，疑誤，據《周易尚占・身命章》原文改作。

㈢「且」，原本作「足」，疑誤，據《周易尚占・身命章》原文改作。

㈣「連」，原本作「臨」，疑誤，據《周易尚占・身命章》原文改作。

㈤「妻財陽位財豐厚，陰位妻財妻子宜」，原本作「財臨陽位財源廣，陰位妻交妻妾宜」，疑誤，據《周易尚占·身命章》原文改作。

三十六、六親章　一首

立本㈠先推父母鄉，青龍同位最為祥，騰蛇白虎憂尊長，玄武勾陳宅母當。
父母休囚離祖早，兩重父母過親房，殺神朱雀同時並，重病如何得離床㈡。
子孫持世為全吉，若值青龍子異常，子值㈢勾陳多樸實，子交朱雀主㈣文章。
騰蛇犯子愚而濁，白虎持孫勇且強，玄武子孫同位發，男為盜賊女猖狂。
子孫若值遊魂卦，此子生來好遠方，陽化陰爻端正女，陰交陽體秀才郎。
妻財發動青龍助，因妻致富妙難量，財臨朱雀妻賢惠，財犯勾陳妻病殃。
騰蛇共位妻應拙①，白虎同行妻性剛，妻臨玄武多臨暗，心意瞞人必不良。
兩位妻財俱旺相，一妻一妾美容光，卦若無妻常獨自，妻子安靜保安康。
妻財合世夫妻順，妻位生身家道昌，官鬼青龍同一位，家榮子貴壽延長。
朱雀並官多訟事，勾陳帶鬼損田莊，騰蛇犯鬼多縈繫②㈤，白虎交官身有傷㈥。
玄武當官奸與盜，兩重官鬼必憂喪，若占官府反為吉，福厚官高名譽揚。

兄弟加龍猶且可③，若同朱雀必相妨，
騰蛇白虎皆凶兆，玄武勾陳總不祥。
吉處只宜常旺相，凶交卻要落空亡。

注釋

①拙（zhuō）：笨拙，不靈活。

②縈繫（yíng xì）：牽掛。

③且可：暫且。

校勘記

㈠「五本」，原本作「五命」，疑誤，據《周易尚占·六親章》原文改作。

㈡「離床」，原本作「起床」，疑誤，據《周易尚占·六親章》原文改作。

㈢「子值」，原本作「子坐」，疑誤，據《周易尚占·六親章》原文改作。

㈣「主」，原本作「擅」，疑誤，據《周易尚占·六親章》原文改作。

㈤「繫」，原本作「絆」，疑誤，據《周易尚占·六親章》原文改作。

㈥「白虎交官身有傷」，原本作「白虎交官大害傷」，疑誤，據《周易尚占·六親章》原文改作。

三十七、婚姻章　七首

（一）

內身陽鬼丈夫持，外應財陰總是妻，世應相生婚大吉，比和世應配相宜。
青龍六合扶為美，三合子孫臨更奇，應動三刑刑莫問，外交六害害無疑。
三爻並偶生成少，立位純陽生育稀，男女和同咸泰益，夫妻反目革暌離。
夫㈠宮陽壯妻難保，姤卦陰強家不齊，不有其躬蒙裡斷，夫征不復漸中推。
一奇一偶成親順，雙鬼雙財匹配違，殺在㈡妻財妻子厄，殺臨官鬼丈夫哀。
妻財官鬼青龍助，富貴男兒福德妻，官鬼兩重相剋應，女人曾許兩家期。
白虎臨財莫問婚，勾加官位剋夫身，殺臨兄弟多爭競，朱雀臨身公訟陳㈢。
勾陳陰殺休求女，玄武值財㈣休問親，龍並子孫全吉兆，喜重父母福相因㈤。
坤變坎宮男破體，乾來離位女非真，欲知女子如何性，坎主心聰艮沉靜。
兌心和柔巽必恭，坤爻寬厚乾剛正，文明女子為逢離，智慧男兒因見震。
乾宮面部大而寬，坤主魁肥①莫小看，艮卦決然身體小，坎爻定是臉團圞②㈥。
兌家女子瑩而白③，震位妻兒奇且端，巽體容顏如瑞雪，離宮和潤可人觀。
有亡有劫都無用，無子無財總不堪。

注釋

①魁（kuí）肥：高大肥壯。
②團圞（luán）：形容圓貌。
③瑩而白（yíng）：晶瑩潔白。

校勘記

㊀「夫」，原本作「夬」，疑誤，據《周易尚占·婚姻章》原文改作。
㊁「殺在」，原本作「殺遇」，疑誤，據《周易尚占·婚姻章》原文改作。
㊂「陳」，原本作「因」，疑誤，據《周易尚占·婚姻章》原文改作。
㊃「玄武值財」，原本作「玄武加財」，據《周易尚占·婚姻章》原文改作。
㊄「相因」，原本作「相鄰」，疑誤，據《周易尚占·婚姻章》原文改作。
㊅「團圞」，原本作「團圓」，疑誤，據《周易尚占·婚姻章》原文改作。

（二）

陰陽得位俱歡喜㊀，純陰枉使心和力，純陽退悔不成婚，縱使強成終鬱鬱。
金爻主妻好容光，木爻瘦小更修長，土主形骸肥且矮，火爻定是發稀黃。

水爻心性多聰慧，六合發動最為昌，青龍旺相臨財位，娶妻萬倍有資妝①。若逢天寡②天鰥③殺，夫婦應知不久長。

注釋

①資妝（zhuāng）：資財、嫁妝。
②寡（guǎ）：婦人喪夫。
③鰥（guān）：無妻或喪妻的男人。

校勘記

㊀「俱歡喜」，原本作「俱稱吉」，疑誤，據《新鍥斷易天機·占婚姻·王輔嗣定婚歌》原文改作。

（三）

凡人占卦問婚姻，財鬼雙全便可成，鬼是夫兮㊀愁子動，財為妻也怕兄興。

校勘記

㈠「兮」，原本作「爻」，疑誤，據《新鍥斷易天機·占婚姻·經驗云》原文改作。

（四）

鬼爻持動女妨害，婦意嫌夫不相愛，財爻持動夫妨妻，此則終身應不泰。

（五）

鬼旺剋財妻不就，子旺傷夫事可疑，八純動者生離別，五世遊魂損小兒。

（六）

占婚本要陰與陽，動時皆動且為良，陽陽不動一財鬼，應陰世陽最吉祥。
更得世爻居內卦，團圓男女百年昌。

（七）

本宮無氣財有氣，婦舍雖貧女容媚，本宮旺相財囚死，婦舍雖貧女不美。

三十八、胎孕章　三首

（一）

占產先須看子孫，子孫旺相吉堪論，母宮無殺為祥兆，子上加龍是善根。
易產好占離與兑，難生休卜艮和坤，坎乾龍動身無慮，震巽㊀勾陳命不存。
父母莫教臨白虎，若臨其上必亡魂㊁，螣蛇持世憂陰殺，玄武臨身忌浴盆。
最忌土爻埋子位，更嫌刑殺剋兒孫，子孫發動忌空亡，白虎勾陳並不祥。
子變為官胎裡死，官爻為子產而亡，母重子動㊂俱難保，母靜子安皆吉祥。
子母兩爻都旺相，有龍有喜便㊃安康，陰宮㊄陽現奇男子，陽變陰爻好女娘。
子與母爻雖變動，青龍持世亦無妨，子孫重見龍交喜，決定齊生子一雙。
欲叩①孩兒分娩日，胎神衝破子生方。

注釋

①欲叩（kòu）：準備詢問。

校勘記

㊀「震巽」，原本作「震兑」，疑誤，據《火珠林·占孕產》「《震》《巽》《艮》《坤》在下卦，主逆產」之意改作。

㊁「若臨其上必亡魂」，原本作「子孫切忌坐勾陳」，疑誤，據《周易尚占·胎孕章》原文改作。

㊂「母重子動」，原本作「母動子搖」，疑誤，據《周易尚占·胎孕章》原文改作。

㊃「便」，原本作「復」，疑誤，據《周易尚占·胎孕章》原文改作。

㊄「陰宮」，原本作「陰中」，疑誤，據《周易尚占·胎孕章》原文改作。

（二）

凡人占卦問六甲①，子怕休囚父怕發，財為產母怕兄興，男女陰陽衰旺察。

子臨陽象，旺相生男，休囚生女。陰爻休囚生女，旺相生男也㊀。

注釋

①六甲：婦女有孕稱為身懷六甲。

校勘記

㊀「子臨陽象，旺相生男，休囚生女。陰爻休囚生女，旺相生男也」，原本脱漏，據

《新鍥斷易天機・占生產・經驗云》原文補入。

（三）

生產未知臨幾許，日月長生子當乳，兄爻旺動㈠母生難，子孫受剋兒災㈡苦。飛去剋伏子不收，陽卦為男㈢陰是女，兩爻旺相喜神扶㈣，必是雙胎天賜與。

校勘記

㈠「動」，原本作「相」，疑誤，據《海底眼・占生產》原文改作。
㈡「災」，原本作「道」，疑誤，據《海底眼・占生產》原文改作。
㈢「陽卦為男」，原本作「陽卦男兮」，疑誤，據《海底眼・占生產》原文改作。
㈣「扶」，原本作「臨」，疑誤，據《海底眼・占生產》原文改作。

三十九、蒙童章　一首

蒙童幼學子先推，子會青龍為上奇，朱雀剋身多智慧，勾陳持土大愚癡。卦無父母難垂訓，身犯亡神爭禁持，朱雀空亡無學問㈠，青龍旺相有鎡基①。

龍生身世攻書子，馬旺遊魂逃學兒，父母喜神同位動，斷然博學廣文知㈡。
兩重父母多移學，亂動無常不守規，朱雀入離能寫字，青龍入兑會吟詩。
坤宮變動能修德，乾上交重會滑稽②㈢，乾震交重成事早，艮坤安靜立身遲。
姤屯蹇困災須準，漸晉需升吉可推，地水火風能主事，前程定作貴人師。

注釋

①鎡（zī）基：亦作「鎡錤」。這裡引申為才略。

②滑稽（jī）：謂能言善辯，言辭流利。後指言語、動作或事態令人發笑。

校勘記

㈠「身犯亡神爭禁持，朱雀空亡無學問」，原本作「身犯六神爭禁持，朱雀空亡無學分」，疑誤，據《周易尚占·童蒙章》原文改作。

㈡「斷然博學廣文知」，原本作「斷然博學廣聞知」，疑誤，據《周易尚占·童蒙章》原文改作。

㈢「坤宮變動能修德，乾上交重會滑稽」，原本作「坤中變動能修德，乾上交重善滑稽」，疑誤，據《周易尚占·童蒙章》原文改作。

四十、教授章　一首

欲求教授訓童兒，情性先將八卦推，離體中虛明且智，坎宮內實信而威。
震雷主動常遊學，巽順無常鎮改移，兌澤和柔能講習，艮山沉靜好謙卑。
乾元剛果多嚴厲，坤土包容足禮儀，父子空亡都莫用，世身衰敗總休推。

四十一、儒業科舉章　五首

（一）

凡占儒業究諸身，身世相生藝必精，父母生身文可立，子孫剋世學無成。
父爻旺相加朱雀，雄辯高言大有聲，兄動妻交身不旺，卻因聰慧誤前程。
陰陽互旺宜參請，內外比和足講明，子旺身空窮措大①，財因世廢困書生。
兄弟若犯騰蛇上，縱有文章不顯名，玄武剋身休合伴，勾陳傷世莫親朋。
青龍持世功名大，天喜同官道業亨㊀，朱雀並財宜作館，勾陳同鬼莫遊行。
世應既和身又旺，上書獻策必圖成㊁，日辰龍德俱生旺，縣宰州官力主盟②㊂。
祿馬貴人臨月建，公侯任責職非輕㊃，天符值土應非阻㊄，月建持金必有驚。

父母最宜逢六合，世身切忌犯三刑，刑殺剋身兼剋世，陷身取辱誤平生。
朝君不可逢屯蹇，面聖偏宜見晉升，那更天符持木德，高遷重任祿光榮。

注釋

①措大：舊指貧寒失意的讀書人。
②力主盟：極力主張並主持。

校勘記

㊀「天喜同官道業亨」，原本作「天喜同宮道業亨」，疑誤，據《周易尚占·儒業章》原文改作。
㊁「上書獻策必圖成」，原本作「上書獻策必成名」，疑誤，據《周易尚占·儒業章》原文改作。
㊂「縣宰州官力主盟」，原本作「縣宰州官照福星」，疑誤，據《周易尚占·儒業章》原文改作。
㊃「公侯任責職非輕」，原本作「公侯責任職非輕」，疑誤，據《周易尚占·儒業章》原文改作。
㊄「天符值土應非阻」，原本作「天符值土應多阻」，疑誤，據《周易尚占·儒業章》原文改作。

（二）

凡占科舉事如何，子動兄搖榜下過，父發鬼興財又旺，斷然一舉便登科。

（三）

要問舉人榮達時，先將六爻為根基，主司①之位在月建，天子之爻太歲推。一帶喜神來合卦，今秋榮達定無疑。

注釋

①主司：科舉的主試官。

（四）

若占南省①事如何，六爻旺相始登科，父母發時為印綬②，妻財動處必磋跎③。空亡入鬼憂空返，劫殺臨官節節蹉，更看子孫如發動，此人平昔枉吟哦④。

虎易按：（三）（四）兩節內容，《新鍥斷易天機・占舉選・丘寺丞易鑒歌》原作有注釋，讀者可參閱原著。

注釋

①南省：尚書省的別稱。唐中書、門下、尚書三省均在大內之南，而尚書省更在中書、門下二省之南，故稱南省。此處特指隸屬尚書省的禮部。

②印綬（shòu）：印信和繫印信的絲帶。古人印信上繫有絲帶，佩帶在身。此處借指官爵。
③磋跎（cuōtuó）：時光流逝而無所作為。形容浪費時間，虛度年華。
④吟哦（yín é）：有節奏地誦讀；推敲詩句。

（五）

應舉求官問後先，官旺文書有氣前，火作文章如直事㊀，月建扶官作狀元。

校勘記

㊀「火作文章如直事」，原本作「父作文書為直事」，疑誤，據《海底眼·占應舉》原文改作。

四十二、仕宦①章　二首

（一）

凡占進職與升官，父動為先鬼次看，父鬼旺興須有分，兄財子動枉心歡。

注釋

①仕宦（shì huàn）：出仕；為官。引申為仕途，官場。

（二）

求官鬼吏剋身賢，

初爻是吏，若鬼臨初爻來剋本身，卻主為廉察慈惠賢明官員也。

驛馬相扶官職遷。

若遇驛馬扶本身，及在官鬼爻，定主官職遷至五府①入位也㊀。

坎離二卦冬三月，

《坎》為水屬陽，《離》為火屬陰，水火相遇則為《既濟》卦。且如十月乃陰窮之時，十一月十二月乃陽生之時，陰陽相交，正合得《既濟》卦。故曰：「《坎》、《離》二卦宜冬三月也」。若冬月求官得此卦，定吉也㊁。

震巽明知申酉年。

《震》、《巽》屬木，申酉屬金，金剋于木。所以，申酉年占求官，不宜《震》、《巽》卦也㊂。

世應驛馬相合吉，

若得世與應合，驛馬爻合起本身，定主求得顯官職也㊃。

坎咸復卦定狐疑。

若得《坎》、《咸》、《復》三卦，主中心疑惑，一進一退，未有定向也㊄。

申酉辰戌持世吉，任官遇祿好施為。

若申酉辰戌四爻持世，定吉也。若任了占求祿，最用祿。若值旺相有氣，盡宜施為也㊅。

鬼臨身世得官真，卦爻旺相甚㊆歡欣。驛馬空亡徒費力，卦遭胎沒枉勞神。

若值官鬼爻扶世及臨身位，訣見總斷中，定主得拜真命也。若值內外二卦旺相，六爻發動，定主有歡欣之象。立春《艮》旺《震》相，若《頤》卦是也。若驛馬入空亡，雖有機謀，枉用心力㊇。若卦遇胎沒，定枉勞神。立春後《巽》胎《離》沒，若得《家人》卦之類是也。

旺爻剋應是不良，應入墓時憂死亡。世爻受剋遭貶謫②，若剋他爻倍俸糧。

若卦中有旺相爻來剋于應，定是不吉慶之兆。若值應爻入四墓中，非惟不吉，更防到任身死亡也。若世爻受他爻剋，定主遭謫彈罷官，歸田里也。若世爻剋于他爻，定主倍得俸祿也㊈。

人吏空亡難立腳，

初爻㊉為人吏爻，若值空亡，縱使為官清正，吏人無氣，誰與奉行，如樹無枝，所以難立。

內外純陰名不揚。

陰柔，不立之象，若內外卦俱陰，安能振作？是以名不揚也。

子爻剋鬼無官祿，福德爻驚豈吉昌⑪。

若子孫爻剋官鬼爻，縱有官職，其祿位亦不高增也。驚，動也。若遇子孫爻發動，定不吉昌也⑫。

卦剋世身職不安，

若卦身所屬剋世爻並身位，定主不能安職。

如《乾》宮《遯》卦：

本屬金，遇世屬火是也。

虎易按：「卦剋世身職不安」，大約是指本卦的卦宮五行剋世爻或者世身。但其注釋「若卦身所屬剋世爻並身位」，應該是指「月卦身」之五行「剋世爻並身位」。以上注釋與原本存在差異。「如《乾》宮《遯》卦，本屬金，遇世屬火是也」，此例是世爻火剋卦宮五行金，與「卦剋世身」原意也不相符。請讀者注意分辨。

《卜筮全書》教例：022		
乾宮：天山遯		
本卦		
父母壬戌土	▅▅▅	
兄弟壬申金	▅▅▅	應
官鬼壬午火	▅▅▅	
兄弟丙申金	▅▅▅	
官鬼丙午火	▅ ▅	世
父母丙辰土	▅ ▅	

身剋人吏百憂攢③。

太剛則折，若身世剋初人吏爻，定主吏皆畏⑬避，凡百事業，主有憂攢之兆。

白虎動時驚恐至，

若白虎發動旺相，主驚恐立至也(十四)。

子孫持世必隳官④。

子孫爻，其他發用俱吉；但求官遇其發動，或持世，則主官職隳壞也(十五)。

若問文官並武職，唐符國印求端的。

以上雜論求官凶吉，未有決例，故下以起，將印法教之。求官最要唐符國印爻吉，若無此爻，定主迍滯。筮者詳其端的(十六)。

寅申之年巳亥為，

寅申之年，遇巳亥爻發旺吉(十七)。巳為唐符，亥為國印。以下類推。

巳亥之年寅申覓，子午之年卯酉求，卯酉之年子午出，辰戌之年丑未方，丑未之年在辰戌。

巳亥之年，遇寅申爻發旺大吉。子午之年，遇卯酉爻發旺吉。卯酉之年，值子午爻發旺吉。辰戌之年，值丑未爻發旺吉。丑未之年，值辰戌爻發旺吉(十八)。

鬼臨符印最為佳，當作朝中資輔翼。宜靜而動必左(十九)遷⑤，宜動而靜多掩抑。

巽宮加殺敗東南(二十)，乾位交重出西北。君臣世應上下交，

以上六句，並是起唐符國印例。遇二爻發動，則為符印全，更官鬼臨之，大吉之兆。若值前項符印旺有氣，主作朝廷左輔右弼之臣。當私居之時，占得卦動遷，主朝廷有詔，

左遷官職也。當臨宮赴召之時，卦當動旺，若值六爻安靜休囚，斷然主掩抑也。殺，即大殺也，訣詳總斷歌中。若遇《巽》宮有此殺動，必主出征敗于東南方也。《乾》屬西北方，若遇《乾》卦發動，必主詔起出鎮西北也。世為君，應為臣，上為君，下為臣。若值上下相生，主君臣賡歌⑥，魚水一堂也㉑。

練行宜往興功績。

練者，訓練兵馬也。遇卦中世應相生，有命訓練之行，則宜往之位，必有功也㉒。

欲知卦內作何官，先向身中仔細看，火是文章喉舌位，

前面所論者，尚未及本身合作何官職，此以後方言之。身，即世爻，又是身位。須就其爻看所屬五行，及看休旺變動如何。火乃文明之象，故主翰苑⑦之官。文章喉舌位，乃翰苑之職也。若火爻持世並身位，定居此職㉓。

土為守令漸盤垣㉔。

盤垣者，修治城壘也。若土爻持世並身位，主為守令，監治城壘之事㉕。

水是排岸監司⑧職，金帶兵刑有重權。木為工部及作院⑨，小大皆隨旺相言㉖。

若水爻持世並身位，主受排岸及監司之職分也。若金爻持世臨身位，主掌兵權之職也。若木爻持世臨身位，在朝則為工部之官，在外則為作院之職分而已。官無大小，皆當看卦中旺相休沒。若有氣，宰相可為。如無氣，雖小官亦不可得也㉗。

喜神驛馬臨官鬼，美削重重見㉘知己。

喜神，天喜神也。驛馬，驛馬殺也。李淳風訣例云：「月德冀人世德強，正月在未順行方，二月居申三月酉，周行一歲最為昌」。蓋正月起未，順行十二位，至十二月則過午爻是也。若臨官鬼爻，尤為吉慶。

美削者，舉紙箋也。重重者，言其多也。知己者，言見重于人，故多知己也㉙。

虎易按：「美削」，據「喜神驛馬臨官鬼」之意，疑為「美除」之誤。讀者可參考後文「美除」及注釋。李淳風訣例，是指月德起例，讀者可參閱前神殺內容。

就中符印兩爻推㉚，

更當㉛以唐符國印二爻推之，若果上卦發動，定主符印入手。符印爻所係尤重，故再言之㉜。

早晚當隨詔書起。

早晚，言其急也。符印爻既動，詔書立至，詔書既至，則隨詔書起也㉝。

卦無太歲只移官㉞，

太歲，乃太歲所屬也。若上卦，則主入朝。若無太歲，只主改官㉟。

太歲合時見天子。

太歲若與世爻合，身位合，主入朝而見天子也。

更得雷火殺重重，

鬼谷雷火殺例云：「雷火寅豬申巳求，四孟先知驚恐憂，即時衝破回天後，便見求官驛馬頭」㊱。

其法：正月起寅二月丑，逆數十二位是也。不欲贅言，故以四孟提起。遇動，大吉之兆。應如下文。

看看名位至王公。天乙貴人更相合，

郭璞論天乙貴人詩云：「正月從巳二月申，三月在亥四月寅，五九依元居巳上，未月至申三位輪，若還遇動定為吉，兒孫代代作公卿」㊲。

其法只以巳申亥寅四位，周而復始，輪行十二位，正月巳，二月申。餘倣此。

虎易按：郭璞論天乙貴人法，與天干論天乙貴人法存在差異，其排列順序與神殺表中「天巫」相同，請讀者參閱神殺相關內容，注意分辨。

代代為官受贈封。

雷火貴人既合，非惟己身享祿，主代代受贈封㊳也。

此是天綱⑩玄妙法㊴，勸君紬繹⑪莫匆匆。

言天綱此法，前此所未刊行，故曰玄妙。凡斷卦，皆當紬繆思繹⑫，不可匆匆急促也㊵。

注釋

①五府：明朝中軍、左軍、右軍、前軍、後軍五都督府的總稱，統領全國軍隊的最高軍事機構。朱元璋初置統軍大元帥府，後改為樞密院，又改之為大都督府，節制中外諸軍事。洪武十三年（1380）以大都督府權力太大，分為中、左、右、前、後五軍都督府。

②貶謫（biǎn zhé）：古代官吏因過失或犯罪，而被降職，並調往遠方就任，或流放。

③百憂攢（zǎn）：各種憂愁聚集。

④隳（huī）官：罷官；解職。

⑤左遷：降職、貶官。古人尊右而卑左，故稱官吏被貶降職為「左遷」。

⑥賡（gēng）歌：作歌唱和，連續不斷的歌聲，表示歡樂。

⑦翰苑：翰林院。文士聚集的地方。

⑧監司：負有監察之責的官吏。漢以後的司隸校尉和督察州縣的刺史、轉動使、按察使、布政使等通稱為監司。

⑨作院：指作坊，工場。《宋史·職官志三》：「紹興二年，詔於行在別置作院造器甲，令工部長貳提點，郎官逐旬點檢」。

⑩天綱：袁天綱，益州成都（今四川成都）人。尤工相術。隋大業中，為資官令。武德初，蜀道使詹俊赤牒授火井令。著有《六壬課》、《五行相書》、《推背圖》、

《袁天罡稱骨歌》等。通志著錄，其有《易鏡玄要》一卷。久佚。參閱《舊唐書・卷一百九十一・列傳第一百四十一・袁天綱》。

⑪紬繹（chōu yì）：又作「綢繹」，也作「抽繹」。理出頭緒。

⑫綢繆思繹（chóu móusī yì）：周密的思索尋求。

校勘記

㊀「若遇驛馬扶本身，及在官鬼爻，定主官職遷至五府入位也」，原本作「若驛馬扶身，或臨官位，定主升遷也」，疑誤，據《新鍥斷易天機・占仕宦・丘寺丞易鑒歌》原文改作。

㊁「《坎》為水屬陽，《離》為火屬陰，水火相遇則為《既濟》卦。且如十月乃陰窮之時，十一月十二月乃陽生之時，陰陽相交，正合得《既濟》卦。故曰：『《坎》、《離》二卦宜冬三月也』。若冬月求官得此卦，定吉也」，原本作「坎陽離陰，《水火既濟》，宜于冬三月也」，疑誤，據《新鍥斷易天機・占仕宦・丘寺丞易鑒歌》原文改作。

㊂「震巽屬木，申酉屬金，金剋于木。所以，申酉年占求官，不宜震巽卦也」，原本作「震巽木，得申酉金，官旺也」，疑誤，據《新鍥斷易天機・占仕宦・丘寺丞易鑒歌》原文改作。

㊃「若得世與應合，驛馬爻合起本身，定主求得顯官職也」，原本作「世應與驛馬合，求官大利也」，疑誤，據《新鍥斷易天機・占仕宦・丘寺丞易鑒歌》原文改作。

㊄「若得《坎》《咸》《復》三卦，主中心疑惑，一進一退，未有定向也」，原本作「此三卦主心中疑惑」，疑誤，據《新鍥斷易天機・占仕官・丘寺丞易鑒歌》原文改作。

㊅「若申酉辰戌四爻持世，定吉也。若任了占求祿，最用祿。若值旺相有氣，盡宜施為也」，原本作「申酉持世及得祿，最吉也」，疑誤，據《新鍥斷易天機・占仕官・丘寺丞易鑒歌》原文改作。

㊆「甚」，原本作「為」，疑誤，據《新鍥斷易天機・占仕官・丘寺丞易鑒歌》原文改作。

㊇「若值官鬼爻扶世及臨身位，訣見總斷中。定主得拜真命也。若值內外二卦旺相，六爻發動，定主有歡欣之象。立春艮旺震相，若《頤》卦是也。若驛馬入空亡，雖有機謀，枉用心力」，原本脱漏，據《新鍥斷易天機・占仕官・丘寺丞易鑒歌》原文補入。

㊈「若世爻受他爻剋，定主遭謫彈罷官，歸田里也。若世爻剋于他爻，定主倍得俸祿也」，原本作「世受剋，遭貶罰，世剋他爻，主倍得俸糧」，據《新鍥斷易天機・占仕官・丘寺丞易鑒歌》原文改作。

㊉「爻」，原本脱漏，據《新鍥斷易天機・占仕官・丘寺丞易鑒歌》原文補入。

⑪「福德爻驚豈吉昌」，原本作「福德爻交反不昌」，疑誤，據《新鍥斷易天機・占仕官・丘寺丞易鑒歌》原文改作。

⑫「若子孫爻剋官鬼爻，縱有官職，其祿位亦不高增也。驚，動也。若遇子孫爻發動，

定不吉昌也」，原本作「子動剋傷官鬼，故不昌也」，疑誤，據《新鍥斷易天機・占仕官・丘寺丞易鑒歌》原文改作。

⑬「畏」，原本作「退」，疑誤，據《新鍥斷易天機・占仕官・丘寺丞易鑒歌》原文改作。

⑭「若白虎發動旺相，主驚恐立至也」，原本作「若白虎旺動，驚恐立至也」，疑誤，據《新鍥斷易天機・占仕官・丘寺丞易鑒歌》原文改作。

⑮「子孫爻，其他發用俱吉；但求官遇其發動，或持世，則主官職隳壞也」，原本作「子動，乃求官大忌，必至隳壞也」，疑誤，據《新鍥斷易天機・占仕官・丘寺丞易鑒歌》原文改作。

⑯「以上雜論求官凶吉，未有訣例，故下以起，將印法教之。求官最要唐符國印爻吉，若無此爻，定主迍滯。筮者詳其端的」，原本作「唐符國印，求官必須用之」，據《新鍥斷易天機・占仕官・丘寺丞易鑒歌》原文改作。

⑰「遇巳亥爻發旺吉」，原本脱漏，據《新鍥斷易天機・占仕官・丘寺丞易鑒歌》原文補入。

⑱「巳亥之年，遇寅申爻發旺大吉。子午之年，遇卯酉爻發旺吉。卯酉之年，值子午爻發旺吉。辰戌之年，值丑未爻發旺吉。丑未之年，值辰戌爻發旺吉」，原本脱漏，據《新鍥斷易天機・占仕官・丘寺丞易鑒歌》原文補入。

⑲「左」，原本作「升」，疑誤，據《新鍥斷易天機・占仕官・丘寺丞易鑒歌》原文改作。

⑳「巽宮加殺敗東南」，原本作「巽象搖時東與南」，疑誤，據《新鍥斷易天機・占仕

官・丘寺丞易鑒歌》原文改作。

㉑「若值上下相生，主君臣賡歌，魚水一堂也」，原本作「若上下相生，主君臣賡歌，噓沸一堂也」，疑誤，據《新鍥斷易天機・占仕宦・丘寺丞易鑒歌》原文改作。

㉒「練者，訓練兵馬也。遇卦中世應相生，有命訓練之行，則宜往之位，必有功也」，原本作「練者，訓練士卒也。遇卦中世應相生，有命訓練之行，往之，必建功也」，疑誤，據《新鍥斷易天機・占仕宦・丘寺丞易鑒歌》原文改作。

㉓「文章喉舌位，乃翰苑之職也。若火爻持世並身位，定居此職」，原本脫漏，據《新鍥斷易天機・占仕宦・丘寺丞易鑒歌》原文補入。

㉔「垣」，原本作「桓」，疑誤，據《新鍥斷易天機・占仕宦・丘寺丞易鑒歌》原文改作。

㉕「盤垣者，修治城壘也。若土爻持世並身位，主為守令，監治城壘之事」，原本作「盤桓者，修治城壘。土爻持世，故應此職也」，疑誤，據《新鍥斷易天機・占仕宦・丘寺丞易鑒歌》原文改作。

㉖「水是排岸監司職，金帶兵刑有重權。木為工部及作院，小大皆隨旺相言」，原本作「水是江濱巡守職，金帶兵刑生殺權。木主工科司建創，大小皆隨衰旺言」，疑誤，據《新鍥斷易天機・占仕宦・丘寺丞易鑒歌》原文改作。

㉗「若水爻持世並身位，主受排岸及監司之職分也。若金爻持世臨身位，主掌兵權之職也。若

木爻持世臨身位，在朝則為工部之官，在外則為作院之職分而已。官無大小，皆當看卦中旺相休沒。若有氣，宰相可為。如無氣，雖小官亦不可得也」，原本作「隨動爻之休囚旺相，而定其官爵之尊卑也」，疑誤，據《新鍥斷易天機·占仕宦·丘寺丞易鑒歌》原文改作。

⑱「見」，原本作「有」，疑誤，據《新鍥斷易天機·占仕宦·丘寺丞易鑒歌》原文改作。

⑲「重重者，言其多也。知己者，言見重于人，故多知己也」，原本作「因有喜神驛馬臨于官鬼，故美削重重，得知己之多也」，疑誤，據《新鍥斷易天機·占仕宦·丘寺丞易鑒歌》原文改作。

⑳「就中符印兩爻推」，原本作「就多符印兩爻權」，疑誤，據《新鍥斷易天機·占仕宦·丘寺丞易鑒歌》原文改作。

㉑「更當」，原本作「更」，疑誤，據《新鍥斷易天機·占仕宦·丘寺丞易鑒歌》原文改作。

㉒「符印爻所係尤重，故再言之」，原本作「符印爻所係重，故再言」，疑誤，據《新鍥斷易天機·占仕宦·丘寺丞易鑒歌》原文改作。

㉓「早晚，言其急也。符印爻既動，詔書立至，詔書既至，則隨詔書起也」，原本作「符印既動，詔書立至」，疑誤，據《新鍥斷易天機·占仕宦·丘寺丞易鑒歌》原文改作。

㉔「卦無太歲只移官」，原本作「卦無太歲只升遷」，疑誤，據《新鍥斷易天機·占仕宦·丘寺丞易鑒歌》原文改作。

㉟「太歲，乃太歲所屬也。若上卦，則主入朝。若無太歲，只主改官」，原本作「太歲上卦，則主入朝，若無，但能遷改」，疑誤，據《新鍥斷易天機・占仕宦・丘寺丞易鑒歌》原文改作。

㊱「鬼谷雷火殺例云：雷火寅豬申巳求，四孟先知驚恐憂，即時衝破回天後，便見求官驛馬頭」，原本作「雷火寅豬申巳求，四孟從之遍一周。即時衝破為天后，便見求官驛馬流」，疑誤，據《新鍥斷易天機・占仕宦・丘寺丞易鑒歌》原文改作。

㊲「郭璞論天乙貴人詩云：正月從巳二月申，三月在亥四月寅，五九依元居巳上，未月至申三位輪，若還遇動定為吉，兒孫代代作公卿」，原本作「天乙貴人：正月在巳二月申，三月在亥四月寅。五九依然居巳上，未月至丑三位輪。若還遇動定為吉，子孫代代作公卿」，疑誤，據《新鍥斷易天機・占仕宦・丘寺丞易鑒歌》原文改作。

㊳「贈封」，原本作「封贈」，疑誤，據《新鍥斷易天機・占仕宦・丘寺丞易鑒歌》原文改作。

㊴「法」，原本作「訣」，疑誤，據《新鍥斷易天機・占仕宦・丘寺丞易鑒歌》原文改作。

㊵「言天綱此法，前此所未刊行，故曰玄妙。凡斷卦，皆當綢繆思繹，不可匆匆急促也」，原本脫漏，據《新鍥斷易天機・占仕宦・丘寺丞易鑒歌》原文補入。

四十三、國事章　三首

（一）

若筮國家占天子，

若者，乃講詞也。言國家所係最重，不可輕也㊀。

卦從本宮世生取。

本宮世，即所占卦之世爻也㊁。

本宮為國世為君，

本宮者，看所占之卦在何宮，即為國。世爻，即為君主也。

旺相比和得聖主。

若卦值旺相及卦內外比和，乃主天生聖明天子也㊂。

初民二士三大夫，

初爻民，二爻士，三爻大夫，皆不可空亡及妄動也。遇有動，當謹之㊃。

四作公侯君在五。

四爻公候，五爻天子，皆不可休囚及妄動，又不可相剋沖並，筮者要知之㊄。

六為宗廟社稷神，

六爻為太廟，為社稷神，最要靜，靜則國家和平。設有不安，則國家亦不安矣㊅。

動靜剛柔宜得所。

所謂六爻各有所主，動靜剛柔最要得所㊆。苟一位不得其所，則一節不寧矣。

大殺為災金主兵，

鬼谷起大殺例：正月戌，二月巳，三月午，四月未，五月寅，六月卯，七月辰，八月亥，九月子，十月丑，十一月申，十二月酉㊇。

如遇此殺上卦，主國家有災危。金爻動，主有刀兵之厄㊈。

水為昏墊①土攻城。

若水爻動，主天下有洪水之災。土爻動，主有修治城壘之事也㊉。

震離坎兌四方見，

《震》東、《離》南、《坎》北、《兌》西，主定四方。若遇一卦發動值殺，主一方有災危也，宜慎之⑪。

坤艮宮中事未寧。

《坤》、《艮》屬中宮，若此二卦動，主中國必騷擾也⑫。

六爻不動卦無殺，

若六爻不動，卦又無殺，吉兆也⑬。

天下人民歌太平。

若得吉兆，宜四方鼓舞歌太平也㈣。

注釋

①昏墊：陷溺。指困於水災。亦指水患，災害。

校勘記

㈠「若者，乃講詞也。言國家所係最重，不可輕也」，原本脱漏，據《新鍥斷易天機・占國朝・丘寺丞易鑒歌》原文補入。

㈡「本宮世，即所占卦之世爻也」，原本脱漏，據《新鍥斷易天機・占國朝・丘寺丞易鑒歌》原文補入。

㈢「若卦值旺相及卦內外比和，乃主天生聖明天子也」，原本脱漏，據《新鍥斷易天機・占國朝・丘寺丞易鑒歌》原文補入。

㈣「初爻民，二爻士，三爻大夫，皆不可空亡及妄動也。遇有動，當謹之」，原本脱漏，據《新鍥斷易天機・占國朝・丘寺丞易鑒歌》原文補入。

㈤「四爻公候，五爻天子，皆不可休囚及妄動，又不可相剋沖並，筮者要知之」，原本脫漏，據《新鍥斷易天機・占國朝・丘寺丞易鑒歌》原文補入。

⑥「六爻為太廟，為社稷神，最要靜，靜則國家和平。設有不安，則國家亦不安矣」，原本脫漏，據《新鍥斷易天機・國事章・丘寺丞易鑒歌》原文補入。

⑦「所謂六爻各有所主，動靜剛柔俱要得所」，原本作「六爻各要生合旺相」，疑誤，據《新鍥斷易天機・占國朝・丘寺丞易鑒歌》原文改作。

⑧「鬼谷起大殺例：正月戌，二月巳，三月午，四月未，五月寅，六月卯，七月辰，八月亥，九月子，十月丑，十一月申，十二月酉」，原本作「大殺：正戌、二巳、三午、四未、五寅、六卯、七辰、八亥、九子、十丑、十一申、十二酉是也」，疑誤，據《新鍥斷易天機・占國朝・丘寺丞易鑒歌》原文改作。

⑨「如遇此殺上卦，主國家有災危。金爻動，主有刀兵之厄」，原本脫漏，據《新鍥斷易天機・國事章・丘寺丞易鑒歌》原文補入。

⑩「若水爻動，主天下有洪水之災。土爻動，主有修治城壘之事也」，原本作「水動主有洪水之災，土動主有修治城壘之事」，疑誤，據《新鍥斷易天機・國事章・丘寺丞易鑒歌》原文改作。

⑪「震東、離南、坎北、兌西，主定四方。若遇一卦發動值殺，主一方有災危也，宜慎之」，原本作「若遇此四宮，應在邊方也」，疑誤，據《新鍥斷易天機・占國朝・丘寺丞易鑒歌》原文改作。

⑪「坤艮屬中宮，若此二卦動，主中國必騷擾也」，原本脱漏，據《新鍥斷易天機・占國朝・丘寺丞易鑒歌》原文補入。

⑬「若六爻不動，卦又無殺，吉兆也」，原本脱漏，據《新鍥斷易天機・占國朝・丘寺丞易鑒歌》原文補入。

⑭「若得吉兆，宜四方鼓舞歌太平也」，原本脱漏，據《新鍥斷易天機・占國朝・丘寺丞易鑒歌》原文補入。

（二）

出兵交戰子當強，鬼旺他贏我必亡，財是草糧兄莫剋，父為旌幟①忌搖揚。

注釋

①旌幟（jīng zhì）：旗幟。

（三）

水爻帶鬼來剋我，須防劫寨及攻營，卻看有氣並無氣，方可斟量道敗贏㊀。

若決勝負，以世應、日辰、官星論之。世為我將，應為彼軍，日辰為我卒，官鬼為彼兵。

我剋他，我勝；他剋我，我負。若財與剋父，必斬將奪旗。兄弟交重，必奪糧劫草。

校勘記

㊀「方可斟量道敗贏」，原本作「方斷兵機輸與贏」，疑誤，據《新鍥斷易天機・占國朝・天玄賦云》原文改作。

四十四、僧道章

道士緇流①來問卜㊀，身安世靜最為先，身爻剋世堪謀用，世應比和樂自然。世若剋身當退守，財來剋世好求緣，六爻不動為清福，一位交重事變遷。財扶世上能施利㊁，鬼交偏好謁官員，世臨白虎官司撓，身遇勾陳心事纏。父母剋身師接引，青龍持世貴周全，勾陳帶殺多㊂魔障②，玄武臨財被賊冤。兄弟勾陳同位動，謹防法眷③外勾連，貴交父母師通聖，龍並子孫徒弟賢㊃。父母重重身受剋，斷然身被俗家牽，財空注疏徒勞力，鬼旺營謀枉費錢。亂動切須休入寶㊄，八純卻好去參玄，艮坤只好棲岩谷㊅，離巽偏宜隱市廛④。龍虎交馳宜訪道，坎離輻輳⑤好安禪，遊魂帶殺休雲水，一世休囚莫置田。

子動妻交還俗漢，世空身旺地行仙，身空不動頭頭道，應旺無魔處處禪。
應偶世持生又合，神清身靜壽綿綿，忽然負結財身動，未免填還俗債冤。
世應不和身妄動，了身達命待驢年，木神㊆太歲臨身命，即日逢神得正傳。
太歲火神加父母，天邊恩命定來宣，問予末後天機事，拈起筆來畫個〇㊇。

注釋

①緇（zī）流：緇流：僧徒。僧尼多穿黑衣，故稱。

②魔障（mó zhàng）：亦作「魔瘴」。佛教用語。為梵文的音義雙譯詞。指惡魔所設的修身的障礙。泛指成事的波折、障礙、磨難。

③法眷：佛教語。指共同修行的道友。

④市廛（chán）：指店鋪集中的市區。

⑤輻輳（fúcòu）：也作「輻湊」。形容人或物聚集，像車輻集中於車轂一樣。

校勘記

㈠「道士緇流來問卜」，原本作「羽士緇流來問占」，疑誤，據《周易尚占・僧道章》原文改作。

㈡「財扶世上能施利」，原本作「財旺正宜收佈施」，疑誤，據《周易尚占・僧道章》原文改作。

㊂「多」，原本作「遭」，疑誤，據《周易尚占・僧道章》原文改作。

㊃「貴交父母師通聖，龍並子孫徒弟賢」，原本作「貴臨父母師通聖，福德龍交弟子賢」，疑誤，據《周易尚占・僧道章》原文改作。

㊄「亂動切須休入寶」，原本作「亂動坐關為大忌」，疑誤，據《周易尚占・僧道章》原文改作。

㊅「谷」，原本作「壑」，疑誤，據《周易尚占・僧道章》原文改作。

㊆「本身」，原本作「木神」，疑誤，據《周易尚占・僧道章》原文改作。

㊇「拈起筆來畫個〇」，原本作「拈筆書將一個緣」，疑誤，據《周易尚占・僧道章》原文改作。

四十五、求財買賣章　三首　附添人口一首、交易一首。

（一）

求財交易財為主，發動臨身財必取，卦若無財及落空，一切營謀不堪許。
財爻持世或㊀剋世，一買一賣利百倍，剋身又得青龍扶，積玉堆金何算計。
財爻外動較艱難，財在內興人送至，外生內兮應生世，假使財輕也容易。
應剋世兮世剋身，有財到底難成遂，世應比和身又安，資財平穩無憂滯。
財生庫旺聚錢財，子動龍爻㊁應稱意，財爻若值廢休囚，貨賤如塵宜措置。

財爻旺相貴如金，有貨必須聞㊂早棄，財爻不動財平安，遇殺逢空終破費。
外鬼牽將玄武來，官災盜賊重重晦㊃，劫殺臨財㊄兼剋身，暗昧小人切須忌㊅。
財交驛馬鬼神扶，買賣交成必遇貴，兄弟同人是悔神，財憂財失身憂否㊆。
莫教朱雀又當頭，官司口舌相連累㊇，白虎臨財雖有財㊈，切須忌落人圈圚①。
折本傷財為甚麼，只為妻財化兄弟，子孫化財宜利多，財化子孫更非細。
卻又青龍水上來，摘山運海㊉多饒利，勾陳交鬼必淹留，行貨臨官被賊偷。
忽爾妻財化官鬼，雖然獲利被官收，行商坐賈營財賦，切忌官爻臨本庫。
不是官司送禍來，斷然被賊偷將去②，地頭剋身世未周，陰爻必是女人留。
滿船載寶榮歸者，蓋為身爻剋地頭，欲問錢財何日得，應在身財生旺日。
假令乾用木為財，亥卯日辰為準則。

注釋

①圈圚（huì）：圈套。
②將去：拿去。

校勘記

㈠「或」，原本作「及」，疑誤，據《周易尚占·求財買賣章》原文改作。
㈡「爻」，原本作「交」，疑誤，據《周易尚占·求財買賣章》原文改作。
㈢「聞」，原本作「乘」，疑誤，據《周易尚占·求財買賣章》原文改作。
㈣「晦」，原本作「悔」，疑誤，據《周易尚占·求財買賣章》原文改作。
㈤「財」，原本作「身」，疑誤，據《周易尚占·求財買賣章》原文改作。
㈥「暗昧小人切須忌」，原本作「暗昧陰私須切忌」，疑誤，據《周易尚占·求財買賣章》原文改作。
㈦「財交驛馬鬼神扶，買賣交成必遇貴，兄弟同人是悔神，財憂財失身憂否」，原本作「財爻驛馬木神扶，買賣成交還遇貴，兄弟騰蛇是悔神，財憂散失身憂否」，疑誤，據《周易尚占·求財買賣章》原文改作。
㈧「累」，原本作「系」，疑誤，據《周易尚占·求財買賣章》原文改作。
㈨「白虎臨財雖有財」，原本作「兄弟化財雖有財」，疑誤，據《周易尚占·求財買賣章》原文改作。
㈩「摘山運海」，原本作「登山涉海」，疑誤，據《周易尚占·求財買賣章》原文改作。

（二）

世應是財求易得，卦若無財少準憑。財爻化鬼成凶象，鬼化為財定吉神。財落空亡難把捉，若逢二殺賊相侵。二殺：乃劫殺、天賊殺。難求外怕財爻動，易覓財時在內興。

世若剋財休啟齒，財來剋世得千金。諸爻若總無財象，子動龍交亦可尋。世應若合最為吉，子孫合時為福德。月德月建要相扶，求財數倍終須得。內為人兮外地頭，人剋地頭有淹留。地頭剋人兼旺相，若遇求財數倍收。日辰剋身貨出手，財剋地頭賊相守。青龍發動最為佳，陰陽得位財須有。外爻無氣應剋身，若值空亡憂病生。土爻持世如何離，陰爻持世主陰人。土爻持世，主有阻隔。陰爻持世，主為女人淹滯也。

（三）

凡人占卦問求財，父動艱難鬼動災，子旺財明須得利，兄興遲滯是非來。

附添人口

添人進口要財明，子旺財興便可成，父發兄搖難永遠，鬼爻發動禍相親。

附交易

凡占買賣與交易，子動財興㊀為大吉，兄鬼爻搖合不成，父興枉費千般力㊁。

校勘記

㊀「興」，原本作「明」，疑誤，據《新鍥斷易天機・占買賣・經驗總斷買賣交易云》原文改作。

㊁「父興枉費千般力」，原本作「父興費盡千鈞力」，疑誤，據《新鍥斷易天機・占買賣・經驗總斷買賣交易云》原文改作。

四十六、出行章　二首　附關津一首

（一）

凡卜行人㊀先看身，身爻發動是行人，子孫外動剋身世，決定前途獲寶珍。
出去當頭憂白虎，歸來足下忌勾陳，內剋外兮世剋應，臨行有阻去無因。
外剋內兮應剋世，打疊行裝在即辰，身宮見鬼因官事㊁，若不因官定有迍。
父母剋身父母留，兄弟剋身兄弟憂，青龍子孫剋身位，一路無虞到地頭。

乾宮旺相乘肥馬，坎卦剋身乘巨舟，震卦剋身身便動，坤卦剋身徒步遊。
艮卦剋身行必止，巽卦剋身去又休，白虎剋身行有厄，青龍剋身為大吉。
朱雀剋身文字催，玄武剋身路㊂遭賊，若見勾陳來剋世㊃，事緒拘留㊄行未得。

校勘記

㊀「凡卜行人」，原本作「凡卜出行」，疑誤，據《周易尚占·行人章》原文改作。
㊁「事」，原本作「去」，疑誤，據《周易尚占·行人章》原文改作。
㊂「路」，原本作「必」，疑誤，據《周易尚占·行人章》原文改作。
㊃「世」，原本作「身」，疑誤，據《周易尚占·行人章》原文改作。
㊄「事緒拘留」，原本作「事緒勾留」，疑誤，據《周易尚占·行人章》原文改作。

（二）

出行謁貴及尋人，兄鬼交重不可親，子旺財興須吉利，父興既去又回程。

附關津

關津把隘苦難過，且看其中鬼若何，父鬼兄搖休進步，子孫發動莫蹉跎。

四十七、行人章　八首　附音信三首、行人健否一首。

（一）

欲卜行人何日回，父剋子孫為定期，初爻發動足下動，二爻身動定無疑。三四發動臨門戶，五爻在路較遲遲，上爻身㊀動身猶住，安靜行人定未歸。雖動動臨玄武方，中途定有小人傷，交重白虎多驚恐，發動青龍多㊁吉昌。朱雀爻交先有信，子孫發動喜非常，鬼兄並發多應病，官化為官更不祥。子落空亡身入墓，行人準定不回㊂鄉。

校勘記

㊀「身」，原本作「心」，疑誤，據《周易尚占・行人章》原文改作。

㊁「多」，原本作「大」，疑誤，據《周易尚占・行人章》原文改作。

㊂「回」，原本作「歸」，疑誤，據《周易尚占・行人章》原文改作。

（二）

子來占父幾時回，父鬼興隆一定來，兄弟搖搖多阻節，父興子動定無歸。

（三）

父占子回否㊀

子回財動定遲留，父發無歸更可憂，若是子興兄弟動，雙親頓解倚門愁。

（四）

占兄弟回否㊁

手足情深久別離，兄興父動是歸期，鬼搖財動無回日，子若興隆定是遲。

（五）

妻占夫回否㊂

妻擲金錢問槁砧①，鬼財內發即回程，子興兄動他鄉客，父發歸遲卻有音。

注釋

①槁砧（gǎo zhēn）：亦作「藁砧」。古代處死刑，罪人席槁伏於砧上，用鈇斬之。鈇、「夫」諧音，後因以「槁砧」為婦女稱丈夫的隱語。

（六）

占奴婢回否[四]

主因奴婢特來求，子動[五]財興即轉頭，父發兄搖歸未得，鬼搖阻滯更淹留。

校勘記

[一][二][三][四]原本均無標題，據《新鍥斷易天機・占行人・經驗總論家人詩云》原文補入。

[五]「子動」，原本作「子助」，疑誤，據《新鍥斷易天機・占行人・經驗總論家人詩云》原文改作。

（七）

占行人消息有無[一]

凡占家人子墓期，他人來者合為時，震宮子爻言在戌，六合他人言未知。

假令卜得《恒》卦：

庚午火為本宮子，火長生在寅，正月當有消息。火墓在戌，戌日當有消息，此家內人之言也。

《卜筮全書》引例：001		
來源：《卜筮元龜》教例：056		
震宮：雷風恒		
本　　卦		
妻財庚戌土	▅▅　▅▅	應
官鬼庚申金	▅▅　▅▅	
子孫庚午火	▅▅▅▅▅	
官鬼辛酉金	▅▅▅▅▅	世
父母辛亥水	▅▅▅▅▅	
妻財辛丑土	▅▅　▅▅	

若卜外人，子爻在午，午與未合，未日有信，或寅日亦有消息㊁。

欲知行人何日到，月卦合神年月告，假令丙子水為身，辛丑之辰以時道。

假令《賁》卦是也：

太歲並以月告，月建並以日告，日並以時告，皆以支干合日為期。後倣此㊂。

《卜筮全書》引例:002		
來源：《卜筮元龜》教例：057		
艮宮：山火賁（六合）		
本　卦		
官鬼丙寅木	━━━	
妻財丙子水	━ ━	
兄弟丙戌土	━ ━	應
妻財己亥水	━━━	
兄弟己丑土	━ ━	
官鬼己卯木	━━━	世

校勘記

㊀「占行人消息有無」，原本脫漏，據《卜筮元龜・出行門・占行人消息有無章》原文補入。

㊁「假令卜得《恒》卦：庚午火為本宮子，火長生在寅，正月當有消息。火墓在戌，戌日當有消息，此家內人之言也。若卜外人，子爻在午，午與未合，未日有信，或寅日亦有消息」，原本脫漏，據《卜筮元龜・出行門・占行人消息有無章》原文補入。

㊂「假令《賁》卦是也：太歲並以月告，月建並以日告，日並以時告，皆以支干合日為期。後倣此」，原本作「若占家親，以子長生有消息，子墓日方到。他人則取六跌蹼殺，正月從酉上合為推起，逆行十二位是也」，疑誤，據《卜筮元龜・出行門・占行人消息有無章》原文改作。

（八）

占家內行人知在何處㈠

凡占行人在何處，子變印綬㈡父母擬，變作本宮兄弟邊，若變財爻賤人處。子爻若是本宮子，行人出家寺觀止，行人子孫處鬼爻，必近㈢官僚人吏矣。

虎易按：以上內容，《卜筮元龜・出行門》原作有注釋，讀者可參閱原著。

歸忌殺：正月丑、二月寅、三月子㈣，只此三位，周而復始。

凡行人，若世在震宮，及三四爻動，可立候而至。

校勘記

㈠「占家內行人知在何處」，原本脫漏，據《卜筮元龜・出行門・占家內行人知在何處章》原文補入。

㈡「印綬」，原本作「應爻」，疑誤，據《卜筮元龜・出行門・占家內行人知在何處章》原文改作。

㈢「必近」，原本作「必是」，疑誤，據《卜筮元龜・出行門・占家內行人知在何處章》原文改作。

㈣「三月子」，原本作「三月巳」，疑誤，據《新鍥斷易天機・凶神橫曆》原文改作。

附音信　三首

（一）
約定人來何不來，只因兄鬼發如雷，財興子旺須臾①到，父動中間書信回。

注釋

①須臾（yú）：一會兒、片刻。

（二）
內外之間辨信音，內爻旺相望盈盈，外爻發動相空內，一紙家書抵萬金。

（三）
若占音信看應父，應父合處是歸期，外陰內陽書即到，外陽內陰書未回。
父母生剋應爻動，須臾路上信如飛。

附健否　一首　占行人健否㊀

旺相不入墓爻活，囚死空亡隨水沫，又看上下卦如何，旺相相生行潑潑。
卦爻不化入墓中，皆為平善得安隆，返㊁之必死不須望，但去招魂作殯宮。

虎易按：以上內容，《卜筮元龜·出行門》原作有注釋，讀者可參閱原著。

校勘記

㊀「占行人健否」，原本脱漏，據《卜筮元龜·出行門·占行人健否章》原文補入。
㊁「返」，原本作「反」，疑誤，據《卜筮元龜·出行門·占行人健否章》原文改作。

四十八、六畜章　四首

（一）

凡占六畜畜為身，假使占牛丑是真，喜見子孫並父母，怕逢劫殺忌㊀亡神。
卦內若無所肖者，卻將八卦象來輪，乾馬坤牛艮狗當，巽雞離雉兑為羊。
震龍艮馬一般斷，坎豕為烏㊁細審詳，巽兑白兮離又赤，乾玄震翠艮坤黃。

更有旁通推本位，次推所屬身宮義，本身旺相保無虞，若值死囚災立至。
本身發動子孫推㊂，正是生財長育時，更得青龍相助吉，殺神相並及㊃傾危。
本肖空亡分外愁，爻重白虎血財憂，午爻帶殺當憂馬，未慮羊兒丑慮牛。
更須推本究宮卦㊄，坤旺牛兮乾旺馬，遇子加龍旺主人，玄武同宮防盜者。
死絕休囚本位持，牛不耕兮馬不騎，更遇殺來應病死，十占八九定無疑。
青龍旺相生財厚，六爻安靜無殃咎，若逢羊刃及三刑，決定遭他屠子手。
財值青龍化子孫，驢騾牛馬保興生㊅，牛強馬壯無他事，外旺乾剛內旺坤。
父母重重化父母，一畜經年三換主，大殺來傷本肖爻，今朝換主明朝死。
困頤噬嗑及明夷，鬼殺交重定剝皮，忽見㊆青龍來救助，決無生育只尩羸①㊇。

注釋

①尩羸（wāng léi）：亦作「尫羸」。亦作「尪羸」。指瘦弱或（身體）虛弱。

校勘記

㊀「忌」，原本作「及」，疑誤，據《周易尚占・六畜血財章》原文改作。

㊁「坎豕為鳥」，原本作「坎豕離鳥」，疑誤，據《周易尚占・六畜血財章》原文改作。

㊂「推」，原本作「持」，疑誤，據《周易尚占・六畜血財章》原文改作。

㊃「及」，原本作「慮」，疑誤，據《周易尚占・六畜血財章》原文改作。

㊄「更須推本究宮卦」，原本作「更須推究本宮卦」，疑誤，據《周易尚占・六畜血財章》原文改作。

㊅「驢騾牛馬保興生」，原本作「豬羊雞鴨密如林」，疑誤，據《周易尚占・六畜血財章》原文改作。

㊆「忽見」，原本作「縱得」，疑誤，據《周易尚占・六畜血財章》原文改作。

㊇「決無生育只尪羸」，原本作「雖無殘害也尪羸」，疑誤，據《周易尚占・六畜血財章》原文改作。

（二）

凡人占卦問六畜，有財有子皆為福，父爻旺動不能全，兄鬼交重多不足。

（三）

但占牛馬泰成殃，坤腹乾頭是倒裝。

占牛馬遇《泰》卦，定主空亡。若值《坤》、《乾》二卦，所畜牛馬皆㊀倒裝，無用之物。大抵遇《泰》卦則是。

夬是力強寧畏熱，

若值《夬》卦，牛馬縱遇熱暑，亦主壯健。

若逢益卦怕刀傷。

若卜得《益》卦，主㊁牛馬必被刀斧傷。

離為虛市遭屠殺，

若《離》卦，主虛市，屠家宰殺也。

坎卦重爻入鑊湯①。

若值《坎》卦重爻，主有湯鑊㊂之厄。

噬磕頤需咸入鼎，

若值此五卦，亦主遭烹宰。

怕逢坤艮被分張。

怕《坤》、《艮》二卦，主牛馬各散。如《地山謙》卦是也。

更以刀砧②分上下，

郭璞語云㊃：「《乾》、《兑》屬金為刀，《震》、《巽》屬木為砧。刀在砧上則死，刀在砧下則生」。若值《大過》、《无妄》之類則死，《大壯》、《中孚》之類則生。

若無諸殺始為昌。

最忌刀砧殺。鬼谷例云：「正月起亥，順行十二位是也」。若此殺不上卦，並無氣，方為吉㊄。

注釋

①鑊（huò）湯：喻水深火熱的處境。

②刀砧（zhēn）：刀和砧板。指宰割工具。借指宰殺。

校勘記

㊀「皆」，原本脱漏，據《新鍥斷易天機・周公論牛馬歌》原文補入。

㊁「主」，原本脱漏，據《新鍥斷易天機・周公論牛馬歌》原文補入。

㊂「鑊」，原本作「火」，疑誤，據《新鍥斷易天機・周公論牛馬歌》原文改作。

㊃「郭璞語云」，原本脱漏，據《新鍥斷易天機・周公論牛馬歌》原文補入。

㊄「最忌刀砧殺。鬼谷例云：『正月起亥，順行十二位是也』。若此殺不上卦，並無氣，方為吉』」，原本脱漏，據《新鍥斷易天機・周公論牛馬歌》原文補入。

（四）

買牛買馬只求財，大怕兄興鬼發災，若是父搖空費力，子孫發動卻佳哉。

虎易按：此節內容，《新鍥斷易天機・占牛馬・經驗云》收錄，讀者可參閱。

四十九、蠶桑章　二首

（一）

應為蠶子世為人，世應相生福德臻，財是蠶官身是主，身財和合獲珠珍。
主若生蠶多遂意，蠶兒受剋枉勞辛，六爻安靜蠶㊀平穩，一位交重險六親。
有子有財全吉兆，見兄見鬼大凶徵，交重父母平平斷，旺相休囚逐位輪。
財爻若也持身世，管取絲綿千萬斤，更得青龍同位助，獲財百倍大光榮。
本宮見子為生氣，財世逢官是耗神，鬼旺初爻苗不出，二爻蠶子有災迍。
三四鬼旺無桑葉，最上官興繭不成，金爻是鬼二眠亡，木鬼三眠定受殃。
水鬼定是遭風雨，土鬼多應病腫黃，鬼落空亡翻作吉，鬼爻休廢反為良。
鬼化子孫財帛厚，鬼化妻財大吉昌，鬼化兄弟㊁收一半，鬼化父母晚絲強。
青龍發動絲綿廣，白虎交重蠶白殭，玄武剋蠶憂水厄，勾陳帶殺為蟲傷。

水財到底無多利，金土為財些小①償，木財旺相財無數，火旺財爻更倍昌。天喜青龍財子合，生身生世獲嘉祥。

注釋

①些小：少許，一點兒。

校勘記

㊀「蠶」，原本作「為」，疑誤，據《周易尚占·蠶桑章》原文改作。
㊁「鬼化兄弟」，原本作「鬼化弟兄」，疑誤，據《周易尚占·蠶桑章》原文改作。

（二）

凡人占卦問蠶桑，子旺財明甚是強，兄鬼交重防損壞，父搖一半落空亡。大率占蠶，須要巳午上卦為吉，發動乃大吉。艮離吉，坎兌凶。

五十、舟車章　一首

船車原㈠以父為尊，父動船車不久存，兄鬼動搖防盜賊，子孫出現免災迍。

校勘記

㈠「原」，原本作「元」，按現代用字方式改作。後文遇此字，均依此例改作，不另作校勘說明。

五十一、疾病章　十一首

（一）

疾病先將身命看，逢龍見子放心寬，妻財入命多沉重，官鬼臨身更不堪。
身犯勾陳凶有準，命加玄武瘥應難，騰蛇白虎憂喪事，身命空亡定入棺。
金鬼值身傷骨節，身中㈠水鬼血膿鑽，貼身火鬼瘡痍惱，木鬼身宮有㈡骨酸。
土鬼在身身腫脹，殺刑加命命摧殘，水為腰腎金屬㈢肺，火主心胸㈣木主肝。
土爻脾位休逢殺，發動交重仔細觀，虎鬼同興應哭泣，龍孫並旺保平安。
乾為首兮坤為腹，巽為手兮震為足，兌為口兮艮為鼻，坎主耳兮離主目。

一宮殺旺一般災，子動龍興保平復，豐兼蠱困及明夷，夬與同人一例推。
冬旅春需都困重，夏觀秋剝並傾危，六爻安靜猶難瘥，殺鬼交重便莫醫。
財旺身空身必喪，官生命死命應衰，兩重官鬼因勞復，鬼化為兄病不宜。
官化為財凶有定㈣，鬼爻化子瘥無疑。

校勘記

㈠「中」，原本作「臨」，疑誤，據《周易尚占・疾病章》原文改作。
㈡「有」，原本作「百」，據《周易尚占・疾病章》原文改作。
㈢「屬」，原本作「為」，疑誤，據《周易尚占・疾病章》原文改作。
㈣「胸」，原本作「經」，疑誤，據《周易尚占・疾病章》原文改作。
「官化為財凶有定」，原本作「鬼化為財凶有準」，疑誤，據《周易尚占・疾病章》原文改作。

（二）

凡若有人占疾病，先從卦中尋本命，仍看來占㈠是何人，尅者是何加世應。
福德持世鬼暫退，官旺之日又加進，卦中無鬼病難醫，鬼旺財興難保命。

鬼殺臨身五墓侵，鬼神休禱㊁藥無靈，一為五臟二皮肉，三為體骨腰並足。四肺心經五六頭，遊魂恍惚如神觸，惟有歸魂漸向安，吉凶細細為君囑。

虎易按：以上內容，《新鍥斷易天機・占疾病・孫臏斷疾病歌》原作有注釋，讀者可參閱原著。

校勘記

㊀「占」，原本作「者」，疑誤，據《新鍥斷易天機・占疾病・孫臏斷疾病歌》原文改作。

㊁「鬼神休禱」，原本作「鬼神不應」，疑誤，據《新鍥斷易天機・占疾病・孫臏斷疾病歌》原文改作。

（三）

問病切須分六親㊀，吉凶須要討分明，父母空亡防父母，財爻無氣損妻身。子孫化鬼須遭死，兄弟殺臨定不貞。

虎易按：以上內容，《新鍥斷易天機・占疾病・孫臏斷疾病歌》原作有注釋，讀者可參閱原著。

校勘記

㈠「問病切須分六親」，原本作「占病先須問六親」，疑誤，據《新鍥斷易天機·占疾病·孫臏斷疾病歌》原文改作。

（四）

明夷蠱夬剝豐同，六卦那堪占病逢㈠，財鬼二爻俱發動，喪門弔客鬧匆匆㈡。

虎易按：以上內容，《新鍥斷易天機·占疾病·孫臏斷疾病歌》原作有注釋，讀者可參閱原著。

校勘記

㈠「逢」，原本作「凶」，疑誤，據《新鍥斷易天機·占疾病·孫臏斷疾病歌》原文改作。

㈡「喪門弔客鬧匆匆」，原本作「喪門弔客鬧叢叢」，疑誤，據《新鍥斷易天機·占疾病·孫臏斷疾病歌》原文改作。

（五）

豐觀需節旅賁臨，明夷蠱夬及同人，占病若還逢此卦，歸家急急辦前程。

虎易按：《卜筮元龜·占病凶卦章》曰：「豐觀需臨節旅賁，明夷蠱夬及同人，不問四時及生旺，十死分明不漫陳」，本節內容與《卜筮元龜·占病凶卦章》有差異，讀者可參閱《卜筮元龜·占病凶卦章》原著。

（六）

子占親病幾時痊，鬼㊀要興隆父要安，兄動纏綿難脫體，子興財發入黃泉。

校勘記

㊀「鬼」，原本作「子」，疑誤，據《新鍥斷易天機·占疾病·經驗總論家人占病云·子占父病云》原文改作。

（七）

子病親來問卦因㊀，兄興子旺㊁死還生，鬼搖父動終難保，財動纏綿病轉增。

校勘記

㊀「因」，原本作「靈」，疑誤，據《新鍥斷易天機·占疾病·經驗總論家人占病云·父占子孫病云》原文改作。

㊁「旺」，原本作「動」，疑誤，據《新鍥斷易天機·占疾病·經驗總論家人占病云·父占子孫病云》原文改作。

（八）

夫問其妻疾病煎，財明子動便安然，鬼爻發動還沉重，父發兄搖定斷弦。

（九）

妻占夫病未安寧，鬼靜財興可放心，兄子交重恩義絕，父搖難愈病沉沉。

（十）

兄弟來占疾病纏，父興兄靜自安全，鬼搖財動黃泉客，子動留連數日眠。

（十一）

奴婢淹延①疾病纏，鬼搖疾病更連綿，財安子發無他事，父動兄興不得痊。

注釋

①淹延：指疾病纏綿。

五十二、醫藥章　二首

（一）

子孫出現是醫人，生世生身藥必靈，兩個子孫齊發動，換醫困厄即時平。

子因醫拙無功效，子旺醫明有準繩，無子病人難服藥，子空患者便歸程。

子孫值土宜丸散，值火須當火艾爇㊀，值木吹咀①方應病，值㊁金針刺保亨貞。

子孫值水宜湯藥，天喜扶持妙莫評，青龍獨發最為良，持世生身便離床。

那更子孫同位發，不須服藥保安康，鬼財安貼無憂慮，身世比和大吉昌㊂。

欲問病人何日瘥，鬼衰生旺世生方。

注釋

①吹咀（fǔjǔ）：中醫用語。用口將藥物咬碎，以便煎服，後用其它工具切片、搗碎或銼末，但仍用此名。

校勘記

㈠「火艾蒸」，原本作「艾火蒸」，疑誤，據《周易尚占·疾病章》原文改作。
㈡「值」，原本作「逢」，疑誤，據《周易尚占·疾病章》原文改作。
㈢「吕」，原本作「祥」，疑誤，據《周易尚占·疾病章》原文改作。

（二一）

夫病欲醫須卦靜，爻須旺相子扶身，應爻及外為醫者，內卦身爻是病人。醫來剋病人方愈，病若剋醫藥不靈，鬼爻持世人難保，吉曜加臨大利貞。

虎易按：此節內容，《新鍥斷易天機·占醫藥·孫真人論醫歌》有注釋，讀者可以參閱。

五十三、詞訟章　六首

（一）

公訟先推身殺鬼，身剋殺爻應有理。劫殺剋身理不明，身旺殺空憂散矣。
論㊀人切要殺扶身，被訴卻憂刑剋世。身旺殺空訴者輸，身衰殺旺身遭棰①。
殺身俱旺事遷延，身殺俱空公事止。劫殺臨官官事興，財加劫殺因財起。
三刑持世莫興詞，六害臨身休後悔。父母勾陳與劫並，決定爭差田屋契。
外來剋內被渠傷②，內剋外因渠不是。弟兄化鬼卒難休，鬼化弟兄多暗昧。
玄武臨官防小人，騰蛇犯鬼多淹滯。青龍入鬼遇貴人，白虎臨官受刑制。
鬼共勾陳牢獄災，鬼臨朱雀文書累。太歲剋官赦解由③，月建沖官官又㊁罪。
日辰剋鬼脫應難，鬼剋日辰猶④㊂不易。身世剋刑目㊃下和，相並相沖還又至。
噬嗑明夷被杖笞⑤，屯蒙大壯遭囚繫。雖云渙解保無憂，也要世身爻有氣。
天喜貴人要生身，大殺亡神莫持世。世應相生內外和，訣定兩頭都沒事。
劫殺官爻是禍根，空亡卻是相和義。妻財持世喜神扶，卻宜託個人調議。
青龍子孫是解星，生㊄世生身謝天地。世旺身生命合神，是日官司當脫離。
更有常贏決勝方，訴人被訴都當記。訟心剋己最為頭㊅，挫銳解紛為第一㊆。
贏盡世間多少人，省財又不傷和氣。

注釋

①捶（chuí）：用拳頭和棍棒敲打。

②渠：方言他、他們。

③解由：宋元時官吏調任時的證明文書。此處指赦免文件。

④猶：仍然。

⑤杖笞（zhàng chī）：杖擊；使用棍棒打。

校勘記

㊀「**論**」，原本作「**告**」，疑誤，據《周易尚占·公訟章》原文改作。

㊁「**又**」，原本作「**恕**」，疑誤，據《周易尚占·公訟章》原文改作。

㊂「**猶**」，原本作「**尤**」，疑誤，據《周易尚占·公訟章》原文改作。

㊃「**目**」，原本作「**日**」，疑誤，據《周易尚占·公訟章》原文改作。

㊄「**生**」，原本作「**主**」，疑誤，據《周易尚占·公訟章》原文改作。

㊅「**頭**」，原本作「**良**」，疑誤，據《周易尚占·公訟章》原文改作。

㊆「**第二**」，原本作「**至貴**」，疑誤，據《周易尚占·公訟章》原文改作。

（二）

禁繫憂官兩未萌，應為對主世為身，鬼旺墓鄉須下獄，官臨歲動達朝廷。
鬼旺㈠出現催公判，卦若傷財理不明，應爻坐鬼他遭責，身㈡下藏官我不贏。
卦值兩官因舊事，兄爻發動起同人，財多損子災難脫，輕者徒流重者㈢刑。
脫事遇官尋福德，父興財發事關身，動爻剋世人來損，兄動虛憂假作真。
凡占官訟，以世爻為主，不問旺相休囚，但以世爻持福德，更看剋爻定之。
凡下狀論官，要官爻旺相，可宜先舉，若休囚，不可用。卦中官鬼持世，去必遭虧，更有罪名。父動剋世，因勾惹之事。世空自散宜和解，應空詞者沒期程㈣。
日辰剋鬼我身贏，鬼剋日辰他身旺，日辰生鬼事遲延，鬼生日辰事搖漾①。
日辰與鬼不相剋，此事終知有比和，日辰或與鬼沖並，兩邊相見自消磨。
若值解神官事散，更逢天喜樂陶陶㈤，世前為鎖後為關，世前二辰為鎖，世後二辰為關。若逢凶殺發動，主有鎖禁之憂。鬼旺剋身主脊杖。
身剋宗廟有刑憲，六爻為宗廟爻。宗廟剋身道理強，身衰怕被日辰剋，死絕長年㈥獄裡藏。
宗廟死絕事當寧，大壯知他理不明，子孫臨身官事散，鬼來剋世是輸名。
明夷卦主幽囚禁，父母爻交事未亨，鬼在伏中難解脫，財居飛上㈦易調停。

眾陽在外無輸象，刑殺臨身自殺刑。

虎易按：「日辰剋鬼我身贏」之後的內容，《新鍥斷易天機·占詞訟·王輔嗣斷公訟歌》原作有注釋，讀者可參閱原著。

注釋

①搖漾：搖動蕩漾。此處指事情反復，不易平靜。

校勘記

㊀「鬼旺」，原本作「鬼爻」，疑誤，據《海底眼·占官訟》原文改作。

㊁「身」，原本作「世」，疑誤，據《海底眼·占官訟》原文改作。

㊂「者」，原本作「死」，疑誤，據《海底眼·占官訟》原文改作。

㊃「凡占官訟，以世爻為主，不問旺相休囚，但以世爻持福德，更看剋爻定之。凡下狀論官，要官爻旺相，可宜先舉，若休囚，不可用。卦中官鬼持世，去必遭虧，更有罪名。父動剋世，因勾惹之事。世空自散宜和解，應空詞者沒期程」，原本脫漏，據《海底眼·占官訟》原文補入。

㊄「陶陶」，原本作「洶洶」，疑誤，據《新鍥斷易天機·占詞訟·王輔嗣斷公訟歌》原文改作。

㊅「長年」，原本作「年年」，疑誤，據《新鍥斷易天機・占詞訟・王輔嗣斷公訟歌》原文改作。
㊆「上」，原本作「位」，疑誤，據《新鍥斷易天機・占詞訟・王輔嗣斷公訟歌》原文改作。

（三）
我欲興詞去告人，兄財子動狀難成，父興鬼發須成訟，財動文書斷不成。

（四）
他人告我果何如，子動兄搖定是虛，父鬼旺興成大訟，財興必定剋文書。

（五）
是非官訟幾時休，父鬼搖揚最可憂，子動旺時容易散，兄興財發事悠悠。

（六）
青龍動主和，朱雀官偏拗，勾陳公差來，白虎杖比較。
騰蛇鐵鎖拘，玄武吏典狡，若依此訣推，百試無不效。

五十四、盜賊章　四首

（一）

占盜先推財鬼鄉，財爻安靜便無妨，內搖不離無安處，外動多應㊀出遠方。
鬼化為財須有望，財爻化鬼莫思量，妻財入墓無蹤跡，財犯勾陳在土藏。
捉賊提防亡劫害，尋財切慮刃刑傷，子孫旺相終尋見，官鬼休囚必捉將。
玄武鬼爻家裡動，原來家賊最難防，兩重官鬼勾連至，鬼落空亡自失忘。
一世二世親鄰盜，三世四世不離鄉，五世六世他方賊，鬼若生身必見贓。
木鬼東方人是賊，金西水北細消詳，火官本是南方盜，土鬼原來只在房。
欲問賊人藏物處，鬼家父母處消詳，譬如火鬼木為父，竹木㊁堆中及樹傍。
不懼五行無準則，只愁財物落空亡，貴人持鬼官人賊，驛馬持官永健郎。
玄武臨官僧取去，勾陳是鬼道偷將，陰爻胎鬼陰入盜，陽貴休囚官不良。
陽鬼廢囚巫術輩，鬼爻旺相是豪強㊂。

校勘記

㊀「應」，原本作「因」，疑誤，據《周易尚占・盜賊章》原文改作。

㊁「竹木」，原本作「木竹」，疑誤，據《周易尚占・盜賊章》原文改作。

㊂「貴人持鬼官人賊，驛馬持官永健郎。玄武臨官僧取去，勾陳是鬼道偷將，陰爻胎鬼陰入盜，陽貴休囚官不良。陽鬼廢囚巫術輩，鬼爻旺相是豪強」，原本脫漏，據《周易尚占・盜賊章》原文補入。

（二）

捕盜先推飛伏神，飛伏相生賊不真，飛剋伏神須捉住，伏傷飛者反傷身。伏神帶殺休追趕，伏入勾陳賊自陳，內外世身依此例，內還剋外定無因。應爻又是偷財者，若來剋世曲難伸，欲知捕獲當何日，鬼敗財生定日辰。卜筮遺亡皆準此，身衰財廢不尤人①㊀。

注釋

①不尤人：不怨恨人。

校勘記

㊀「身衰財廢不尤人」，原本作「身衰財發不由人」，疑誤，據《周易尚占・捕盜章》

原文改作。

（三）

凡人占卦問失物，官鬼交重必是賊，父興兄動恐難尋，子發財安必易獲。

（四）

若是逃亡兼走失，用鬼為賊財為物，財爻在內不空亡，子位交重物終得。鬼在二三鄰里偷，若在初爻未將出，八純奔走他方去，歸魂物不離親戚。世應相生內外和，家中自匿虛啾唧[1]，遊魂內外且追尋，木鬼東方人是實。

注釋

①啾唧（jiū jī）：猶嘀咕。多指煩躁不安。

五十五、斷易總訣㊀

占卦須占用是誰，卻將出現伏藏推，凶中得吉逢生救，吉裡成凶被剋欺。

若被剋欺宜制伏①，如逢生救要扶持，有人會得其中意，卦理雖深可盡知。

注釋

①制伏：用強制手段降伏。

校勘記

㊀「訣」，原本作「收」，疑誤，據本書目錄改作。

卜筮全書卷之六

吳門逸叟　姚際隆　刪補
長邑諸生　王友　　校正

天玄賦上

混沌之初，茫然未判。始因盤古①立太極而分兩儀，爰②及伏羲③定陰陽而畫八卦，周室文王④演易，魯邦孔子⑤繫辭。察飛伏于八八六十四卦之中，定吉凶于三百八十四爻之內。包羅天地，可知物外夤緣⑥。道合乾坤，何況人間禍福。

注釋

①盤古：即盤古氏。中國神話中的開天闢地的人物。

②爰（yuán）：引，援引。

③伏羲（xī）：（生卒不詳），風姓，燧人氏之子。亦作「伏戲」、「皇羲」、「宓犧」、庖犧、「包犧」、犧皇、太昊，史記中稱伏犧，又稱青帝，是五天帝之一，都陳，

相傳在位115年，傳十五世，凡千二百六十載。伏羲是古代傳說中中華民族人文始祖，有勝德，始畫八封，造書契，教民佃、漁、畜牧等。

④周室文王：姬昌（前1152年—前1056年），姬姓，名昌，季曆之子，周朝奠基者，歷史上的一代明君。相傳《周易》為其被囚羑里時所作。公元前1046年，其子周武王姬發滅商，追尊他為周文王。

⑤孔子：（公元前551年—公元前479年），名丘，字仲尼。祖籍宋國夏邑，出生於魯國陬邑。孔子曾帶領部分弟子周遊列國，修訂了六經：《詩》、《書》、《禮》、《樂》、《易》、《春秋》。相傳他有弟子三千，賢弟子七十二人。孔子去世後，其弟子將其言行語錄記錄，整理編成了儒家經典《論語》。

⑥夤緣（yín yuán）：攀援；攀附。

一、總論提綱

若㈠人問卜，必因動靜吉凶。學者推占，要識淺深高下。秘旨雖傳于人口，奧妙實出乎天然。事有萬殊，理無二致。須識靜中有動，當明吉處藏凶。靜者動之機，吉者凶之本。

如逢卦靜，專尋暗動及空亡。若見爻興，便察吉凶分造化。諸爻並吉，更防吉處藏凶。大象皆凶，須識凶中有吉。若逢亂動，先觀用爻，用爻有彼我之分，得失從衰旺而決。六爻上下，吉凶全係乎日辰。一卦中間，主宰莫逃乎世應。細察生旺墓絕，精詳剋害刑沖，吉凶由此而分，禍福從茲而定。貴人乘祿馬，縱非吉慶也無凶。天喜會青龍，雖遇悲哀終有喜。白虎動本非佳況，惟孕育反作吉神，子孫興總曰禎祥①，問功名偏為惡客。官鬼不宜持世，求名婚娶兩相宜。妻財俱喜扶身，父母文書偏畏忌。玄武陰私兼失脫，騰蛇怪異及虛驚。朱雀本主官非，仕宦當生喜美。勾陳職專田土，行人終見遲留。

注釋

①禎（zhēn）祥：吉祥的徵兆。

校勘記

㊀「若」，原本作「吾」，疑誤，據《新鍥斷易天機·占身命·天玄賦》原文改作。

二、身命章

凡占身命，先察用爻。

造化生物之初，先有人身，而後有萬物，故首章先言身命。論六十四卦，吉者少，凶者多，凡占身命㊀，未可便將卦名妄斷。剖決高低，必須參究用爻動靜興衰，刑沖剋害，及空亡等象，取其端的，方可決吉凶禍福、貴賤賢愚。伯子公侯，從茲定矣。

刑剋害沖，斷一生之得失。

刑者：三刑。子刑卯、卯刑子。寅刑巳、巳刑申、申刑寅。丑刑戌、戌刑未、未刑丑。辰午酉亥自刑。以上所言刑者，皆㊁陰陽反德，凡占有日辰刑，動爻刑。若刑父母，則雙親損。刑財爻，則妻妾傷。骨肉逢刑，無不傷殘。卻看在何限中，便知何年刑剋，其餘倣此推詳。

剋者：陰陽不相和，故相剋也。凡遇財福吉神剋我最㊂吉，鬼殺凶神剋我最㊃凶。

害者：穿心六害也。直上而取，橫看者㊄。

譬之德恩未結，怨已生也，而為害㊅。子沖午、午合未，是謂子未六

地支相害表

地支	子	丑	寅	卯	辰	巳	午	未	申	酉	戌	亥
相合	未	午	巳	辰	卯	寅	丑	子	亥	戌	酉	申

害。寅沖申、申合巳，是謂寅巳六害。卯沖酉，酉合辰，是謂卯辰六害。餘皆倣此。

六害見之，骨肉情疏，六親分薄，夫妻不協，子息難招。

虎易按：「穿心六害」，也俗稱為「六穿」。

沖者：子午、卯酉、辰戌、丑未、寅申、巳亥，對沖是也。

有年月沖，有㊆日辰沖，有㊇世應沖。凡財福逢沖則凶，鬼殺逢沖則吉。爻雖安靜，見沖則為暗動。動爻逢沖則散，空亡遇沖則不空，沖則實也㊈。沖則動，動則戰，戰則爭矣。

興衰動靜，決三限之榮枯。

有卦㊉象旺衰，有爻象旺衰。凡卜身命，得卦㊉象旺，亦是好處，稱是壯實根基。更得爻象吉利，乃十全之造化。大抵卦旺不如爻旺。人之根源係于卦，不係于爻。命之吉凶在乎爻，不在乎卦⑪。更看動靜吉凶，三限榮枯，定決于此矣⑫。

遇財福，則富貴榮華。

妻財子孫者，皆⑭為吉神。若遇旺相有氣，或帶貴人並進神，臨于卦中得地之處，卻來生合世爻，貴命必加官進祿之美，富命當見發福發財

十二地支相沖表

地支	子	丑	寅	卯	辰	巳	午	未	申	酉	戌	亥
相合	午	未	申	酉	戌	亥	子	丑	寅	卯	辰	巳

之喜㊄。更得日辰、月建青龍並㊅位，乃大發大旺時節㊆。縱臨騰蛇白虎，亦不為凶，當富貴之中㊇小有盤折，不能傷害大體。但怕衝破並受剋，方為無用。

凡占須看立于何限中，便知何時發達。若臨正卦外三爻，支卦①內三爻，稱為得地。臨于正卦內三爻，名為落陷。若在支卦外三爻，稱為晚景之福。

遇兄鬼，則貧窮破敗。

兄弟官鬼，二者皆非吉神。卦中若遇兄弟發動，爭訟是非，分門割戶，或破耗資財，或生涯冷淡，皆因此也。官鬼主疾病患難。加朱雀、官符，有口舌官災。加玄武、天賊，有逃亡失脫。加白虎、喪門，主喪亡孝服。凡占遇之，無氣不動猶可，旺相發動最凶。若沖散受剋及落空亡，此等限中，以平為福。若正卦外三爻，支卦內三爻遇之，最不為佳。正當成立之時，遭此凶惡之輩，安有發福之象。若在早歲，顛沛災迍②，或當暮年，終無結果。若單遇官爻，不過災險㊈。

世是平生之本，應為百歲之妻。

人生一世，貴賤高低，合為何等人物，但將世爻為主。若得天貴祿馬並立，又有吉神生扶，無凶殺沖剋，乃富貴根基，清高品格。

若與凶殺並立，或被惡殺刑沖，別無吉神救解，乃貧賤之規模，無成之格局㊂。

若逢世空，最不為美㊂，當有大難。唯有九流術士之人，及僧道之輩，反為吉兆，是空手求財，財去財來，終無積聚。

世應二爻，乃一卦之主。凡卜以世為我㉒，應為妻。若與青龍吉神並立，其妻必賢。咸池、玄武並立，其妻必淫。世爻無氣受應剋，必然妻奪夫權。應爻若落空亡，妻宮有損。

相生相合，必然偕老齊眉③。相剋相沖，決定終朝反目。

世應二爻，若得相生相合，一生如魚似㉓水。若逢相沖相剋，百歲如冰投炭㉔。生合之處逢沖，始諧和，其後被人搬弄。若應來剋世，本不為佳，卻得動爻剋應，或被日辰衝破，或相合㉕，則始雖不和，以後得人解勸，終歸好合。世應若比和，自然無高下之別㉖。

財爻動，則父母刑傷。兄弟興，則妻宮重疊。

若見妻財持世或動㉗，則父母受剋。卦無父母，或落空亡，難為父母。年少傷剋㉘，其人必早失怙恃④，不然離祖過房，重拜父母㉙。

若兄弟交重，或臨世位，其人妻宮受傷，必主斷弦再續，晚歲重婚。卦無妻財，或財空亡，則妻宮重疊㉚。

若父母持世或動，卦無子孫或空亡，難為子息，宜招假子㉛。

官鬼持世或動，諸爻無兄弟或空亡，難為兄弟㉜。

子孫持世，財爻有氣，一生衣祿豐盈，利官近貴，永年和合，一生秀氣㉝。

若臨旁位，稍減災殃。

且如妻兄之類，在傍爻動，猶見輕可。父母之類不空，無過不諧不睦，非有傷剋。若財爻之類持世不動，父母之類不空亦可。如此言之，學者宜自通變㉞。

咸池凶殺臨身，出處必然微賤。

咸池殺云：寅午戌兔從卯裡出，巳酉丑躍馬南方走，申子辰雞叫亂人倫，亥卯未鼠子當頭忌㉟。

此殺若臨世爻，或臨父母爻，皆主出身微賤之家。更看卦無貴人吉神，必非高尚之士。

祿馬貴人持世，立身須主清高。

貴人，天乙貴人。見後神殺章。

凡占得貴人持世，祿馬同鄉，必然立身清高，不可斷為庸夫俗子矣㊱。

卦值六沖，半世求謀蹭蹬⑤。

子午卯酉之類為六沖，凡占得之，其人作事有始無終，少成多敗。

前卦六沖，三十年前生涯冷淡。後卦六沖，三十年後漸覺蕭條。前後皆值六沖，一世不能成就。爻中縱有吉神，為事亦當蹭蹬。

爻逢六合。一生動用和諧。

六合，子與丑合之類。凡占卦逢六合，其人和悅秀氣，善與人交，謀事多成，行藏無阻。

前卦六合，三十年前步步春風，後卦六合，三十年後滔滔發福。前後皆逢六合，一生遂意，到老榮華。

男帶合，則俊秀聰明，喜見青龍財福。

卦中吉凶，不可一概論，亦有淺深之分。且如卦逢六合，爻象皆凶，難以吉斷。然須參究淺深，剖分高下，看卦與爻吉凶，一體方可決斷㊲。若占男子命，卦中帶合，必須青龍財福發動㊳，旺相得地，方可斷曰聰明俊秀之士。誠能依此推之，必無一毫差失矣㊴。

女帶合，則澆浮淫泆⑥，怕逢玄武咸池。

女人得六合，卻不為佳。若有吉神貴人在位則無虞，反主秀氣聰明，儀容端正。若見玄武咸池在位得地㊵，必主澆浮淫泆，放蕩無端，行多不正之婦矣。

遇進神，則吉盛凶多。遇退神，則吉衰凶減。

進神者，甲子、甲午、己卯、己酉。退神者，壬戌、壬辰、丁丑、丁未。

凡遇進財福吉神則吉，遇鬼殺凶神則凶。大凡進神遇吉則吉盛，逢凶則凶多。退神遇吉則吉少，逢凶則凶衰減矣。

虎易按：「進神者，甲子、甲午、己卯、己酉。退神者，壬戌、壬辰、丁丑、丁未」，此進退神不知其來源如何，請讀者注意研究。

玄武持世，為人慳吝奸雄⑦。白虎扶身，賦性剛強狠毒。

青龍持世，為人慈祥愷悌⑧，見人和顏悅色。朱雀持世，急于言詞，多招誹謗。勾陳持世，為人穩重，行事遲鈍。螣蛇持世，為人多心機，無信實，虛浮詐偽。白虎持世，為人剛強好勇，狠戾⑨心毒。玄武持世，為人陰謀暗算，狡譎⑩多端，若與兄弟同居，其人貪財吝嗇⑪。

此則一生之禍福，須言三限之榮枯。

以上所言吉凶休咎，總論一生禍福，猶未及于三限。此後分別三限，以證前言，得失榮枯，從茲定矣。

初爻管五年，二爻管五年，三爻管五年，共十五年。後三爻亦管十五年，共三十年。支卦亦管三十年。卻看爻上無阻，一年一位，數至壽終。

內三爻管十五年，遇吉神，則大人蔭庇⑫。

吉神貴人祿馬，幼年蔭庇之下，享現成之福，不可便斷發福發財。若動爻臨于鬼殺，自幼多災多患。

外三爻管十五載，遇凶神，則小輩欺淩。

十六至三十，正當成立之初，未免為人所欺負。若見官鬼凶神發動，多因小人侵侮，大則官府逼脅，當究淺深，斷其凶吉。若是吉神發動，從此享福無窮。

要知發福發財，支卦內三爻為主宰。

人生世間，成立家業，皆在三旬以上，五旬以下。未至此，其力未加，若過此，光陰已背[41]。凡占論成立，專看支卦內三爻。若財福兼全者，有成之造化，晚景縱不佳，終須有根底。若遇鬼殺空亡，一生虛負心機，徒勞奔走，終無結果收成也。

若欲斷生斷死，支卦外三象為提綱。

支卦外三爻管十五年，自四十五至六十，稱為晚景，乃結局之時，無毀無譽，不過論壽。凡觀至此，緊著眼看，凶神惡殺，若有剋戰，須忌傾危。

遇吉神，則見險無危。遇凶神，則逢屯即死。

如遇吉神，則雖經險阻之處，亦可轉禍成樣，不至危殆。若遇凶殺，則稍有坎坷，便成大咎，以至絕地。

後卦如無凶殺，前爻世上重尋。一年一位細推詳，萬死萬生從此決。

後一卦如無凶殺，其壽在六旬之上。卻從前卦世上重尋，一年一位，數至壽終。若步步遇吉神，其壽綿遠。若逢凶惡殺，即便喪黃泉。萬死萬生，從茲定矣。

莫將緊節，亦比常占。

占人之命，關乎大造化[42]，非可輕斷。必須要[43]潛究根源，察其衰旺、動靜、剋害、刑沖，已定自家捉摸得過㊹，方可與人決斷吉凶，剖分得失。若不察其淺深高下，妄行決斷吉凶㊺，而無差誤，未之有也。

此一章，淺見者，不可與言之也㊻。

注釋

①支卦：主卦有動爻，就會有變爻，變出來的卦，稱為支卦。也稱為之卦。

②顛沛（pèi）災迍：困頓；挫折；災難；禍患。

③諧老齊眉：指夫妻相偕到老，相敬如賓。

④怙恃（hù shì）：父母的合稱。

⑤蹭蹬（cèng dèng）：倒黴；倒運。比喻困頓不順利。

⑥澆浮淫佚（yì）：指浮薄，不忠厚，恣縱逸樂，淫蕩，淫亂。

⑦慳吝奸雄(qiān lìn)：慳吝：吝嗇(小氣，當用而捨不得用，過分愛惜自己的錢財)。
奸雄：奸人的魁首，也指弄權欺世、竊取高位的人。

⑧愷悌（kăi tì）：亦作「愷弟」。和樂平易。

⑨狠戾：凶惡殘暴。

⑩狡譎（jiăo jué）：狡猾多詐。

⑪吝嗇（lìn sè）：小氣，過分愛惜己之財物，當用而不用。

⑫蔭庇（yìn bì）：比喻尊長照顧著晚輩或祖宗保佑著子孫。舊時亦常指子孫憑藉先輩的功勳而得到封賞。

校勘記

㈠「論六十四卦，吉者少，凶者多。凡占身命」，原本脫漏，據《新鍥斷易天機・占身命・天玄賦》原文補入。

㈡「皆」，原本作「為」，疑誤，據《新鍥斷易天機・占身命・天玄賦》原文改作。

㈢「最」，原本作「仍」，疑誤，據《新鍥斷易天機・占身命・天玄賦》原文改作「最」字。

㈣「最」，原本作「大」，疑誤，據《新鍥斷易天機・占身命・天玄賦》原文改作「最」字。

㈤「直上而取，橫看者」，原本脫漏，據《新鍥斷易天機・占身命・天玄賦》原文補入。

㈥「譬之德恩未結，怨已生也，而為害」，原本作「乃恩未結，怨已生也」，疑誤，據《新鍥斷易天機・占身命・天玄賦》原文改作。

㈦㈧「有」，原本脫漏，據《新鍥斷易天機・占身命・天玄賦》原文補入。

㊈「沖則實也」，原本脱漏，據《新鍥斷易天機・占身命・天玄賦》原文補入。
⑪⑫「卦」，原本作「大」，疑誤，據《新鍥斷易天機・占身命・天玄賦》原文改作。
⑬「卦」，原本作「象」，疑誤，據《新鍥斷易天機・占身命・天玄賦》原文改作。
⑭「定決于此矣」，原本作「實決于此」，疑誤，據《新鍥斷易天機・占身命・天玄賦》原文改作。
⑮「皆」，原本作「雖」，疑誤，據《新鍥斷易天機・占身命・天玄賦》原文改作。
⑯「貴命必加官進祿之美，富命當見發福發財之喜」，原本作「貴則加官進祿，富則發福生財」，疑誤，據《新鍥斷易天機・占身命・天玄賦》原文改作。
⑰「並」，原本作「同」，疑誤，據《新鍥斷易天機・占身命・天玄賦》原文改作。
⑱「時節」，原本脱漏，據《新鍥斷易天機・占身命・天玄賦》原文補入。
⑲「當富貴之中」，原本脱漏，據《新鍥斷易天機・占身命・天玄賦》原文補入。
⑳「若單遇官爻，不過災險」，原本脱漏，據《通玄斷易・身命章・天玄賦》原文補入。
㉑「乃貧賤之規模，無成之格局」，原本作「乃貧賤之徵，無成之兆」，疑誤，據《新鍥斷易天機・占身命・天玄賦》原文改作。
㉒「最不為美」，原本作「最為不美」，疑誤，據《新鍥斷易天機・占身命・天玄賦》原文改作。

㉒「凡卜以世為我」，原本作「凡占以世為己」，疑誤，據《新鍥斷易天機・占身命・天玄賦》原文改作。

㉓「似」，原本作「得」，疑誤，據《新鍥斷易天機・占身命・天玄賦》原文改作。

㉔「若逢相沖相剋，百歲如冰投炭」，原本作「如逢相剋相沖，百歲似冰投炭」，疑誤，據《新鍥斷易天機・占身命・天玄賦》原文改作。

㉕「或相合」，原本脱漏，據《新鍥斷易天機・占身命・天玄賦》原文補入。

㉖「世應若比和，自然無高下之別」，原本作「若世應比和，自然兩無高下」，疑誤，據《新鍥斷易天機・占身命・天玄賦》原文改作。

㉗「若見妻財持世或動」，原本作「財爻持世或動」，疑誤，據《新鍥斷易天機・占身命・天玄賦》原文改作。

㉘「卦無父母，或落空亡，難為父母，年少傷剋」，原本脱漏，據《新鍥斷易天機・占身命・天玄賦》原文補入。

㉙「不然離祖過房，重拜父母」，原本作「或過房離祖，重拜爹娘」，疑誤，據《新鍥斷易天機・占身命・天玄賦》原文改作。

㉚「卦無妻財，或財空亡，則妻宮重疊」，原本脱漏，據《新鍥斷易天機・占身命・天玄賦》原文補入。

㉛「若父母持世或動，卦無子孫或空亡，難為子息，宜招假子」，原本作「父母動，則難為子息」，疑誤，據《新鍥斷易天機・占身命・天玄賦》原文改作。

㉜「官鬼持世或動，諸爻無兄弟或空亡，難為兄弟」，原本作「官鬼興，則損害弟兄」，疑誤，據《新鍥斷易天機・占身命・天玄賦》原文改作。

㉝「子孫持世，財爻有氣，一生衣祿豐盈，利官近貴，永年和合，一生秀氣」，原本作「惟有子孫持世，財爻有氣，一生衣祿，自然親賢近貴，永年和合」，疑誤，據《新鍥斷易天機・占身命・天玄賦》原文改作。

㉞「且如妻兄之類，在傍爻動，猶見輕可。父母之類不空，無過不諧不睦，非有傷剋。若財爻之類持世不動，父母之類不空亦可。如此言之，學者宜自通變」，原本作「言前妻財兄弟之類，不臨世上，在他爻發動，其災殃稍可。以是推之，學者自當通變」，疑誤，據《新鍥斷易天機・占身命・天玄賦》原文改作。

㉟「咸池殺云：寅午戌兔從卯裡出，巳酉丑躍馬南方走，申子辰雞叫亂人倫，亥卯未鼠子當頭忌」，原本作「咸池殺，見後神殺章內」，疑誤，據《新鍥斷易天機・占身命・天玄賦》原文改作。

㊱「不可斷為庸夫俗子矣」，原本作「不可斷曰庸人」，疑誤，據《新鍥斷易天機・占身命・天玄賦》原文改作。

㊲「看卦與爻吉凶，一體方可決斷」，原本脫漏，據《新鍥斷易天機・占身命・天玄賦》原文補入。

㊳「發動」，原本脫漏，據《新鍥斷易天機・占身命・天玄賦》原文補入。

㊴「誠能依此推之，必無一毫差失矣」，原本作「依此推之，庶無差忒」，疑誤，據《新鍥斷易天機・占身命・天玄賦》原文改作。

㊵「得地」，原本脫漏，據《新鍥斷易天機・占身命・天玄賦》原文補入。

㊶「背」，原本作「錯」，疑誤，據《新鍥斷易天機・占身命・天玄賦》原文改作。

㊷「化」，原本脫漏，據《新鍥斷易天機・占身命・天玄賦》原文補入。

㊸「要」，原本脫漏，據《新鍥斷易天機・占身命・天玄賦》原文補入。

㊹「已定自家捉摸得過」，原本作「自家把捉得定」，疑誤，據《新鍥斷易天機・占身命・天玄賦》原文改作。

㊺「妄行決斷吉凶」，原本作「妄行決斷」，疑誤，據《新鍥斷易天機・占身命・天玄賦》原文改作。

㊻「此一章，淺見者，不可與言之也」，原本脫漏，據《新鍥斷易天機・占身命・天玄賦》原文補入。

三、伉儷①章

天命稟有生之初，非今可易。

死生有命，富貴在天。命稟有生之初，非今可改㈠易。莫之為而為，非我所能必，但當順受而已。

夫婦乃人倫②之大，自古為先。

聖人立教，有人倫之道。人倫有五㈡，有夫婦，然後有父子，故五倫③之中首先夫婦。

世為婚，應為姻，須要相生相合；

世為男家，應為女家。若得相生相合，定有成就之象。若見相沖相剋，必定難成。凡生合處，須防剋沖。剋沖處，亦有吉凶。合處逢沖，將成有破，亦恐被阻。若凶中有救，久後亦昌。沖中有合，不成之際得人贊協矣。成與不成，憑大體占㈢。

鬼為夫，財為婦，最嫌相害相刑。

財鬼皆要旺相，宜靜不宜動。否則，公姑兄弟相傷。若得月建日辰或動爻生扶最吉。更得青龍同位，喜慶即見。如逢日辰或凶殺相沖相刑相害，乃不吉之兆。縱大象可成，成後亦不和協㈣。

陰陽得位為佳，夫婦俱全協吉。

陰陽得位，亦㊄有兩端。有卦象外陰內陽，有應陰世陽，二者皆為得位。一陰一陽之謂道，純陰純陽之謂鬼。純陰不生，純陽不化，一陰一陽，為夫為婦。

又曰：占婚用爻，首要財鬼，二者俱全，稱為大吉。

一云：男占婦以財為主，決不可無㊅。女占夫以鬼為主，其理倣此。設或財鬼不上卦，或落空亡，其婚難成。縱成，亦為不吉。

世生應乃男求女，應生世乃女貪男。

且如應雖生世，奈緣逢墓絕，雖然相貪，尚在躊躇之際。若得動爻相生，必得他人作成㊆。如世爻生應旺相，奈緣世被日辰沖剋㊇，男意雖濃，被人間阻，事體又在難成也。大象吉，終久成㊈。

世位逢空，當見男心退悔；應爻有動，必然女意更張。

世空男悔，應空女悔，縱有吉神亦難成。若世應俱發動，必然事有改張。動處若逢日辰合，任君不願也須成。注曰：必得他人作成㊉。

世應比和，功全資于媒約；陰陽交錯，事亦係乎因緣。

世應比和，本無成就之理，若得媒爻動合世應，其事亦成。陰陽交錯，乃世應不得位也。若大象可成，利入贅④。如不然，主夫婦有相淩之兆也⑪。

應旺則女室豐隆，世墓乃男家貧乏。

若夫占婦，見應位月建旺，乃久富之家㊁。若月建雖旺，日下休囚，必近年稍退資財。若如青龍，其家慈善慷慨。帶貴旺，則是宦家；休囚加朱雀，必是吏人；帶殺，是酷吏。若本宮及應雖旺，而財爻無氣，加臨祿存、破軍、咸池、玄武，婦家雖當富，其女貌不揚，婦德亦未備㊂。若婦占夫，要世爻旺相，則男家豪富。入墓休囚，必主貧乏。

本宮雖旺，而世鬼俱衰，只是虛名，定無所有㊃。

子孫發動，中途必見傷夫；兄弟交重，異日終須失偶㊄。

子孫為傷夫㊅，卦中不可無，宜靜不宜動。若帶貴臨吉神動，乃妻奪夫權。或鬼旺不受剋，若加天寡及凶殺，必主傷夫。旺相則急，休囚則緩。兄弟為剋財，持世不動，無過不睦。帶天鰥旺動，必主傷妻。若帶鬼動，及日辰衝破，庶幾無害㊆。

財空妻失，鬼空夫亡。

財鬼空亡，占婚大忌，本非成就之象。若干支相合，世應相生，陰陽得位，此實是因緣，無過半世衾枕⑤，或半世出外，仕宦為商之類㊇。

男子兩財，逢二姓絲蘿之好；陰人兩鬼，再一番桃李之鮮。

男占女，卦見兩財，一旺一空，曾作二度新郎。兩財皆不空，或一財帶桃花，必一正一偏。若與日辰或世爻及鬼爻相合者，可知那個把權。若女占夫卦中出兩鬼，一旺一空，已前必曾嫁人，今來定是重婚㊈。若兩鬼旺不空，日辰刑沖財爻，或動爻剋財，必是生離改嫁。

財動則傷剋公姑，父興則難為子息。

財爻持世，則不能奉事公姑，安靜猶可，動則傷剋公姑，帶殺加朱雀白虎尤甚。主其人不事容飾，不整衣服。父母發動，難為子息，帶殺主生後方損。遇救猶可，逢沖則無傷⑳。

財鬼同居一卦，必然親上成親；前後皆值六沖，當見退後還退。

財鬼共一卦中，此易成之兆。若世應財鬼相生相合，必然親上成親。若世應爻上比和，方可言。帶天喜貴人，旺相新親，休囚故戚㉑。前卦值六沖，必曾許聘復退。後卦又六沖，成後又當見退。若被日辰合住，雖欲退悔，不可得也。前卦沖而後卦合，當見退後還就。

日辰合世，須逢貴客維持；惡殺沖身，必被他人說破。

日辰臨天喜，或貴人合世應，必有權貴之人前來維持說合。住居方向，但從旺取。若日辰刑剋應而合世，必然抑女家而與男家。但日辰沖世，男家被人說破。沖應，女家被人說破。若間爻刑沖世應，必被人構喋。若見動爻來救，雖被人破，終得人解，無害于成㉒。

卦無父母，應無雁幣⑥迎門；

父母為主婚，又為聘儀，卦中無父母，必無聘儀。父母雖空，兄弟不動非是無，自是女家不索要。父化父，必須索。父母旺相，聘儀盛麗。休囚，微薄。父母化劫，必是他人處借貸而來，非己資妝也㉓。

財值青龍，會見鸞妝⑦耀目。

凡世應陰陽得位，婚亦成。無財不過資妝薄。財與青龍會合，必妝奩之資茂盛，絢彩奪目。若財值勾陳生世，必有隨奩田土。數目卻惟生成數，生旺倍加，死絕減半㉔。

虎易按：「生成數」，指五行生成數。五行生數，水一、火二、木三、金四、土五。五行成數，水六、火七、木八、金九、土十。

鬼化鬼終須反覆，兄化兄見阻方成。

鬼本用㉕爻，不宜變動，靜化猶可，動化非宜，必主事體反覆，終見遲滯。凡求親，決是女家多有轉折，難易皆聽從于彼。兄弟乃阻隔之神，發則傷剋妻財，必當見阻。大象若吉，終久有成。兄弟受制，雖阻亦無妨矣㉖。

世應三合咸池，擬定先通後娶；財鬼一臨玄武，定知眼去眉來。

應與財，若加咸池臨玄武，與世並鬼合，必是先通後娶。若與旁爻合，必與外人有情。應加咸池玄武婦淫，世爻夫淫。咸池若逢日辰沖，雖淫不濫。若見貴人動來剋，卻不淫，主其人容儀妖媚，躭酒悅色㉗，多情好歡，逢旺尤其，死絕稍輕。若咸池會進神動來生合，其人淫心污漫，恣意非為。若會退神，或退神來剋，雖有欲心，未嘗有實，不過眼去眉來而已㉘。

要知女貌妍媸⑧，推究財臨九曜⑨。

八卦看九星，不獨風水用，占婚亦要用之，庶知女貌妍媸。若財帶貪狼，其貌潔白絕美，秀于眉目，見人和悅，當生俊偉聰明之子。財帶巨門，紫團面色，逢旺則面黑，休囚稍可。祿存帶財主病，逢旺不時齊發，死絕則有暗病，逢沖幼年多疾，今已脫體。看臨何爻，便知何處有疾，但從十二支辨。廉貞帶財，本主淫佚，若逢水爻或咸池玄武必甚，若臨解神退神，或遇吉神動來剋救，則無妨，反主其貌端正。武曲帶財，潔白中貌之人，其德清廉，長爪甲。破軍帶財，必有破相，加殺，必有惡疾，只宜休囚，不宜旺相，旺則甚。文曲帶財，形貌瘦長，為人柔弱，項短聲細。左輔帶財，其貌潔白，若見巨門破軍動來剋，則不能全其貌。右弼與左輔同。以上好者忌沖，惡者怕扶，皆宜細察㊇。

欲識男材長短，參詳鬼值五行。

凡人稟五行之氣而生也，則合形之美惡，性之剛柔，不離于金木水火土。若鬼屬火，其人面上尖下闊，印堂窄，鼻露竅。精神閃爛，語言辨急，意速聲焦。其色或青或赤，更變不定。坐須搖膝，立不移時，臨事敏速。旺相則聰明，如死絕則黃瘦，尖楞妒毒，有始無終，性多妄詐。臨貴人，則主聰明文章之士。

水鬼，主人眉濃目大，鼻曲面圓，項平身細。生旺黑色，受制黃色。行步緊速，搖頭擺腰。為性大寬小急，生旺則為性莽蕩大器，死絕則陰狡內狠，帶殺則傾覆陰謀。

木鬼，主人形貌瘦長，骨細肉緩，口尖，人中長，美髭⑩長髮，手足纖膩，氣語細聲。

其色青，動化火則赤，化金則白。生旺仁勇，氣節宏遠。死絕則面目不正，慳吝鄙嗇，肌肉乾燥，項長喉結，行坐不穩，身多欹側。

金鬼，主人中庸，骨肉相應，面上闊下狹，眉高眼深，頂平，印堂寬，鼻回，耳常紅。聲音清響，剛毅有決。動則為人尚義，死絕則面有岩楞，眼深，多刻薄，內毒，喜淫。加殺，自拙無志也。

土鬼，主人形貌敦厚，背圓腰闊，鼻大口方，眉清眼秀，面有牆壁，其色黃色白，為性淳厚，處事不輕，為人度量寬博。如死絕則顏色以憂，鼻低面扁，聲重濁，樸實執拗，事理不適時宜。孤介硬吝，不得眾情，沉毒狠戾。

以上五行，究其衰旺，剖分沖剋，自可以義推之，萬無一失㉚。

若窮兩處精微，更互六神推究。

若遇青龍，為人和氣，俊秀工巧，曉事能家。

朱雀，快言語，多口舌。加殺，多招誹謗，喜生是非。

勾陳，為人純厚穩重，有規矩，不動則無轉變。

騰蛇，有心機，多疑慮。加殺，則語言惑人，行止澆薄⑪㉛。

白虎，主人性急，狠毒無義。雖有剛毅，終非仁也㉜。

玄武，為人奸邪⑫，見人恭順而少誠實，無廉恥。遇吉神制，則不然，主人秀氣伶俐，不過慳吝愛財。加大殺，其命必犯破敗[33]。

咸恒節泰，百年似魚水之相投。

《咸》、《恒》、《節》、《泰》，但取其陰陽得位，世單應拆，不相奪倫。論財鬼俱全，《咸》卦未得盡美也。

以上四卦，若遇日辰扶世，天喜、青龍、貴人發動者，百年永諧，伉儷如魚水之相安也。若見用爻落空，凶神沖戰刑剋，大象雖好，決主不昌，不可以一概論。古人舉此四卦者，無非取陰陽相稱，以為則例耳[34]。

暌革解離，一見似冰炭之乖戾[13][35]。

《暌》者，乖也。上火下澤，金火同居，豈無傷剋，故不利。

《革》者，變也。革故鼎新之象。占婚遇之，當有爭婚改嫁。

《解》者，散也。占婚宜合不宜分，遇解，故不吉[36]。

《離》者，六沖之卦，純陰之象，必主生離死別[37]。

以上四卦，占婚所忌，以為難成之象。凡占不可一體看，必須詳審。夫人間婚姻，上至公卿，下及黎庶，吉凶雖同，衰旺不等，當審其情[38]。

間爻旺相，須知月老英豪。

媒人以鬼爻論之，又以間爻為媒。旺相帶貴，必得仕宦中人為媒。死絕休囚，不過吏人為媒。間爻臨兄弟，長行媒人因財而來者。臨子孫旺相，必是清高之士。臨財旺相，則是有資財長者。無氣，則買賣商賈。陽爻男子，屬陰女人。若陰化陽，必婦人先來說。餘皆倣此㊴。

兄弟交重，定是冰人詭詐。

媒爻不宜先見兄弟，必然千眾，安靜猶可，不然語言妄誕。若加玄武騰蛇，必是詭詐奸雄之輩，難以憑託。更加陰殺，恐陰陽相害，坑陷人之子女。若逢破稍得，終不能成，但虛張名耳㊵。

與世應相生相合，必然一處沾親。

凡間爻與世相生相合，必與男家沾親。與應相生相合，必與女家沾親。若合處逢沖，雖親而不和。或生應而合世，必主兩邊皆親，非親即鄰及朋友之類。旺相則親近，無氣則疏遠㊶。

如雀虎相剋相沖，擬定兩家相怨。

朱雀白虎，臨于世應沖剋，雖聯姻眷，終結兩邊怨惡。日辰刑害間爻，及世應動來沖剋，必定兩邊皆生怨惡。世來沖害男生怨，被應沖害女生嗔。若遇解則無事㊷。

欲知退步，須察空亡。

此說上文，世應相生合，及雀虎相沖剋。若值空亡，即退步，不可如後斷㊸。

注釋

①伉儷（kàng lì）：謂結成夫婦。

②人倫：封建社會中禮教所規定的君臣、父子、夫婦、兄弟朋友及各種尊卑長幼關係。《孟子・滕文公上》曰：「使契為司徒，教以人倫：父子有親，君臣有義，夫婦有別，長幼有敘，朋友有信」。

③五倫：封建禮教指君臣、父子、兄弟、夫婦、朋友五種倫理關係。

④入贅：男子就婚於女家並成為其家庭成員。

⑤衾（qīn）枕：被子和枕頭。泛指臥具。

⑥雁幣：亦作「鴈幣」。雁與幣帛。古時用為聘問或婚嫁時之聘儀。古婚禮分納征、納采、問名、納吉、請期、親迎等六禮。納徵用幣，其餘用雁。

⑦鸞（luán）妝：鸞是雄性的長生鳥。借指嫁妝。

⑧妍媸（yán chī）：美好和醜惡。

⑨九曜（yào）：指北斗七星及輔佐二星。其排序為：一白貪狼、二黑巨門、三碧祿存、四綠文曲、五黃廉貞、六白武曲、七赤破軍、八白左輔、九紫右弼。九曜五行屬性：貪狼屬木，武曲、破軍屬金，文曲屬水，廉貞屬火，巨門、祿存、左輔、右弼屬土。

⑩髭（zī）：嘴唇上邊的短須。
⑪澆薄：人情、風俗淡薄。
⑫奸邪：指奸詐邪惡的事或人。
⑬乖戾（lì）：乖悖違戾，抵觸而不一致。今稱急躁，易怒為性情乖戾。

校勘記

㈠「改」，原本脫漏，據《新鍥斷易天機·占婚姻·天玄賦云》原文補入。
㈡「聖人立教，有人倫之道。人倫有五」，原本脫漏，據《新鍥斷易天機·占婚姻·天玄賦云》原文補入。
㈢「世為男家，應為女家。若得相生相合，定有成就之象。若見相沖相剋，必定難成。凡生合處，須防剋沖。剋沖處，亦有吉凶。合處逢沖，將成有破，亦恐被阻。若凶中有救，久後亦昌。沖中有合，不成之際得人贊協矣。成與不成，憑大體占」，原本作「世為男家，應為女家。相生相合，定有成就之象。生合處，須防沖剋，恐將成而被破阻。沖剋處，若得生扶，不成之際得人贊協矣」，疑誤，據《新鍥斷易天機·占婚姻·天玄賦云》原文改作。
㈣「財鬼皆要旺相，宜靜不宜動。否則，公姑兄弟相傷。若得月建日辰或動爻生扶最吉。更得青龍同位，喜慶即見。如逢日辰或凶殺相沖相刑相害，乃不吉之兆。縱大象可成，成後亦不和協」，原本作「財鬼皆要旺相為吉，最嫌三刑六害，發動成凶」，疑誤，據《新鍥斷易天機・占婚姻・天玄賦云》原文改作。

㊄「亦」，原本脱漏，據《新鍥斷易天機・占婚姻・天玄賦云》原文補入。

㊅「決不可無」，原本脱漏，據《新鍥斷易天機・占婚姻・天玄賦云》原文補入。

㊆「必得他人作成」，原本作「必賴媒妁之力」，疑誤，據《新鍥斷易天機・占婚姻・天玄賦云》原文改作。

㊇「如世爻生應旺相，奈緣世被日辰沖剋」，原本作「如世爻生應，奈世被日辰沖剋」，疑誤，據《新鍥斷易天機・占婚姻・天玄賦云》原文改作。

㊈「大象吉，終久成」，原本脱漏，據《新鍥斷易天機・占婚姻・天玄賦云》原文補入。

㊉「注曰：必得他人作成」，原本脱漏，據《新鍥斷易天機・占婚姻・天玄賦云》原文補入。

㊀「若大象可成，利入贅。如不然，主夫婦有相淩之兆也」，原本作「若大象可成，亦當入贅，不然，夫婦相淩也」，疑誤，據《新鍥斷易天機・占婚姻・天玄賦云》原文改作。

㊁「若夫占婦，見應位月建旺，乃久富之家」，原本作「夫占婦，若應位月建旺，乃素封之家」，疑誤，據《新鍥斷易天機・占婚姻・天玄賦云》原文改作。

㊂「若如青龍，其家慈善慷慨。帶貴旺，則是官家。休囚加朱雀，必是吏人。帶殺，是酷吏。若本宮及應雖旺，而財爻無氣，加臨祿存、破軍、咸池、玄武，婦家雖富富，其女貌不揚，婦德亦未備」，原本脫漏，據《新鍥斷易天機・占婚姻・天玄賦云》原文補入。

㊃「定無所有」，原本作「而已」，疑誤，據《新鍥斷易天機・占婚姻・天玄賦云》原文改作。

㊄「偶」，原本作「婦」，疑誤，據《新鍥斷易天機・占婚姻・天玄賦云》原文改作。

㊅「子孫為傷夫」，原本作「子孫為福德」，疑誤，據《新鍥斷易天機・占婚姻・天玄賦云》原文改作。

㊆「兄弟為剋財，持世不動，無過不睦。帶天鰥旺動，必主傷妻。若帶鬼動，及日辰衝破，庶幾無害」，原本作「兄弟為剋財，若發動必喪其偶。若得鬼動，及日辰衝破，庶可解」，疑誤，據《新鍥斷易天機・占婚姻・天玄賦云》原文改作。

㊇「無過半世衾枕，或半世出外，仕宦為商之類」，原本作「半世夫妻也」，疑誤，據《新鍥斷易天機・占婚姻・天玄賦云》原文改作。

㊈「男占女，卦見兩財，一旺一空，曾作二度新郎。兩財皆不空，或一財帶桃花，必一正一偏。若與日辰或世爻及鬼爻相合者，可知那個把權。若女占夫卦中出兩鬼，一旺一空，已前必曾嫁人，今來定是重婚」，原本作「男占女，見兩財，一旺一空，曾作兩度

新郎；若兩財不空，唯帶桃花，必一正一偏。女占男，見兩鬼，一旺一空，定主重婚再醮」，疑誤，據《新鍥斷易天機・占婚姻・天玄賦云》原文改作。

⑳「財爻持世，則不能奉事公姑，安靜猶可，動則傷剋公姑。帶殺加朱雀白虎尤甚。主其人不事容飾，不整衣服。父母發動，難為子息，帶殺主生後方損。遇救猶可，逢沖則無傷」，原本作「財爻持世，必不能奉事公姑，安靜猶可，若發動，則主刑傷也。父母發動，主難于子嗣。若帶凶殺，主生後有損，遇救猶可，逢沖則主無害」，疑誤，據《新鍥斷易天機・占婚姻・天玄賦云》原文改作。

㉑「若世應爻上比和，方可言。帶天喜貴人，旺相新親，休囚故戚」，原本脱漏，據《新鍥斷易天機・占婚姻・天玄賦云》原文補入。

㉒「若日辰刑剋應而合世，必然抑女家而興男家。但日辰沖世，男家被人説破。沖應，女家被人説破。若間爻刑沖世應，必被人構喋。若見動爻來救，雖被人破，終得人解，無害于成」，原本作「若日辰惡殺，沖剋身世，必有小人破阻。若得動爻來救，則無害也」，疑誤，據《新鍥斷易天機・占婚姻・天玄賦云》原文改作。

㉓「卦中無父母，必無聘儀。父母雖空，兄弟不動非是無，自是女家不索要。父化父，必須索。父母旺相，聘儀盛麗。休囚，微薄。父母化劫，必是他人處借貸而來，非己資妝也」，原本作「卦中無父母，必無雁幣之禮」，疑誤，據《新鍥斷易天機・占婚姻・

天玄賦云》原文改作。

㉞「若財值勾陳生世，必有隨奩田土。數目卻惟生成數，生旺倍加，死絕減半」，原本脫漏，據《新鍥斷易天機・占婚姻・天玄賦云》原文補入。

㉟「用」，原本作「動」，疑誤，據《新鍥斷易天機・占婚姻・天玄賦云》原文改作。

㊱「凡求親，決是女家多有轉折，難易皆聽從于彼。兄弟乃阻隔之神，發則傷剋妻財，必當見阻。大象若吉，終久有成。兄弟受制，雖阻亦無妨矣」，原本作「兄弟乃阻隔之神，兄又化兄，若大象不吉，婚難成」，疑誤，據《新鍥斷易天機・占婚姻・天玄賦云》原文改作。

㊲「主其人容儀妖媚，躭酒悅色」，原本作「主其人容儀美麗」，疑誤，據《新鍥斷易天機・占婚姻・天玄賦云》原文改作。

㊳「其人淫心污漫，恣意非為。若會退神，或退神來剋，雖有欲心，未嘗有實，不過眼去眉來而已」，原本作「其人淫心蕩漾，恣意非為。若會退神，或退神來剋，雖有欲心，未嘗有實，不過眼去眉來」，疑誤，據《新鍥斷易天機・占婚姻・天玄賦云》原文改作。

㊴「八卦看九星，不獨風水用，占婚亦要用之，庶知女貌妍媸。若財帶貪狼，其貌潔白絕美，秀于眉目，見人和悅，當生俊偉聰明之子。財帶巨門，紫團面色，逢旺則面黑，休囚稍可。祿存帶財主病，逢旺不時齊發，死絕則有暗病，逢沖幼年多疾，今已脫體。看臨何爻，

便知何處有疾，但從十二支辨。廉貞帶財，本主淫佚，若逢水爻或咸池玄武必甚，若臨解神退神，或遇吉神動來剋救，則無妨，反主其貌端正。武曲帶財，潔白中貌之人，其德清廉，長爪甲。破軍帶財，必有破相，加殺，必有惡疾，只宜休囚，不宜旺相，旺則甚。文曲帶財，形貌瘦長，為人柔弱，項短聲細。左輔帶財，其貌潔白，若見巨門破軍動來剋，則不能全其貌。右弼與左輔同。以上好者忌沖，惡者怕扶，皆宜細察」，原本作「推九曜以別妍醜。若財帶貪狼（子），俊好。財帶巨門（丑、亥），其面貌團圓，顏色紫黑。祿存（寅、戌），主有疾。廉貞（辰、申），主淫，貌美。武曲（巳、未）潔白中貌。破軍（午），必有破相。文曲（卯、酉），形貌瘦長，為人柔弱。左輔（亥），右弼（巳）同巳上。好者怕沖，惡者怕扶」，疑誤，據《新鍥斷易天機・占婚姻・天玄賦云》原文改作。

⑳此段內容，原本作「凡人稟五行而生，其形象亦不離于五行，當用推詳」，疑誤，據《新鍥斷易天機・占婚姻・天玄賦云》原文改作。

㉑「加殺，則語言惑人，行止澆薄」，原本脫漏，據《新鍥斷易天機・占婚姻・天玄賦云》原文補入。

㉒「白虎，主人性急，狠毒無義。雖有剛毅，終非仁也」，原本作「白虎，性急，狠毒不仁」，疑誤，據《新鍥斷易天機・占婚姻・天玄賦云》原文改作。

㉓「玄武，為人奸邪，見人恭順而少誠實，無廉恥。遇吉神制，則不然，主人秀氣伶俐，

不過慳吝愛財。加大殺，其命必犯破敗」，原本作「玄武，私曲奸邪，若有吉神制，則不然，反主聰明伶俐」，疑誤，據《新鍥斷易天機・占婚姻・天玄賦云》原文改作。

㉔「以上四卦，若遇日辰扶世，天喜、青龍、貴人發動者，百年永諧，伉儷如魚水之相安也。若見用爻落空，凶神沖戰刑剋，大象雖好，決主不昌，不可以一概論。古人舉此四卦者，無非取陰陽相稱，以為則例耳」，原本作「以上四卦，若又有日辰生合，吉神發動者，歡諧到底，如魚得水也。若見用爻落空、凶神沖剋，又不可以一概斷為吉也」，疑誤，據《新鍥斷易天機・占婚姻・天玄賦云》原文改作。

㉕「一見似冰炭之乖戾」，原本作「一見如炭冰之相遇」，疑誤，據《新鍥斷易天機・占婚姻・天玄賦云》原文改作。

㉖「遇解，故不吉」，原本脫漏，據《新鍥斷易天機・占婚姻・天玄賦云》原文補入。

㉗「必主生離死別」，原本作「故云不吉」，疑誤，據《新鍥斷易天機・占婚姻・天玄賦云》原文改作。

㉘「以上四卦，占婚所忌，以為難成之象。凡占不可一體看，必須詳審。夫人問婚姻，上至公卿，下及黎庶，吉凶雖同，衰旺不等，當審其情」，原本脫漏，據《新鍥斷易天機・占婚姻・天玄賦云》原文補入。

㉙「媒人以鬼爻論之，又以間爻為媒。旺相帶貴，必得仕宦中人為媒。死絕休囚，不過

吏人為媒。間爻臨兄弟，長行媒人因財而來者。臨子孫旺相，必是清高之士。臨財旺相，則是有資財長者。無氣，則買賣商賈。陽爻男子，屬陰女人。若陰化陽，必婦人先來說。餘皆倣此」，原本作「世應中間爻象，似乎媒妁，若旺相，主冰人豪俠有力」，疑誤，據《新鍥斷易天機．占婚姻．天玄賦云》原文改作。

㊵「媒爻不宜先見兄弟，必然干眾，安靜猶可，不然語言妄誕。若加玄武騰蛇，必是詭詐奸雄之輩，難以憑託。更加陰殺，恐陰陽相害，坑陷人之子女。若逢破稍得，終不能成，但虛張名耳」，原本作「兄位交重，定是冰人詭譎。兄弟動，主作伐之人從中詐偽也」，疑誤，據《新鍥斷易天機．占婚姻．天玄賦云》原文改作。

㊶「凡間爻與世相生相合，必與男家沾親。與應相生相合，必與女家沾親。若合處逢沖，雖親而不和。或生應而合世，必主兩邊皆親，非親即鄰及朋友之類。旺相則親近，無氣則疏遠」，原本作「間爻與世應生合，必主親朋結契」，據《新鍥斷易天機．占婚姻．天玄賦云》原文改作。

㊷「日辰刑害間爻，及世應動來沖剋，必定兩邊皆生怨惡。世來沖害男生怨，被應沖害女生嗔。若遇解則無事」，原本脫漏，據《新鍥斷易天機．占婚姻．天玄賦云》原文補入。

㊸「即退步，不可如後斷」，原本作「即當退步，不可如彼斷」，疑誤，據《新鍥斷易天機．占婚姻．天玄賦云》原文改作。

四、六甲章

既已論其㈠婚姻，次合占其產育。子孫旺相，若臨陽象定生男。福德休囚，更值陰爻當是女。

凡占生產，以子孫為主㈡。子孫在單重爻為男，拆交爻為女。須要生旺而臨陽象，必生男子。若子孫臨旺，適值陰爻，或臨天喜青龍，或得扶出，及得旺殺來生助，亦生男子㈢。子孫雖屬陽爻，被日辰刑沖及動爻剋泄，亦主女。如子孫雖旺，卻值陰爻，被日辰刑沖或動爻相剋，分泄旺氣，謂之胎氣不全，當是女，必不可養。若卦無子孫，亦不吉。但看胎爻衰旺，亦知男女之兆也。凡子孫休囚，更值陰象，必生女子。屬陰旺動，陰極則陽生，後臨于火爻，反生男子。若不值沖剋，方可以此決斷吉凶。神殺取其所長斷之也㈣。

虎易按：「子孫在單重爻為男，拆交爻為女」，我自己實踐，多用地支五行，子孫在陽支為男，子孫在陰支為女。如子孫爻動，則陽變陰為女，陰變陽為男。供讀者參考。

陰包陽，則桂庭添秀。陽包陰，則桃洞得仙。

人生世間，稟天地五行之性。男子二八則精通，女子二七而天葵①至。人之交感，必陰陽和而後受胎。若陰血先至，陽精後參，血開裹精，乃陰包陽也，則男形成矣。若陽精先至，陰血後參，精開裹血，乃陽包陰也，則女形成矣。凡占卦，不離此義㈤。若子孫爻屬陽，初爻六爻屬陰，此陰包陽也，主生男。子孫爻屬陰，初爻六爻屬陽，此陽包陰也，主生女。如子孫爻屬陽，或初陰而六爻陽，乃母之血氣不加也，當生弱子。若子爻父爻生旺，子孫胎氣無氣，乃母之血氣雖強，而父之精力怯弱，多是老陽遇少陰，少陽遇老陰也，其生子怯弱無力，不耐寒暑，多疾病也㈥。

發動青龍，當見臨盆有慶。

青龍為孕育之喜㈦神，最宜旺相當權，發動必生貴子，生女亦是不凡之秀。更加天喜，臨生之際必有喜，雖有艱難，終無大害。不動則未必如此㈧。

交重白虎，乃知坐草無虞。

世之占者，皆以白虎為凶神，不知各有所用。白虎為血神，凡胎不免見血，又何患焉㈨？他事不宜，唯臨產最喜。若得輔于庚申辛酉爻上發動，產便快，或當日便生。緣白虎為破胎，為催生，所以產快㈩。

定吉凶于內一卦之中，乾離坎兌則易產。

《乾》為首，《離》為目，《坎》為耳，《兌》為口。此四卦在內象，則易產。言其頭目耳口先出，是順行，故易產(十一)。若化為《坤》、《艮》、《震》、《巽》，彼手足為咎，主先易後反難。若逢解神，則無虞矣㊉。

決禍福于外三爻之下，坤艮震巽則難生。

《坤》為腹，《艮》為手，《震》為足，《巽》為股。此四卦若在內象，必難產，逢旺愈難，必是踏蓮花生②。逢惡殺並沖，須防子母俱傷，得吉神救援，雖艱難不至傷命。吉神凶神相並，或得子喪母，或得母喪子，不能全㊉。

兄弟空，則妻位無傷。父母興，則子宮有損。

占產，妻財乃用爻。逢吉神，則產母平安。逢空化鬼，必有災厄。兄弟本剋財之神，帶殺發動，則女人有產厄之憂㊉。兄弟空，其妻無傷。若逢剋散，庶得無虞，墓絕一同推究。

凡財爻屬金，生男性慢，若冬間占，生女必難。火財，生子眼露性急，發黃稀少。木財，生子修長俊秀，生女腳大眉目秀。水財，生子秀氣伶俐，生女工巧聲清。土財，生子純厚，肥壯聲濁。

子孫乃占產之綱領，卦中不可無，無則成咎，大忌空亡。帶殺化鬼，終為難養。帶羊刃劫殺，離腹即死。若逢父母帶殺動來相傷，子孫必損。得救稍輕，終為疾病之兒。若逢梟神發動，必無乳，縱有亦不多㊉。

若加凶殺，立見刑傷。

以上兄弟父母，若㊅帶吉神發動，雖凶弗咎。若加凶殺，必定傷胎害母。

天喜若值騰蛇，定葉③麒麟之夢。

騰蛇者，乃虛幻恍惚之神。臨陽鬼，日生㊆虛驚。臨陰鬼，夜生怪夢。更加天喜，必曾感應吉夢，而生麟鳳之子。看臨何爻，便知何處得夢。要知何日得夢，騰蛇鬼旺日是㊇。

咸池倘臨玄武，必生汗血之駒。

咸池玄武，皆淫泆之神。若二神相會合，必生汗血之駒。汗血者，婢妾所生之子。咸池玄武臨合財爻，必占婢妾生產。若臨子孫，亦是婢妾所生。若臨胎爻，乃陰私，有不明受胎，非正受也。旺相，必淫婦。休囚遇貴人，吉神剋解非淫，只是出身微賤。古云：

「妾子為汗血駒」㊈。

六爻最怕空亡，諸位皆嫌鬼值。

六爻之中，初產母，二胞胎，至上皆有關係，故不宜空。鬼為占產所忌，故六爻皆惡之。若值子鬼，腰間常痛，不時嘔惡。寅鬼，頭痛氣逆。卯鬼，胸膈不調，肩酸脚腫。巳鬼，眼目困鈯④，時發微熱，唇焦口渴。午鬼，心火上炎，大便不通。申鬼，喘漱氣急，百節疼痛，倦怠無力。酉鬼，乃血氣不調或漏胎。亥鬼，鼻涕活流，小便不利或泄瀉。辰戌丑未鬼，腹痛，脾胃不調。輕重從衰旺斷也㊉。

鬼臨初位，必然產母常[21]災。鬼入二爻，當見胞胎不穩。

初爻產母，若初爻逢鬼，產母必常災病。病症見上[22]。

二為胞胎，鬼若臨之，主胞胎不實。二爻屬水，八個月生。二爻屬土，過月始生。鬼在二爻，胎不安穩。二爻旺相，懷胎露見。二爻休囚，則隱然不張。

二爻屬陽，陽氣輕清上浮，懷胎必近胸前。屬陰，陰氣重濁而下，結胎必近下。

二爻發動，或逢沖戰，必曾轉胎[23]。

空亡必墮胎虛喜，帶殺則臨產艱難。

子孫空及二爻空，主損胎。青龍空亡，虛喜墮胎。青龍帶鬼，必因病墮胎。更加凶殺，無吉神發動來救，胞中縱然不損，臨產必定難生。若得日辰衝破，謂之破胎，或當日便生[24]。

若逢鬼值五爻，始得福生萬匯。

鬼臨三爻，臨產辛苦。空亡，恐無看生之婦，或外家無催生禮物。四爻為夫身，若空亡，必主臨生夫不在家。若鬼殺臨夫位，或帶鰥寡殺，必是遺腹之子。五爻為外家，旺相外家富，休囚外家貧。五爻為收生婆，臨鬼必易產。六爻為雙親並宗廟，鬼臨六爻，則損雙親，宗廟不安。六爻空亡無父母，旺空則不全[25]。

注釋

①天葵：指女子月經。

②踏蓮花生：即倒產，又名脚踏蓮花生、踏鹽生、踹地生、倒生、顛倒、逆產。指分娩時兒足先下。相當於足位分娩。

③葉：同「協」。和洽，合。

④鈯（tú）：鈍。

校勘記

㊀「其」，原本作「于」，疑誤，據《新鍥斷易天機·占生產·天玄賦云》原文改作。

㊁「凡占生產，以子孫為主」，原本脱漏，據《新鍥斷易天機·占生產·天玄賦云》原文補入。

㊂「須要生旺而臨陽象，必生男子。若子孫臨旺，適值陰爻，或臨天喜青龍，或得扶出，及得旺殺來生助，亦生男子」，原本作「或子孫雖屬陰爻，得日辰及動爻天喜扶持，亦主男」，疑誤，據《新鍥斷易天機·占生產·天玄賦云》原文改作。

㊃「如子孫雖旺，卻值陰爻，被日辰刑沖或動爻相剋，分泄旺氣，謂之胎氣不全，當是女，必不可養。若卦無子孫，亦不吉。但看胎爻衰旺，亦知男女之兆也。凡子孫休囚，

更值陰象，必生女子。屬陰旺動，陰極則陽生，後臨于火爻，反生男子。若不值沖剋，方可以此決斷吉凶。神殺取其所長斷之也」，原本脱漏，據《新鍥斷易天機・占生產・天玄賦云》原文補入。

㊄「人生世間，稟天地五行之性。男子二八則精通，女子二七而天葵至。人之交感，必陰陽和而後受胎。若陰血先至，陽精後參，血開裹精，乃陰包陽也，則男形成矣。若陽精先至，陰血後參，精開裹血，乃陽包陰也，則女形成矣。凡占卦，不離此義」，原本脱漏，據《新鍥斷易天機・占生產・天玄賦云》原文補入。

㊅「如子孫爻屬陽，或初陰而六爻陽，乃母之血氣不加也，當生弱子。若子爻父爻生旺，子孫胎氣無氣，乃母之血氣雖強，而父之精力怯弱，多是老陽遇少陰，少陽遇老陰也，其生子怯弱無力，不耐寒暑，多疾病也」，原本作「若子孫爻屬陽，初爻六爻屬陰，此陰包陽也，生男。子孫爻屬陰，初爻六爻屬陰，此陽包陰也，生女」。疑誤，據《新鍥斷易天機・占生產・天玄賦云》原文改作。

㊆「喜」，原本脱漏，據《新鍥斷易天機・占生產・天玄賦云》原文補入。

㊇「生女亦是不凡之秀。更加天喜，臨生之際必有喜，雖有艱難，終無大害。不動則未必如此」，原本脱漏，據《新鍥斷易天機・占生產・天玄賦云》原文補入。

㊈「世之占者，皆以白虎為凶神，不知各有所用。白虎為血神，凡胎不免見血，又何患

焉」？原本作「白虎為血刃」，疑誤，據《新鍥斷易天機・占生產・天玄賦云》原文改作。

⑩「若得輔于庚申辛酉爻上發動，產便快，或當日便生。緣白虎為破胎，為催生，所以產快」，原本作「若輔于庚申辛酉爻上發動，更快。緣白虎為破胎，為催生，故也」，疑誤，據《新鍥斷易天機・占生產・天玄賦云》原文改作。

⑪「故易產」，原本作「故產為易也」，疑誤，據《新鍥斷易天機・占生產・天玄賦云》原文改作。

⑫「若化為坤艮震巽，彼手足為咎，主先易後反難。若逢解神，則無虞矣」，原本脫漏，據《新鍥斷易天機・占生產・天玄賦云》原文補入。

⑬「必難產，逢旺愈難，必是踏蓮花生。逢惡殺並沖，須防子母俱傷，得吉神救援，雖艱難不至傷命。吉神凶神相並，或得子喪母，或得母喪子，不能全」，原本作「必是難生，逢旺愈難，有解救半吉」，疑誤，據《新鍥斷易天機・占生產・天玄賦云》原文改作。

⑭「占產，妻財乃用爻。逢吉神，則產母平安。逢空化鬼，必有災厄。兄弟本剋財之神，帶殺發動，則女人有產厄之憂」，原本作「剋妻財，乃兄弟也」，疑誤，據《新鍥斷易天機・占生產・天玄賦云》原文改作。

⑮「若逢剋散，庶得無虞，墓絕一同推究。凡財爻屬金，生男性慢，若冬間占，生女必難。火財，生子眼露性急，發黃稀少。木財，生子修長俊秀，生女腳大眉目秀。水財，

生子秀氣伶俐，生女工巧聲清。土財，生子純厚，肥壯聲濁。子孫乃占產之綱領，卦中不可無，無則成咎，大忌空亡。帶殺化鬼，終為難養。帶羊刃劫殺，離腹即死。若逢父母帶殺動來相傷，子孫必損。得救稍輕，終為疾病之兒。若逢梟神發動，必無乳，縱有亦不多」，原本作「子孫所制者父母，若父母獨發，子孫必不全矣」，疑誤，據《新鍥斷易天機・占生產・天玄賦云》原文改作。

㊅「若」，原本脫漏，據《新鍥斷易天機・占生產・天玄賦云》原文補入。

㊆「日生」，原本作「日主」，疑誤，據《新鍥斷易天機・占生產・天玄賦云》原文改作。

㊇「看臨何爻，便知何處得夢。要知何日得夢，騰蛇鬼旺日是」，原本脫漏，據《新鍥斷易天機・占生產・天玄賦云》原文補入。

㊈「咸池玄武臨合財爻，必占婢妾生產。若臨子孫，亦是婢妾所生。若臨胎爻，乃陰私，有不明受胎，非正受也。旺相，必淫婦。休囚遇貴人，吉神剋解非淫，只是出身微賤。古云：『妾子為汗血駒』」，原本脫漏，據《新鍥斷易天機・占生產・天玄賦云》原文補入。

㊉「若值子鬼，腰間常痛，不時嘔惡。寅鬼，頭痛氣逆。卯鬼，胸膈不調，肩酸腳腫。巳鬼，眼目困，時發微熱，唇焦口渴。午鬼，心火上炎，大便不通。申鬼，喘潄氣急，百節疼痛，倦怠無力。酉鬼，乃血氣不調或漏胎。亥鬼，鼻涕活流，小便不利或泄瀉。辰戌丑未鬼，腹痛，脾胃不調。輕重從衰旺斷也」，原本脫漏，據《新鍥斷易天

機·占生產·天玄賦云》原文補入。

㉑「常」，原本作「當」，疑誤，據《新鍥斷易天機·占生產·天玄賦云》原文改作。

㉒「若初爻逢鬼，產母必常災病。病症見上」，原本作「鬼在初爻，故產母有災」，疑誤，據《新鍥斷易天機·占生產·天玄賦云》原文改作。

㉓「二爻屬水，八個月生。二爻屬土，過月始生。鬼在二爻，胎不安穩。二爻旺相，懷胎露見。二爻休囚，則隱然不張。二爻屬陽，陽氣輕清上浮，懷胎必近胸前。屬陰，陰氣重濁而下，結胎必近下。二爻發動，或逢沖戰，必曾轉胎」，原本脱漏，據《新鍥斷易天機·占生產·天玄賦云》原文補入。

㉔「主損胎。青龍空亡，虛喜墮胎。青龍帶鬼，必因病墮胎。更加凶殺，無吉神發動來救，胞中縱然不損，臨產必定難生。若得日辰衝破，謂之破胎，或當日便生」，原本作「主墮胎。若帶殺神，主分娩時受苦」，疑誤，據《新鍥斷易天機·占生產·天玄賦云》原文改作。

㉕「五爻為收生婆，臨鬼必易產。六爻為雙親並宗廟，鬼臨六爻，則損雙親，宗廟不安。六爻空亡無父母，旺空則不全」，疑誤，原本作「五爻為收生婆，官鬼臨之則吉」，據《新鍥斷易天機·占生產·天玄賦云》原文改作。

五、求仕章

有子萬事足，當如儀儼侃偁僖①。無官一身輕，誰佐禹湯及文武②。欲作大廷③之宰輔，須憑易卦以推詳。

謀望利名，先要鬼爻旺相。斟量宣敕④，但觀父母興衰。

凡卜求官，官鬼是用爻。宜旺不宜衰，喜日辰扶拱，怕刑害剋沖。若沖則為仇仇⑤，害則為剋賊。剋者，為事不相容也。刑者，勢不兩立也。以上乃十二支反德，乖逆不道，遞相仇仇剋賊。若無是理，則人無倘來之禍福矣㈠。

宣敕者，父母是也。卦中不可無，最宜旺相扶世，不加凶殺則吉。若被刑沖，根腳不正。加臨大耗，廣費資財。若太歲月建旺者，多是宣也。若貴人祿馬同鄉，不過是敕也。若雖有吉神，散漫而不當權者，無過是吏掾⑥文書。沖剋世凶，生世則吉㈡。若不落空亡，縱有艱辛費力，終當成就矣㈢。

印綬⑦旺，則職守彌高⑧；官鬼衰，則聲名卑小。

父母官鬼，乃占官之根本，缺一則事難成。二者若逢生旺，必然官職高大。若值休囚，只是卑小職分。若父母雖旺而官鬼無氣，職雖及第，身居鎮靜閑慢衙門，無威耀權柄。若遇進神，聲名益大。如逢退神，必滅前任政聲。此舉大綱，各倣此推之，無不驗矣㈣。

欲知品秩⑨，無倦推詳。

以上兩節，只言大體，精妙之理，具陳于後。

祿馬扶身，萬里風雲際會。

祿者：十干五行。譬之人生一世，幼壯老死也。于長生為學堂：甲乙生亥，丙丁生寅，戊己壬癸生申，庚辛生巳，皆學堂，喻人之幼而學也。

以旺為祿：則甲祿在寅之類，各㊄在臨官帝旺之處，喻人之長而食祿也。

馬者：驛馬。如寅午戌馬居申，乃長生上。父病得子扶，可以有馳擔，以逸待勞，待火之氣。猶今置郵而遞相傳送，故謂之驛馬。若扶身世㊅，或臨官鬼父母，及動來生扶身世乃大吉，唾手成名之象。大忌空亡與刑害也。

虎易按：「父病得子扶，可以有馳擔」，此句不知何意。並且，此節內容似乎與解釋驛馬無關，疑為有誤，提請讀者注意分辨。

貴人持世，九天雨露承恩。

貴人有二：有天乙貴人，有福星貴人。皆宜旺相，怕刑沖。天乙貴人者，「甲戊兼牛羊」是也。福星貴人者，乃「甲丙相邀入虎鄉，更逢鼠穴最高強，戊申己未丁宜亥，乙癸逢牛福祿昌。庚趁馬頭辛帶巳，壬騎龍背喜非常」。若逢天貴持世，或臨文書，主官職高遷，必登貴位。福星持世，主人有福德，須險無虞，臨凶不咎。若天乙、福星二貴皆臨用爻，主名利雙全，福祿兼美。若發動，必承恩也㊆。

青龍動，則事業易成；朱雀空，而文書難就。

青龍者，吉慶福德之喜神。其動有三，年建青龍、月建青龍、日建青龍。若見發動，必加官進祿。與天馬並立，同眾喜事。與祿並立㊇，自有升騰進益之喜。不宜落空，必主虛喜。若得興隆，事事稱心，吉無不利。

朱雀，占官之用爻，宜旺不宜衰。若見空亡，文書必難成就。逢值刑沖剋，文書必有阻節。若臨天貴驛馬，月建青龍者，求官必遂，文書必完。若逢子孫及玄武動來剋文書，必有疏駁。得日辰扶合文書，庶有可成㊈。

子孫發動，縱然在任也休官。

子孫本卦中之吉神，惟占官不宜見之。子孫安靜墓絕猶可，發動則傷官，事業難成。子孫，乃剝官之神。若發動，雖在任所，亦當休致⑪，在任必有剝官退職。子孫化官鬼，則先難後易。鬼化子孫，在任發動，有代官至，不然被他人所代之兆也㊉。其求仕者，不必言也。

劫殺交重，當見承恩方損已。

劫殺者，五行昏濁之神。又云：「陰氣尤毒者，謂之殺也」。其神常在五行之氣絕處。

寅午戌火也，劫殺在亥。凡占遇之，皆非吉兆。若臨之于官鬼父母，謀望決難成。更加凶殺動來剋，必因官損身。若得貴人動來助，庶可無虞⑪。

妻財持世，誥牒⑫豈得如心？兄弟扶身，俸祿⑬安能稱意？

凡占官，文書剋我則吉，我剋文書則凶。妻財持世剋文書，縱使成就，文辭亦不稱意。不動猶可，墓絕亦輕，若發動逢沖，庶幾無見于阻也。兄弟乃剋剝之神，若見發動，未免傷財。如臨玄武，問謀之人奸詭多端。若化文書，其文不實。如父母化兄弟，事多阻節。若逢旺動，事必干眾，卻恐有奸謀劫奪之意。吏人化兄，占兄必爭鬥。若見持剋身世，多招謗語，俸祿不能稱心⑫。

父化父，文書不實；官化官，事體翻騰。

父母為文書，父化父，文書犯重；無氣，則文書不實。如前卦文書帶貴而化父，前必有根腳。若值日辰扶挾吉神而生旺，必有大根腳。若值刑沖，根腳不正，未可易許。若文書化鬼則吉，則象受命而拜官也。官化父雖得官，而文書未完⑬。官化官，事體翻騰反覆也。

卦中兩父兩官，必是鴛鴦求仕。

卦中如是，兩意幹事，此失彼得之意⑭，此乃鴛鴦求仕。若前鬼旺後鬼空，只宜守舊，不可改謀。前鬼衰而後鬼旺，宜舍舊圖新。前後皆旺，所求遂意。

爻上月德月建，須逢獬豸⑭為冠。

月德、月建，皆清正之吉神，諸殺莫敢仰視。若見加臨貴人，扶持官鬼及世爻，若非府縣之官，必台憲⑮之職。更看目下衰旺，便可斷其貴賤[十五]。此又不忌凶殺，逢殺則威風凜凜，動止驚人，操權轟烈。

太歲動，則在任有除⑯；劫殺空，則逢凶无咎。

太歲，地殺之主宰，諸殺不敢當。若值青龍及月建加臨父母動，必得沾恩。在任發動，必有美除⑰。若加劫殺剋世，受除非美，或遭貶責，或官不如前任。劫殺若空，縱逢凶殺，不為實咎[十六]。

鬼爻持世，應知到任把權；印綬扶身，必定臨庭掌案。

本宮衰死，而鬼旺持世，一到任便可把權。兩鬼皆旺，權不歸一，動者為先。若見父母遇青龍祿馬持世，求官速得，一臨任便掌文書[十七]。

卦無父母，終無所任之邦；爻隱妻財，未得養廉之俸。

父母為任所，卦無父母或落空亡，恐無所任之處，皆因文書未完，任所不納，非實無所任也。卦內無財或空亡，未得俸祿。財動逢沖，任後因事停俸。或日辰加月建沖財，而刑害世爻及鬼爻，恐有停俸罷職之憂。遇救則庶幾無事。宜細詳之，不可妄斷[十八]。

一世二世，任所非遙；五世八純，仕途遠涉。

一世二世三世皆在內，故曰非遙。五世八純遊魂皆在外卦，故言遠也。遊魂化歸魂，自遠而至近。世在《乾》，向西北。世在《巽》，向東南。餘倣此㊈。

要識宦情好惡，須憑卦象推詳。

假如隔手來占，要知本官為人，及形貌性情，但將鬼爻論之。看在何宮，論其形體。更參爻屬，並六獸之形貌情性，了然可見。細微奥論，開列于後㊉。

世在離宮，眼露聰明性急；身居乾象，面圓正大仁慈。

未任之官以鬼爻取，已任之官從世上推。在《巽》宮，其形上長下短，面尖身瘦，顏色清滅，語言柔順，有仁慈心。世在《離》宮，面上尖下闊，精神閃爍，聰明性慧，語言辨急，乃文章之士。世在《坤》宮，重厚肥壯，鼻大口方，行事沉重。世在《兑》宮，破相齒唇缺，聲高清響，喜淫好殺而無能。以上四卦皆屬陰，若得世爻屬陽，庶剛柔相濟。不然，非君子之道。世在《乾》宮，面圓正大，仁慈好生惡殺，豁達大度。世在《坎》宮，情性不定，大寬小急，善能陷人。世在《艮》宮，背圓腰闊，眉清眼長，性慢穩重，如山不動。世在《震》宮，長大髭鬚⑱，不怒而威，觀者震恐㊀。

金為武職之官，掌生殺之重柄；火乃文章之士，探禮義之根源。

易中千變萬化，不離陰陽五行。定人形于八卦，决職守以五行斷。金鬼必得武官，得令有大權柄，衰則不可依上斷，只是武職。火鬼文章之士，教官儒職。木鬼幕官，輔佐之才，或茶司⑲之職。水鬼鹽場之官，或都水之職。土鬼必監官郡主，休囚只司縣㊁。

注釋

①當如儀、儼（yǎn）、侃（kǎn）、偁（chēng）、僖（xī）：竇燕山，原名竇禹鈞，五代後晉時期人。生有儀、儼、侃、偁、僖五子，皆相繼登科。當時號為竇氏五龍。成語「五子登科」的典故，即來源於此。參閱《宋史・卷二百六十三・列傳第二十二・竇儀》。

②禹湯及文武：指夏禹、商湯、周文王、周武王。

③大廷：指朝廷。

④宣敕（chì）：亦作「宣勅」。宣與敕。為國家任命或調遣官員的正式文書。

⑤仇仇：傲慢的樣子。

⑥吏掾（yuàn）：官府中佐助官吏的通稱。

⑦印綬（shòu）：印信和繫印信的絲帶。古人印信上繫有絲帶，佩帶在身。此處代指父母爻。

⑧職守彌（mí）高：職務更加高；越發高。

⑨品秩：官品與俸秩。

⑩馳擔：放下擔子，息肩。宋・何薳《春渚紀聞・張道人異事》：「一日樵歸，於山道遇二道人對棊，弛擔就觀。」

⑪休致：官吏因年老體衰而退休。
⑫誥牒（gào dié）：帝王給臣子的任命文書和證件。
⑬俸祿：官吏的薪給。
⑭獬豸（xiè zhì）：傳說中的異獸。一角，能辨曲直，見人相鬥，則以角觸邪惡無理者。此處指古代御史大夫等執法官戴的獬豸冠。
⑮台憲：指御史或御史台官員。負責糾察、彈劾官員、肅正綱紀，正吏治之職。
⑯除：指拜受官位，除去舊職以任新職。
⑰美除：稱賀他人擔任美好的新官職。
⑱髭髯（zī rán）：鬍子。
⑲茶司：茶馬司的簡稱，是古代專門負責茶葉收購進貢皇宮及管理茶馬互換交易的機構。

校勘記

㈠「若沖則為仇仇，害則為剋賊。剋者，為事不相容也。刑者，勢不兩立也。以上乃十二支反德，乖逆不道，遞相仇仇剋賊。若無是理，則人無倚來之禍福矣」，原本脱漏，據《新鍥斷易天機・占仕宦・天玄賦云》原文補入。

㊁「沖剋世凶，生世則吉」，原本作「沖世凶，生剋世吉」，據其文意改作。

㊂「矣」，原本脱漏，據《新鍥斷易天機・占仕官・天玄賦云》原文補入。

㊃「若父母雖旺而官鬼無氣，職雖及第，身居鎮靜閑慢衙門，無威耀權柄。若遇進神，聲名益大。如逢退神，必減前任政聲。此舉大綱，各做此推之，無不驗矣」，原本作「若父母強旺而官鬼無氣，職雖平等，身居鎮靜冷淡衙門，無威耀權柄。若遇進神，聲名益大。如逢退神，必減前任政聲。此舉大綱，後做此推之」，疑誤，據《新鍥斷易天機・占仕官・天玄賦云》原文改作。

㊄「各」，原本脱漏，據《新鍥斷易天機・占仕官・天玄賦云》原文補入。

㊅「如寅午戌馬居申，乃長生上。父病得子扶，可以有馳擔，以逸待勞，待火之氣。猶今置郵而遞相傳送，故謂之驛馬。若扶身世」，原本作「如寅午戌馬居申，乃長生，謂之驛馬。若臨身世」，疑誤，據《新鍥斷易天機・占仕官・天玄賦云》原文改作。

㊆「皆宜旺相，怕刑沖。天乙貴人者，「甲戊兼牛羊」是也。福星貴人者，乃「甲丙相邀入虎鄉，更逢鼠穴最高強，戊申己未丁宜亥，乙癸逢牛福祿昌。庚趁馬頭辛帶巳，壬騎龍背喜非常」。若逢天貴持世，或臨文書，主官職高遷，必登貴位。福星持世，主人有福德，須險無虞，臨凶不咎。若天乙、福星二貴皆臨用爻，主名利雙全，福祿兼美。若發動，必承恩也」，原本作「宜旺相，怕刑沖。若臨官鬼及文書，主官職高遷，必登

相位。福貴持世，主人有福德，一生見險無虞，臨凶无咎也」，疑誤，據《新鍥斷易天機・占仕宦・天玄賦云》原文改作。

⑻「同眾喜事。與祿並立」，原本脱漏，據《新鍥斷易天機・占仕宦・天玄賦云》原文補入。

⑼「逢值刑沖剋，文書必有阻節。若臨天貴驛馬，月建青龍者，求官必遂，文書必完。若逢子孫及玄武動來剋文書，必有疏駁。得日辰扶合文書，庶有可成」，原本作「或被刑剋，文書必遭傷壞」，疑誤，據《新鍥斷易天機・占仕宦・天玄賦云》原文改作。

⑽「在任必有剝官退職。子孫化官鬼，則先難後易。鬼化子孫，在任發動，有代官至，不然被他人所代之兆也」，原本脱漏，據《新鍥斷易天機・占仕宦・天玄賦云》原文補入。

⑾「劫殺者，五行昏濁之神。又云：「陰氣尤毒者，謂之殺也」。其神常在五行之氣絶處。寅午戌火也，劫殺在亥。凡占遇之，皆非吉兆。若臨之于官鬼父母，謀望決難成。更加凶殺動來剋，必因官損身。若得貴人動來助，庶可無虞」，原本作「劫殺：見後神殺章內。若官鬼臨之發動，必因官損命」，疑誤，據《新鍥斷易天機・占仕宦・天玄賦云》原文改作。

⑿「妻財持世剋文書，縱使成就，文辭亦不稱意。不動猶可，墓絶亦輕，若發動逢沖，

庶幾無見于阻也。兄弟乃剋剝之神，若見發動，未免傷財。如臨玄武，問謀之人奸詭多端。若化文書，其文不實。如父母化兄弟，事多阻節。若逢旺動，事必干眾，卻恐有奸謀劫奪之意。吏人化兄，占兄必爭鬥。若見持剋身世，多招謗語，俸祿不能稱心」，原本作「妻財持世剋文書，縱成，不如意。兄弟為剋剝之神，俸資必非厚也」，疑誤，據《新鍥斷易天機・占仕宦・天玄賦云》原文改作。

㊂「文書犯重；無氣，則文書不實。如前卦文書帶貴而化父，前必有根腳。若值日辰扶挾吉神而生旺，必有大根腳。若值刑沖，根腳不正，未可易許。若文書化鬼則吉，則象受命而拜官也。官化父雖得官，而文書未完」，原本作「文書虛而不實也」，疑誤，據《新鍥斷易天機・占仕宦・天玄賦云》原文改作。

㊃「卦中如是，兩意幹事，此失彼得之意」原本作「卦中遇之，必有兩意幹事，此失彼得之兆」，疑誤，據《新鍥斷易天機・占仕宦・天玄賦云》原文改作。

㊄「若非府縣之官，必台憲之職。更看目下衰旺，便可斷其貴賤」，原本作「必非州縣之官，乃風憲之職。更看目下衰旺，便可斷其擢官赴任」，疑誤，據《新鍥斷易天機・占仕宦・天玄賦云》原文改作。

㊅「若值青龍及月建加臨父母動，必得沾恩。在任發動，必有美除。若加劫殺剋世，受除非美，或遭貶責，或官不如前任。劫殺若空，縱逢凶殺，不為實咎」，原本作「若值

青龍月建加臨父母官鬼發動，雖見居任所，又當升擢美職也。若加劫殺，則當貶責；如落空亡，逢凶无咎」，疑誤，據《新鍥斷易天機・占仕宦・天玄賦云》原文改作。

㊆「本宮衰死，而鬼旺持世，一到任便可把權。兩鬼皆旺，權不歸一，動者為先。若見父母遇青龍祿馬持世，求官速得，一臨任便掌文書」，原本作「持世扶身，卦之主宰。若見用爻加臨，定主到任把權，臨庭掌案也」，疑誤，據《新鍥斷易天機・占仕宦・天玄賦云》原文改作。

㊇「父母為任所，卦無父母或落空亡，恐無所任之處，皆因文書未完，任所不納，非實無所任也。卦內無財或空亡，未得俸祿。財動逢沖，任後因事停俸。或日辰加月建沖財，而刑害世爻及鬼爻，恐有停俸罷職之憂。遇救則庶幾無事。宜細詳之，不可妄斷」，原本作「父母為任所之地。若不出現，或落空，恐無所任之處。妻財隱伏及落空，養廉之俸未足也」，疑誤，據《新鍥斷易天機・占仕宦・天玄賦云》原文改作。

㊈「一世二世三世皆在內，故曰非遙。五世八純遊魂皆在外卦，故言遠也。遊魂化歸魂，自遠而至近。世在《乾》，向西北。世在《巽》，向東南。餘倣此」，原本作「一、二、三世在內卦，故曰非遙；四、五、八純在外卦，故曰遠涉也」，疑誤，據《新鍥斷易天機・占仕宦・天玄賦云》原文改作。

㊉「更參爻屬，並六獸之形貌情性，了然可見。細微奧論，開列于後」，原本作「並六

獸之形貌情性，了然可見。奧義開列于後」，疑誤，據《新鍥斷易天機・占仕宦・天玄賦云》原文改作。

㉒「未任之官以鬼爻取，已任之官從世上推。在《巽》宮，其形上長下短，面尖身瘦，顏色清減，語言柔順，有仁慈心。世在《離》宮，面上尖下闊，精神閃爍，聰明性慧，語言辨急，乃文章之士。世在《坤》宮，重厚肥壯，鼻大口方，行事沉重。世在《兌》宮，破相齒唇缺，聲高清響，喜淫好殺而無能。以上四卦皆屬陰，若得世爻屬陽，庶剛柔相濟。不然，非君子之道。世在《乾》宮，面圓正大，仁慈好生惡殺，豁達大度。世在《坎》宮，情性不定，大寬小急，善能陷人。世在《艮》宮，背圓腰闊，眉清眼長，性慢穩重，如山不動。世在《震》宮，長大髭髯，不怒而威，觀者震恐」，原本作「離屬火為目，乾屬金為首，各取其體德而言之也」，疑誤，據《新鍥斷易天機・占仕宦・天玄賦云》原文改作。

㉓「金鬼必得武官，得令有大權柄，衰則不可依上斷，只是武職。火鬼文章之士，教官儒職。木鬼幕官，輔佐之才，或茶司之職。水鬼鹽場之官，或都水之職。土鬼必監官郡主，休囚只司縣」，原本作「金有斷制之義，故取為武職。火乃文明之象，必職司儒業」，疑誤，據《新鍥斷易天機・占仕宦・天玄賦云》原文改作。

六、詞訟章

偉哉行事有功，廣播聲名于天下。必也使民無訟，須存正直于心中。大爭則兵革交征，小競則文詞相訴。欲分勝負，先將世應推詳。

凡爭訟曲直，世剋應者我勝，應剋世者他勝。然應雖剋世，而世旺，彼雖害我，而不能深傷。世靜而剋應，而應發動，彼有通變之謀，終不受剋。若有吉神扶持，必有貴人倚靠，終不能侵。若世應皆旺，勝敗之機未可決，但究日辰生合何爻，並刑剋那爻，便知端的。

要決因依，但把鬼爻推究。

占公㊀訟以鬼爻為主，更以六神參究，來歷因依，了然在目矣。

青龍鬼，婚姻訟。

朱雀鬼，罵詈口舌，文書契約，吏人爭鬥，喧鬧是非。

勾陳鬼，田土屋宅，山林樹木訟。若兄化鬼，房族致爭。

騰蛇鬼，被人連累。

白虎鬼，與人爭鬥，白虎帶殺加兄弟動㊁，事屬刑名。

玄武鬼，姦淫盜賊訟。

官剋應，他人遭㊂責。鬼傷世，自己逢迍㊃。

凡占訟，世應相剋，以決輸贏。

一說：世剋應，我訟他。應剋世，他訟我。輸贏從鬼㊄斷。鬼剋世，官司不順，我廣㊅費資財。鬼剋應，他人遭責，彼虧我勝。應空不受剋，他人亦無妨。世空同斷。

又云：世應俱空，兩家退悔，官司將有解散之意。

一卦兩官，權柄何曾歸一。六爻無父，文書終久難成。

一卦之中，不宜見兩鬼。若兩鬼出現，權不歸一，事體反覆。

若一鬼或動旺㊆，即取其方向，便知那一官執權。

父母為文書案驗，卦無父母，案卷未成。父母旺空，文書未就。休囚空亡，其事不成。或父母逢太歲、月建沖，上司必有駁。父母加太歲動，主上司弔卷。父母帶吉神，終無大咎。凶神相遇㊇，則事凶。

他訴訟，看鬼位休囚。我興詞，怕財爻旺相。

凡他訟我，要鬼位休囚，不宜旺相，旺動㊈其訟必成。妻財本剋父母，若我興詞，不宜見之。若逢動或持世，狀詞終不准。若得日辰沖散財爻，我事庶幾可振。

又云：他與訴，須要官鬼休囚墓絕，則無大害。若生旺，其事必成，終難隱沒。得遇沖散，事稍輕㊉。

官鬼空亡墓絕，須知無貴主張。

凡占，不問原告被告，若官鬼空亡墓絕，或卦無官鬼，決無官府主張其事。鬼雖墓絕，而財爻旺動相生，此之謂絕處逢生，須用資財囑託，姑待官鬼旺相月日，方可成訟。更值子孫發動，仍復無氣，縱然費盡資財，亦無益于事。

世應帶合比和，終久有人和會。

若世應帶合，事體本要成。若但比和，而不相害，兩家有和會之心。若子孫動，當勸和公事。世應比和，而官鬼旺動，剋傷世應，兩家欲休，官府不放。若遇解神，庶幾可散。

鬼化鬼移權更案，兄化兄蕩產傾家。

若遇鬼化鬼，其事反覆。或移權更案，事干兩司，或舊事再發。前卦鬼衰，後卦鬼旺，昔日之事雖小，今日反⑫成大事。前鬼旺，後鬼衰，其事先重後輕，虎頭蛇尾。

兄弟乃剋財之神，若旺動，不免廣費資財，休囚稍可。若又化出兄弟，必主使兩重財，或兩處使錢。更加大耗，主蕩產傾家。若加劫殺及咸池，必被小人陰私，趁勢劫騙。若逢鬼動，終久必知之也。

太歲鬼臨，其事必干台憲。天獄殺動，此身須入牢房。

占訟，若鬼加太歲及月建，必干台憲省部。鬼衰難用此斷，自宜通變，復取人事決之，庶無失矣。

天獄殺者，「正月逢亥二月申，三月隨蛇四月寅，五月循環又至亥，周而復始定其神」。若世在《艮》宮，加天獄及關鎖者，我必有關禁。在應，他當之。

關鎖殺者，「春關牛與蛇，夏關龍猴嗟，秋怕豬羊位，冬犬虎交牙」。春以丑為關，巳為鎖。夏以辰為關，申為鎖。秋未關亥鎖，冬戌關，寅鎖。爭訟遇關必被關，遇鎖必被鎖，各有分明㊉。

官旺日則面折庭諍①，鬼休時則停留㊂長智。

占訟，欲知何日興，何日息，但把鬼爻推究。鬼旺日，其事必興，當見臨庭折證。若值鬼衰，其事必停。鬼值沖，官司有冗②，未及究問。鬼值日辰刑，上司有言責，其事必然稍緩也㊃。

欲識何時結斷，鬼爻墓絕推詳。

占訟，始終成敗，皆從鬼斷。其事有定限，庶可推詳。夫結絕決斷，實為難事。其有動經十餘年，或三五載，一月半月者。其事要決，必須先達人事，度其輕重，知其時務，復取卦爻㊄。子孫發動，官鬼空亡無氣入墓，窮其鬼絕年㊅月日，然後方可雍容，推其意而言之。

要知不受刑傷，子位興隆剖決。

子孫為福德之神，官訟牽連，獄囚禁繫，杖責臨身，此爻發動，一概可免。

爭訟陷于獄中，不受刑責者，實為難事，莫非天恩天赦，安得如此，占者須尋天赦天喜。子孫動，臨世應，及父母者，非無杖責也。訣在何時消脫，天喜子孫旺相年月是㊆。

世上論官訴訟，多因性氣資財㊇。

民間爭訟，小則是非口舌，大則訴訟經官，未有不因酒色財氣③也，四者起訟之根源。人能逃此，自然上下和平，公私利濟，必無爭訟之患㊈。

注釋

①面折庭諍（zhèng）：指直言敢諫。謂在朝廷上犯顏直諫，據理力爭。

②冗（rǒng）：散。

③酒色財氣：嗜酒、好色、貪財、逞氣。此四事最為常人所好，卻最易害人，所以世俗每以此為「人生四戒」。

校勘記

㊀「公」，原本脱漏，據《新鍥斷易天機·占詞訟·天玄賦曰》原文補入。

㊁「與人爭鬥，白虎帶殺加兄弟動」，原本作「與人鬥毆殺傷。若帶凶殺動」，疑誤，據《新鍥斷易天機·占詞訟·天玄賦曰》原文改作。

㊂「遭」，原本作「受」，疑誤，據《新鍥斷易天機·占詞訟·天玄賦曰》原文改作。

㊃「迍」，原本作「屯」，疑誤，據《新鍥斷易天機・占詞訟・天玄賦曰》原文改作。
㊄「鬼」，原本作「官」，疑誤，據《新鍥斷易天機・占詞訟・天玄賦曰》原文改作。
㊅「廣」，原本脫漏，據《新鍥斷易天機・占詞訟・天玄賦曰》原文補入。
㊆「若一鬼或動旺」，原本作「若一鬼旺動」，疑誤，據《新鍥斷易天機・占詞訟・天玄賦曰》原文改作。
㊇「相遇」，原本作「同位」，疑誤，據《新鍥斷易天機・占詞訟・天玄賦曰》原文改作。
㊈「旺動」，原本作「不然」，疑誤，據《新鍥斷易天機・占詞訟・天玄賦曰》原文改作。
㊉「若生旺，其事必成，終難隱沒。得遇沖散，事稍輕」，原本脫漏，據《新鍥斷易天機・占詞訟・天玄賦曰》原文補入。
㊉㊀「反」，原本作「番」，疑誤，據《新鍥斷易天機・占詞訟・天玄賦曰》原文改作。
㊉㊁「必干台憲省部。鬼衰難用此斷，自宜通變，復取人事決之，庶無失矣。天獄殺者，「正月逢亥二月申，三月隨蛇四月寅，五月循環又至亥，周而復始定其神」。若世在《艮》宮，加天獄及關鎖者，我必有關禁。在應，他當之。關鎖殺者，「春關牛與蛇，夏關龍猴嗟，秋怕豬羊位，冬犬虎交牙」。春以丑為關，巳為鎖。夏以辰為關，申為鎖。秋未關亥鎖，冬戌關，寅鎖。爭訟遇關必被關，遇鎖必被鎖，各有分明」，原本作「必干台憲。鬼衰難用此斷。自宜通變，取人事決之，庶無失矣。天獄殺、關鎖殺，俱見後神殺章

內，若動則有鎖禁」，疑誤，據《新鍥斷易天機・占詞訟・天玄賦曰》原文改作。

㊂「留」，原本作「囚」，疑誤，據《新鍥斷易天機・占詞訟・天玄賦曰》原文改作。

㊃「其事必然稍緩也」，原本作「其事稍緩」，疑誤，據《新鍥斷易天機・占詞訟・天玄賦曰》原文改作。

㊄「其有動經十餘年，或三五載，一月半月者。其事要決，必須先達人事，度其輕重，知其時務，復取卦爻」，原本作「其或動經一年半載。必須先達人事，度其輕重，知其時務，復取其占之卦爻」，疑誤，據《新鍥斷易天機・占詞訟・天玄賦曰》原文改作。

㊅「年」，原本脱漏，據《新鍥斷易天機・占詞訟・天玄賦曰》原文補入。

㊆「爭訟陷于獄中，不受刑責者，實為難事，莫非天恩天赦，安得如此，占者須尋天赦天喜。子孫動，臨世應，及父母者，非無杖責也。訣在何時消脱，天喜子孫旺相年月是」，原本脱漏，據《新鍥斷易天機・占詞訟・天玄賦曰》原文補入

㊇「世上論官訴訟，多因性氣資財」，原本編在「盜賊章」，疑誤，據《新鍥斷易天機・占詞訟・天玄賦曰》原文改編在此。

㊈「民間爭訟，小則是非口舌，大則訴訟經官，未有不因酒色財氣也，四者起訟之根源。人能逃此，自然上下和平，公私利濟，必無爭訟之患」，原本脱漏，據《新鍥斷易天機・占詞訟・天玄賦曰》原文補入。

七、盜賊章

其中暗昧陰私，莫出姦淫盜竊。

虎易按：此段原本作「世上論官訴訟，多因性氣資財，其中暗昧陰私，莫出姦淫盜竊」，據《新鍥斷易天機·占詞訟·天玄賦曰》，將「世上論官訴訟，多因性氣資財」歸類改排在前面「詞訟章」，此處刪除。

用鬼為賊，須尋來處之蹤由。

以鬼為賊，若見持世，乃貼身之賊。在初爻是家賊，二三爻鄰里賊。在外是外賊，在六爻是遠處賊。鬼帶羊刃、劫殺、懸針，是強盜賊。賊來須捕鬼生方，且如鬼屬金，乃西方賊，從東南方上來。看在何爻，卻詳微細之處。其餘倣此。鬼屬陽，日間來。鬼屬陰，夜間來。陰鬼化陽，夜至日方退。陽鬼化陰，日至夜方偷。男賊女賊，亦不出于陰陽推斷。

推物憑財，當捕墓中之方向。

凡推財物㊀，當以財屬五行辨之。金財，金銀銅鐵錫；加朱雀，是鍋鐺之類。木財，紙漆茶布及木竹器皿。水財，是珍珠水晶，或盛酒水之器，或魚鹽酒醋。火財，乃綾羅緞疋絲綿。土財，五穀；若臨朱雀，恐是田土，又憑契約。

若要知貴賤高低，損害新舊，但憑衰旺。財旺新，休囚舊。又看刑沖，若財爻月建旺，被日辰沖，其物雖貴，中有破損。若財雖旺，被旁爻動來刑沖，其物雖美，亦有損壞。若被旁爻剋，而得日辰合，必損後修補之物，此件多是金爻用之。夫妻財，乃失脫之用爻㊁。

虎易按：「夫妻財」，不是指「夫妻」的意思，其「夫」字是 文言指示代詞，相當於「這」或「那」字。用現代文字方式，即「這妻財」，供讀者參考。

欲知其藏匿何方，但尋財墓處便是。且如金財在丑、《艮》方，木財在未、《坤》方，水土財在辰、《巽》方，火財在戌、《乾》方。

凡占欲知何處失財，但看財絕方向是也。財在內家中失落，居外在外失落。若五爻動，路上遺失。若鬼在空亡無氣，日辰扶合財爻，財爻化入墓中，此乃未經賊手，不曾失脫，其物㊂藏于器皿之中。

財化鬼必無尋路，鬼化財終可獲贓。

凡卦中財化鬼，其物已變化了，至後無蹤跡影響。鬼若逢沖，而日辰扶合財爻，其物未散。若非子孫發動，亦不㊃可知。如鬼動化財，物雖偷去，未曾經變化，終可以尋，或有將去不盡遺下物件㊄，尚未出藪①，終可捕獲。但看其子孫旺、官鬼受制時，自然敗露。若在內卦，不過家人鄰里，緊緊詢問，當暗中脫出。若見財爻旺相，鬼臨吉神，在初爻及持世，乃自家親人移動物色，未可見，非外人偷。鬼動或空亡，移物之人必然不在家㈥。

妻財最怕空亡，官鬼豈宜扶合。

財在內卦，不落空亡，其物可見。財在外動，物已去遠，終難得見。若見子孫發動，其物未散，值空亡不吉㈦。鬼若日辰扶合，乃真賊，慣得其中滋味，必有人做腳，須防再來。且日辰合住鬼爻，必有窩頓之家，深藏固閉，賊不易敗也。

金爻帶鬼，便言割壁穿窬②。木位逢官，定是鋤泥掘洞。

要知鬼賊行藏，豈離五行定奪。鬼爻屬金，用刀鐵入門開戶，割壁穿窬。木鬼，鋤泥掘洞，過屋懸樑。水鬼，灌水銷聲，吹燈滅火。火鬼，劈環開鎖，點火飛螢。土鬼，涉溪跳澗，洞散水成池，撒鹽掩臂。若見金木相化，其變金衰而木旺，其賊始捋③刀鐵開門，不能成就，然後掘洞鋤泥。餘鬼倣此㈧。

看在那爻發動，便知何處歸來。

以上須論盜賊所為，未審何處做作㈨。如金爻發動，賊向西方來。木爻發動，賊在東方來。

若金鬼三四爻動，或旁爻動剋三四爻，必曾用刀鐵剮門戶；若在六爻或剋六爻，是割壁穿窬。

木鬼若在初爻發動，或剋初爻，便言于後門邊掘洞之類；若在三四爻，則言大門前。在六爻，跳牆越塹，或牆下掘洞。

水鬼在三四爻動，或剋三四爻，必用水灌門閂；加污穢殺，必是遺尿浸灌。

若卦無火，或火空亡，必是澆死火種，或接筒吹燈。假如己丑日，動剋二爻白虎，必從廚灶前，鍋釜之類。火鬼在三四爻動，劈門環開鎖，或揮螢筒燭手照。若剋三爻，房中有失，不然，香火堂內有失，香爐燭臺供器之類。

土鬼四散有人做窩藏，難以捉獲。

又云：土鬼乃土人，非他方之賊。

以上五樣爻鬼，但舉其大綱，不可執一斷之。但看鬼在何爻發動沖剋，便依上推之。

一云：陰鬼夜，陽鬼日者，非是㊉。

子動傷官，日下須當捉獲。

子孫為捉賊之人，旺動必當時下，便能捉獲。亦可知其人，若見子孫動剋官㊁，偷時被人撞見。要知蹤跡，但尋子孫方位，便知著落。

若子孫屬木，且四散尋賊，亦不遠㊂。如卯爻子孫動，見穿青婦人，便知消息。屬寅，乃穿青男子，或遇草頭及木字邊㊂旁姓人說消息。若遇巳爻子孫動，必見紅衣女子方知；帶殺，乃曲腳婦人；胎養，乃小女子。午乃穿紅男子，旺相，是銀鐵等匠；休囚，乃挑柴炭人，問之可知。申乃穿白衣人，或木匠鐵匠。酉乃賣酒人、持酒人，可知消息。亥乃穿黑衣人，或守田土之人，或挑水之人，或洗衣之人，皆宜問消息。子是穿黑衣不頂帽男子，及釣魚人，靜中看見，問其消息。辰乃竹林木中，墓邊人家可問。戌有黃犬吠人家，或牽引犬人問。丑是守牛人，或是耕夫。未是牧羊人，可知其的。以上當別旺相休囚，可知少壯老弱。若鬼化子孫，必須告官，方能捉獲。勾陳乃捕賊之人，若剋玄武，其賊必擒。

日辰剋鬼，當時曾被驚疑。

凡日辰並動爻沖官鬼，上盜時被主人家驚覺㈣。如金鬼畏火，若遇日辰沖，上盜時見燈明，復退隱。若火爻動來沖剋，其時有人燭燈外窺見影響㈤形跡。木鬼值日辰沖剋，行竊時曾觸銅鐵器皿作聲，賊心驚恐。若金爻動剋鬼，賊來聞金石之聲，或觸銅鐵器響。若金爻空㈥，乃人之聲，胎養小兒啼，庫墓老人嗽，未敢下手。水鬼值日辰沖剋，畏牆壁堅固，地形㈦路徑高低，其賊疑懼，終無十分偷掠。若戊土動來剋，多是犬吠，帶殺被犬傷。火鬼被日辰沖剋，遇水濕螢筒，觸物傷眼目㈧，主賊人被追落水。若水動傷鬼，必有人登廁小遺飲水之類，幾乎撞見㈨。土鬼被日辰沖剋，畏門戶牢緊，若見木來剋，必聞門戶聲驚疑。本爻若加穢污殺動者，聞蓋盆之聲驚恐㈩。以上數端，皆以類而推，唯占者至誠至敬，自然靈驗也。

一卦兩官，內外二人謀計。

凡一卦不宜見兩鬼，兩鬼俱動，必是外勾裡連，二賊同謀。要知內何人，一依前斷㊂。若外鬼動，內鬼不動，不過知情。若兩鬼皆不動，但取其臨玄武、劫殺、當權者為正賊。

六爻無鬼，中間恐自遺亡。

六爻無鬼，財不空亡，乃自遺失，非人偷也，財旺可尋。若財帶亡神動，有鬼爻不動，亦是自失，然後㊂被人獲去，終不可見。若無鬼而兄弟化鬼，或加青龍動者，非人偷，或曾有人借去，遺亡在彼。若鬼雖動，又兼兄弟旺動，物雖賊偷，非能入已，又被他人將去。

財立內爻，珍寶不離于井灶。財居外卦，金珠豈遠于棟樑。

凡占失脫，必先窮究，財物若在，但將財爻為用。若財在初爻，其物未散。若動遇水，藏井內。動遇木，動遇土，皆地基。土旺動方埋，墓絕埋久，胎養方起意埋藏，未曾下手。若財在二爻，藏近灶去處，或正屋中間，若旁爻動來合財，必將他物遮蔽。若在三爻靜，物在房內。三爻水財，其物必近豬圈。三爻與日辰合，其物近門左側。財在四爻，物出大門外，或遠門內，或鄰家。財在五爻，將在路，動則去遠。財在六爻，屋上藏。木財動，牆上藏。財臨勾陳，在木上動，必在斗拱④。土臨騰蛇，瓦硯下。若土化土，物在隔壁內。此一節，非止論盜賊，自家遺失，亦可知著落㉝。

須教仔細參詳，方可雍容斷決。要占輕微之失脫，更加玄妙之功夫。

此章論盜賊等暗昧之事。古人云：「失盜不占」。何也？關乎性命禍福，豈可輕言。倘推究有差，他人受無辜之害，皆因術數不精，遂成冤枉，故不可妄與人言。凡小可失脫，泛泛求之，雖不足稱為盜賊，亦玷辱于人，不可妄斷㉞。

鬼屬陽，男子偷，細察休囚旺相。鬼屬陰，女子竊，精詳庫墓胞胎。

小可失脫，不可一概論。但當分別陰陽，校量衰旺，方知的實⑤。若陽鬼男子偷，陰鬼女人竊。鬼旺後生偷，墓庫老人偷，胎養小兒㉟偷。不論陰陽，男女衰旺，一體推詳㊱。若陰化陽，婦人偷，男子將去。陽化陰，男子偷，藏女人處。不然，日間見物夜間偷，或夜間竊，日中將去。此亦舉其大綱，更宜詳審。

定人形，以五行推。決面目，以六神斷。

凡占，但作婚姻中五行六神推究，取其形貌。大凡欲定人形，故是難事，占者不可不知。但要識其奧妙，不可妄斷㊲。

財逢生氣，必亡走獸飛禽。

凡論生氣，正月子上順行，一月一位，數至歲終。卦中財臨生氣，必是能走動之物。子與丑合皆言牛，寅言虎，卯與戌合皆犬，辰與酉合皆雞，亥言豬㊳。凡遇生氣，其物未曾殺害，若化為死氣庫墓，必被烹宰。若卦無金動，不見血死[29]。死氣者，正月起午上順行。不問是何物，遇之皆不吉。

墓值刑沖，徒有堅牆固壁。

占失脫，最忌財墓逢沖。假如辰日占得《震》卦：世上財入墓，正被日辰沖散庫中之財，最為不吉。縱有惡犬藩籬，亦難防禦。餘倣此[30]。

《卜筮全書》教例：023		
時間：辰日		
震宮：震為雷（六沖）		
本　　卦		
妻財庚戌土	▅▅　▅▅	世
官鬼庚申金	▅▅　▅▅	
子孫庚午火	▅▅▅▅▅	
妻財庚辰土	▅▅　▅▅	應
兄弟庚寅木	▅▅　▅▅	
父母庚子水	▅▅▅▅▅	

若見卦無財位，便當推究鬼爻。

凡推物色，專究財爻。若卦無財，將何以別？但看鬼爻五行所屬，觀其動靜衰旺之機。加之刑沖剋害，其物貴賤高低，了然在目。如鬼爻旺相，本竊好物，卻被日辰沖害，雖貴而無用。若鬼爻雖衰，際遇日辰拱合，其物雖賤而得時。此則表其一二，更宜推究[31]。

水鬼興隆，無出綾羅錦繡。火官衰死，不過銅鐵鍋鐺。

若卦裡無財，當考鬼之所屬。水鬼發動[32]興隆，必是綾羅錦繡緞匹之類。若休囚，不過絲綿絹帛。其[33]餘鬼，倣此推之。火鬼加貴興隆，必是金銀器皿[34]；無氣銅鐵。若在二爻，必是鍋鐺之類。

欲知何日亡財，但看鬼逢生旺。要決何時捉獲，精詳官被刑沖。

凡占家宅，若鬼臨玄武發動，當有盜賊起心。要知何時，但看官鬼生旺，遠以月斷，近以日推。如專㊄占失脫，不可用月斷，但鬼爻生旺日是也。若卦逢六合，鬼值動爻刑剋，便可斷其動爻生旺日捉捕。凡日辰刑沖最急。若旁爻動來相生，必有人救。若大象可獲，亦待旁爻受制日可捉獲。

注釋

①藪（sǒu）：指人或東西聚集的地方。

②穿窬（yú）：亦作「穿踰」。指打洞穿牆的偷竊行為。

③捋（luō）：用手抓住東西的某一部分，向別的部分移動壓取。

④斗拱：中國建築特有的一種結構。在立柱和橫樑交接處，從柱頂上加的一層層探出成弓形的承重結構叫拱，拱與拱之間墊的方形木塊叫斗。合稱斗拱。

⑤的實：確實，真實。

校勘記

㊀「凡推財物」，原本作「推物」，疑誤，據《新鍥斷易天機・占賊盜・天玄賦云》原文改作。

㈡「金財，金銀銅鐵錫；加朱雀，是鍋鐺之類。木財，紙漆茶布及木竹器皿。水財，是珍珠水晶，或盛酒水之器，或魚鹽酒醋。火財，乃綾羅緞疋絲綿。土財，五穀；若臨朱雀，恐是田土，又憑契約。若要知貴賤高低，損害新舊，但憑衰旺。財旺新，休囚舊。又看刑沖，若財爻月建旺，被日辰沖，其物雖貴，中有破損。若財雖旺，被旁爻動來刑沖，其物雖美，亦有損壞。若被旁爻剋，而得日辰合，必損後修補之物，此件多是金爻用之。夫妻財，乃失脱之用爻」，原本脱漏，據《新鍥斷易天機·占賊盜·天玄賦云》原文補入。

㈢「其物」，原本脱漏，據《新鍥斷易天機·占賊盜·天玄賦云》原文補入。

㈣「亦不」，原本作「亦未」，疑誤，據《新鍥斷易天機·占賊盜·天玄賦云》原文改作。

㈤「未曾經變化，終可以尋，或有將去不盡遺下物件」，原本脱漏，據《新鍥斷易天機·占賊盜·天玄賦云》原文補入。

㈥「若在內卦，不過家人鄰里，緊緊詢問，當暗中脱出。若見財爻旺相，鬼臨吉神，在初爻及持世，乃自家親人移動物色，未可見，非外人偷。鬼動或空亡，移物之人必然不在家」，原本脱漏，據《新鍥斷易天機·占賊盜·天玄賦云》原文補入。

㈦「若見子孫發動，其物未散，值空亡不吉」，原本脱漏，據《新鍥斷易天機·占賊盜·天玄賦云》原文補入。

㈧「鬼爻屬金，用刀鐵入門開戶，割壁穿竇。木鬼，鋤泥掘洞，過屋懸樑。水鬼，灌水銷聲，吹燈滅火。火鬼，劈環開鎖，點火飛螢。土鬼，涉溪跳澗，洞散水成池，撒鹽掩臂。若見金木相化，其變金衰而木旺，其賊始將刀鐵開門，不能成就，然後掘洞鋤泥。餘鬼做此」，原本作「金爻帶鬼，用刀鐵撬開門戶，挖毀牆垣。木爻屬鬼，鋤泥掘洞，過屋懸樑。其他當以類推」，疑誤，據《新鍥斷易天機・占賊盜・天玄賦云》原文改作。

㈨「以上論賊盜所為，未審何處做作」，原本脫漏，據《新鍥斷易天機・占賊盜・天玄賦云》原文補入。

㈩「若金鬼三四爻動，、、、、、一云：陰鬼夜，陽鬼日者，非是」，原本脫漏，據《新鍥斷易天機・占賊盜・天玄賦云》原文補入。

⑪「亦可知其人，若見子孫動剋官」，原本脫漏，據《新鍥斷易天機・占賊盜・天玄賦云》原文補入。

⑫「若子孫屬木，且四散尋賊，亦不遠」，原本脫漏，據《新鍥斷易天機・占賊盜・天玄賦云》原文補入。

⑬「邊」，原本脫漏，據《新鍥斷易天機・占賊盜・天玄賦云》原文補入。

⑭「凡日辰並動爻沖官鬼，上盜時被主人家驚覺」，原本作「凡日辰沖剋官爻，上盜時被主家驚覺」，疑誤，據《新鍥斷易天機・占賊盜・天玄賦云》原文改作。

⑮「影響」，原本脫漏，據《新鍥斷易天機・占賊盜・天玄賦云》原文補入。

⑯「若金爻動剋鬼，賊來聞金石之聲，或觸銅鐵器響。若金爻空」，原本作「或金爻空動剋鬼」，疑誤，據《新鍥斷易天機・占賊盜・天玄賦云》原文改作。

⑰「地形」，原本脫漏，據《新鍥斷易天機・占賊盜・天玄賦云》原文補入。

⑱「遇水濕螢筒，觸物傷眼目」，原本脫漏，據《新鍥斷易天機・占賊盜・天玄賦云》原文補入。

⑲「若水動傷鬼，必有人登廁小遺飲水之類，幾乎撞見」，原本脫漏，據《新鍥斷易天機・占賊盜・天玄賦云》原文補入。

⑳「本爻若加穢污殺動者，聞蓋盆之聲驚恐」，原本脫漏，據《新鍥斷易天機・占賊盜・天玄賦云》原文補入。

㉑「凡一卦不宜見兩鬼，兩鬼俱動，必是外勾裡連，二賊同謀。要知內何人，一依前斷」，原本作「若兩鬼俱動，必是內外勾連，二人同竊」，疑誤，據《新鍥斷易天機・占賊盜・天玄賦云》原文改作。

㉒「然後」，原本脫漏，據《新鍥斷易天機・占賊盜・天玄賦云》原文補入。

㉓「凡占失脫，必先窮究，財物若在，但將財爻為用。若財在初爻，其物未散。若動遇水，藏井內。動遇木，動遇土，皆地基。土旺動方埋，墓絕埋久，胎養方起意埋藏，未

曾下手。若財在二爻，藏近灶去處，或正屋中間，若旁爻動來合財，必將他物遮蔽。若在三爻靜，物在房內。三爻水財，其物必近豬圈。三爻與日辰合，其物近門左側。財在四爻，物出大門外，或遠門內，或鄰家。財在五爻，將在路，動則去遠。財在六爻，屋上藏。木財動，牆上藏。財臨勾陳，在木上動，必在斗拱。土臨騰蛇，瓦硯下。若土化土，物在隔壁內。此一節，非止論盜賊，自家遺失，亦可知著落」，原本作「財爻在內，其物必在家之井灶間。財爻在外，未動，必藏匿于棟樑上」，疑誤，據《新鍥斷易天機．占賊盜．天玄賦云》原文改作。

㉔「此章論盜賊等暗昧之事。古人云：『失盜不占』。何也？關乎性命禍福，豈可輕言。倘推究有差，他人受無辜之害，皆因術數不精，遂成冤枉，故不可妄與人言。凡小可失脱，泛泛求之，雖不足稱為盜賊，亦玷辱于人，不可妄斷」，原本脱漏，據《新鍥斷易天機．占賊盜．天玄賦云》原文補入。

㉕「小兒」，原本作「童稚」，疑誤，據《新鍥斷易天機．占賊盜．天玄賦云》原文改作。

㉖「不論陰陽，男女衰旺，一體推詳」，原本脱漏，據《新鍥斷易天機．占賊盜．天玄賦云》原文補入。

㉗「凡占，但作婚姻中五行六神推究，取其形貌。大凡欲定人形，故是難事，占者不可不知。但要識其奧妙，不可妄斷」，原本作「人形面目，大抵以婚姻內面貌參看」，疑

誤，據《新鍥斷易天機・占賊盜・天玄賦云》原文改作。

㉘「寅言虎，卯與戌合皆犬，辰與酉合皆雞，亥言豬」，原本作「寅與亥合皆言豬，卯與戌合皆言犬，辰與酉合皆言雞」，疑誤，據《新鍥斷易天機・占賊盜・天玄賦云》原文改作。

㉙「若卦無金動，不見血死」，原本脫漏，據《新鍥斷易天機・占賊盜・天玄賦云》原文補入。

㉚「餘倣此」，原本脫漏，據《新鍥斷易天機・占賊盜・天玄賦云》原文補入。

㉛「凡推物色，專究財爻。若卦無財，將何以別？但看鬼爻五行所屬，觀其動靜衰旺之機。加之刑沖剋害，其物貴賤高低，了然在目。如鬼爻旺相，本竊好物，卻被日辰沖害，雖貴而無用。若鬼爻雖衰，際遇日辰拱合，其物雖賤而得時。此則表其一二，更宜推究」，原本作「凡占失物，當究財爻。假若財不上卦，當以鬼爻衰旺決之」，疑誤，據《新鍥斷易天機・占賊盜・天玄賦云》原文改作。

㉜「發動」，原本脫漏，據《新鍥斷易天機・占賊盜・天玄賦云》原文補入。

㉝「其」，原本脫漏，據《新鍥斷易天機・占賊盜・天玄賦云》原文補入。

㉞「器皿」，原本脫漏，據《新鍥斷易天機・占賊盜・天玄賦云》原文補入。

㉟「專」，原本作「特」，疑誤，據《新鍥斷易天機・占賊盜・天玄賦云》原文改作。

八、求財章

饑寒起盜心，亦為困窮而至此。富貴享遐福，莫非營運而後能。齎財①于蛟龍背上行舟，負命于虎狼叢中取路。欲決心中之疑慮，端詳爻上之吉凶。

求財之言艱險，于斯可見，但能信占卜，必無不測之禍。若出外求財，須言禍福之分。在家求財，亦有得失之別。學者可不究哉。卜以決疑，不疑何卜？凡來占者，必有疑慮之事，當詳吉凶衰旺。見財福如值故人，遇兄鬼如逢仇敵。

將本求財，妻位偏宜旺相。空拳問利，官爻喜遇興隆。

凡占求財，先達人事，然後決斷。若將本求財，必要財爻旺相，剋世生世則吉，世剋財則凶。若卦有兩財，外財旺而內財空㊀，本雖少而利則多。若內財旺而外財空㊁，利息淡薄，但可勾㊂本。歌訣云㊃：「內外財爻俱死絕，將本生涯斂手②折，財不上卦及空亡，買賣經商連本滅。財爻絕處又逢生，利息依然動歡悅，妻財雖旺不剋世，卻向爻中看亡劫。先生若也問求財，請看天仙玄妙訣」。

空手求財者，不過是百工技藝之人、吏人。凡占，以官鬼為主。旺相財空，鬧處得財。青龍鬼，饋送得財。朱雀鬼，文書口舌之財。勾陳鬼，財穩無反覆。騰蛇鬼，事未伶俐，是于人之財，或是人帶挈③之財。白虎鬼，必是詐取。玄武鬼，是騙人，陰私不明之財；若陰鬼加咸池，必得女人財㊄。

鬼化為財，剋世須云大吉。財爻化鬼，逢空可謂全凶。

鬼化財，從空而至。且來剋世，是利追我而走，故云大吉。財化鬼，自有化無。又落空亡，是消磨殆盡，故曰全凶。

凡遇財化財本吉，中亦有別焉。前卦財旺，化財無氣，午前占宜速求，向後財必薄。午後占言宜早，求財利豐盈，今財稍薄不如前。若前卦財衰而化財旺，反此斷之，必無差失。若鬼化財吉，卦中財本生官鬼，而鬼反化財，此之謂鬼送財。若得剋世乃大吉，世剋便凶。午前占遇財化鬼，謂之鬼偷財。財得日辰扶合，或動爻生扶，謂之財入鬼手，庶無傷也。若旺財化衰鬼，其財不全。若衰財化為旺鬼，須防兩倍折財。財爻更值空亡，大凶之兆㊅。

父化妻爻，當涉艱辛始得。財連兄位，縱然積聚當分。

凡父化財，不容易得，必先難後獲。最不宜父旺財衰，旺則艱辛多而財少。衰則用力少而財多。若財化父，得後艱辛。父帶貴，可言倚靠。若加太歲殺，因財染病歸。兄弟乃剋財之神，卦中發動，財雖剋世，亦無全得，或是象出于衆則可。若持世上，難起謀望之心。前卦財雖旺而化兄弟，當見聚而後分，若果與人分利則無妨。若兄化財，則主先散而後聚，或謀出于衆，利歸一源，或始艱辛，然後稱心。凡父兄化財，縱有艱辛亦吉㊆。

凶神沖散財爻，切忌風波險阻。劫殺加臨兄位，須防盜賊相侵。

凡凶神來沖剋財爻，行船便見風波之患。世爻若值吉神，身雖无咎，財必飄散㈧。凶神若遇虎蛇剋世，財命不可保全。若在家求財，不必如此斷，必主凶人攪散㈨，或因財引惹公事。若值解神，卻得無事。

劫殺乃求財之大忌，若臨財位，必不可得。若臨兄弟發動，得財之後，防有失脫。若更玄武加臨，必有盜賊劫掠之禍。若得貴人臨鬼持世，雖有賊來，無傷于我。如逢鬼動，兄弟受制，縱有凶神，亦無大患。鬼爻無氣則無權，兄弟依然來作禍。

子動會青龍，乃生財之大道。父興臨白虎，為絕利之根源。

若卦內無財，而子孫旺動，亦可求謀，更臨青龍，比同有財之卦，乃大吉㈩。若值休囚，更宜斟酌。若鬼化子孫，謂之鬼運財來付好人。蒼屏有歌曰：「鬼化為財及子孫，求財最利稱心情，更逢福德來生世，安坐高堂也獲珍」。若子孫化子孫，財從兩處生，財既是兩處生，宜兩處求，或與人同求，大吉。

子孫乃生財之神，比同水之有源，源頭受剋則泉竭，泉水旺盛則流長。若財位逢長生，福德臨官，此等求財，綿綿不絕。或財雖旺，子孫死絕，只許一度，後再難求。子孫雖旺，父母來剋，謂之絕生財之源，雖有錢財，亦無接續⑪。若遇日辰相合，庶幾不被剋傷。

世剋動財，若趕沙場之馬。財生靜世，如逢涸澤之魚。

大凡求財，財來生世剋世則易，財來逐我，如涸澤取魚，伸手便得。若世剋動財，是我去逐利，如沙丘劣馬④，愈趕愈奔，終難上手。凡財爻動生世、合世、剋世，持世，皆大吉之兆，財來逐我，如涸澤取魚，伸手便得。惟怕兄弟發動則有害，衰則無妨。若財生世，最利空手求，將本求亦為美。合世須防世剋財，難得亦難遂。言涸澤之魚，言易得也⑬。

剋害刑沖迫兄鬼，則災殃消散。

剋者，剋勝也。古云：「相生須用他生我，相剋還須我剋他」。亦有吉凶之分，不可概論。凡占求財，財福吉神剋我則吉，兄鬼凶神剋我則凶，我剋之則憂愁散，我剋財福則無財。害者，地支相淩。求財遇之，吉凶相半。有日辰害，有動爻害，今人但以害為一體，不知各有別焉。且如卯害辰也，卯是旺本害辰墓土，木者土之官，乃官勢相害。寅巳相害者，寅有臨官之木，巳有臨官之火，兩官競強而爭，進退相害也。午丑相害，午有旺火，害丑中之墓金，火為金之官，乃官鬼相害也。子未相害者，未帶墓木，害子之旺水，乃夫妻相害也。申亥相害者，申為臨官之金，亥為臨官之水，各持臨官之氣，兩強相爭，進退相害也。戌酉相害者，戌為墓火，酉為旺金，墓火加旺金之氣，故相淩害，此鬼賊妒嫉相害也。《燭神經》言：「子沖午，午合未，子惡未為黨，故相仇害」。《明理論》言：「未帶墓木，害子之旺水，其義兩途，只合從相害者論」。張天覺云：

「凡作子害未之類者驗，凡遇害妻財，則財有妨。害鬼殺，則鬼無用。害彼則吉，害我則凶」。占者當分衰旺，若我世旺，彼雖欲害而無傷。若害爻旺，則凶。

刑者，陰陽反德也。若加羊刃，可謂極凶刑傷也。刃者，殺也。有刑而無刃，則不殺。凡占刑，刑鬼殺凶神則吉，刑財福吉神則凶。世應皆怕逢刑，刑世則傷我，刑應則對主遭傷。求財必應世合會，然後能成，若受刑傷，安可就也。

沖者，十二支戰擊之象。有日辰沖，世應沖。求財見沖則難就，沖散財則無財。吉神被沖則凶，惡殺逢沖則吉㊂。

兄鬼，皆求財之忌神。今彼受制，不惟求財有望，抑且災散禍消矣。

生扶拱合輔財福，則貨寶豐盈。

妻財子孫，生涯緊要。且有生扶拱合，豈不財貨盈溢，珍寶滿箱。

生者，陰陽交會而相生也。日辰生財福則吉，生鬼殺則凶。財生世則易求，世生財則難求。若應生世，他人就我。世生應，我趕他人。世應雖相生，逢沖亦有阻。

扶者，為日辰扶。又曰：「父母扶兄弟，兄弟扶子孫，子孫扶妻財，妻財扶官鬼，官鬼扶父母，此五行之通例」。以上動則言扶，不動則不可言也。凡動爻扶者，不如日辰扶者。凡動爻謂之旁扶，日辰謂之正扶。若扶財福則吉，扶鬼殺則凶。凡遇絕逢，逢扶則生，生爻逢扶則旺，動爻遇扶則急，靜爻遇扶則興。凡用爻遇沖，得動爻來扶，為之有救。若扶爻遇刑沖，則無用也。

虎易按：「父母扶兄弟，兄弟扶子孫，子孫扶妻財，妻財扶官鬼，官鬼扶父母，此五行之通例」，按此說，應該是「生」的概念。《卜筮全書・黃金策・總斷千金賦》：「扶者，謂卯爻見寅日，酉爻見申日，子見亥，午見巳，丑未見辰戌之類，是也」。兩者論述有差異，我的看法，「扶」的概念，應該以後者爲宜，供讀者參考。

拱者，陰陽之至理，君臣之大節也。凡臨官遇帝旺，謂之拱。假如亥日占，亥爻發動，子爻持世是也。凡遇財福拱我，則得人佐助，財利倍常。若我拱兄弟，是他人把權，其財爻縱旺，亦難稱遂。

虎易按：「拱者」，「假如亥日占，亥爻發動，子爻持世是也」，《卜筮全書・黃金策・總斷千金賦》曰：「拱者，如寅爻見卯日，申爻見酉日，亥見子，巳見午之類，是也」。兩者論述有差異，我的看法，「拱」的概念，也應該以後者爲宜，供讀者參考。

合者，陰陽之和，天地之德也。凡合財福則吉，合鬼殺則凶也。凡合處逢生，比同甕中捉，必無遺漏矣。

以上四者，大抵為福，然此亦有吉凶之變，學者不可一概論之。若能深究其情，推詳其義，萬物之理其備矣，豈求財一章之用耶㊴。

前卦有財後卦無，不利于後；前卦無財後卦有，艱難在前。

妻財乃卦中之用神，一卦之大體，若無財，則無準(十五)。前卦有財後卦無，不利于後(十六)，宜速求，遲則難得。前卦無財後卦有，艱難在前(十七)，宜待時行事，或看財爻旺相年月，方可謀望。

財合日辰，方能入手。財逢墓庫，便可歸懷。

欲知何日可得入手，但看財爻衰旺。財旺逢墓庫日得，財衰看生旺日得。以上乃方欲謀望求財可用，已在間深則不然。生旺還他生旺日得，財爻入墓或當日得，財與日辰合得(十八)。

注釋

①齎（jī）財：攜帶錢財。
②斂手：拱手。
③帶挈：攜帶，帶領。
④劣馬：性情燥烈，不服駕馭的馬。

校勘記

㈠「空」，原本作「沖」，疑誤，據《新鍥斷易天機‧占求財‧天玄賦云》原文改作。
㈡「空」，原本作「沖」，疑誤，據其卦理及文意改作。
㈢「勾」，原本作「正」，疑誤，據《新鍥斷易天機‧占求財‧天玄賦云》原文改作。

㊃「歌訣云」，原本作「若」，疑誤，據《新鍥斷易天機・占求財・天玄賦云》原文改作。

㊄「空手求財者，不過是百工技藝之人、吏人。凡占，以官鬼為主。旺相財空，鬧處得財。青龍鬼，饋送得財。朱雀鬼，文書口舌之財。勾陳鬼，財穩無反覆。騰蛇鬼，事未伶俐，是于人之財，或是人帶挈之財。白虎鬼，必是詐取。玄武鬼，是騙人，陰私不明之財；若陰鬼加咸池，必得女人財」，原本作「空手求財者，不過是百工技藝之人，以鬼爻為用，鬼旺則財豐厚」，疑誤，據《新鍥斷易天機・占求財・天玄賦云》原文改作。

㊅「凡遇財化財本吉，中亦有別焉。前卦財旺，化財無氣，午前占宜速求，向後財必薄。午後占言宜早，求財利豐盈，今財稍薄不如前。若前卦財衰而化財旺，反此斷之，必無差失。若鬼化財吉，卦中財本生官鬼，而鬼反化財，此之謂鬼送財。若得剋世乃大吉，世剋便凶。午前占遇財化鬼，謂之鬼偷財。財得日辰扶合，或動爻生扶，謂之財入鬼手，庶無傷也。若旺財化衰鬼，其財不全。若衰財化為旺鬼，須防兩倍折財。財爻更值空亡，大凶之兆」，原本脱漏，據《新鍥斷易天機・占求財・天玄賦云》原文補入。

㊆「凡父化財，不容易得，必先難後獲。最不宜父旺財衰，旺則艱辛多而財少。衰則用力少而財多。若財化父，得後艱辛。父帶貴，可言倚靠。若加太歲殺，因財染病歸。兄弟乃剋財之神，卦中發動，財雖剋世，亦無全得，或是象出于眾則可。若持世上，難起謀望之心。前卦財雖旺而化兄弟，當見聚而後分，若果與人分利則無妨。若兄化財，則

主先散而後聚，或謀出于眾，利歸一源，或始艱辛，然後稱心。凡父兄化財，縱有艱辛亦吉」，原本作「凡父化財，必先難後獲。父旺財衰，則艱辛多而財少；父衰財旺，則用力少而財多。財化弟兄，將有侵奪之患，雖有積蓄，亦當分散也」，疑誤，據《新鍥斷易天機・占求財・天玄賦云》原文改作。

㈧「散」，原本作「零」，疑誤，據《新鍥斷易天機・占求財・天玄賦云》原文改作。

㈨「若在家求財，不必如此斷，必主凶人攪亂」，原本作「若就家中求，卻不如此斷，必是凶人攪散」，疑誤，據《新鍥斷易天機・占求財・天玄賦云》原文改作。

㈩「乃大吉」，原本脱漏，據《新鍥斷易天機・占求財・天玄賦云》原文補入。

⑪「續」，原本作「濟」，疑誤，據《新鍥斷易天機・占求財・天玄賦云》原文改作。

⑫凡財爻動生世、合世、剋世，持世，皆大吉之兆，財來逐我，如涸澤取魚，伸手便得。惟怕兄弟發動則有害，衰則無妨。若財生世，最利空手求，將本求亦為美。合世須防世剋財，難得亦難遂。言涸澤之魚，言易得也」，原本脱漏，據《新鍥斷易天機・占求財・天玄賦云》原文補入。

⑬「剋者，剋勝也」後的內容，原本脱漏，據《新鍥斷易天機・占求財・天玄賦云》原文補入。

⑭「生者，陰陽交會而相生也」後內容，原本脱漏，據《新鍥斷易天機・占求財・天玄賦云》原文補入。

⑮「妻財乃卦中之用神，一卦之大體，若無財，則無準」，原本脱漏，據《新鍥斷易天

機・占求財・天玄賦云》原文補入。

㉖「不利于後」，原本脫漏，據《新鍥斷易天機・占求財・天玄賦云》原文補入。

㉗「艱難在前」，原本脫漏，據《新鍥斷易天機・占求財・天玄賦云》原文補入。

㉘「欲知何日可得入手，但看財爻衰旺。財旺逢墓庫日得，財衰看生旺日得。以上乃方欲謀望求財可用，已在間深則不然。生旺還他生旺日得，財爻入墓或當日得，財與日辰合得」，原本作「財與日辰合，財爻入墓日，方可斷其上手」，疑誤，據《新鍥斷易天機・占求財・天玄賦云》原文改作。

九、出行章

坐賈行商，皆為厭貧求富貴。曉行夜宿，只因圖利起經營。欲財溢于千箱，須奔馳于萬里。未卜其中之得失，便言路上之行藏。

凡占出行，無非問一身之禍福，一路之吉凶，便須察其可行不可行，方可決斷。不可全憑卦名，須要細觀爻象。

且如《恒》卦：

《卜筮全書》教例：024		
震宮：雷風恒		
本　　卦		
妻財庚戌土	▅▅　▅▅	應
官鬼庚申金	▅▅　▅▅	
子孫庚午火	▅▅▅▅▅	
官鬼辛酉金	▅▅▅▅▅	世
父母辛亥水	▅▅▅▅▅	
妻財辛丑土	▅▅　▅▅	

名本吉，官鬼持世，亦非美矣。

不可概論，行藏得失，列于後章㊀。

世剋應爻，直到地頭無阻節。鬼臨飛位，未離門戶費趦趄①。

凡占出行，以世為主。旺相吉，無氣凶。世剋應，坦然一路無凶兆。應剋世，比同旁爻發動來相剋，當有吉凶之辨。若逢財福剋我則吉，鬼殺剋我則凶。若當世墓凶方，決不可行。鬼持世上，本不為佳，休囚則難起身，生旺多是去不成㊁。若子孫發動來解，庶幾可行。如或鬼爻帶貴，必因貴人遲滯，未得起身。鬼加官符、朱雀，必因官事牽連。鬼加白虎、喪門、弔客、死符、病符，恐有喪亡疾病之事。若鬼爻發動，恐無伴侶㊂。鬼若臨應，到彼謀事，終難成就矣㊃。

世爻更值空亡，出往終難成就。

世若逢空，多是去不成，縱然強去，終是不得意而回。凡占必須看何人，若自己出㊄，最忌世空。因經商出行，可謂大凶，必主陷本他鄉，徒勞奔走。若九流藝術，及公家勾當②人占，反為吉利，空手拿財，鬧處得財，終無積聚㊅。

子孫動，則路逢好侶。官鬼興，則途遇凶人。

子孫持世，吉無不利，必主善去吉回。若發動，必逢好侶。卦無子孫，又空亡，必無好伴，遇患難無救。若在三四爻上動，出門便逢侶。在五爻，中途相遇。在六爻，地頭相遇。若子孫帶貴人，主貴人提挈㊆。

官鬼為凶人，旺相㊇發動剋世，為害非輕，休囚受制，終無大事，不過伴侶有災，解神動則無妨。餘皆倣此斷之㊈。

父母休囚，背負一琴登蜀道。妻財持世，腰纏十萬上揚州。

父母為行李，旺相則多，休囚則少，空亡則無㊉，一琴一劍，言其少也。父母化兄弟，必與人同睡。兄弟化父母，必然與人合行李。父母旺空，行李雖有而不將。若同他人借行李，不宜財持世及發動，必難假借，帶合終可得之㊀。

妻財為財物、錢本之類，旺相充溢，休囚微少。財爻旺相，則腰纏十萬貫，言其多也。卦無財及空亡，必無錢本。兄弟化財，必是門合③來，或是借來，非己資也㊁。

馬爻發動坤宮，遇吉神則驛程安肆④。木位交重坎位，加白虎則舟揖傾危。

馬在《坤》象動，必陸路行，更加青龍，一路自然安逸。若當《艮》象動，不免阻節。若見祿馬同鄉，或馬帶貴動，必是馳驛⑤，不可泛常斷。若非其人，必是貴人同行，及根道⑥矣㊂。

木在水上動，必是行舟去。若在《坎》宮動，亦是行舟。冬占則易去易來，三四月占未免艱澀⑦。白虎若當《坎》象來剋世，必遭風浪傾覆之患。解神動，驚恐未免，不致疏虞⑧㊃。

五位逢空，路上淒涼無旅店。六爻臨鬼，地頭寂寞有憂愁。

訣曰㊄：「初爻空亡無腳子，二爻空亡身有阻，三爻空亡伴侶稀，四爻空亡難出戶。五爻若也值空亡，旅店荒涼受辛苦，更看六爻若逢空，地頭寂寞無人住。六爻俱不落空亡，任意揮鞭千里去」。以上論空亡者，不可一概論，必從吉凶分別，凡吉神空則凶，凶神空則吉。依此推之，萬無一失。

占出行，不宜見官鬼，六爻遇之皆不利。若在初爻主腳痛，若在二爻身有災，三爻伴侶必有疾。若在四爻，去後戶庭有官事相擾。在五爻道路梗塞，六爻地頭，謀事難成，光景寂寞，必不得意而回歸㊅。

參詳一卦吉凶，推究六神持剋。

青龍臨財發動，滿載而回。朱雀官爻發動，必有是非口舌。勾陳臨水動，必有雨水。騰蛇帶鬼，必有憂驚怪異。白虎帶殺，必有疾病。玄武臨財，必有失脫。

以上凶神，持世剋世最忌，旺相亦忌。休囚受制，庶無大事。

金爻持世，豈宜遠涉南方。木位安身，唯利高登北闕。

南方屬火，金畏之，故不宜往。北方屬水，水生木，故宜去。餘倣此例。

金持世，南方行謂之鬼地，大凶，宜東方行，得財吉。木持世，不利西方，宜東方行，大吉。世屬火，不利北方，東西二方大吉。世屬土，利南北二方，向東行大凶。凡占出行求財，利我剋方向。若求官見貴，大利生我方㊆。

注釋

①趦趄（zī jū）：想前進又不敢前進。形容疑懼不決，猶豫觀望。
②勾當：事情。
③鬥合：湊合。
④安肆：安樂放縱。
⑤馳驛：舊時官員入覲或奉差出京，由沿途地方官按驛供給其役夫與馬匹廩給，稱為「馳驛」。
⑥根道：指佛學禪修。
⑦艱澀（sè）：阻滯難行。
⑧疏虞：疏忽、差錯。

校勘記

㈠「凡占出行，無非問一身之禍福，一路之吉凶，便須察其可行不可行，方可決斷。不可全憑卦名，須要細觀爻象。且如《恒》卦：名本吉，官鬼持世，亦非美矣。不可概論，行藏得失，列于後章」，原本脱漏，據《新鍥斷易天機・占出行・天玄賦云》原文補入。
㈡「鬼持世上，本不為佳，休囚則難起身，生旺多是去不成」，原本作「鬼持世上，多是去不成」，疑誤，據《新鍥斷易天機・占出行・天玄賦云》原文改作。

㊂「若鬼爻發動，恐無伴侶」，原本脫漏，據《新鍥斷易天機・占出行・天玄賦云》原文補入。

㊃「矣」，原本脫漏，據《新鍥斷易天機・占出行・天玄賦云》原文補入。

㊄「若自己出」，原本作「若本身出」，疑誤，據《新鍥斷易天機・占出行・天玄賦云》原文改作。

㊅「反為吉利，空手拿財，鬧處得財，終無積聚」，原本作「反為吉，但空手得財，不能聚也」，疑誤，據《新鍥斷易天機・占出行・天玄賦云》原文改作。

㊆「卦無子孫，又空亡，必無好伴，遇患難無救。若在三四爻上動，出門便逢侶。在五爻，中途相遇。在六爻，地頭相遇。若子孫帶貴人，主貴人提挈」，原本脫漏，據《新鍥斷易天機・占出行・天玄賦云》原文補入。

㊇「旺相」，原本脫漏，據《新鍥斷易天機・占出行・天玄賦云》原文補入。

㊈「不過伴侶有災，解神動則無妨。餘皆倣此斷之」，原本脫漏，據《新鍥斷易天機・占出行・天玄賦云》原文補入。

㊉「空亡則無」，原本脫漏，據《新鍥斷易天機・占出行・天玄賦云》原文補入。

⑪「父母化兄弟，必與人同睡。兄弟化父母，必然與人合行李。父母旺空，行李雖有而不將。若同他人借行李，不宜財持世及發動，必難假借，帶合終可得之」，原本脫漏，據《新鍥斷易天機・占出行・天玄賦云》原文補入。

⑫「妻財為財物、錢本之類，旺相充溢，休囚微少。財爻旺相，則腰纏十萬貫，言其多也。卦無財及空亡，必無錢本。兄弟化財，必是門合來，或是借來，非己資也」，原本作「妻財為錢鈔，財爻旺相，則腰纏十萬貫，言其多也」，疑誤，據《新鍥斷易天機・占出行・天玄賦云》原文改作。

⑬「若當艮象動，不免阻節。若見祿馬同鄉，或馬帶貴動，必是馳驛，不可泛常斷。若非其人，必是貴人同行，及根道矣」，原本脱漏，據《新鍥斷易天機・占出行・天玄賦云》原文補入。

⑭「木在水上動，必是行舟去。若在《坎》宮動，亦是行舟。冬占則易去易來，三四月占未免艱澀。白虎若當《坎》象來剋世，必遭風浪傾覆之患。解神動，驚恐未免，不致疏虞」，原本作「木在水上動，必是水程，若加白虎，恐遭風浪顛覆之憂」，疑誤，據《新鍥斷易天機・占出行・天玄賦云》原文改作。

⑮「訣曰」，原本脱漏，據《新鍥斷易天機・占出行・天玄賦云》原文補入。

⑯「若在初爻主脚痛，若在二爻身有災，三爻伴侶必有疾。若在四爻，去後戶庭有官事相擾。在五爻道路梗塞，六爻地頭，謀事難成，光景寂寞，必不得意而回歸」，原本作「初爻主脚痛，二爻身有災，三爻伴侶有疾，四爻去後戶庭有官事相纏，五爻道路梗塞，六爻地頭不利，不得意而歸」，疑誤，據《新鍥斷易天機・占出行・天玄賦云》原文改作。

⑰「金持世，南方行謂之鬼地，大凶，宜東方行，得財吉。木持世，不利西方，宜東方

行，大吉。世屬火，不利北方，東西二方大吉。世屬土，利南北二方，向東行大凶。凡占出行求財，利我剋方向。若求官見貴，大利生我方」，原本脱漏，據《新鍥斷易天機·占出行·天玄賦云》原文補入。

十、行人章

秋風颯颯，動行人塞北之悲。夜月沉沉，興遊客江南之夢。剔①銀燈喜占音候，當金釵②為卜歸期。

若問子孫，須要福神生旺。或占父母，不宜印綬空亡。

父母出行看父母，子孫出行看子孫，兄弟朋友皆看兄弟，奴僕亦看子孫。凡㈠吉神臨之吉，凶神臨之凶。若卦中空亡者，多凶少吉㈡。

應動青龍剋世，行人立至。父臨朱雀爻交，音信須來。

應動剋世即來，世動剋應未來。青龍臨應動，行人立至。動世剋動應，行人往他鄉㈢。若世應俱靜，但看生剋制化。若世生應剋應，決未來。應生世剋世，身雖未動，已有歸意，但看衝動月日起程，生旺日必到。

父母、朱雀，皆為音信，若見發動，必有信至，剋世來速，世剋來遲。若當五爻動，有信在路。帶天喜吉神剋世是喜信，加大殺凶神剋世是凶信。若父母、朱雀動處逢空，音信雖有，被人沉匿。若加太歲及官符貴人，必失文引③㈣。父母並勾陳發動，音信雖有，帶書人有事㈤耽擱稽遲④，在路未到㈥。

欲知車馬將回，細看門戶。要卜舟船未發，但看地頭。

初爻足，二爻身，身足俱動則來。三四為門戶，動則速至。五爻動在途，六爻動在地頭。凡旺動則來速，發動無氣則來遲。或用爻、或應爻于門戶上動，行人即到。凡動處亦有吉凶，若動爻剋應剋用，雖當門戶，亦有遲滯。

鬼在地頭，未得起身。鬼在五爻，道路梗塞，必多險阻。鬼在三爻動，若加青龍貴人，謂之宅神動，剋退兄弟，宅必有氣，主滿載而回。若加凶殺，到門有橫事及有疾病之擾。鬼在二爻，身有災。在初爻，主足疼。鬼臨朱雀加官符，主官災口舌，未能到㈦。

陰官際遇⑤騰蛇，當有還鄉之夢。咸池若臨玄武，恐逢覓水之歡。

陽鬼會騰蛇，當有虛驚。陰鬼會騰蛇，當有夜夢。若在內動，此是家人夢見有㈧人回。在外動，必行人有還家之夢。鬼會吉神，必是好夢。並凶神，不祥之夢㈨。其夢決于鬼神生旺日得㈩，重動已過，交動未來，待旺日方有夢⑪。餘倣此⑫。

用爻若加咸池、玄武，行人在外，主有外情引惹不歸。咸池、玄武動，合應爻或用爻，有覓水之歡。或青龍動合世應，必娶妾，非私情也。若臨兄弟，不免傾覆資財，旺則多費，休囚輕可。咸池逢沖，入墓受制，不必言矣㊂。

兄弟動則多費盤纏⑥，官鬼興則不諧伴㊃侶。

兄弟若當權旺動，決然多費盤纏。若更化兄弟，不免有兩倍之費，不然財物㊄有分爭之患，休囚無氣稍輕。兄化為鬼，行李至中途必有變異㊅，不可託人。若財化兄弟，或加玄武，多是被人誆騙⑦。兄弟若逢刑剋，無害。

凡官鬼旺動，兄弟空亡，或卦無兄弟㊆，必路無伴侶，獨自登程。若兄弟生旺，官鬼動無氣，無過伴侶不和，非無伴侶也㊇。

更被凶神持剋，須防世墓空亡。若有吉曜來臨，庶免身遭否塞。

若作出行人本名占，最忌官鬼、白虎、大殺動來剋世，及怕世墓、世空，自身有疾，患難有險。若占他人，怕鬼傷剋用爻，及用爻入墓、空亡，須防危難。

若得子孫旺動，貴人及解神來相救㊈，或日辰刑沖凶神，庶免身遭否塞。

動爻值退，登程復返他鄉。應位逢沖，觸景方思故里。

丁丑、丁未、壬辰、壬戌，四者為退神。凡用爻及動爻逢退神，行人登途，仍復返去。若動爻逢空，亦作返去斷。看在那位爻上空，便知何地轉去。餘倣此㊉。要知行幾里回去，但依生成數推斷，生旺倍加，死絕減半。

六爻不動，本無歸意。若日辰或動爻衝動應爻或用爻，必是睹物思鄉，方欲起意回家。凡沖處皆是絕爻，且如巳日沖亥爻，水土絕在巳，若得動爻生扶，謂之絕處逢生，歸程必速也㉑。

勾陳發動，若逢位上便淹留。折殺交重，須向途中防跌蹼⑧。

勾陳發動，必主淹留。若在地頭，未能起離，若在五爻動，半路人留。若在㉒勾陳旺動，剋持用爻及應爻，行人卒急難來。無氣發動，不過來遲，非淹留也。勾陳逢刑沖，則不必論㉓。折傷殺云：「折傷四體要君知，正月雞棲逆向離，生怕高枝防跌蹼，此爻發動恐顛危」。謂正月從酉上逆行也。凡臨用爻動，或剋用爻，須防中途跌蹼折傷，加白虎尤甚㉔。

虎易按：折傷殺起例不完整，《易林補遺》曰：「折殺起例：正月酉，二月午，三月卯，四月子，只此四位，周而復始」，供讀者參考。

妻財旺動加玄武，則杳絕⑨音書。福德興隆遇青龍，則豐盈財寶。

凡占望信，妻財動則剋父母，加玄武則傷朱雀，旺相發動，必無音信。妻財玄武若持世發動，尤甚于前，主無半個消息。若兄弟發動，妻財受制，則有信矣㉕。望信須看世應中，信來兩處起交重，他與我靜魚傳信，他靜我與無雁蹤㉖。如福德青龍發動，當見得意而回。青龍若臨財動者，亦須滿載而回。若子孫在內動，行人來近，將及到家。外動雖然稍遲，亦當步占遇吉而回。更見兄弟動，財寶雖多，主人分去。兄弟無氣，則無害也㉗。

欲詳物數，五行妻位興衰。要決歸期，六合動爻生旺。

要知物數，但看財臨五行，旺相多，休囚少，逢生倍加，受剋減半。數目照河圖數取，水一、火二、木三、金四、土五。

動爻屬金，期在巳日並申酉日來，餘倣此推。

又云：動爻墓日亦來。遠以年月論，近以日時推。又動爻與日辰合日來。且如酉日，酉爻動變，其理未至，決在墓日來，必無差失。若動爻無氣，多是旺日來。以上循環之理，要能審事通變，則無失也㉘。

錦城雖云樂，不如早還家。茅屋末為貧，但願安樂業。

俗云：洛陽雖好不如家㉙。

注釋

①剔（tī）：挑；撥。

②金釵：婦女插於髮髻的金制首飾，由兩股合成。

③文引：證明文件。

④稽遲：延誤，滯留。

⑤際遇：遭遇，適逢其遇。

⑥盤纏：特指旅途費用。
⑦誆（kuāng）騙：欺騙。
⑧跌蹼（diē pǔ）：喻指挫折和災難。
⑨杳（yǎo）絕：隔絕。

校勘記

㊀「凡」，原本脫漏，據《新鍥斷易天機・占行人・天玄賦云》原文補入。
㊁「若卦中空亡者，多凶少吉」，原本脫漏，據《新鍥斷易天機・占出行・天玄賦云》原文補入。
㊂「鄉」，原本作「處」，疑誤，據《新鍥斷易天機・占行人・天玄賦云》原文改作。
㊃「若加太歲及官符貴人，必失文引」，原本脫漏，據《新鍥斷易天機・占出行・天玄賦云》原文補入。
㊄「帶書人有事」，原本作「帶書有」，疑誤，據《新鍥斷易天機・占出行・天玄賦云》原文改作。
㊅「在路未到」，原本作「未到也」，疑誤，據《新鍥斷易天機・占出行・天玄賦云》原文改作。

㈦「鬼在地頭，未得起身。鬼在五爻，道路梗塞，必多險阻。鬼在三爻動，若加青龍貴人，謂之宅神動，剋退兄弟，宅必有氣，主滿載而回。若加凶殺，到門有橫事及有疾病之擾。鬼在二爻，身有災。在初爻，主足疼。鬼臨朱雀加官符，主官災口舌，未能到」，原本脱漏，據《新鍥斷易天機・占出行・天玄賦云》原文補入。

㈧「有」，原本脱漏，據《新鍥斷易天機・占行人・天玄賦云》原文補入。

㈨「鬼會吉神，必是好夢。並凶神，不祥之夢」，原本脱漏，據《新鍥斷易天機・占出行・天玄賦云》原文補入。

㈩「其夢決于鬼神生旺日得」，原本作「其夢決于鬼生旺日」，疑誤，據《新鍥斷易天機・占出行・天玄賦云》原文改作。

⑪「待旺日方有夢」，原本脱漏，據《新鍥斷易天機・占出行・天玄賦云》原文補入。

⑫「餘倣此」，原本脱漏，據《新鍥斷易天機・占出行・天玄賦云》原文補入。

⑬「用爻若加咸池、玄武，行人在外，主有外情引惹不歸。咸池、玄武動，合應爻或用爻，有覓水之歡。或青龍動合世應，必娶妾，非私情也。若臨兄弟，不免傾覆資財，旺則多費，休囚輕可。咸池逢沖，入墓受制，不必言矣」，原本作「用爻若加咸池、玄武，行人主有外情牽惹不歸」，疑誤，據《新鍥斷易天機・占出行・天玄賦云》原文改作。

⑭「伴」，原本作「同」，疑誤，據《新鍥斷易天機・占行人・天玄賦云》原文改作。

⑮「財物」，原本脫漏，據《新鍥斷易天機·占行人·天玄賦云》原文補入。
⑯「異」，原本脫漏，據《新鍥斷易天機·占行人·天玄賦云》原文補入。
⑰「凡官鬼旺動，兄弟空亡，或卦無兄弟」，原本作「若官鬼旺，或兄弟空」，疑誤，據《新鍥斷易天機·占出行·天玄賦云》原文改作。
⑱「若兄弟生旺，官鬼動無氣，無過伴侶不和，非無伴侶也」，原本脫漏，據《新鍥斷易天機·占出行·天玄賦云》原文補入。
⑲「救」，原本作「解」，疑誤，據《新鍥斷易天機·占行人·天玄賦云》原文改作。
⑳「若日辰或動爻衝動應爻或用爻，必是睹物思鄉，方欲起意回家。凡沖處皆是絕爻，且如巳日沖亥爻，水土絕在巳，若得動爻生扶，謂之絕處逢生，歸程必速也」，原本作「若日辰衝動應爻，必是睹物思歸」，疑誤，據《新鍥斷易天機·占出行·天玄賦云》原文改作。
㉑「若在」，原本脫漏，據《新鍥斷易天機·占行人·天玄賦云》原文補入。
㉒「無氣發動，不過來遲，非淹留也。勾陳逢刑沖，則不必論」，原本脫漏，據《新鍥斷易天機·占出行·天玄賦云》原文補入。
㉓「凡臨用爻動，或剋用爻，須防中途跌蹼折傷，加白虎尤甚」，原本脫漏，據《新鍥斷易天機·占出行·天玄賦云》原文補入。

㉕「凡占望信，妻財動則剋父母，加玄武則傷朱雀，旺相發動，必無音信。妻財玄武若持世發動，尤甚于前，主無半個消息。若兄弟發動，妻財受制，則有信矣」，原本作「財興剋父，玄武動傷朱雀，若相並而動，主音書杳絕」，疑誤，據《新鍥斷易天機・占出行・天玄賦云》原文改作。

㉖「他靜我興無雁蹤」，原本作「我動他安雁絕蹤」，疑誤，據《新鍥斷易天機・占出行・天玄賦云》原文改作。

㉗「如福德青龍發動，當見得意而回。青龍若臨財動者，亦須滿載而回。若子孫在內動，行人來近，將及到家。外動雖然稍遲，亦當步占遇吉而回。更見兄弟動，財寶雖多，主人分去。兄弟無氣，則無害也」，原本作「子孫乃福德之神，遇青龍則滿載而回」，疑誤，據《新鍥斷易天機・占出行・天玄賦云》原文改作。

㉘「動爻屬金，期在巳日並申酉日來，餘倣此推。又云：動爻墓日亦來。遠以年月論，近以日時推。又動爻與日辰合日來。且如酉日，酉爻動變，其理未至，決在墓日來，必無差失。若動爻無氣，多是旺日來。以上循環之理，要能審事通變，則無失也」，原本作「動爻屬金，期在巳日並申酉日可到。餘倣此例」，疑誤，據《新鍥斷易天機・占出行・天玄賦云》原文改作。

㉙「俗云：洛陽雖好不如家」，原本脱漏，據《新鍥斷易天機・占出行・天玄賦云》原文補入。

卜筮全書卷之七

吳門逸叟　姚際隆　刪補
長邑諸生　王友　校正

天玄賦下

十一、家宅章

要察卦爻內外，可知人宅興衰。

內象㊀三爻為宅，外象㊁三爻為人。

宅若㊂剋人，主病患連年，擊括事㊃多端。人去剋宅，主修居創屋，整舊更新。內卦旺，屋宅多。外卦旺，人丁盛㊄。

且如《風天小畜》：

不可言《小畜》、《大畜》錢財滿屋。豈知內剋外，宅剋人，住居不安。

《卜筮全書》教例：025		
巽宮：風天小畜		
本　　卦		
兄弟辛卯木	▅▅▅▅▅	
子孫辛巳火	▅▅▅▅▅	
妻財辛未土	▅▅　▅▅	應
妻財甲辰土	▅▅▅▅▅	
兄弟甲寅木	▅▅▅▅▅	
父母甲子水	▅▅▅▅▅	世

又如《既濟》：

不可言無財。豈知外剋內，人剋宅，年年清安獲福。

凡遇世應相生吉，相剋凶。一二三世卦皆吉，四世五世八純遊魂皆凶㊅。

《卜筮全書》教例：026		
坎宮：水火既濟		
本　　卦		
兄弟戊子水	▅▅　▅▅	應
官鬼戊戌土	▅▅▅▅▅	
父母戊申金	▅▅　▅▅	
兄弟己亥水	▅▅▅▅▅	世
官鬼己丑土	▅▅　▅▅	
子孫己卯木	▅▅▅▅▅	

初觀住宅之根基，相連井位。

初爻住宅基址，井亦相連。帶財福吉㊆，帶兄弟無產業。空亡，他人財物。帶四墓鬼，地基有伏屍。帶水鬼剋世，地基出水、地濕。

虎易按：「四墓鬼」，大約是指鬼爻臨丑、辰、未、戌四墓。供讀者參考。

初爻為井，帶庚子水，屋下井。帶甲子水，門前井。四爻丁亥水，屋後井。六爻無水，必無井㊇。

初爻屬土，井水渾濁，不可向口。加穢污殺，有穢氣。二爻空亡，井上無欄。初爻屬木，井邊有花果樹。火則泉水常乾，金則沉瑩香潔。父化兄，承祖留下井。兄化兄，與他人相合井。加天河殺，主小兒墮井。初爻屬水帶子孫，則井水清冷盈溢㊈。帶鬼逢空，必廢井。

次睹華堂之境界，兼接灶司㊉。

二爻為堂屋，生旺則深沉廣闊，無氣則窄狹低猥①。帶青龍龍德貴人，必新創整齊。加白虎刑沖剋害，必舊居破敗。

二爻空亡，更無父母，必無堂屋。帶財福者，宅必宜人。加父帶殺發動者，難為少丁，必與親房合居。或外宮兄弟來剋，或化兄弟，當與外人同居⑪。

二爻又為灶，旺相新灶，休囚舊灶⑫。生旺則灶修爨②鬧，休囚則灶冷無煙。帶吉神則家安，帶凶殺灶不安。加穢污殺並咸池者，原有污濁磚石泥土在內，主人家生瘡，血氣之疾⑬。加朱雀官鬼，灶下有呪咀③。動加騰蛇鬼殺，灶必漏煙。白虎鬼，崩損破敗，須防膿血淋漓。勾陳鬼，欠土修葺。空亡無煙樓，或無大灶，或有廢灶⑭。

三門若值官爻，不離五行分剖。

三爻為大門，與太歲日辰生合者⑮，其向大利。與太歲日辰刑沖，其向不吉。帶財福、青龍吉神，動來生合者⑯，決主門庭清吉，人口康寧，家有餘慶⑰。加官鬼、白虎凶神動者，多招口舌官非，迍邅惱聒④。加兄弟者，決⑱主破耗多端，資財不聚。加父母化父母者⑲，一合兩樣門扇，逢刑沖或加破軍，必有破壞。

以上動者甚，靜者輕。若三四爻相沖，有兩門相穿，不生財。

財空亡，無大門，不然，決主外戶不閉，或有左無右，有右無左。

大凡三爻但遇官爻，其中便有話說。

金鬼：主門無環或環重釘，或環腳門上動，不然必被切傷。

木鬼：主門從別處來，或破損。木鬼又化鬼，兩處湊合來。

水鬼：當門屋漏，或門外有凶水朝。

火鬼：主門被火燒，或開門動香火。

土鬼：門上有土書，或手書記，或泥土塗污。

所述不盡者，又在乎自己推詳之⑳。

四戶倘臨鬼殺，須加六獸參詳㉑。

第四爻為門㉒戶，即中門，帶吉神動吉，連凶殺動凶。

帶子孫、妻財、青龍，天貴動者吉。

加官鬼、官符、朱雀動者，必有官非口舌。更加官苻，必招獄訟。若鬼加騰蛇動，必有牽連不了之事，或被連累。

兄弟加朱雀動者，官非破財。

若卦象內財帶白虎動者，主毀折房屋之兆㉓。

五為道路之爻，

第五爻為門前路。與世合，路則委曲有情。與世沖，路必直來。帶吉神則吉，加凶殺則凶也㉔。世在五爻，路傍正屋。應在五爻，路經面前。五爻被日辰刑沖者，路必然破損㉕。

六為棟樑之位㉖。

第六爻為棟樑牆壁。加青龍並天喜者，乃新創整齊。加白虎破軍者，舊居破敗㉗。若逢日辰刑沖，雖有青龍等刑沖，新創亦當崩損。六爻若臨螣蛇動，決主屋漏水㉖。

雖辨其中之奧妙，須詳就裡之精微。搜索六爻，總是家庭小事。推明一語，可驚王公大人。

月建會青龍，當主婚姻妊喜⑤。

月建青龍，正月從寅上順行。在內動，月內當有婚姻、進人口之喜。在外動，士夫當有加官進祿之慶，庶人當有增進錢財之喜。若臨財、臨子孫動者，當有產育之慶。更會月建青龍，必見重重喜慶㉙。遇沖難守，此則但主月內雖有吉慶，終為不美。加官進祿反不稱隧，婚姻亦不喜美。添進人口，終不相利。若是生男，臨盆即死。更望求財，難全終始。凡占遇日辰沖，決無解救。動爻來沖，卻看沖爻日下在否。休囚受制，終無大害㉚。

喪門加白虎，須憂疾病喪亡㉛。

月建六神表

六神＼建月	正月	二月	三月	四月	五月	六月	七月	八月	九月	十月	十一月	十二月
青龍	寅	卯	辰	巳	午	未	申	酉	戌	亥	子	丑
朱雀	巳	午	未	申	酉	戌	亥	子	丑	寅	卯	辰
勾陳	丑	寅	卯	辰	巳	午	未	申	酉	戌	亥	子
螣蛇	辰	卯	寅	丑	子	亥	戌	酉	申	未	午	巳
白虎	申	酉	戌	亥	子	丑	寅	卯	辰	巳	午	未
玄武	亥	子	丑	寅	卯	辰	巳	午	未	申	酉	戌

歲前神殺附此具陳：一太歲，二太陽，三喪門，四太陰，五官符，六死符，七歲破，八龍德，九白虎，十福德，十一弔客，十二病符。

又云：與月建沖者，為月建白虎。凡遇白虎加喪門、弔客、死符、病符動，其月內有疾病、喪亡之憂。若見年建、月建白虎與日辰白虎同立，不動猶可，動則必犯重喪⑥。凡遇白虎空亡，決有外服。

以上一切凶神，凡遇動，得日辰衝破，及子孫解神動來沖剋，災病雖有，不致喪亡也㉜。

朱雀空，則門絕官災。

月建朱雀，正月從巳上順行。在內動，主是非口舌。在外加貴人動，主有文書音信之喜。若帶官符、官鬼動者，月內必有口舌、官事相擾㉝。在內必在家惹事，在外必他處招殃。加大殺剋世，必遭禍非輕。加月建朱雀，官事必相纏繞，難以解散。若加兄弟動，其事動眾費財㉞。

又云；月建朱雀，即天燭殺也。若與日辰朱雀並動，須防火燭。看那爻發動，便知何處有失㉟。

凡朱雀空亡，官事無妨訟得理，是非潛伏，風燭⑦潛消，必無口舌是非爭訟㊱。

勾陳旺，則戶增田業㊲。

月建勾陳，正月從丑上起順行。帶鬼殺內動，主宅神不安，人眷不寧。在外動，謀事多見遲滯。若臨財爻旺動剋世，其月內必有增進產業之象。更加日建青龍，必然廣置田園，橫發錢穀，大利田土之事。

凡遇月建或日建勾陳臨木財剋世，最為得宜。若世動剋木爻，乃退賣田莊之兆。勾陳若加太歲及官符官鬼動者，必有戶婚田宅之訟，旺相事大，休囚小可。若勾陳見勾陳，主爭訟鬥打，憂慮纏繞。凡沖破財福勾陳則凶，沖散鬼殺勾陳則吉㊳。

玄武須防盜賊，加咸池必有私情。

月建玄武，正月從亥上順行。在內動，主有陰私㊴，奴婢走失。在外加鬼殺動，主有穿窬割壁之賊，宜防失脫㊵。但凡月建玄武與日建玄武同宮，主連年失脫，不曾住停㊶。若玄武與咸池同鄉，主陰私淫亂之事。動來合世，宅長必然不正。若臨財爻，其妻必淫。若臨父母，出處卑賤。或臨福德及第六爻，皆主奴僕有陰私之事。若逢生旺，其事張揚。或值休囚，猶可隱匿。如逢沖散，必然被人說破，不復作矣。

凡此章皆是非之端，古人所以具述此事者，既造精微之地，不得不言。後學可知㊷，不可妄談，暗藏胸中，以為觀人邪正之法，不可與人言也㊸。

騰蛇本主虛驚，遇陰鬼多生怪夢㊹。

月建騰蛇，正月從辰上逆行。若在內動，主有牽連事至，或憂慮縈心⑧㊺。若臨日建騰蛇，節次驚恐不免。若加官鬼，必有虛驚。又若火鬼動，必因火燭驚恐，旺相虛驚必甚，無氣只是小可㊻。

若遇陰鬼，必主夜生怪夢。更加天喜貴人，夜夢雖有，終無凶惡。若加大殺劫殺，乃凶惡不祥之夢。剋世臨世，乃宅長夜夢不安。剋應臨應，主宅母夢寐⑨不寧㊼。

卦列六十四象，怪分一十二宮。

六十四卦之中，其怪不過十二宮分。子動，鼠怪。寅動，狐狸之怪，卯動亦然，是狐狸悲啼之怪。巳動，蛇入宅怪。午動，火光怪。申亦狐狸。酉是雞怪，或母雞作雄雞鳴，或生小卵。戌是狗怪，或吠，上屋上床。亥是飛禽之怪。辰丑未是虛響怪㊽。

二爻寅卯怪爻動，甑⑩釜鳴。宜按動而推，不動不言也，若螣蛇動亦可言。加天燭殺，主火怪㊾。凡怪爻動處，逢沖則無害也。

天燭殺云：「天燭正月起蛇宮，蕩蕩順行數至龍，卦內交重並發動，作福祈禱也大凶」。後增入天狗、天鼠、天魔三殺，入此一宮方定㊿。

推占六爻，全憑四季。

訣曰：「怪爻季是兩頭居，仲月逢之二五隨，三四怪爻當孟月，動成駭怪⑪靜無之」。

殺神在世災應實，鬼殺傷身禍不虛，更被官爻持世上，怕逢衰病患難除。

以上所言怪爻，須憑四季。取季月初爻六爻動為怪，仲月二五爻動為怪，孟月三四爻動為怪。其餘發動，不可亂言。

虎易按：四季，指春夏秋冬四季，每個季度為三個月。孟月，指每季的第一個月，即農曆正月、四月、七月、十月。仲月，指每季的第二個月，即農曆二、五、八、十一月。季月，指每季的最後一月，即農曆三、六、九、十二月。

既有淺深之辯，奚辭禍福之分。

凡有怪異之事，亦有淺深之辯[52]，怪淺禍亦淺，怪深禍亦深，禍福于斯可辨。吉處雖少，亦不可皆為凶禍。

凡鼠咬人衣，不過是非口舌，謀事難遂，或鼠作鴨鳴，其禍必甚，主有喪亡。若狐狸夜啼，其怪于眾，不可便言凶禍，若帶殺動剋世爻，主自身有大患。如世值吉神剋怪爻，鄰家災禍。蛇入正屋，家長必喪，入廳宇廊廡，小口有傷。火光怪，須防火燭。雞生小卵，人眷不安。母雞作雄雞鳴，家道不寧，小口有病。狗上床越屋，宅母有凶，狗夜啼笑，必喪家長並頭男。飛鳥悲，或遺屎墮帽，皆主失財，爭訟。虛響，家道不安，房宇蕭條，人丁不旺。甑鳴釜叫，須看惡殺，帶殺為凶。帶吉神動，主發財福[53]。

世在遊魂，常有遷移之意。

占宅得遊魂卦，主居處不定，常有遷移之意。化入八純，遷移遠方。遊魂化遊魂，還居不安穩，更有遷移之意。

占遇《水天需》，《山雷頤》：

此二卦多主還居[五三]。

身居墓庫，終無起離之時[五四]。

占移居，怕見世爻入墓，雖言移，終不能動身。若落空亡，及化入墓，終去不成，縱然強去，必見災殃。官鬼持世，雖欲移居，中心疑惑，尚在趑趄之際。若鬼在世上靜，還成又無害。發動，移去必凶也[五五]。

外卦興隆，徙舍⑫須云吉利[五六]。內爻旺相，移居必見災殃。

立春：艮旺、震相、巽胎、離沒、坤死、兌囚、乾休、坎廢。
春分：震旺、巽相、離胎、坤沒、兌死、乾囚、坎休、艮廢。
立夏：巽旺、離相、坤胎、兌沒、乾死、坎囚、艮休、震廢。
夏至：離旺、坤相、兌胎、乾沒、坎死、艮囚、震休、巽廢。
立秋：坤旺、兌相、乾胎、坎沒、艮死、震囚、巽休、離廢。
秋分：兌旺、乾相、坎胎、艮沒、震死、巽囚、離休、坤廢。
立冬：乾旺、坎相、艮胎、震沒、巽死、離囚、坤休、兌廢。
冬至：坎旺、艮相、震胎、巽沒、離死、坤囚、兌休、乾廢。

《卜筮全書》教例：027		
坤宮：水天需（遊魂）		
本　　卦		
妻財戊子水	▅▅　▅▅	
兄弟戊戌土	▅▅▅▅▅	
子孫戊申金	▅▅　▅▅	世
兄弟甲辰土	▅▅▅▅▅	
官鬼甲寅木	▅▅▅▅▅	
妻財甲子水	▅▅▅▅▅	應

《卜筮全書》教例：028		
巽宮：山雷頤（遊魂）		
本　　卦		
兄弟丙寅木	▅▅▅▅▅	
父母丙子水	▅▅　▅▅	
妻財丙戌土	▅▅　▅▅	世
妻財庚辰土	▅▅　▅▅	
兄弟庚寅木	▅▅　▅▅	
父母庚子水	▅▅▅▅▅	應

以上八卦之休旺。

凡占移居，先看內外卦象休旺，方可決其吉凶(三六)。外卦旺宜遷，內卦旺宜守。反之者，必見災殃。

若內卦旺相，外卦休囚，只得安舊，移動反不如前。若內卦無氣，外卦旺相，移去終見吉利。內外卦象皆無氣，移去只是舊處一般，亦無起發之意。

更須參究吉神動，亦可為強。若內外卦象皆旺相，去留俱好。凡旺處勝如相地，胎沒勝休囚(三八)。

青龍外動宜遷，白虎外動宜靜。

青龍、天喜、龍德、貴人臨財福在外動，更遇卦象旺相，乃朝市富貴之地，移居之後家宅興隆。若吉神雖多，外卦休囚，去處顯然蕭條，移後必有悔意。若青龍並以上吉神在內動，不利遷，但能守舊，終見興隆。

八卦八節旺廢表

狀態／對應卦／節氣	旺	相	胎	沒	死	囚	休	廢
立春	艮	震	巽	離	坤	兌	乾	坎
春分	震	巽	離	坤	兌	乾	坎	艮
立夏	巽	離	坤	兌	乾	坎	艮	震
夏至	離	坤	兌	乾	坎	艮	震	巽
立秋	坤	兌	乾	坎	艮	震	巽	離
秋分	兌	乾	坎	艮	震	巽	離	坤
立冬	乾	坎	艮	震	巽	離	坤	兌
冬至	坎	艮	震	巽	離	坤	兌	乾

若白虎、朱雀、玄武、官符加鬼在內動，宜大速移居，免生凶咎⑬。若在外動，決不可行，守舊則吉。移去必遭官災、口舌、喪亡、失脫。無氣輕可(五九)。

大抵青龍為吉，白虎為凶。守舊還移，隨其變動而作趨避。

刑害翻成六合，挈家⑭去後亨通。

凡卜移居(六十)，得三刑六害卦，本非吉兆；若變得六合卦，去後必亨通(六一)。若六合卦變得六害三刑卦，不宜還，縱然還去，始得享佳，終成凶惡。

又云：六合化六合，去留任東西(六二)。

遊魂化入歸魂，返舍回來大吉(六三)。

占移居得遊魂卦，但得外象旺相，吉神聚會，本為得宜。若化歸魂，移去後仍復奔回。若歸魂卦中吉神發動，回歸必見禎祥，乃為大吉。凶神發動，雖回亦難稱遂，反為災殃(六四)。

欲遂遷居之志，須求分燭之鄰。

初爻為左鄰後鄰，四爻為右鄰前鄰。旺相鄰家富，無氣鄰家貧。官鬼帶貴，乃與官家為鄰。帶咸池加玄武，必有淫亂之人。屬陽男子淫，屬陰女人淫(六五)。帶財福祿青龍天喜，必慈祥愷悌之家。加鬼殺白虎凶神，乃無籍⑮凶惡之人(六六)。

若與世相生相合，必然與我和協。與世相剋相沖，不免是非爭訟。不動不可斷爭，只是不和協。凡占家宅，亦宜論之(六七)。

注釋

①猥猥（wěi）：低下鄙陋。

②爨（cuàn）：燒火做飯。

③呪咀（zhòuzuī）：詛咒、咒罵。

④惱聒（guō）：煩惱吵擾。

⑤妊（rèn）喜：懷孕之喜。

⑥重喪：舊謂家屬有兩人相繼死亡。漢王充《論衡・辨祟》：「辰日不哭，哭有重喪」。

⑦風燭：指風中之燭，容易熄滅。

⑧縈（yíng）心：牽掛心間。

⑨夢寐（mèi）：睡夢，夢中。

⑩甑（zèng）：蒸米飯的用具，略像木桶，有屜子而無底，亦作「甑子」。

⑪駭（hài）怪：驚駭。

⑫徙（xǐ）舍：指遷移住居。

⑬凶咎（jiù）：災殃。

⑭挈（qiè）家：攜帶家眷。

⑮無籍：指無賴漢。

校勘記

㊀㊁「象」，原本脱漏，據《新鍥斷易天機・占家宅・天玄賦》原文補入。

㊂「若」，原本作「去」，疑誤，據《新鍥斷易天機・占家宅・天玄賦》原文改作。

㊃「事」，原本脱漏，據《新鍥斷易天機・占家宅・天玄賦》原文補入。

㊄「盛」，原本作「夥」，疑誤，據《新鍥斷易天機・占家宅・天玄賦》原文改作。

㊅「且如《風天小畜》，不可言《小畜》《大畜》錢財滿屋。豈知內剋外，宅剋人，住居不安。又如《既濟》，不可言無財。豈知外剋內，人剋宅，年年清安獲福。凡遇世應相生吉，相剋凶。一二三世卦皆吉，四世五世八純遊魂皆凶」，原本脱漏，據《新鍥斷易天機・占家宅・天玄賦》原文補入。

㊆「初爻住宅基址，井亦相連。帶財福吉」，原本作「初爻住宅基址，帶財福吉，井亦相連」，疑誤，據《新鍥斷易天機・占家宅・天玄賦》原文改作。

㊇「空亡，他人財物。帶四墓鬼，地基有伏屍。帶水鬼剋世，地基出水、地濕。初爻為井，帶庚子水，屋下井。帶甲子水，門前井。四爻丁亥水，屋後井。六爻無水，必無井」，原本脱漏，據《新鍥斷易天機・占家宅・天玄賦》原文補入。

㊈「初爻屬土，井水渾濁，不可向口。加穢污殺，有穢氣。二爻空亡，井上無欄，初爻屬木，井邊有花果樹。火則泉水常乾，金則沉瑩香潔。父化兄，承祖留下井。兄化兄，

與他人相合井。加天河殺，主小兒墮井。初爻屬水帶子孫，則井水清冷盈溢」，原本作「初爻屬土則渾濁，水則清冷盈溢，木則井上有樹，火則泉水常乾，金則沉瑩香潔」，疑誤，據《新鍥斷易天機·占家宅·天玄賦》原文改作。

㊉「次睹華堂之境界，兼接灶司」，原本在「相連井位」標題後，據《新鍥斷易天機·占家宅·天玄賦》標題原文調整至此。

㊉㊀「二爻空亡，更無父母，必無堂屋。帶財福者，宅必宜人。加父帶殺發動者，難為少丁，必與親房合居。或外宮兄弟來剋，或化兄弟，當與外人同居」，原本脫漏，據《新鍥斷易天機·占家宅·天玄賦》原文補入。

㊉㊁「二爻又為灶，旺相新灶，休囚舊灶」，原本作「二爻灶亦兼焉」，疑誤，據《新鍥斷易天機·占家宅·天玄賦》原文改作。

㊉㊂「帶吉神則家安，帶凶殺灶不安。加穢污殺並咸池者，原有污濁磚石泥土在內，主人家生瘡，血氣之疾」，原本脫漏，據《新鍥斷易天機·占家宅·天玄賦》原文補入。

㊉㊃「加朱雀官鬼，灶下有呪咀。動加螣蛇鬼殺，灶必漏煙。白虎鬼，崩損破敗，須防膿血淋漓。勾陳鬼，欠土修葺。空亡無煙樓，或無大灶，或有廢灶」，原本作「朱雀帶官，定有灶前呪咀，鬼連白虎，須防膿血淋漓」，疑誤，據《新鍥斷易天機·占家宅·天玄賦》原文改作。

⑮「者」，原本脫漏，據《新鍥斷易天機・占家宅・天玄賦》原文補入。

⑯「動來生合者」，原本作「動者」，疑誤，據《新鍥斷易天機・占家宅・天玄賦》原文改作。

⑰「家有餘慶」，原本脫漏，據《新鍥斷易天機・占家宅・天玄賦》原文補入。

⑱「決」，原本脫漏，據《新鍥斷易天機・占家宅・天玄賦》原文補入。

⑲「加父母化父母者」，原本作「加父化父者」，疑誤，據《新鍥斷易天機・占家宅・天玄賦》原文改作。

⑳「財空亡，無大門，不然，決主外戶不閉，或有左無右，有右無左。大凡三爻但遇官爻，其中便有話說。金鬼：主門無環或環重釘，或環腳門上動，不然必被切傷。木鬼：主門從別處來，或破損。木鬼又化鬼，兩處湊合來。水鬼：當門屋漏，或門外有凶水朝。火鬼：主門被火燒，或開門動香火。土鬼：門上有土書，或手書記，或泥土塗污。所述不盡者，又在乎自己推詳之」，原本脫漏，據《新鍥斷易天機・占家宅・天玄賦》原文補入。

㉑「四戶倘臨鬼殺，須加六獸參詳」，原本在「不離五行分剖」標題後，疑誤，據《新鍥斷易天機・占家宅・天玄賦》標題原文調整至此。

㉒「門」，原本脫漏，據《新鍥斷易天機・占家宅・天玄賦》原文補入。

㉓「帶子孫、妻財、青龍，天貴動者吉。加官鬼、官符、朱雀動者，必有官非口舌。更加官符，必招獄訟。若鬼加螣蛇動，必有牽連不了之事，或被連累。兄弟加朱雀動者，官非破財。若卦象內財帶白虎動者，主毀折房屋之兆」，原本脱漏，據《新鍥斷易天機・占家宅・天玄賦》原文補入。

㉔「第五爻為門前路。與世合，路則委曲有情。與世沖，路必直來。帶吉神則吉，加凶殺則凶也」，原本作「五爻為路。與世合，則委屈有情。與世沖，則直長帶殺」，疑誤，據《新鍥斷易天機・占家宅・天玄賦》原文改作。

㉕「世在五爻，路傍正屋。應在五爻，路經面前。五爻被日辰刑沖者，路必然破損」，原本脱漏，據《新鍥斷易天機・占家宅・天玄賦》原文補入。

㉖「六為棟樑之位」，原本在「五為道路之爻」標題後，疑誤，據《新鍥斷易天機・占家宅・天玄賦》標題原文調整至此。

㉗「第六爻為棟樑牆壁。加青龍並天喜者，乃新創整齊。加白虎破軍者，舊居破敗」，原本作「六爻為棟樑牆壁，帶青龍則創創整齊，加白虎則崩頹破敗」，疑誤，據《新鍥斷易天機・占家宅・天玄賦》原文改作。

㉘「若逢日辰刑沖，雖有青龍等刑沖，新創亦當崩損。六爻若臨螣蛇動，決主屋漏水」，原本脱漏，據《新鍥斷易天機・占家宅・天玄賦》原文補入。

㉙「月建青龍，正月從寅上順行。在內動，月內當有婚姻、進人口之喜。在外動，士夫當有加官進祿之慶，庶人當有增進錢財之喜。若臨財、臨子孫動者，當有產育之慶。更會月建青龍，必見重重喜慶」，原本作「月建，即正月建寅之類。與青龍會合一處發動，主重重喜慶。士夫當加官進爵。庶民則增進錢財，或婚姻產育，無不吉也」，疑誤，據《新鍥斷易天機・占家宅・天玄賦》原文改作。

㉚「遇沖難守，此則但主月內雖有吉慶，終為不美。加官進祿反不稱隧，婚姻亦不喜美。添進人口，終不相利。若是生男，臨盆即死。更望求財，難全終始。凡占遇日辰沖，決無解救。動爻來沖，卻看沖爻日下在否。休囚受制，終無大害」，原本脫漏，據《新鍥斷易天機・占家宅・天玄賦》原文補入。

㉛「喪門加白虎，須憂疾病喪亡」，原本在「當主婚姻妊喜」標題後，疑誤，據《新鍥斷易天機・占家宅・天玄賦》標題原文調整至此。

㉜「歲前神殺附此具陳：一太歲，二太陽，三喪門，四太陰，五官符，六死符，七歲破，八龍德，九白虎，十福德，十一弔客，十二病符。又云：與月建沖者，為月建白虎。凡遇白虎加喪門、弔客、死符、病符動，其月內有疾病、喪亡之憂。若見年建、月建白虎與日辰白虎同立，不動猶可，動則必犯重喪。凡遇白虎空亡，決有外服。以上一切凶神，凡遇動，得日辰衝破，及子孫解神動來沖剋，災病雖有，不致喪亡也」，原本作「喪門白虎，

謂之四利三元，乃凶神，見後凶殺章內。若見此爻動者，則有病患連綿，喪亡疊至。種種不祥，自當細審」，疑誤，據《新鍥斷易天機・占家宅・天玄賦》原文改作。

㉝「月內必有口舌、官事相擾」，原本作「月內必有官事」，疑誤，據《新鍥斷易天機・占家宅・天玄賦》原文改作。

㉞「在內必在家惹事，在外必他處招殃。加大殺剋世，必遭禍非輕。加月建朱雀，官事必相纏繞，難以解散。若加兄弟動，其事動眾費財」，原本脱漏，據《新鍥斷易天機・占家宅・天玄賦》原文補入。

㉟「若與日辰朱雀並動，須防火燭。看那爻發動，便知何處有失」，原本作「若與日辰朱雀並動，須防火燭」，疑誤，據《新鍥斷易天機・占家宅・天玄賦》原文改作。

㊱「凡朱雀空亡，官事無妨訟得理，是非潛伏，風燭潛消，必無口舌是非爭訟」原本作「若朱雀空亡，官事無妨，是非潛伏，火燭消烊」，疑誤，據《新鍥斷易天機・占家宅・天玄賦》原文改作。

㊲「勾陳旺，則戶增田業」，原本在「朱雀空，則門絕官災」標題後，據《新鍥斷易天機・占家宅・天玄賦》標題原文調整至此。

㊳「凡遇月建或日建勾陳臨木財剋世，最為得宜。若世動剋木爻，乃退賣田莊之兆。勾陳若加太歲及官符官鬼動者，必有戶婚田宅之訟，旺相事大，休囚小可。若勾陳見勾

陳，主爭訟鬥打，憂慮纏繞。凡沖破財福勾陳則凶，沖散鬼殺勾陳則吉」，原本脱漏，據《新鍥斷易天機・占家宅・天玄賦》原文補入。

㊴「陰私」，原本脱漏，據《新鍥斷易天機・占家宅・天玄賦》原文補入。

㊵「宜防失脱」，原本脱漏，據《新鍥斷易天機・占家宅・天玄賦》原文補入。

㊶「但凡月建玄武與日建玄武同宮，主連年失脱，不曾住停」，原本脱漏，據《新鍥斷易天機・占家宅・天玄賦》原文補入。

㊷「可知」，原本脱漏，據《新鍥斷易天機・占家宅・天玄賦》原文補入。

㊸「不可與人言也」，原本作「不宜輕泄」，疑誤，據《新鍥斷易天機・占家宅・天玄賦》原文改作。

㊹「騰蛇本主虛驚，遇陰鬼多生怪夢」，原本在「加咸池必有私情」標題後，據《新鍥斷易天機・占家宅・天玄賦》標題原文調整至此。

㊺「若在內動，主有牽連事至，或憂慮縈心」，原本作「若動，主有牽連事至」，疑誤，據《新鍥斷易天機・占家宅・天玄賦》原文改作。

㊻「若臨日建騰蛇，節次驚恐不免。若加官鬼，必有虛驚。爻若火鬼動，必因火燭驚恐，旺相虛驚必甚，無氣只是小可」，原文脱漏，據《新鍥斷易天機・占家宅・天玄賦》原文補入。

㊼「若遇陰鬼，必主夜生怪夢。更加天喜貴人，夜夢雖有，終無凶惡。若加大殺劫殺，乃凶惡不祥之夢。剋世臨世，乃宅長夜夢不安。剋應臨應，主宅母夢寐不寧」，原本作「遇陰鬼，主夜生怪夢，剋世臨世，宅長夜夢不安。剋應臨應，宅母夢寐不寧」，疑誤，據《新鍥斷易天機・占家宅・天玄賦》原文改作。

㊽「寅動，狐狸之怪，卯動亦然，是狐狸悲啼之怪。巳動，蛇入宅怪。午動，火光怪。申亦狐狸。酉是雞怪，或母雞作雄雞鳴，或生小卵。戌是狗怪，或吠，上屋上床。亥是飛禽之怪。辰戌丑未是虛響怪」，原本作「寅卯申，狐狸怪。巳動，蛇怪。午動，火光怪。酉是雞怪，戌是狗怪，辰丑未是虛響怪」，疑誤，據《新鍥斷易天機・占家宅・天玄賦》原文改作。

㊾「二爻寅卯怪爻動，甑釜鳴。宜按動而推，不動不言也，若螣蛇動亦可言。加天燭殺，主火怪」，原本脱漏，據《新鍥斷易天機・占家宅》原文補入。

㊿「天燭殺云：天燭正月起蛇宮，蕩蕩順行數至龍，卦內交重並發動，作福祈禱也大凶。後增入天狗、天鼠、天魔三殺，入此一宮方定」，原本脱漏，據《新鍥斷易天機・占家宅》原文補入。

(51)「凡有怪異之事，亦有淺深之辯」，原本作「凡有怪異，亦有淺深」，疑誤，據《新鍥斷易天機・占家宅・天玄賦》原文改作。

㉜「吉處雖少，亦不可皆為凶禍。凡鼠咬人衣，不過是非口舌，謀事難遂。或鼠作鴨鳴，其禍必甚，主有喪亡。若狐狸夜啼，其怪千眾，不可便言凶禍。若帶殺動剋世爻，主自身有大患。如世值吉神剋怪爻，鄰家災禍。蛇入正屋，家長必喪。入廳宇廊廡，小口有傷。火光怪，須防火燭。雞生小卵，人眷不安。母雞作雄雞鳴，家道不寧，小口有病。狗上床越屋，宅母有凶。狗夜啼笑，必喪家長並頭男。飛鳥悲，或遺屎墮帽，皆主失財，爭訟。虛響，家道不安，房宇蕭條，人丁不旺。甑鳴釜叫，須看惡殺，帶殺為凶。帶吉神動，主發財福」，原本脫漏，據《新鍥斷易天機・占家宅・天玄賦》原文補入。

㉝「化入八純，遷移遠方。遊魂化遊魂，遷居不安穩，更有遷移之意。占遇《水天需》，《山雷頤》，此二卦多主遷居」，原本脫漏，據《新鍥斷易天機・占家宅・天玄賦》原文補入。

㉞「身居墓庫，終無起離之時」，原本在「世在遊魂，常有遷移之意」標題後，據《新鍥斷易天機・占家宅・天玄賦》標題原文調整至此。

㉟「若落空亡，及化入墓，終去不成，縱然強去，必見災殃。官鬼持世，雖欲移居，中心疑惑，尚在趑趄之際。若鬼在世上靜，遷成又無害。發動，移去必凶也」，原本脫漏，據《新鍥斷易天機・占家宅・天玄賦》原文補入。

㊱「吉利」，原本作「大吉」，疑誤，據《新鍥斷易天機・占家宅・天玄賦》原文改作。

(五七)「先看內外卦象休旺，方可決其吉凶」，原本脫漏，據《新鍥斷易天機・占家宅・天玄賦》原文補入。

(五八)「若內卦旺相，外卦休囚，只得安舊，移動反不如前。若內卦無氣，外卦旺相，移去終見吉利。內外卦象皆無氣，移去只是舊處一般，亦無起發之意。更須參究吉神動，亦可為強。若內外卦象皆旺相，去留俱好。凡旺處勝如相地，胎沒勝休囚」，原本脫漏，據《新鍥斷易天機・占家宅・天玄賦》原文補入。

(五九)「青龍、天喜、龍德、貴人臨財福在外動，更遇卦象旺相，乃朝市富貴之地，移居之後家宅興隆。若吉神雖多，外卦休囚，去處顯然蕭條，移後必有悔意。若青龍並以上吉神在內動，不利遷，但能守舊，終見興隆。若白虎、朱雀、玄武、官符加鬼在內動，宜大速移居，免生凶咎。若在外動，決不可行，守舊則吉。移去必遭官災、口舌、喪亡、失脫。無氣輕可」，原本脫漏，據《新鍥斷易天機・占家宅・天玄賦》原文補入。

(六十)「凡卜移居」，原本作「占移居」，疑誤，據《新鍥斷易天機・占家宅・天玄賦》原文改作。

(六一)「通」，原本脫漏，據《新鍥斷易天機・占家宅・天玄賦》原文補入。

(六二)「若六合卦變得六害三刑卦，不宜遷，縱然遷去，始得享佳，終成凶惡。又云：六合化六合，去留任東西」，原本脫漏，據《新鍥斷易天機・占家宅・天玄賦》原文補入。

㊸「遊魂化入歸魂，返舍回來大吉」，原本在「挈家去後亨通」標題後，據《新鍥斷易天機・占家宅・天玄賦》標題原文調整至此。

㊹「占移居得遊魂卦，但得外象旺相，吉神聚會，本為得宜。若化歸魂，移去後仍復奔回。若歸魂卦中吉神發動，回歸必見禎祥，乃為大吉。凶神發動，雖回亦難稱遂，反為災殃」，原本作「遊魂化歸魂，必當仍還舊地，乃為大吉」，疑誤，據《新鍥斷易天機・占家宅・天玄賦》原文改作。

㊺「旺相鄰家富，無氣鄰家貧。官鬼帶貴，乃與官家為鄰。帶咸池加玄武，必有淫亂之人。屬陽男子淫，屬陰女人淫」，原本脫漏，據《新鍥斷易天機・占家宅・天玄賦》原文補入。

㊻「帶財福祿青龍天喜，必慈祥愷悌之家。加鬼殺白虎凶神，乃無籍凶惡之人」，原本作「加財福吉神，必慈祥愷悌之家。帶鬼殺凶神，乃無籍凶狠之輩」，疑誤，據《新鍥斷易天機・占家宅・天玄賦》原文改。

㊼「若與世相生相合，必然與我和協。與世相剋相沖，不免是非爭訟。不動不可斷爭，只是不和協。凡占家宅，亦宜論之」，原本脫漏，據《新鍥斷易天機・占家宅・天玄賦》原文補入。

十二、香火章

欲究治家之本，莫過敬鬼為先。

卦中三爻，總論天地鬼神㊀。其中六獸，可知作福興災。

第三爻管香火堂，土為大主社神王，火屬緋①神並五道②，金是蓮社及金剛。

水是四州東海祟，或是玄天鎮北方，木是木雕慈善像，鬼爻帶殺木三郎㊁。

凡占家宅香火之法，專以第三爻為香火㊂。帶吉神則吉，凶神則凶㊃。若福德臨之，則家神興旺。

若論鬼祟，不獨第三爻內，但看鬼爻動處，並宜詳審。不因疾病，不必言此。其餘事理不可盡述，學者自宜通變。

青龍若臨第三爻上，乃家神有興福之助，人口咸安。

朱雀若臨子孫動，其家有人好善看經。若臨大殺加兄弟動，必主呪咀，人眷不安。

勾陳若加官鬼動，土廟不安，土地③為禍。若持剋世爻，人口有時疾，帶殺其害尤重，逢沖禍稍輕。

騰蛇帶鬼殺動，主里社④神祇⑤不安，其家必有破損，卷起神像。要知何神，但依前章細斷。

若白虎加福德動，必有善願未還。或加兄弟，乃他人因我許下未還。

以上六神所臨之處，不可皆言凶。若遇吉神，雖加虎蛇，亦不為害。若遇凶殺，雖加青龍，亦難為吉。此後布列十二支所臨鬼祟，必須疾病喪亡，方且言此。

凡子爻帶鬼，必是江河岸側鬼。丑爻鬼，有犯當境土地，朝斗夜香，不口奏杉。寅鬼，必然褻瀆東嶽，或自弔鬼，木下旺神，獵神。卯爻同此例推斷。辰爻與丑同。巳乃竈室，或玄壇香火願。午乃香願有欠，或香火不安。未與丑同，或伽藍⑥、土地。申乃寺觀中有犯，或值殺傷神。酉乃西方佛像，或帶血傷亡。加青龍，必是産亡少婦。戌與丑同。亥是落水鬼。

此一節，不同第三爻內看，六爻皆用細察，吉凶有準㊄。

以六獸推測鬼神，難以言盡，大率吉神宜發動，凶神宜安靜。

單拆須辨陰陽，衰旺可推新舊。

鬼爻是單屬陽，乃天神佛像，或祀典⑦正神。鬼爻見拆屬陰，必是依草附木，暴死傷亡，投河自縊⑧之鬼。鬼值青龍，必是家先。男女尊卑，並見前注㊅。凡㊆欲知人家神像新舊如何，但依衰旺推究。自長生至帝旺，皆可言新，自衰死㊇至墓絕，必須言舊。

但以衰病略舊，墓絕最舊。

要察神前之供器，更詳卦內之鬼爻。鬼位逢金，必主香爐破損。官爻遇木，決然牌位⑨崩摧。

欲察供器，但看三爻臨鬼。要更分別五行，自然必中。

鬼位逢金，必主神前香爐破損。鬼爻屬木，決主牌位崩摧，或毀壞牌位。鬼爻臨水，香爐堂內必主有漏處。鬼爻屬火，不問神像牌位，但神前供具，必有一件被火燒者。土爻臨鬼，必主塵埃滿案，無人拂拭⑩。

以上皆主香火不安，宜除去，崩者宜修理。若能如是，庶幾六神安穩㊈。

注釋

①緋（fēi）：紅色。

②五道：五道將軍的簡稱。迷信傳說中東嶽的屬神，掌管人的生死。

③土地：神名。指掌管、守護某個地方的神。

④里社：借指鄉里。

⑤神祇（qí）：天神與地神。也泛指神靈。

⑥伽藍（qiélán）：佛教寺院的通稱。

⑦祀（sì）典：1、記載祭祀儀禮的典籍。2、祭祀的儀禮。

⑧自縊（yì）：用繩索自勒其頸而死。俗稱上弔。

⑨牌位：設位致祭所供的神主，及一切作為祭祀對象的木牌。

⑩拂拭（fú shì）：撣去或擦去塵土。

校勘記

㈠「總論天地鬼神」，原本作「總論天神地鬼」，疑誤，據《新鍥斷易天機・占香火・天玄賦曰》原文改作。

㈡「第三爻管香火堂，土為大主社神王，火屬緋神並五道，金是蓮社及金剛。水是四州東海祟，或是玄天鎮北方，木是木雕慈善像，鬼爻帶殺木三郎」，原本脱漏，據《新鍥斷易天機・占香火・天玄賦曰》原文補入。

㈢「專以第三爻為香火」，原本作「以卦中第三爻為主」，疑誤，據《新鍥斷易天機・占香火・天玄賦曰》原文改作。

㈣「帶吉神則吉，凶神則凶」，原本脱漏，據《新鍥斷易天機・占香火・天玄賦曰》原文補入。

㈤「若論鬼祟」以下的內容，原本脱漏，據《新鍥斷易天機・占香火・天玄賦曰》原文補入。

㈥「鬼值青龍，必是家先。男女尊卑，並見前注」，原本脱漏，據《新鍥斷易天機・占香火・天玄賦曰》原文補入。

㈦「凡」，原本脱漏，據《新鍥斷易天機·占香火·天玄賦曰》原文補入。

㈧「死」，原本脱漏，據《新鍥斷易天機·占香火·天玄賦曰》原文補入。

㈨「鬼位逢金，必主神前香爐破損。鬼爻屬木，決主牌位崩摧，或毀壞牌位。鬼爻臨水，香爐堂內必主有漏處。鬼爻屬火，不問神像牌位，但神前供具，必有一件被火燒者。土爻臨鬼，必主塵埃滿案，無人拂拭。以上皆主香火不安，宜除去，崩者宜修理。若能如是，庶幾六神安穩」，原本作「鬼位逢金，主香爐破碎。鬼爻遇木，主牌位崩摧。鬼爻臨水，神堂上定有漏處。臨火神，位前供具，必有一件被火燒者。臨土，必主塵埃滿案，無人拂拭。修葺重新，庶幾六神安穩興隆」，疑誤，據《新鍥斷易天機·占香火·天玄賦曰》原文改作。

十三、六畜章

若問家先，內宮看鬼，崇奉百神安妥，自然六畜興隆。

凡人能敬奉百神，家道必昌，六畜自旺。以下二節，皆言六畜。然六畜之占，其事雖小，亦有妙處，不可輕易。須詢本命上卦，次看持剋吉凶，庶幾分位無差，顏色亦有準矣㈠。

雞鴨原在初爻，遇青龍則四時旺盛。貓犬端居二位，加白虎則兩件難全。

初爻雞鴨位，帶鬼或空亡，難為雞鴨。加大小耗，必有狐狸黃鼠所傷。帶鬼、穢污殺，雞棲近廁㈡。若臨青龍，大吉。初爻寅卯木，若當《坎》宮位上最宜上春雞。初爻辰戌土，若在《離》宮位，宜養晚哺雞。初爻帶火鬼，須防蛇竊雞，加玄武動，多損失。初爻帶朱雀，多是哺雄雞。若臨青龍，斷雞鴨必旺。更臨財福，吉無不利㈢。

二爻為貓犬，寅爻傍動剋戌爻，虎傷犬。戌爻剋二爻，犬傷貓。二爻亦龍，寅爻斷㈣。貓爻若加吉殺，必善捕鼠。殺帶鬼，家有惡犬。逢空難為貓犬㈤，旺空有狗無貓，有貓無狗，不能兩全。若兄弟相合，主兩家合養貓。若加青龍，貓犬長進，旺相必多，休囚少。若加白虎發動，必然有傷，更加凶殺，縱旺亦防絕滅。遇財福，貓狗必然旺相㈥。

三四豬羊，怕見殺官兄弟。五六牛馬，喜逢福德妻財。

三爻為豬，若㈦帶子孫妻財，必旺。帶兄弟，豬不長。帶官逢空，豬有損失。帶子孫胎爻，其家豬有胎。若見申酉二爻動，或剋三爻，豬決有損失。

四爻為羊，帶財福則旺，帶鬼殺則損失，逢空無羊。胎養臨爻則羊母旺，劫殺臨爻則羯羊①多。朱雀臨大殺在《兌》宮、《乾》宮動，羊生臊口。遇青龍動則吉，白虎動則凶。

五爻為牛，帶子孫，其家有子母牛。帶胎爻，其家牛有胎。凡遇青龍財福則吉，鬼殺白虎則凶。青龍臨爻，多是水牛。勾陳螣蛇，多是黃牛。若五爻帶金鬼，主牛夜啼或有損㈧。水鬼敗肚，木鬼腳痛，火鬼因觸熱，土鬼時氣發瘴②。兄弟化兄弟，與人相合，牛只旺相正盛㈨，墓庫老牛，胎養小牛。

六爻為驢馬，帶財福則吉，帶鬼殺則凶。如子日沖午爻，或子孫動沖午爻㈩，主走熱飲水，火動則無妨。此一爻，依牛爻斷之。

最嫌本命逢沖，須忌分宮受剋。

丑爻為牛，寅爻為虎亦作貓爻斷，午爻為馬，未爻為羊，酉爻為雞，戌爻為犬，亥爻為豬。以上六畜之本命，怕逢鬼殺、大小耗相刑相剋，又嫌本命空亡，皆主損折狸傷。

一云：初雞鴨，二貓犬，三豬，四羊，五牛，六馬及驢騾。以上乃分宮也。

如本命上卦，當看分宮為主。若吉神動來相生則吉，凶殺動來剋害則凶。更得日辰扶挾③亦吉，若日辰刑沖則凶。能依此斷，萬無一失。

命逢生旺，當別吉凶。

生旺若逢本命，本為吉兆，卻看臨財福旺相則吉，臨鬼殺大小耗則凶，反不如不旺。凡吉神扶命旺處，六畜必盛。若加鬼殺，得是休囚，庶幾損折亦輕。凡遇本命旺臨財福，卻加大小殺于其上，此主孳牲④雖盛，損失亦多，得

天玄賦爻位	
六爻	馬驢騾
五爻	牛
四爻	羊
三爻	豬
二爻	貓犬
初爻	雞鴨

失相半之兆。不可概論，而斷其吉凶。

爻值刑沖，須分表裡。

分宮若日辰相㊀刑沖，或動爻刑沖，當有吉凶之辨，表裡之分。凡分宮會財福青龍則吉，若逢刑沖則凶。若臨鬼殺白虎，逢刑沖反吉，必主前雖損失，以後必然旺盛。大凡旺處逢沖則損，絕處逢沖則散，空處逢沖則不空。

六獸可知顏色，斟酌相剋相生。八宮細論身形，定奪居中居外。

欲知顏色，不過是豬犬牛馬。凡遇六神所臨，六爻安靜，別無衝破，但言一樣顏色。若動相生相剋，方可言雜色。假如玄武臨用爻，被白虎動來剋，此乃黑白相間。玄武旺則黑多，白虎衰則白少。兩爻衰旺相停，黑白相半。且如青龍臨用爻，白虎動來剋，又加勾陳動來生，此乃三色花，黃白黑相間，即玳瑁色。

《乾》首、《坤》腹、《離》目、《坎》耳、《兌》口及尾、《艮》前足、《震》後足、《巽》腰。

凡用爻臨玄武在《乾》象，更無別爻相剋相生，乃是通身黑色。若逢《坤》象，白虎動來生剋，必是黑頭白腹，若遇休囚其白少，若逢生旺通腹白。又如勾陳臨用爻，在《坤》象，被《震》宮或《艮》宮白虎動來相剋，乃黃身白腳。《震》言後腳，《艮》言前腳㊁。

以上略舉一二以為法，其餘分宮倣此推詳。

凡占，須以用爻所臨為本身顏色，若遇別爻沖剋及生扶，方可看其在脚言脚，在腰言腰。且如《坤》宮白虎剋《坤》宮玄武，不過是黑身，腹有白色。餘皆倣此推之。以上三節，事雖微瑣，義理弘深，非深明易道者，安能知此哉⑬。

注釋

①羯（jié）羊：已閹割的公羊。

②瘴（zhàng）：瘴氣。舊指南方山林間濕熱蒸鬱致人疾病的氣。

③扶挾（jiā）：夾持，護持。

④孳（zī）牲：繁殖牲畜。

校勘記

㊀「凡人能敬奉百神，家道必昌，六畜自旺。以下二節，皆言六畜。然六畜之占，其事雖小，亦有妙處，不可輕易。須詢本命上卦，次看持剋吉凶，庶幾分位無差，顏色亦有準矣」，原本脱漏，據《新鍥斷易天機·占六畜·天玄賦曰》原文補入。

㊁「帶鬼、穢污殺，雞棲近廁」，原本脱漏，據《新鍥斷易天機·占六畜·天玄賦曰》原文補入。

㊂「初爻寅卯木，若當坎宮位上最宜上春雞。初爻辰戌土，若在離宮位，宜養晚哺雞。初爻帶火鬼，須防蛇竊雞，加玄武動，多損失。初爻帶朱雀，多是哺雄雞。若臨青龍，斷雞鴨必旺。更臨財福，吉無不利」，原本脱漏，據《新鍥斷易天機・占六畜・天玄賦曰》原文補入。

㊃「寅爻斷」，原本脱漏，據《新鍥斷易天機・占六畜・天玄賦曰》原文補入。

㊄「逢空難為貓犬」，原本作「逢空不利」，疑誤，據《新鍥斷易天機・占六畜・天玄賦曰》原文改作。

㊅「若加白虎發動，必然有傷，更加凶殺，縱旺亦防絕滅。遇財福，貓狗必然旺相」，原本作「加白虎，必然有傷。帶青龍，必然旺相」，疑誤，據《新鍥斷易天機・占六畜・天玄賦曰》原文改作。

㊆「若」，原本脱漏，據《新鍥斷易天機・占六畜・天玄賦曰》原文補入。

㊇「主牛夜啼或有損」，原本作「主牛夜啼」，疑誤，據《新鍥斷易天機・占六畜・天玄賦曰》原文改作。

㊈「牛只旺相正盛」，原本作「牛只旺相」，疑誤，據《新鍥斷易天機・占六畜・天玄賦曰》原文改作。

㊉「或子孫動沖午爻」，原本脱漏，據《新鍥斷易天機・占六畜・天玄賦曰》原文補入。

⑪「相」，原本脫漏，據《新鍥斷易天機・占六畜・天玄賦曰》原文補入。
⑫「震言後腳，艮言前腳」，原本作「震言前腳，艮言後腳」，疑誤，據《新鍥斷易天機・占六畜・天玄賦曰》原文改作。
⑬「且如坤宮白虎剋坤宮玄武，不過是黑身，腹有白色。餘皆倣此推之。以上三節，事雖微瑣，義理弘深，非深明易道者，安能知此哉」，原本脫漏，據《新鍥斷易天機・占六畜・天玄賦曰》原文補入。

十四、田蠶章

家有千鍾，皆出田中之玉粒。庫藏百寶，安如箔內之銀絲。先言農力之勤勞，稻熟㈠豈辜于八月。次論育蠶之節令㈡，植桑不負于三春。

凡占農田，以世為田，以應為天。應爻臨水生世，及加青龍玄武生合世爻，乃豐稔之兆㈢。若見應加朱雀，動剋世爻，田禾必損。或世臨勾陳，動剋應爻，主缺水。若世應㈣相合比和，或㈤看卦中何爻發動，水動生剋世吉，火動生剋世凶。

內卦為蠶，外卦為養蠶人。內卦生外卦吉，外卦剋內卦凶。內卦生旺蠶必旺，外卦與隆人必多。內卦休囚，蠶必有損。內外相生皆吉，相剋皆凶㈥。凡占須要巳午上卦為吉，巳午發動乃大吉。凡占蠶，《艮》卦《離》卦其年必吉，《坎》卦《兌》卦其年必凶。若逢四五月卦，決然大吉㊆。

剖分內外三爻，總合農桑二事。

凡占農，以初爻為種，二爻為秧，三爻為人力，四爻為牛，五爻為天，六爻為水。

若占蠶桑，以初爻為種，二為苗，三為人，四為桑，五為箔①，六為繭。

以上六爻旺相者吉，休囚庫墓者凶，若逢大殺、大耗、小耗，皆為凶兆。

天玄賦爻位	
六爻	水
五爻	天
四爻	牛
三爻	人力
二爻	秧
初爻	種

天玄賦爻位	
六爻	繭
五爻	箔
四爻	桑
三爻	人
二爻	苗
初爻	種

二卦遭逢鬼殺，可謂全凶。五行弗遇官爻，方為大吉。

農田若見鬼在初爻，種不對，或不萌。鬼在二爻，必欠秧，旺則有剩㊇。鬼在三爻，農力不到，若加凶殺，田夫有病。鬼在四爻，欠牛力，或牛有損，空亡無牛。鬼化兄，或兄化鬼，與人合牛，工作不利。鬼在五爻，天意不順。鬼在六爻，必缺水。

占蠶鬼在初爻，種不出。在二爻，出後不能旺盛。在三爻，蠶娘有病。在四爻，葉必貴。在五爻，上箔有損。在六爻，財微薄，必無好蠶，亦無好絲。六爻無鬼，田蠶自然興旺。

凡遇鬼爻，須看五行所屬，及觀衰旺動靜，方可決斷㊈。

占農田㊉，鬼爻屬金發動、持剋世爻，決㊀主蝗蟲之災。鬼在木爻動，主傷損㊁。水爻動帶鬼，狂霖損稼，或秋雨阻收㊂。鬼在火爻，必主亢旱。鬼在土爻動，里社興災㊃。看臨第幾爻，便知禍福㊄。

占蠶，鬼屬水，須防鼠耗。屬木，三眠②必有傷。鬼屬金，四眠多白僵③，其年吃葉多。火鬼，頭黃殼不生。土鬼，蠶沙發熱蒸傷。凡鬼旺重大，休囚輕可㊅。

虎易按：「鬼屬金，四眠多白僵」，《新鍥斷易天機·占春蠶·李淳風論蠶歌》曰：「金鬼二眠傷」，與此有異，讀者可互相參考，在實踐中應用檢驗。

陽陰相半，須加四獸參詳。財福俱全，更互六神推究。

田蠶皆宜陰陽相和，水火相半，庶能昌盛。純陰不生，純陽不化④，陰陽交合，然後萬物生。凡占得陰陽相半，外陰內陽，內外相生，大吉之兆。

占春㊆蠶，須看六神持剋。倉屏云：

「青龍旺相入財福，春蠶盈盈滿筐簇⑤，管取竿頭白雪香，會看箱內銀絲足。
朱雀旺相入兄弟，必定桑慳⑥食不濟，若當離象動凶神，蠶室須防火災至。
勾陳帶鬼多黃死，若遇財爻黃繭多，卦中發動並遲滯，若值凶神可奈何。
騰蛇水鬼害頭蠶，正要烘時卻受寒，縱得絲來筐篚⑦內，明朝絺紒⑧也應難。
白虎若臨財福中，箔中多是白頭公，更逢兄弟交重惡，急急祈求一半空。

玄武若臨咸池動，多是女人帶厭來，急求土地⑱來扶救，庶免春蠶目下災」。

田蠶皆以財爻為主，生旺全收，無氣半收，空亡大折。

鬼空財旺必稱心，有鬼無財主大損，若遇子孫持世旺，六爻有鬼亦無妨。

古云：有人制殺，鬼重何妨。父化鬼，艱辛無得。父化財，辛勤有收。財化財，必兩倍收。兄化兄，損大半。鬼化財亦吉，財化鬼損耗。若鬼爻空則吉⑲。

興衰得位，方能保其豐穰⑨。動靜有常，庶可明其得失。

凡占先看空亡，次看財鬼衰旺。若鬼旺⑳財衰，荒歉之徵，財旺鬼衰，豐稔可卜。田蠶二卦，相去不遠，其中所主，各有分辨。

占田以世為主，水火不可相勝。水動生世，春有滋育，夏多時雨。水旺剋世，淫淋不止，巨浸飄泊。卦中有水火爻生世，水火既濟，豐登可擬。

占蠶以巳午為蠶命，發動旺相，皆大吉之象。若旁爻動來相傷剋，必有損失。如有吉神動來相生，可望全收㉑。

注釋

①箔：養蠶的器具，多用竹製成，像篩子或席子。亦稱「蠶簾」。

②三眠（mián）：蠶不食不動的狀態叫眠，有初眠、二眠、三眠、大眠（四眠）之別。

蠶自出生至成蛹，蛻皮三次時，不食不動，呈睡眠狀態，稱為「三眠」。
③白僵（jiāng）：病風而死亡的蠶。
④純陰不生，純陽不化：泛指單憑一方面的因素或條件，促成不了事物的生長或出現。《幼學瓊林·夫婦》曰：「孤陰則不生，獨陽則不長，故天地配以陰陽」。
⑤簇（cù）：蠶蔟，供蠶作繭的東西。用稻麥杆等堆聚而成。
⑥桑慳（qiān）：桑葉欠缺。
⑦筐篚（fěi）：盛物竹器。方曰筐，圓曰篚。
⑧絺綌（chī xì）：葛布的統稱。葛之細者曰絺，粗者曰綌。引申為葛服。
⑨豐穰（ráng）：猶豐熟。

校勘記

㈠「稻熟」，原本作「熟稻」，疑誤，據《新鍥斷易天機·占田禾·天玄賦曰》原文改作。
㈡「令」，原本作「目」，疑誤，據《新鍥斷易天機·占田禾·天玄賦曰》原文改作。
㈢「乃豐稔之兆」，原本作「豐稔之歲可卜矣」，疑誤，據《新鍥斷易天機·占田禾·天玄賦曰》原文改作。
㈣「若世應」，原本作「若應爻」，疑誤，據《新鍥斷易天機·占田禾·天玄賦曰》原文改作。

㊄「或」，原本脫漏，據《新鍥斷易天機·占田禾·天玄賦曰》原文補入。

㊅「內卦生外卦吉，外卦剋內卦凶。內卦生旺蠶必旺，外卦興隆人必多。內卦休囚，蠶必有損。內外相生皆吉，相剋皆凶」，原本作「內生外吉，外剋內凶。內生旺蠶旺，外興隆人多。內外相生吉，相剋凶」，疑誤，據《新鍥斷易天機·占田禾·天玄賦曰》原文改作。

㊆「凡占蠶，《艮》卦《離》卦其年必吉，《坎》卦《兑》卦其年必凶。若逢四五月卦，決然大吉」，原本作「《艮》卦《離》卦大吉，《坎》卦《兑》卦大凶。逢四五月卦大吉」，疑誤，據《新鍥斷易天機·占田禾·天玄賦曰》原文改作。

㊇「旺則有剩」，原本脫漏，據《新鍥斷易天機·占田禾·天玄賦曰》原文補入。

㊈「方可決斷」，原本脫漏，據《新鍥斷易天機·占田禾·天玄賦曰》原文補入。

㊉「占農田」，原本脫漏，據《新鍥斷易天機·占田禾·天玄賦曰》原文補入。

⑪「決」，原本脫漏，據《新鍥斷易天機·占田禾·天玄賦曰》原文補入。

⑫「鬼在木爻動，主傷損」，原本脫漏，據《新鍥斷易天機·占田禾·天玄賦曰》原文補入。

⑬「或秋雨阻收」，原本脫漏，據《新鍥斷易天機·占田禾·天玄賦曰》原文補入。

⑭「鬼在火爻，必主亢旱。鬼在土爻動，里社興災」，原本作「火鬼，必主亢旱。土

鬼，里社興災」，疑誤，據《新鍥斷易天機·占田禾·天玄賦曰》原文改作。

㊄「看臨第幾爻，便知禍福」，原本脫漏，據《新鍥斷易天機·占田禾·天玄賦曰》原文補入。

㊅「占蠶，鬼屬水，須防鼠耗。屬木，三眠必有傷。鬼屬金，四眠多白僵，其年吃葉多。火鬼，頭黃殼不生。土鬼，蠶沙發熱蒸傷。凡鬼旺重大，休囚輕可」，原本作「占蠶，水鬼，防鼠耗。木鬼，二眠有傷。金鬼，多白僵，其年吃葉多。火鬼，頭黃殼不生。土鬼，蠶沙發熱蒸傷」，疑誤，據《新鍥斷易天機·占田禾·天玄賦曰》原文改作。

㊆「春」，原本脫漏，據《新鍥斷易天機·占田禾·天玄賦曰》原文補入。

㊇「急求土地」，原本作「急求蠶福」，疑誤，據《新鍥斷易天機·占田禾·天玄賦曰》原文改作。

㊈「古云：有人制殺，鬼重何妨。父化鬼，艱辛無得。父化財，辛勤有收。財化財，必兩倍收。兄化兄，損大半。鬼化財亦吉，財化鬼損耗。若鬼爻空則吉」，原本脫漏，據《新鍥斷易天機·占田禾·天玄賦曰》原文補入。

㊉「旺」，原本脫漏，據《新鍥斷易天機·占田禾·天玄賦曰》原文補入。

㉑「若旁爻動來相傷剋，必有損失。如有吉神動來相生，可望全收」，原本作「旁爻動來生有利，來剋主有大損」，疑誤，據《新鍥斷易天機·占田禾·天玄賦曰》原文改作。

十五、雨暘①章

雖㊀言地利之廣博，必假天時以發榮。

若問陰晴，全憑水火。

若占晴雨，水火二爻乃一卦之主宰。六爻無水必無雨，六爻無火不開晴。若見水爻動來剋世，驟雨忽然至，生世乃細雨。

又云：水爻旺動是驟雨，無氣是細雨。若水動土亦動，雖雨亦無多。卦中雖有水，若逢土動，決是無雨，只是雨意。若水化水，冬可言冰雪。若火動剋世，必遭亢旱，旺動不吉㊁。若水火兼動，乃雨順風調之象。水化火，驟雨晴明。火化水，晴天變雨。六爻無水火、逢空，不晴不雨陰天氣。餘倣此㊂。故曰：「若問陰晴，全憑水火」。

動靜生剋，測天上之風雲。旺相休囚，決人間之晴雨㊃。

蒼屏云：「世為地，應為天。應剋世無雨，世剋應大雨。世動則急，靜則緩，空則無㊄」。

占雨，初爻為雲，二電，三風，四雷，五雨，六天。

初動雲奔鐵騎，二動電掣金蛇，三動狂風折木，四動雷撼山川，五動驟雨傾盆，六動必多雨水。

若占晴，以初爻為雲，二為露，三為霞，四為虹，五為日

天玄賦爻位	
六爻	天
五爻	雨
四爻	雷
三爻	風
二爻	電
初爻	雲

月，六為天。

初動雲歸岩穴，二動露滴花稍，三動霞明錦繡，四動長虹架樑，五動日張火傘，六動天浸冰壺。五爻若遇陰，月開鏡匣。若遇靜，不以此言。

以前所論，言其大概，必須別其衰旺淺深，庶幾陰陽有準㊅。

占雨，初爻旺，濃雲密佈；無氣，淡煙薄霧。二旺，飛電揚光；無氣，不過㊆雲中虛閃。三旺，大風卷屋；無氣，布暖微風。四旺，轟雷大震；無氣，隱隱雷聲㊇。五旺，滂沱大雨②；無氣，細雨沾濡③。

占晴，初爻旺㊈，天雖晴，雲尚密；無氣，薄雲將散。二旺，草綴露珠；無氣，微施薄露。三旺，朝霞散漫；無氣，日落霞明。四旺，長虹截雨；無氣，半掃浮雲。五旺，大明中照；無氣，日色淡薄。五爻屬陰旺相㊉，月轉冰輪；無氣，如紗罩鏡。

凡動處逢旺即有，靜處逢世旺終有，衰處逢動，雖有不張，靜處逢沖即無。

凡欲決晴雨，但看陰陽之變，水火與衰，自然之理，詳察不差(十一)。

三沖六位，佇看④掣電騰空。四剋五爻，會見長虹貫日。

三爻動，剋初爻，風捲殘雲散九霄。三爻動，生初爻，風送濃雲六合包。或四爻與二爻相生，俱動(十二)，電掣雷轟盡吃驚。三六爻相沖，驟雨傾盆攪六龍。

若卦無雨意，必主閃電空飛，雨終不來。要知有雲無雨，皆初爻旺相，五爻空。其餘依此推詳(十三)。

卦中遇晴，卻是初爻動，生二爻；或二爻動，剋初爻；必主雲散霧收。五爻動，生三爻，或合三爻，日照霞明。四爻剋五爻，長虹貫日。五爻屬陰，被初爻動來剋，月當明也被雲遮。

此二節，略舉其大綱言耳，後之學者，宜細詳之(十四)。

推究六神際會，須知五屬參詳。

青龍臨水動，甘雨即沾濡，若值木爻動，陰雲亦不舒。

朱雀入火動，必然啟大明，飛入土爻發，雲中時漏明(十五)。

勾陳臨土動，陰霧接天涯，若遇卯辰動，風狂雲漸開(十六)。

騰蛇申酉動，掣電走金蛇，縱使天無雨，陰雲盡日遮。

白虎臨木動，須防折木風，走入坎宮發，滔滔水接空。

玄武臨水動，連朝雨不休，更值鬼爻發，陰雲暗九州。

遇木化木，春問可言黃沙落。金化木，主風雲雷電(十七)。

卦值六沖，雲雖凝而復散。爻逢六合，雨未至而可期。

卦值純陽並六沖，雨未可望，雲煙縱合，亦必解散。若陰化為陽，雖有雲意而雨不至，縱有亦少。

凡占，水爻雖動，被日辰並沖，動爻刑害剋沖(十八)，雖雨亦微。水爻安靜，見沖則有雨。

凡遇陰陽相伴(十九)，故能六合。更看水爻有氣，雨雖未至，可以預期。

若陽變為陰，雖靜亦當變雨，縱有火動，亦無久晴。若遇純陰卦，靜則有雨，動則生陽，雨未可望，若㊄水動則可許。加大殺白虎，則有暴雨而至。

但逢雨順及風調，自然民安而國泰。

注釋

①暘（yáng）：晴；晴天。

②滂沱（pāng tuó）大雨：形容雨下得很大。

③沾濡（zhān rú）：浸濕。

④佇（zhù）看：行將看到。

校勘記

㊀「雖」，原本作「既」，疑誤，據《新鍥斷易天機・占天時・天玄賦》原文改作。

㊁「旺動不吉」，原本脫漏，據《新鍥斷易天機・占天時・天玄賦》原文補入。

㊂「餘倣此」，原本脫漏，據《新鍥斷易天機・占天時・天玄賦》原文補入。

㊃「決人間之晴雨」，原本作「決人間之禍福」，疑誤，據《新鍥斷易天機・占天時・天玄賦》原文改作。

㊄「世動則急，靜則緩，空則無」，原本作「動則急，靜則緩」，疑誤，據《新鍥斷易天機·占天時·天玄賦》原文改作。

㊅「占雨，初爻為雲，二雹，三風，四雷，五雨，六天。初動雲奔鐵騎，二動電掣金蛇，三動狂風折木，四動雷撼山川，五動驟雨傾盆，六動必多雨水。若占晴，以初爻為雲，二為露，三為霞，四為虹，五為日月，六為天。初動雲歸岩穴，二動露滴花稍，三動霞明錦繡，四動長虹架樑，五動日張火傘，六動天浸冰壺。五爻若遇陰，月開鏡匣。若遇靜，不以此言。以前所論，言其大概，必須別其衰旺淺深，庶幾陰陽有準」，原本脱漏，據《新鍥斷易天機·占天時·天玄賦》原文補入。

㊆「不過」，原本脱漏，據《新鍥斷易天機·占天時·天玄賦》原文補入。

㊇「隱隱雷聲」，原本作「隱隱輕雷」，疑誤，據《新鍥斷易天機·占天時·天玄賦》原文改作。

㊈「初爻旺」，原本作「初旺」，疑誤，據《新鍥斷易天機·占天時·天玄賦》原文改作。

㊉「相」，原本脱漏，據《新鍥斷易天機·占天時·天玄賦》原文補入。

⑪「凡動處逢旺即有，靜處逢世旺終有，衰處逢動，雖有不張，靜處逢沖即無。凡欲決晴雨，但看陰陽之變，水火興衰，自然之理，詳察不差」，原本脱漏，據《新鍥斷易天機·占天時·天玄賦》原文補入。

㈩「或四爻與二爻相生，俱動」，原本作「二四爻相生」，疑誤，據《新鍥斷易天機・占天時・天玄賦》原文改。

㈢「若卦無雨意，必主閃電空飛，雨終不來。要知有雲無雨，皆初爻旺相，五爻空。其餘依此推詳」，原本脱漏，據《新鍥斷易天機・占天時・天玄賦》原文補入。

㈣「此二節，略舉其大綱言耳，後之學者，宜細詳之」，原本作「略舉大綱，餘當推究」，疑誤，據《新鍥斷易天機・占天時・天玄賦》原文改。

㈤「雲中時漏明」，原本作「雲中光射人」，疑誤，據《新鍥斷易天機・占天時・天玄賦》原文改。

㈥「風狂雲漸開」，原本作「光中雲漸開」，疑誤，據《新鍥斷易天機・占天時・天玄賦》原文改。

㈦「遇木化木，春問可言黄沙落。金化木，主風雲雷電」，原本脱漏，據《新鍥斷易天機・占天時・天玄賦》原文補入。

㈧「動爻刑害剋沖」，原本作「動爻刑害」，疑誤，據《新鍥斷易天機・占天時・天玄賦》原文改。

㈨「併」，原本作「半」，疑誤，據《新鍥斷易天機・占天時・天玄賦》原文改。

㈩「若」，原本脱漏，據《新鍥斷易天機・占天時・天玄賦》原文補入。

十六、國朝章

五爻為天子，近親賢而遠去奸邪。

凡卜㊀國家：以本宮為國，世為君。

又云：五爻為天子。

若帶財福、青龍、貴人者，仁君也。臨太歲、月建、勾陳者，威震天下，守正之君。加大殺、白虎，暴虐之君。帶咸池，淫亂之君。若加劫殺，君位不久㊁。

若與吉神相生相合，必能親近賢者。若吉神相㊂剋，必有賢臣相輔。

若動剋凶神，必能遠小人，去奸邪。或與凶殺相生相合，及凶殺動來相剋，主㊃輔相不得其人，皆奸臣佞相輔君傍㊄。縱遇吉神，亦不能去奸邪㊅。

四位列公侯，上忠君而下安黎庶。

三公九卿①之位，皆在四爻。

若臨吉神旺相剋世，乃是有德權柄㊆，敢言敢諫②，社稷之臣也。

若加鬼殺旺相剋世，乃是欺君僭上③，敝㊇主把權之輩也，乃趙高④之徒㊈。若世值吉神，庶無大害。

四爻若與世相生，阿諛⑤之臣也。縱帶吉神，亦不能規君之過，正君之失。帶凶神，亦不能害君之正，喪君之德。

四爻動生初爻，必有憂民之心。初爻生四爻，民有仰慕之意。四爻加凶殺剋初爻，民受無辜之害。初爻動剋四爻，民視之如仇讎⑥。

四爻生合二爻，必能招賢納士。二爻生四爻，士有景羡之心。四爻生剋三爻，必能任用百官，進賢才㊉，退不肖⑦。

以上細心詳察，無不應驗。

子孫臨大殺，秦扶蘇中趙相之謀⑧。

占國家，以子孫為國嗣。

若得日辰扶合，或動爻相生，或臨月建旺相，及加青龍、貴人者，若東宮⑨已立，他日擬登寶位，更無改易。

子孫若臨㊀咸池，非正宮所生。福德臨劫殺、大殺，恐有變易。更被四爻傷剋，必有趙高謀扶蘇之事。

卦無子孫，無國嗣。子孫空亡，立後有傷，如逢救助，庶可無事㊁。

君位合咸池，唐玄宗受楊妃之禍⑩㊂。

世爻與五爻，若帶咸池玄武，上必荒淫，動則淫亂㊃。卦有咸池，卻被君爻相剋，雖有西施之美，無害于國政。

應爻加咸池，飛入五爻旺相，又兼世爻空亡，必有武氏亂唐之患，後必當見女王⑮治天下。

若加吉神，天下庶幾平⑯定。更帶凶神，四海必亂。

君位若合咸池，帶殺旺相，必遭⑰女禍，如唐皇之于楊貴妃故事也。若被咸池、玄武帶殺動來相剋，必有楊妃之禍。旺動即日便見，衰動尚主未來，安靜後世方有，空亡為害不成。餘皆倣此⑱。

福神剋世，重觀折檻之朱雲⑪。

子孫為福神，發動傷剋世爻者，子孫旺相年月日⑲，主有直臣奏事，頗類朱雲折檻之風。若與日辰相生合，上必允其奏。與日辰刑沖，龍顏必⑳怒，終遭貶責。

子孫臨太歲、月建，動剋四爻而生五爻，子孫旺日，必有御史劾⑫權臣。四爻鬼殺旺相不受剋，須防有災㉑。

將曜加刑，再睹登壇之韓信⑬。

寅午戌，午是將星。已酉丑，酉是將星。申子辰，子是將星。亥卯未，卯是將星。

若將加白虎、羊刃生世，必得強將，如韓信之登壇拜將者㉒。

將星若帶貴人及㉓青龍生世，當得忠良之將。

將星若加劫殺，動來剋世，須防弒君⑭之禍，此爻將星，名為刺客。

以上三節，皆在旺相年月日可見也。

金爻帶鬼，一方有兵革之興。土位逢囚，四海盡干戈⑮之難。

大殺若臨金鬼旺動，必興兵革。世剋應(十四)無大事，剋世必凶。

若土鬼帶殺發動旺相，四海皆亂，剋世必有攻城之賊。

卦中有殺無鬼，剋世亦凶。有鬼無殺，雖凶無(十五)咎。有神制殺，鬼動無妨。鬼位休囚，財與有害。鬼空殺旺，縱亂無成。鬼旺殺空，雖凶無害。

若鬼帶劫殺，或化為兄弟，無過是劫財之賊。若加玄武，是陰私暗害之賊。

卦中蛇虎不動，縱有大殺，不為急迫。若並官鬼惡殺動，實為大害。生剋旺看在何方(十六)，方可決斷。

以遏寇賊，全憑將帥專征。

以世為我將，應為彼帥。

又云：以子孫為我將及先鋒，子孫得地旺相，將軍必勝。若加青龍，乃忠良之將。若帶大殺白虎旺相者(十七)，乃勇悍威猛之將。若得持世，雖有鬼亦無傷害。若得旺相發動，決勝千里。若(十八)日辰扶拱，有百戰百勝之功。

所嫌者，父母發動，旺相得地(十九)，雖有子孫，不可當其鋒。若入墓無氣，雖動無傷。

要決輸贏，先察世辰相剋(二十)。

凡占(二十一)征伐，以世為我，應為彼。世剋應我勝，應剋世彼勝。

世墓，只宜堅壁自守，不可妄動。若世旺相，應入墓，彼必折人丁。世空我有難，應空彼有傷。世在陰宮，不宜先動。世居[32]陽象，不利後與。世動剋應我必進，應動剋世他欲來。

鬼爻剋世他勝我，鬼爻剋應他欲退。鬼持世，須妨圍困。金火持世應，兩家流血交征。

世應比和皆旺相，此兩強敵手，勝敗未可決，但取所長斷之。

世應相生相合，將帥有允和之心，士卒無攻戰之意。若帶殺加兄弟動者，終非真意。帶青龍、天喜、貴人相生，又可信之[33]。

妻財發動，當成易幟之功。

父母為旌旗[34]，旺相發動，必然興兵。若在內動，我欲興兵，若在外動，則他欲動眾[35]。剋世，欲來侵我。剋應，乃回頭之旌幟，他必自退。

凡父母不動妻財動，當有奪旗易幟之事。財在內動，剋外之父母，我必奪彼之旌旗。妻財外動，剋內之父母，彼欲奪我之旌旗[36]。財爻加劫殺，非是奪去，乃相強偷也。

父母旺相乃大旗，休囚乃市陳號帶，顏色大體依六畜色斷之[37]。

兄弟交重，須禦奪糧之患[38]。

妻財為糧食[39]。卦若無財，必絕糧。財空，糧欲缺。財無氣，糧不多。財爻發動[40]，送糧與賊。財在內旺乃我糧足，財在外旺乃彼糧多。內外皆有財爻，彼我不憂糧食。

卦有妻財，怕見兄弟發動，必有奪糧之患㊶。若財在外，兄弟亦在外動，彼被他人劫去。財在內動，兄弟外動，我必被人劫奪。兄弟無氣，須劫亦不多。財臨青龍終難奪，財逢劫殺盡傾囊橐⑯。

又云：兄弟為伏兵。帶劫殺發動剋世，須防損我。剋應，我設計傷他。若遇退解二神，終難得利。兄弟屬陰，宜夜間埋伏。屬陽，宜日中埋伏。兄弟帶青龍吉神剋我，雖有伏兵無傷。若帶白虎凶神剋世，則我凶。白虎凶神剋應，則彼凶。若帶青龍剋應，則不能成其事㊷。

聽轟雷之戰鼓，金爻發動逢空。

古云㊸：「金空則鳴」，動處逢沖愈鳴。若發動，必然金鼓轟雷，須防戰鬥。金爻發動不空亡，刀刃森森明似雪。內動，我之器械俱具。外動，彼之兵刃整齊。若帶大殺白虎，必有大戰㊹。

金爻發動逢刑沖㊺，兵革雖利不傷人㊻。金爻無氣逢刑剋，弓弩⑰甲胄必不整齊㊼。

以上細細搜求，自然有準。

看如雨之炮磚，土位交重逢旺。

土為炮石，旺相臨未上發動，方可言之。若帶大殺，必可傷人㊽。如遇退神，須防自損。若見剋應，亦主傷他。與應比和，須勞無益。若土爻發動剋世，須防彼有炮石。帶殺剋世，必然傷我軍人。其餘依上推詳。

土爻動處若逢沖，石炮雖有無使處。若得日辰扶出，動爻生旺，炮石必如雨。若加青龍及子孫，炮石雖急不能傷人[49]。

木乃濟川⑱之舟楫⑲，火為繫馬之軍營。

征戰不免登山涉水，若無舟船之便，五月安可渡瀘⑳？

凡占以木為舟揖。發動旺相，必有濟川之利。無氣發動，雖有不多[50]。木爻受沖，舟必破漏。木爻受剋，船車難行。卦無水爻恐無水，木爻逢空必無船，木爻帶鬼乃賊船。

凡戰于野，不免安營下寨，雖處山谷之險，亦宜卜其吉凶。

凡占以世為主將，火爻為營寨。與世爻相生相合，其地得利。與世爻相剋相沖，非是可居之地[51]。火爻若帶鬼，賊寨必相近。火爻旺相，宜寬闊圍創[52]。無氣，宜小小[53]結構。

凡值子孫帶水爻動，宜急攻賊寨，必有大勝。若火鬼剋世，須防劫賊來攻我。

蒼屏云：「水爻帶鬼來剋我，須防劫寨及攻營，卻看有氣並無氣，方可斟量道敗贏」。

假如火爻旺相，水爻[54]無氣，縱來剋世亦無傷。火動須移營寨也[55]。

父加虎殺外興，莫縱軍兵來出陣。

子孫為我軍[56]卒，官鬼為彼賊徒。子衰我軍[57]怯，鬼旺賊兵[58]強，鬼空他必滅，子旺我必昌。

怕父母帶白虎大殺[59]外動，必剋子孫，宜守不宜戰，戰則必傷軍卒。父母若持世動，主將不能養士卒，上下有相離心，非[60]相安之道。若帶凶神，須防自變。

鬼帶劫亡內動，須防奸細暗臨城[61]。

亡神殺，正月從亥起，順行十二位[62]。劫殺見後。

若鬼帶亡神劫殺[63]于內動，須防奸細之人在城池之內。若被世剋，須採事情不至透漏[64]。世爻無氣鬼殺旺，軍機透漏禍終來。內外鬼爻俱發動剋世，必有裡[65]應外合之患，子動來救[66]必無妨。鬼爻不帶殺，為害亦不凶。

若逢暗動傷身，須遇陰謀刺客。

凡遇鬼爻不動，卻被日辰衝動，謂之暗動[67]。凡鬼爻暗動，更加劫殺、大殺，或帶刃刑世[68]，主將須防刺客。

卦內若得子孫發動，當權[69]來救，刺客必[70]然被擒，此同燕太子丹使荊軻刺秦王[21]之類。

若日辰衝動伏鬼傷飛爻，須防自己手下有人謀己。卦中無救，禍將及身，鬼旺日，決見應驗也。

虎蛇皆動，正當離亂之時。

大殺若動，加白虎騰蛇，必是大亂，卒難休息。

大殺若當胎養、長生位上，乃喪亂發萌之時。

若在臨官、帝旺之地，正當大亂，過此漸息。

若當墓、絕位上，將次㉒太平，離亂已經歷過。

要知何年離亂最甚，何年稍息，依胎、養、長生、沐浴、冠帶、臨官、帝旺、衰、病、死、墓、絕斷之㉓。

凡旺相有氣處逢沖，其年紛亂稍息。無氣處逢沖，其年必定正亂。宜細詳之㉔。

世應俱空，宜見升平之樂㉕。

六爻無鬼卦無殺，世應俱空即太平。

凡遇鬼殺空亡，應不空亡，賊將欲攻我，賊兵心已寒，終無事。

若見應空，鬼旺剋世，賊將有返心，兵有攻我之意。若卦無殺，終無虞。

世若空，應不空，應亦不剋世，乃無對敵而自退。

世應俱空，方見太平，卦若無殺最吉㉖。

注釋

①三公九卿：古代國家高級官員的通稱。不同的時代，其職位設置是不同的。

②諫（jiàn）：直言規勸。舊時稱規勸君主或尊長，使改正錯誤。

③欺君僭（jiàn）上：欺騙蒙蔽君主，越分冒用尊者的儀制或宮室、器物等。

④趙高：（？—前207年），中國戰國時期秦國及秦朝政治人物，歷仕秦始皇、秦二

世和秦王子嬰三代君主，
沙丘之變和望夷宮之變的主謀，指鹿為馬事件的策劃者。參閱《史記・秦始皇本紀》、《史記・李斯列傳》和《史記・蒙恬列傳》。

⑤阿諛（ē yú）：說別人愛聽的話，迎合奉承、諂媚。

⑥仇讎（chóu）：亦作「仇仇」。仇人；冤家對頭。

⑦不肖：不成材；不正派。

⑧秦扶蘇中趙相之謀：扶蘇（？—公元前210年），嬴姓，名扶蘇，秦始皇長子，母芈氏。扶蘇是秦朝統治者中具有政治遠見的人物，秦始皇對其給予厚望。嬴扶蘇認為天下初定，百姓未安，反對實行焚書坑儒等嚴峻政策，因而觸怒秦始皇，秦始皇便將其派到上郡監督蒙恬軍隊，協助蒙恬修築長城、抵禦匈奴。公元前210年，秦始皇在巡遊途中病逝，中車府令趙高和丞相李斯等人害怕扶蘇登基後，對他們不利，於是偽造詔書，扶持胡亥登基，並矯詔賜死公子扶蘇。

⑨東宮：太子所居之宮；亦指太子。

⑩唐玄宗受楊妃之禍：唐玄宗李隆基（685—762），因寵愛楊貴妃，任用其兄楊國忠，致使朝政混亂，導致安史之亂。參閱《舊唐書・本紀第八・第九》、《新唐書・本紀第五》。

⑪折檻（kǎn）之朱雲：漢槐裡令朱雲朝見成帝時，請賜劍以斬佞臣安昌侯張禹。成帝大怒，命將朱雲拉下斬首。雲攀殿檻，抗聲不止，檻為之折。經大臣勸解，雲始得免。後修檻時，成帝命保留折檻原貌，以表彰直諫之臣。參閱《漢書・朱雲傳》。

⑫劾（hé）：檢舉揭發罪狀。彈劾。

⑬登壇之韓信：蕭何向劉邦推薦韓信，劉邦鄭重地築起高壇，拜韓信為大將。參閱《史記・淮陰侯列傳》。

⑭弒（shì）君：古代稱子殺父、臣殺君為「弒」。弒君，指臣殺皇帝君主。

⑮干戈（gān gē）：干和戈是古代常用武器，因以「干戈」用作兵器的通稱。比喻戰爭。

⑯囊橐（náng tuó）：盛物的袋子。大稱囊，小稱橐。或稱有底面的叫囊，無底面的叫橐。

⑰弓弩（nǔ）：弓和弩。弓，射箭或打彈的器械。弩，用械發箭的弓。

⑱濟川：指渡河。

⑲舟楫（zhōu jí）：指船和槳。

⑳渡瀘：指諸葛亮南征，五月渡瀘時。渡口在金沙江上的四川省越西縣境內。

㉑燕太子丹使荊軻刺秦王：參閱《戰國策・燕策三》。

㉒將次：逐漸；將要。

校勘記

㈠「卜」，原本作「占」，疑誤，據《新鍥斷易天機·占國朝·天玄賦云》原文改作。

㈡「若加劫殺，君位不久」，原本作「加劫殺，居位不久」，疑誤，據《新鍥斷易天機·占國朝·天玄賦云》原文改作。

㈢「相」，原本作「來」，疑誤，據《新鍥斷易天機·占國朝·天玄賦云》原文改作。

㈣「主」，原本脱漏，據《新鍥斷易天機·占國朝·天玄賦云》原文補入。

㈤「皆奸臣佞相輔君傍」，原本作「皆奸佞相輔君爻」，疑誤，據《新鍥斷易天機·占國朝·天玄賦云》原文改作。

㈥「邪」，原本作「佞」，疑誤，據《新鍥斷易天機·占國朝·天玄賦云》原文改作。

㈦「有德權柄」，原本脱漏，據《新鍥斷易天機·占國朝·天玄賦云》原文補入。

㈧「敝」，原本作「昧」，疑誤，據《新鍥斷易天機·占國朝·天玄賦云》原文改作。

㈨「乃趙高之徒」，原本脱漏，據《新鍥斷易天機·占國朝·天玄賦云》原文補入。

㈩「才」，原本脱漏，據《新鍥斷易天機·占國朝·天玄賦云》原文補入。

⑪「臨」，原本作「帶」，疑誤，據《新鍥斷易天機·占國朝·天玄賦云》原文改作。

⑫「子孫空亡，立後有傷，如逢救助，庶可無事」，原本脱漏，據《新鍥斷易天機·占國朝·天玄賦云》原文補入。

⑬「君位合咸池，唐玄宗受楊妃之禍」，原本在「秦扶蘇中趙相之謀」標題後，據《新鍥斷易天機・占家宅・天玄賦》標題原文調整至此。

⑭「動則淫亂」，原本脱漏，據《新鍥斷易天機・占國朝・天玄賦云》原文補入。

⑮「王」，原本作「主」，疑誤，據《新鍥斷易天機・占國朝・天玄賦云》原文改作。

⑯「平」，原本作「安」，疑誤，據《新鍥斷易天機・占國朝・天玄賦云》原文改作。

⑰「遭」，原本作「有」，疑誤，據《新鍥斷易天機・占國朝・天玄賦云》原文改作。

⑱「若被咸池、玄武帶殺動來相剋，必有楊妃之禍。旺動即日便見，衰動尚主未來，安靜後世方有，空亡為害不成。餘皆倣此」，原本脱漏，據《新鍥斷易天機・占國朝・天玄賦云》原文補入。

⑲「子孫為福神，發動傷剋世爻者，子孫旺相年月日」，原本作「子孫發動，傷剋世爻」，疑誤，據《新鍥斷易天機・占國朝・天玄賦云》原文改作。

⑳「必」，原本作「大」，疑誤，據《新鍥斷易天機・占國朝・天玄賦云》原文改作。

㉑「災」，原本作「變」，疑誤，據《新鍥斷易天機・占國朝・天玄賦云》原文改作。

㉒「如韓信之登壇拜將者」，原本脱漏，據《通玄斷易・國事章・天玄賦云》原文補入。

㉓「及」，原本脱漏，據《新鍥斷易天機・占國朝・天玄賦云》原文補入。

㉔「應」，原本作「庶」，疑誤，據《新鍥斷易天機・占國朝・天玄賦云》原文改作。

㉕「無」，原本作「弗」，疑誤，據《新鍥斷易天機・占國朝・天玄賦云》原文改作。

㉖「生剋旺看在何方」，原本作「卻以生旺剋害何方」，疑誤，據《新鍥斷易天機・占國朝・天玄賦云》原文改作。

㉗「若帶大殺白虎旺相者」，原本作「若加白虎」，疑誤，據《新鍥斷易天機・占國朝・天玄賦云》原文改作。

㉘「若」，原本作「更」，疑誤，據《新鍥斷易天機・占國朝・天玄賦云》原文改作。

㉙「旺相得地」，原本脱漏，據《新鍥斷易天機・占國朝・天玄賦云》原文補入。

㉚「要決輸贏，先察世辰相剋」，原本在「全憑將帥專征」標題後，據《新鍥斷易天機・占家宅・天玄賦》原文調整至此。

㉛「占」，原本作「專」，疑誤，據《新鍥斷易天機・占國朝・天玄賦云》原文改作。

㉜「居」，原本作「在」，疑誤，據《新鍥斷易天機・占國朝・天玄賦云》原文改作。

㉝「若帶殺加兄弟動者，終非真意。帶青龍、天喜、貴人相生，又可信之」，原本脱漏，據《新鍥斷易天機・占國朝・天玄賦云》原文補入。

㉞「旌旗」，原本作「旗幟」，疑誤，據《新鍥斷易天機・占國朝・天玄賦云》原文改作。

㉟「若在外動，則他欲動眾」，原本作「外動，他行軍馬」，疑誤，據《新鍥斷易天機・占國朝・天玄賦云》原文改作。

㊱「彼欲奪我之旌旗」，原本作「彼將奪我旌旗」，疑誤，據《新鍥斷易天機・占國朝・天玄賦云》原文改作。

㊲「財爻加劫殺，非是奪去，乃相強偷也。父母旺相乃大旗，休囚乃市陳號帶，顏色大體依六畜色斷之」，原本脱漏，據《新鍥斷易天機・占國朝・天玄賦云》原文補入。

㊳「兄弟交重，須禦奪糧之患」，原本在「當成易幟之功」標題後，據《新鍥斷易天機・占家宅・天玄賦》原文調整至此。

㊴「妻財為糧食」，原本作「財為糧草」，疑誤，據《新鍥斷易天機・占國朝・天玄賦云》原文改作。

㊵「財爻發動」，原本作「財動」，疑誤，據《新鍥斷易天機・占國朝・天玄賦云》原文改作。

㊶「卦有妻財，怕見兄弟發動，必有奪糧之患」，原本作「若兄弟交重，須防劫糧奪草」，疑誤，據《新鍥斷易天機・占國朝・天玄賦云》原文改作。

㊷「若財在外，兄弟亦在外動，彼被他人劫去。財在內動，兄弟外動，我必被人劫奪。兄弟無氣，須劫亦不多。財臨青龍終難奪，財逢劫殺盡傾囊橐。又云：兄弟為伏兵。帶劫殺發動剋世，須防損我。剋應，我設計傷他。若遇退解二神，終難得利。兄弟屬陰，宜夜間埋伏。屬陽，宜日中埋伏。兄弟帶青龍吉神剋我，雖有伏兵無傷。若帶白虎凶神

剋世，則我凶。白虎凶神剋應，則彼凶。若帶青龍剋應，則不能成其事」，原本脫漏，據《新鍥斷易天機・占國朝・天玄賦云》原文補入。

㊸「古云」，原本脫漏，據《新鍥斷易天機・占國朝・天玄賦云》原文補入。

㊹「若帶大殺白虎，必有大戰」，原本脫漏，據《新鍥斷易天機・占國朝・天玄賦云》原文補入。

㊺「沖」，原本作「剋」，疑誤，據《新鍥斷易天機・占國朝・天玄賦云》原文改作。

㊻「兵革雖利不傷人」，原本作「兵甲雖堅不損人」，疑誤，據《新鍥斷易天機・占國朝・天玄賦云》原文改作。

㊼「弓弩甲冑必不整齊」，原本作「甲冑干戈不整齊」，疑誤，據《新鍥斷易天機・占國朝・天玄賦云》原文改作。

㊽「必可傷人」，原本作「必遭傷害」，疑誤，據《新鍥斷易天機・占國朝・天玄賦云》原文改作。

㊾「若見剋應，亦主傷他。與應比和，須勞無益。若土爻發動剋世，須防彼有炮石。帶殺剋世，必然傷我軍人。其餘依上推詳。土爻動處若逢沖，石炮雖有無使處。若得日辰扶出，動爻生旺，炮石必如雨。若加青龍及子孫，炮石雖急不能傷人」，原本脫漏，據《新鍥斷易天機・占國朝・天玄賦云》原文補入。

(50)「無氣發動，雖有不多」，原本脱漏，據《新鍥斷易天機·占國朝·天玄賦云》原文補入。

(51)「非是可居之地」，原本作「不吉」，疑誤，據《新鍥斷易天機·占國朝·天玄賦云》原文改作。

(52)「圍創」，原本脱漏，據《新鍥斷易天機·占國朝·天玄賦云》原文補入。

(53)「宜小小」，原本作「宜小」，疑誤，據《新鍥斷易天機·占國朝·天玄賦云》原文改作。

(54)「爻」，原本脱漏，據《新鍥斷易天機·占國朝·天玄賦云》原文補入。

(55)「火動須移營寨也」，原本脱漏，據《新鍥斷易天機·占國朝·天玄賦云》原文補入。

(56)「軍」，原本作「兵」，疑誤，據《新鍥斷易天機·占國朝·天玄賦云》原文改作。

(57)「我軍」，原本作「兵卒」，疑誤，據《新鍥斷易天機·占國朝·天玄賦云》原文改作。

(58)「兵」，原本作「軍」，疑誤，據《新鍥斷易天機·占國朝·天玄賦云》原文改作。

(59)「大殺」，原本脱漏，據《新鍥斷易天機·占國朝·天玄賦云》原文補入。

(60)「非」，原本作「未」，疑誤，據《新鍥斷易天機·占國朝·天玄賦云》原文改作。

(61)「若帶凶神，須防自變。鬼帶劫亡內動，須防奸細暗臨城」，原本在「莫縱軍兵來出陣」標題後，據《新鍥斷易天機·占家宅·天玄賦》原文調整至此。

(62)「十二位」，原本脱漏，據《通玄斷易·國事章·天玄賦云》原文補入。

(63)「若鬼帶亡神劫殺」，原本作「若鬼帶二殺」，疑誤，據《新鍥斷易天機·占國朝·

天玄賦云》原文改作。

(六四)「透漏」，原本作「漏泄」，疑誤，據《新鍥斷易天機・占國朝・天玄賦云》原文改作。

(六五)「裡」，原本作「內」，疑誤，據《新鍥斷易天機・占國朝・天玄賦云》原文改。

(六六)「來救」，原本脱漏，據《新鍥斷易天機・占國朝・天玄賦云》原文補入。

(六七)「凡遇鬼爻不動，卻被日辰衝動，謂之暗動」，原本脱漏，據《新鍥斷易天機・占國朝・天玄賦云》原文補入。

(六八)「或帶刃刑世」，原本作「刑剋世爻」，疑誤，據《新鍥斷易天機・占國朝・天玄賦云》原文改。

(六九)「當權」，原本脱漏，據《新鍥斷易天機・占國朝・天玄賦云》原文補入。

(七〇)「必」，原本作「決」，疑誤，據《新鍥斷易天機・占國朝・天玄賦云》原文改。

(七一)「依胎、養、長生、沐浴、冠帶、臨官、帝旺、衰、病、死、墓、絕斷之」，原本作「依長生法斷之」，疑誤，據《新鍥斷易天機・占國朝・天玄賦云》原文改作。

(七二)「凡旺相有氣處逢沖，其年紛亂稍息。無氣處逢沖，其年必定正亂。宜細詳之」，原本脱漏，據《新鍥斷易天機・占國朝・天玄賦云》原文補入。

(七三)「世應俱空，宜見升平之樂」，原本在「正當離亂之時」標題後，據《新鍥斷易天機・占家宅・天玄賦》原文調整至此。

㊄「凡遇鬼殺空亡，應不空亡，賊將欲攻我，賊兵心已寒，終無事。若見應空，鬼旺剋世，賊將有返心，兵有攻我之意。若卦無殺，終無虞。世若空，應不空，應亦不剋世，乃無對敵而自退。世應俱空，方見太平。卦若無殺最吉」，原本脱漏，據《新鍥斷易天機・占國朝・天玄賦云》原文補入。

十七、疾病章

國家治亂，莫非風俗紀綱。人壽夭長，豈論尫羸①壯盛。養生非道，終有疾病存焉。請禱能占，便見死生決矣。

殺臨父母，當憂堂上之親。空及妻財，災慮閨中②之婦。

凡占疾病，看來者何人。子占父母，要父母上卦。妻占夫看鬼，夫占妻看財，父占子看子，占兄弟看兄弟，占朋友亦看兄弟，占子孫看子孫㊀，占奴僕亦看子孫。凡卦中㊁用爻不上卦，或空亡者，則多凶少吉。凡占先看㊂何爻空亡，何爻受剋，不待言而知何人之病。若大殺、白虎持剋父母者，必占堂上雙親。財空，妻必遭損傷也㊃。吉凶依此而斷之。

決輕重存亡之兆，專察鬼爻。定金木水火之鄉，可分症候。

鬼爻旺日沉重，庫日困迍，絕日輕可。鬼化鬼，其病進退，或有變症，或舊病發，或症候駁雜。官㊄鬼持世，病難除根，鬼爻帶殺持世，此乃瘵疾③。卦中鬼爻日辰旺，乃暴病。月建旺，乃經月之疾。鬼爻無氣臨身者，乃久病，卒難痊可。卦中無鬼病難安。鬼動傷身症候急。凡占，旺鬼不死，則易愈。衰鬼不死，其病難療。

欲定症候，須看鬼臨之五行。

若金鬼，肺腑病，咳嗽氣急④㊅，虛怯⑤瘦瘠⑥㊆，或瘡癤⑦血光，或筋骨疼痛。

木鬼，四肢不利，風氣肝膽，左癱右瘓，口眼喎斜⑧。

火鬼㊇，頭疼腦㊈熱，三焦口渴，加朱雀狂言亂語，陽症傷寒。

水鬼，沉寒痼冷⑨，遺精白濁，小便淋瀝⑩，吐瀉⑪嘔逆⑫。

水㊉火鬼，寒熱往來，脾寒⑬瘧疾⑭。

土鬼，乃脾胃發瘴，黃(十一)腫虛浮，瘟疫時氣。

若前卦火鬼，後卦水鬼，必前之症候為陽，服冷藥過多，變為陰症。若午前占，遇此兩鬼，當言勿服藥，過當後必有變化。火鬼，于火旺月日占是也，此月建正旺之神，乃真實之熱，是陽症無疑，雖服冷藥，終無變症。若無氣月分遇之，難作十分熱斷。雖日辰生旺，亦不過目下所感之熱，若服冷藥，須防變症。餘鬼倣此推之(十二)。

青龍得位，終見安康。白虎傷身，必成凶咎。

青龍若臨子孫，剋世期日痊安。或臨應剋世，服藥有效。若臨用爻發動，縱有凶險，亦不傷也。若帶鬼爻，亦非發狂凶惡之病㊂。若在三爻動，香火為福。蒼屏云：「青龍空亡並福德，病人平日無陰騭，若逢土動虎傷身，管取其年有悲泣。君來占病決存亡，白虎加臨主哭喪，臨剋父爻當有咎，並財妻位必遭傷。子孫際會終成吉㊃，兄弟相逢更不昌，更值官爻持世上，己身惟㊄恐有災殃」。凡遇白虎交重，乃占病之大咎，無氣猶可，旺相大凶。若臨喪門、弔客、死符、喪車，持剋用爻者，若得用爻不空，是亦將死而生。用爻空亡並絕墓，十病九死。白虎空亡，若帶以上凶殺，決主喪亡㊅。若得子孫旺動，月解興隆，庶可回生。

月解交重災漸退，天醫發動便回生。

「月解正二起于申，三四還從酉上輪，五六之月居戌上，七八能行亥上存。九十之月臨午位，子丑兩月未宮停，若值此辰官事散，縱然重病也離身」。「天醫正卯二豬臨，三月隨丑四未尋，五蛇六兔七居亥，八丑九羊十巳存，十一再來尋卯上，十二亥上作醫人」㊆。以上㊇卦中若得發動持世，或持剋用爻者，雖重病不死。旺相最吉，目下即愈。墓絕稍慢，直待旺日方安。若值空亡，其病難療。

明夷觀賁需臨，切忌世身入墓。大畜豐同蠱夬，莫逢財鬼俱興。

凡占病。怕身世隨鬼入墓，決不瘥也。

且如《風地觀》：

二爻乙巳火[19]，鬼身亦在二爻，設或入墓，乃身隨鬼入墓也。

《山火賁》卦：

初爻己卯鬼，世亦在初爻，倘入墓，乃世隨鬼入墓也。

以上兩卦，舉此為例，餘卦做此推之[20]。

凡占怕鬼墓，世墓，卦墓凶[21]。蒼屏云：「《乾》化入《艮》父憂喪，《坤》化入《巽》母憂亡，《震》化入《坤》長男厄，《巽》化入《坤》長女當。《坎》化《巽》中中男厄，《離》化入《乾》中女卒，《艮》化風內少男傾，《兑》化山中少女卒。此是八宮來入墓，十人得病九人故」。

以上所言卦墓，不可以《乾》化入墓《艮》，只憂父亡，但看病皆不吉。設若子占父，遇《乾》化《艮》，謂之應題，乃大凶。

《卜筮全書》教例：029		
乾宮：風地觀		
本　　卦		
妻財辛卯木	▅▅▅▅▅	
官鬼辛巳火	▅▅▅▅▅	
父母辛未土	▅▅　▅▅	世
妻財乙卯木	▅▅　▅▅	
官鬼乙巳火	▅▅　▅▅	世身
父母乙未土	▅▅　▅▅	應

《卜筮全書》教例：030		
艮宮：山火賁（六合）		
本　　卦		
官鬼丙寅木	▅▅▅▅▅	
妻財丙子水	▅▅　▅▅	
兄弟丙戌土	▅▅　▅▅	應
妻財己亥水	▅▅▅▅▅	
兄弟己丑土	▅▅　▅▅	
官鬼己卯木	▅▅▅▅▅	世

虎易按：「《乾》化入《艮》父憂喪」，指《乾》卦屬金，《艮》卦在後天八卦方

位中，處于丑位，丑為金之墓庫。其他「《坤》化入《巽》母憂亡，《震》化入《坤》長男厄，《巽》化入《坤》長女當。《坎》化《巽》中中男厄，《離》化入《乾》中女卒，《艮》化風內少男傾，《兌》化山中少女卒」，均是以後天八卦方位，處于地支墓庫而言。供讀者參考。

古云：「明夷蠱夬剝豐同，六卦那堪占病逢，財鬼二爻俱發動，喪門弔客鬧匆匆」㉒。《大畜》等六卦，占病大忌。財鬼不動，未必喪亡。財鬼空亡，雖病弗死。必須把其條貫，方可斷曰全凶。

上文所言財鬼發動，亦有吉凶之分。

且如《雷火豐》卦：

鬼動忌占兄弟，財動忌占父母及本身，妻占夫終無凶。

其餘諸卦，依此推之㉓。

凡人占病，怕財動鬼動，土動皆是凶㉔。

男怕長生，兼怕未來之節。女嫌沐浴，最嫌過去之辰。

男子怕鬼爻長生日得病，與鬼同衰旺。卦無子孫、青龍、天醫發動，鬼爻墓絕日卻死。

《卜筮全書》教例：031

坎宮：雷火豐

本　卦		
官鬼庚戌土	▅▅　▅▅	
父母庚申金	▅▅　▅▅	世
妻財庚午火	▅▅▅▅▅	
兄弟己亥水	▅▅▅▅▅	
官鬼己丑土	▅▅　▅▅	應
子孫己卯木	▅▅▅▅▅	

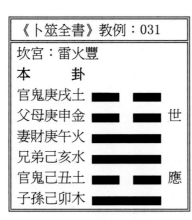

又云：寅日遇火鬼，巳日遇金鬼，申日水土鬼，亥日木鬼，謂之長生鬼。占者遇之，大凶在後，沉重方來。凡決安危，先以鬼爻衰旺推斷，次以節氣論之。凡男怕未來之節[25]，近節必重，過節無傷，節前不重者必無妨。若是久病，當以四時節候論之。且如木鬼忌秋間節氣，火鬼忌冬間節氣，金鬼忌夏間節氣，水鬼忌夏來節氣[26]。遇節不重，過節必安。

女人最忌鬼爻沐浴日得病。

又云：卯日遇火鬼，午日遇金鬼，酉日遇水鬼[27]土鬼，子日遇木鬼，謂之沐浴鬼，遇之難痊，至後反加沉重。

凡決症候輕重，全憑鬼爻推詳。次看節候相近，可言節候必重，不重後無傷。設或暴病，占節候過遠，不可言節候必重，當以鬼爻衰旺推之[28]。女人極怕過後之節。

不宜丘墓同宮，安可雷風合卦。

丘者，三丘。墓者，五墓。訣云：「春丑夏辰秋即未，三冬逢戌是三丘，卻與五墓對宮取，病人作福也難留」[29]。

以上凶殺，一卦中兩件俱全，占病非吉。不動不剋世尤輕[30]，二殺俱動，病人作福也難留。

雷風者，棺槨殺也。《震》為棺，《巽》為槨，《坤》為墓，《艮》為塚。占病若全必死。

既論染災之表裡，須言得病之因由。

凡占病，先斷症候端的，然後議論病因。更能明此一章，誠可謂通神之卜矣。設若斷證未準，其病因依⑮未可輕決。必須察事理之淺深，知寒暑之往來，庶可以無差失㉑。

六獸臨官，當分內外。八宮值鬼，宜別陰陽。

但逢鬼臨六神，看在何爻。在內則在家得病，在外則他處招殃。

青龍鬼，是酒色過度，或因財有傷，婦人因喜有疾。青龍鬼空，墮胎得病㉒。

朱雀鬼，口舌慪氣㉓及呪咀。在二爻灶前㉔呪咀，在三爻當門呪咀，或家堂神前呪咀。如朱雀臨金鬼動，敲鍋鐺⑯呪咀。

勾陳鬼，飲食不節，傷饑失飽，脾胃不調。臨木鬼動㉕，因修造動土處得病。

騰蛇鬼，事務縈心，憂愁思慮，或虛驚怪異，因而染病。此爻多是心家受病。

白虎鬼，鬥毆跌蹼，傷筋損骨，或寒酸沖肺。

玄武鬼，色欲過度，傷饑冒雨。

卦若無鬼，其病難醫，症候難決。但以剋殺動者斷之，不動以剋用爻者斷，又以伏鬼斷。若鬼伏父母下，憂心得病，或穿衣服得病，過與不及，冬言衣單，夏言衣重。鬼伏兄弟下，賭博爭財，傷饑失飽㉖。鬼伏子孫下，外情牽惹及欲太過㉗。鬼伏財下，飲食過當㉘。鬼伏殺下，舊病再發，亦難除根，老人卦忌生旺，小兒卦忌休囚，最要㉙病人本命上卦，大吉也。

值陰鬼，夜重日輕。陽鬼，夜輕日重。陰陽各依爻上看。

世人有疾病者，亦有賢愚之分。賢者以醫藥為重，愚者以禱告為先。占者不可不察其情狀，一覽其人，可知高下，庶幾賢愚皆可共語，其道方能流行。

鬼神者，儒家本不言此，今為患者之占，不得不據理推詳，以為陰功默佑。

木主東嶽天齊聖帝，七十二司，三十六案之神，並自弔傷亡。水是河泊水府，沿江七十二廟之神，並溺水傷亡。土是瘟癀⑰疫癘，中央土府之神，並饑餓絕食傷亡。金是銜刀、五道，飛廉、白虎，金神、七殺，吟呻、三殺，九良星殺，喪殃、喪殺之神，並自刎、被刑、陣亡，一應傷亡。火是南方火部，赤睛朱發鶴神、毛頭毒火之神，並赴湯蹈火傷亡。若二爻鬼為灶神，三爻鬼為香火神，子孫動為福神。依此推之，萬無一失。

卦書云：「木為山林並自弔，水是河泊溺波人，土是瘟癀時疫鬼，金是刀兵殺傷神。六爻死絕無人祀，二家無官草藥神，官在坎中兄弟鬼，鬼居乾位死爹親。震為男子離為女，依此推之定得真」。假如鬼居《乾》象，雖是父之列，亦有男女之分，但憑爻上陰陽斷，萬無一失，依此推之㊵。

伏剋飛爻，藥奏通神之效。子臨應位，醫逢濟世之才。

世為病人，應及外卦為醫藥。藥如剋病病即愈，病者剋藥藥無靈。外卦及應生世，藥雖對症作效遲。世動剋藥，若是水鬼，服藥不納。金鬼無氣，久病犯真，服藥無效。木鬼，其病必犯條貫，雖藥亦無益。火鬼旺相，其症必剛，雖藥不能止其熱。土鬼，其病沉重，藥不對症，不能療病。應爻加鬼剋世，則誤用㊶藥損人矣。占病以子孫為醫藥，臨應動剋世，必遇良醫，其病即痊。卦無子孫，服藥無效。世應比和，卦無子孫，宜換醫人。子孫臨應被世剋，雖遇良醫病未能㊷療。外卦及應雖剋世，卦無福德亦難安，可言有藥須當療，但恐良醫未有緣。子孫雖剋世，外爻及應卻不剋，雖有良醫，藥餌不中，終無大害。虎殺若臨子孫動，須防醫者不精詳。

必須參究五行，方可攻醫萬病。

火鬼宜涼劑，水鬼宜溫劑或丸子藥，金鬼宜炙，木鬼宜針，土鬼宜剉散藥⑱㊸。火鬼月建旺，宜大寒之劑，無氣，不過清涼之藥。餘倣此推。

金鬼利南方醫人，木鬼利西方醫人，水鬼利四散醫人，火鬼利北方醫人，土鬼利東方醫人。若前卦水鬼後火鬼，先須四散醫治，終于北方醫人收功。

卦爻安靜，重為濟世之人。土殺俱興，定作黃泉之客。

凡占病，六爻安靜為吉，其病可治。一卦中凶殺常多，而吉神常少。吉凶悔吝，皆出乎動，動則成咎。且如六親之中，不過子孫動者吉，六神之中，不過青龍動者吉。餘者未必皆凶，亦不能為福，發動何益于我哉。此乃吉少凶多，不如卦爻安靜，雖有凶殺，終未遭傷。若有吉神當權，自能為福。

大殺與災皆是土殺㊹。土殺者，即辰戌丑未是，交相換易，行乎四時之間，占病逢之，多凶少吉。

所有諸殺，具列于後。

沐浴殺動大難當，春辰夏未秋戌量，冬去丑位為本殺，爻交須忌病人亡。

又云：浴盆未辰丑戌數，化爻動發難救護，忽然化鬼必須憂，正恐靈魂歸五墓。

又喪車殺云：春雞夏鼠喪車來，秋兔冬馬更相催，人來占病令他去，討錢火急買棺材。

三丘五墓已具在前。

以上凶殺，各非吉兆，大象不至乎危篤，亦當沉重㊺。

生死稟修于前定，壽夭各盡其天年㊻。

注釋

①尪羸（wāng léi）：亦作「尫羸」。指瘦弱或（身體）虛弱。

②閨（guī）中：特指女子所住的地方。

③瘵（zhài）疾：疫病。亦指癆病。

④氣急：呼吸急促，上氣不接下氣。

⑤虛怯（qiè）：心虛膽怯。

⑥瘦瘠（jí）：身體消瘦。

⑦瘡癤：皮膚毛襄或皮脂腺的急性化膿性炎症。

⑧口眼喎（wāi）斜：口眼因病而歪斜不正。

⑨沉寒痼（gù）冷：病證名。寒邪久伏於裡之陰證。又稱內有久寒。多見於素體虛弱，或久病機能衰退的慢性病。

⑩小便淋瀝：排尿次數多而短澀，滴瀝不盡。

⑪吐瀉（xiè）：嘔吐與腹瀉。

⑫嘔逆：氣逆。

⑬脾寒：脾胃虛寒。

⑭瘧疾：病名。是以瘧蚊為媒介而散播的急性傳染病。病原體是瘧原蟲。其症狀有週期性的發冷發熱、大量出汗、頭痛、口渴、全身無力及溶血等。因瘧原蟲之種類不同，及人體抵抗力強弱有別，患者會有隔日或隔二日的症狀發作。

⑮因依：原委、緣由。

⑯鍋鐺（chēng）：鐵鍋及平底的淺鍋。

⑰瘽（huáng）：病。

⑱剉（cuò）散藥：剉：買。散藥：粉末藥。

校勘記

㈠「占子孫看子孫」，原本脱漏，據《新鍥斷易天機・疾病章・天玄賦曰》原文補入。
㈡「卦中」，原本脱漏，據《新鍥斷易天機・疾病章・天玄賦曰》原文補入。
㈢「先看」，原本脱漏，據《新鍥斷易天機・疾病章・天玄賦曰》原文補入。
㈣「不待言而知何人之病。若大殺、白虎持剋父母者，必占堂上雙親。財空，妻必遭損傷也」，原本脱漏，據《新鍥斷易天機・疾病章・天玄賦曰》原文補入。
㈤「官」，原本脱漏，據《新鍥斷易天機・疾病章・天玄賦曰》原文補入。
㈥「急」，原本脱漏，據《新鍥斷易天機・疾病章・天玄賦曰》原文補入。
㈦「虚怯瘦瘠」，原本脱漏，據《新鍥斷易天機・疾病章・天玄賦曰》原文補入。
㈧「火鬼」，原本脱漏，據《新鍥斷易天機・疾病章・天玄賦曰》原文補入。
㈨「腦」，原本作「發」，疑誤，據《新鍥斷易天機・疾病章・天玄賦曰》原文改作。
㈩「水」，原本脱漏，據《新鍥斷易天機・疾病章・天玄賦曰》原文補入。
⑪「黄」，原本作「水」，疑誤，據《新鍥斷易天機・疾病章・天玄賦曰》原文改作。
⑫「此月建正旺之神，乃真實之熱，是陽症無疑，雖服冷藥，終無變症。若無氣月分遇之，難作十分熱斷。雖日辰生旺，亦不過目下所感之熱，若服冷藥，須防變症。餘鬼倣此推之」，原本脱漏，據《新鍥斷易天機・疾病章・天玄賦曰》原文補入。

⑬「亦非發狂凶惡之病」，原本作「亦非凶惡發狂之病」，疑誤，據《新鍥斷易天機・疾病章・天玄賦曰》原文改作。

⑭「吉」，原本作「否」，疑誤，據《新鍥斷易天機・疾病章・天玄賦曰》原文改作。

⑮「惟」，原本作「須」，疑誤，據《新鍥斷易天機・疾病章・天玄賦曰》原文改作。

⑯「凡遇白虎交重，乃占病之大咎，無氣猶可，旺相大凶。若臨喪門、弔客、死符、喪車，持剋用爻者，若得用爻不空，是亦將死而生。用爻空亡並絕墓，十病九死。白虎空亡，若帶以上凶殺，決主喪亡」，原本作「決主不起之兆」，疑誤，據《新鍥斷易天機・疾病章・天玄賦曰》原文改作。

⑰「月解正二起于申，三四還從酉上輪，五六之月居戌上，七八能行亥上存。九十之月臨午位，子丑兩月未宮停，若值此辰官事散，縱然重病也離身」。「天醫正卯二豬臨，三月隨丑四未尋，五蛇六兔七居亥，八丑九羊十巳存，十一再來尋卯上，十二亥上作醫人」，原本作「月解、天醫，見後吉神章」，疑誤，據《新鍥斷易天機・疾病章・天玄賦曰》原文改作。

⑱「以上」，原本脱漏，據《新鍥斷易天機・疾病章・天玄賦曰》原文補入。

⑲「火」，原本脱漏，據《新鍥斷易天機・疾病章・天玄賦曰》原文補入。

⑳「推之」，原本脱漏，據《新鍥斷易天機・疾病章・天玄賦曰》原文補入。

㉑「凡占怕鬼墓，世墓，卦墓凶」，原本脱漏，據《新鍥斷易天機・疾病章・天玄賦

曰》原文補入。

㉒「古云：明夷蠱夬剝豐同，六卦那堪占病逢，財鬼二爻俱發動，喪門弔客鬧匆匆」，原本脫漏，據《新鍥斷易天機・疾病章・天玄賦曰》原文補入。

㉓「其餘諸卦，依此推之」，原本作「餘卦做此」，疑誤，據《新鍥斷易天機・疾病章・天玄賦曰》原文改作。

㉔「凡人占病，怕財動鬼動，土動皆是凶」，原本脫漏，據《新鍥斷易天機・疾病章・天玄賦曰》原文補入。

㉕「凡男怕未來之節」，原本作「凡男怕未節」，疑誤，據《新鍥斷易天機・疾病章・天玄賦曰》原文改作。

㉖「火鬼忌冬間節氣，金鬼忌夏間節氣，水鬼忌夏來節氣」，原本脫漏，據《新鍥斷易天機・疾病章・天玄賦曰》原文補入。

㉗「鬼」，原本脫漏，據《新鍥斷易天機・疾病章・天玄賦曰》原文補入。

㉘「次看節侯相近，可言節侯必重，不重後無傷。設或暴病，占節侯過遠，不可言節侯必重，當以鬼爻衰旺推之」，原本作「次看節後必重，不重無傷」，疑誤，據《新鍥斷易天機・疾病章・天玄賦曰》原文改作。

㉙「丘者，三丘。墓者，五墓。訣云：『春丑夏辰秋即未，三冬逢戌是三丘，卻與五墓

對宮取，病人作福也難留』」，原本作「三丘五墓，俱見後」，疑誤，據《新鍥斷易天機・疾病章・天玄賦曰》原文改作。

⑳「以上凶殺，一卦中兩件俱全，占病非吉。不動不剋世尤輕」，原本脱漏，據《新鍥斷易天機・疾病章・天玄賦曰》原文補入。

㉑「設若斷證未準，其病因依未可輕決。必須察事理之淺深，知寒暑之往來，庶可以無差失」，原本脱漏，據《新鍥斷易天機・疾病章・天玄賦曰》原文補入。

㉒「墮胎得病」，原本作「墮胎有患」，疑誤，據《新鍥斷易天機・疾病章・天玄賦曰》原文改作。

㉓「慪氣」，原本脱漏，據《新鍥斷易天機・疾病章・天玄賦曰》原文補入。

㉔「前」，原本作「下」，疑誤，據《新鍥斷易天機・疾病章・天玄賦曰》原文改作。

㉕「動」，原本脱漏，據《新鍥斷易天機・疾病章・天玄賦曰》原文補入。

㉖「傷饑失飽」，原本脱漏，據《新鍥斷易天機・疾病章・天玄賦曰》原文補入。

㉗「外情牽惹及欲太過」，原本作「外情牽惹」，疑誤，據《新鍥斷易天機・疾病章・天玄賦曰》原文改作。

㉘「飲食過當」，原本作「飲食太過」，疑誤，據《新鍥斷易天機・疾病章・天玄賦曰》原文改作。

㊴「要」，原本作「用」，疑誤，據《新鍥斷易天機・疾病章・天玄賦曰》原文改作。

㊵「卦書云：「木為山林並自弔，水是河泊溺波人，土是瘟瘴時疫鬼，金是刀兵殺傷神。六爻死絕無人祀，二家無官草藥神，官在坎中兄弟鬼，鬼居乾位死爹親。震為男子離為女，依此推之定得真」。假如鬼居《乾》象，雖是父之列，亦有男女之分，但憑爻上陰陽斷，萬無一失，依此推之」，原本脱漏，據《新鍥斷易天機・疾病章・天玄賦曰》原文補入。

㊶「用」，原本脱漏，據《新鍥斷易天機・疾病章・天玄賦曰》原文補入。

㊷「能」，原本脱漏，據《新鍥斷易天機・疾病章・天玄賦曰》原文補入。

㊸「火鬼宜涼劑，水鬼宜溫劑或丸子藥，金鬼宜灸，木鬼宜針，土鬼宜刲散藥」，原本作「火鬼宜涼劑，水鬼宜溫劑或丸藥，木鬼宜針，金鬼宜灸，土鬼宜刲散」，疑誤，據《新鍥斷易天機・疾病章・天玄賦曰》原文改作。

㊹「大殺與災皆是土殺」，原本脱漏，據《新鍥斷易天機・疾病章・天玄賦曰》原文補入。

㊺「以上凶殺，各非吉兆，大象不至乎危篤，亦當沉重」，原本作「所有諸殺，俱見後凶殺章內。若有一件動，便成凶咎」，疑誤，據《新鍥斷易天機・疾病章・天玄賦曰》原文改作。

㊻「生死稟修于前定，壽夭各盡其天年」，原本排列在下面《地理章》，疑誤，據《新鍥斷易天機・疾病章・天玄賦曰》原文調整至此處。

十八、地理章

陰陽蔭庇于後人，理義合憑其地理。

天地之間，純陰不生，純陽不化，一陰一陽，二氣交感，化生萬物。且如天欲降生人才，必假地之氣脈，陰陽融結，必有賢者出。人之生也，雖出男子之精氣，必須婦人有孕有感成形體。風水之理，亦不外乎是。凡為人子者，生事之以禮，死葬之以禮，必須以親之體下地，而安厝①得所，庶幾亡者得安，生人受蔭㊀」。

凡占風水，漫求玄妙與玄微，且把卦爻端詳。是地不是地，六合則風藏氣聚，六沖則水走沙飛。

成地之卦，世爻皆在內象庶得。當有六合㊁，夫六合者，陰陽相配而不相離，初四、二五、三六，更相朝顧，是為有情。

凡地理，不過山環水抱，四獸朝迎，拱衛有情，羅城②無缺。似此卦中六合之義也，大吉之地。

若卦無六合，世在內象，四獸有情者，乃次吉之地也。

世爻雖在外象，卻得賓主有情，左右回顧，明堂寬廣，水口關欄，乃小結局，亦可用也。

若遇六沖卦，乃山飛水走之地，不必更詳。

龍因地勢詳觀，即得天玄妙理。

此二句，乃一章之要旨。

入山尋水口，不宜六位空亡。到穴看明堂，喜見間爻旺相。

第六爻為水口，與世相生相合，是為有情。若加青龍、貴人、財福者，水口重重關鎖，必有奇峰秀嶺，拱照迴環③。

若第六爻與世爻相剋相沖，水口山直無情，地枯無氣㊂。

六爻若值空亡，水口散漫，路無關鎖㊃，不能聚氣。

若得日辰與動爻相沖，帶吉神恐是羅星。

水口若帶土鬼，水口有廟。下水上木，水口有橋㊄。

間爻者，世應中之二爻也。

旺相則明堂開闊，若臨月建旺，謂之萬馬明堂㊅。有云：「明堂容萬騎，水口不通風，大吉之地」。若無氣，則窄狹。

若應爻生世，明堂亦寬。若沖世，案山逼窄。更兼間爻無氣窄甚，四獸雖備亦局促㊆。

明堂，眾水所聚，宜靜不宜動，靜則聚滀，動則傾瀉。若水爻㊇帶吉神生剋間爻，乃四水入明堂也。

世乃主山之骨，當明九曜之規模。應為賓對之峰，須察五行之定體。

世為坐下之山。

又云：初爻、二爻為坐山。生旺，坐山高厚；休廢空亡，坐山微薄。

世持巳亥寅申㈨，必定山雄地壯。世持辰戌丑未，必居廣闊平洋。世持亥子鬼㈩，穴中出水。世持辰巳帶殺，主有地風。白虎帶殺逢空，穴中白蟻⑪。

若臨福德貴人、天喜、並月建逢青龍⑫，則坐山尊嚴，穴中潔淨。

世爻屬木，山林繁茂。屬水，必近池塘井⑬。當類而推之也。

鬼在世上動，坐下有古墓伏屍。鬼動遇空亡，必是廢穴，但空穴雖破，骸骨尚存⑭。

九曜：貪狼、巨門、祿存、文曲、廉貞、武曲、破軍、左輔、右弼也。旺相則吉⑮。

凡占墓，須察九星之格範，庶知形象之規模。

若世貪狼，其山尖秀圓淨，合木星形勢。

或值巨門，山如覆釜，或如鐘，如倉庫。

若臨祿存，山勢繁亂，來脈不明，仿佛類龍蛇勢。

或持文曲，形如圭魚，山環水繞。

值廉貞，山勢無情，或主山不正，或左右凹缺。

值武曲，乃水星勢，亦龍蛇形。

破軍，其山破相，或側或欹，來脈不明，或斷或續。

若逢左輔，其山秀而有情，如飛鳳形。

以上只論坐山，大體格局，具列後耳[十六]。

案山帶子孫、貴人旺相，其山聳拔秀麗。若生世合世，端正有情。空亡，則[十七]向山不正。帶殺逢沖，乃欹斜④破相之山。

若應臨墓絕，必是案山低小。應爻屬金[十八]，案山[十九]即言金星。屬木，尖山木星，案有文筆峰[二十]。屬水，即言水星之類是也，是一起一伏作祥雲案之類[二十一]。屬火，旗山夾筆，火旺筆架峰。屬土，方山，或如展誥⑤，或如禦屏，低則如横琴。若與青龍共位，多是盤龍。與玄武共位，或作回龍顧祖。

若應爻旺，勝世爻，案山高，坐山低。若應爻帶殺，沖剋世爻，必作槌胸拭淚⑥之案。

大象雖吉，亦不佳[二十二]。

向列二十四位，事分百千萬端。

木爻持世主東《震》，寅甲卯乙。金爻持世主西《兌》，申庚酉辛。火爻持世主南《離》，巳丙午丁[二十三]。水爻持世主北《坎》，亥壬子癸[二十四]。辰戌丑未，卻言《巽》、《乾》、《艮》、《坤》[二十五]。各有所宜。

又云：應爻為朝向。

凡占向，若帶吉神生旺，必是迎官就祿，其向聚吉。如逢惡殺當頭，必值凶方作對，其向必凶。二十四向之中，唯辰戌二向犯魁罡⑦，天羅地網⑧，貴人不臨之地，向之不吉。其餘諸向，各有所宜。地之吉凶，憑爻象取。

蒼屏云：以應為向者是也(夭)。

虎易按：二十四山向，是將方位分為二十四方，每個方位佔十五度。二十四個方位，在風水上是用來確定坐山和朝向的，所以又叫二十四山向。二十四山向，採用八個天干、十二個地支和四個卦組成，加起來共二十四。其順序為：甲、卯、乙；辰、巽、巳；丙、午、丁；未、坤、申；庚、酉、辛；戌、乾、亥；壬、子、癸；丑、艮、寅。讀者可參考下圖。

發動青龍，剋世須防嫉主⑨。剛強白

虎，逢沖切忌昂頭。

山間之龍虎，即卦中之龍虎。青龍雖吉，亦忌剋世，相生乃妙。白虎太旺，便是昂首剛強，皆為不吉。

凡遇青龍財化財、福化福，兩臂青龍。與世相生，就身青龍。如遇空亡，左山凹缺。青龍與世相生合，就起青龍為案。青龍貼身相剋，名為逼穴。若發動剋世，必是龍強嫉主。世剋青龍，青龍須防走竄。

白虎與世相生，就身白虎。白虎剋世剋青龍，虎強龍弱。不然，白虎遇明堂空亡，白虎凹缺受風。旺相逢沖，擎拳昂首。龍虎比和同衰旺，必左右齊到。若相沖，龍虎必鬥，皆不吉⑰。

青龍斷左畔之峰，白虎言右邊之嶂⑩。所喜者，相生相合。所忌者，相剋相沖。

青龍白虎，旺相必高，休囚低小。

與世相生相合，則拱抱有情。相剋相沖，則抱身逼側。卻分左右，可斷吉凶。青龍帶吉神，左山聳秀⑪。白虎加凶殺，右山嶄岩⑫。右山空亡，或有龍無虎。左山空亡，或有虎無龍。左右皆空亡，則無虎無龍⑱。

青龍旺，帶木，主林木蔥蔚⑬。帶土，則山嶺崔巍⑭。其秀氣從左而來。

白虎盛，臨水，主流泉脈遠。加金，則岩石奇麗。其秀氣從右而至。

皆喜其相生，最惡其相剋。

鬼在局中，必有伏屍古墓。空臨左右，豈無凹缺招風。

卦中但有四墓鬼，局中必有舊穴[二九]。

在世爻坐下，有本宮官鬼伏藏，必有舊穴在下。在應爻坐下，對山有古墳。在左則龍臂有穴，在右則虎上曾遷。鬼爻逢空，其穴已破[三十]。

左右者，龍與虎也。龍虎二爻宜靜不宜動，動則必有眾人行路及凹風。若加木爻，必有寅卯風[三一]。若見何爻空亡，便知有凹缺招風之處，主墓穴不安，為不吉也。

勾陳若在世中，一路來龍振起。朱雀加臨應上，兩重對案相迎。

勾陳乃龍之祖，若在未爻，或臨世上，來龍必遠也。一起一伏如活龍，活龍亦主坐山高大[三二]。

朱雀亦為案山，若臨應爻，案山重疊。若臨應外，必有兩重對案[三三]。

若問騰蛇，當為穴法。旺相與吉神共位，乃是真龍。空亡或墓絕同鄉，當為絕穴。

卦中以騰蛇為穴法，有旺相貴人帶吉神者為真龍，其穴中必主乾坤。若值墓絕空亡，不宜低下，恐是絕穴。卦中若值白虎空亡，穴中必主白蟻定矣[三四]。

論山既備，于水合言。尋亥子，方知有無。觀動靜，可分死活。

以上皆論青龍、白虎、朱雀、玄武墓中之事。四獸皆吉，亦要看水法。如何水吉，有情乃十全之地也㊣。

卦中無亥子爻㊣，必無池塘溪澗。雖有水爻，卻逢墓絕，乃是乾流之地，亦可用㊣。但看水爻動者活水，靜者死水而已。

要識根源遠近，但看水位興衰。欲推纏繞多情，且察水爻生合。

水爻旺相，根源深遠，流派綿長，四季長流。水位休囚，根源淺近，短淺細微，或無。或水爻動依此斷，靜則池塘井沼㊣。

水爻相生相合，水必來朝亦有情。相剋者，水必割腳或水破。長生沖世者，或沖心射肋。水在間爻，乃腰帶水。水爻空亡，過穴反跳。世應相沖，乃元辰水直㊣。

若見卦無水位，便當推究玄爻。

倘六爻無水，不可便言無水，必須推究玄武爻，本爻發動旺相者，亦依水例推詳。玄武更值空亡，其地決然無水也㊣。

遇吉則吉，逢凶則凶。

玄武、水爻臨吉神，是水于我有益有情，大吉之兆。若臨凶殺，則無益無氣，其水決凶。大抵凶者旺，不沖剋世亦無害㊣。

注釋

①安厝（cuò）：安葬。

②羅城：城牆外另修的環牆。指城外的大城。

③迴環：環繞。

④攲（qī）斜：歪斜不正。

⑤展誥（gào）：風水名詞。兩邊高起，中間長闊，如張開的誥文，軸在兩邊，稱為展誥。

⑥拭（shì）淚：擦眼淚。

⑦魁罡（kuí gāng）：指斗魁與天罡二星。陰陽家謂每年十月，北斗魁星之氣在戌，是為魁罡，不利修造。

⑧天羅地網：《淵海子平》曰：「戌亥為天羅，辰巳為地網」。

⑨嫉（jí）主：忌妒；憎恨主人。

⑩嶂（zhàng）：高險的山，如屏障的山峰。

⑪聳秀（sǒng xiù）：高聳秀麗。

⑫嶄岩：山高而險峻的樣子。

⑬蒕蔚（wèi）：草木青翠而茂盛。

⑭崔巍：指高峻的山。

校勘記

㈠「凡為人子者，生事之以禮，死葬之以禮，必須以親之體下地，而安厝得所，庶幾亡者得安，生人受蔭」，原本作「故凡人子，須當以親之體安措得所，則亡者安，而生者庇」，疑誤，據《新鍥斷易天機·占地理·天玄賦》原文改作。

㈡「成地之卦，世爻皆在內象，庶得當有六合」，原本脱漏」，據《新鍥斷易天機·占地理·天玄賦》原文補入。

㈢「若第六爻與世爻相剋相沖，水口山直無情，地枯無氣」，原本作「若第六爻與世相剋相沖，山直無情，地枯無氣」，疑誤，據《新鍥斷易天機·占地理·天玄賦》原文改作。

㈣「路無關鎖」，原本脱漏，據《新鍥斷易天機·占地理·天玄賦》原文補入。

㈤「若得日辰與動爻相沖，帶吉神恐是羅星。水口若帶土鬼，水口有廟。下水上木，水口有橋」，據原本脱漏，《新鍥斷易天機·占地理·天玄賦》原文補入。

㈥「旺相則明堂開闊，若臨月建旺，謂之萬馬明堂」，原本作「旺相臨月建，謂之萬馬明堂」，疑誤，據《新鍥斷易天機·占地理·天玄賦》原文改作。

㈦「若無氣，則窄狹。若應爻生世，明堂亦寬。若沖世，案山逼窄。更兼間爻無氣窄甚，四獸雖備亦局促」，原本脱漏，據《新鍥斷易天機·占地理·天玄賦》原文補入。

㈧「若水爻」，原本作「若水」，疑誤，據《新鍥斷易天機·占地理·天玄賦》原文改作。

㊈「申」，原本作「中」，疑誤，據《新鍥斷易天機・占地理・天玄賦》原文改作。

㊉「鬼」，原本脫漏，據《新鍥斷易天機・占地理・天玄賦》原文補入。

㊉㊀「穴中白蟻」，原本作「主有白蟻」，疑誤，據《新鍥斷易天機・占地理・天玄賦》原文改作。

㊉㊁「若臨福德貴人，天喜、並月建逢青龍」，原本作「若臨諸吉神」，疑誤，據《新鍥斷易天機・占地理・天玄賦》原文改作。

㊉㊂「世爻屬木，山林繁茂。屬水，必近池塘井」，原本作「屬木必林茂，屬水必近流泉」，疑誤，據《新鍥斷易天機・占地理・天玄賦》原文改作。

㊉㊃「鬼在世上動，坐下有古墓伏屍。鬼動遇空亡，必是廢穴，但空穴雖破，骸骨尚存」，原本脫漏，據《新鍥斷易天機・占地理・天玄賦》原文補入。

㊉㊄「九曜：貪狼、巨門、祿存、文曲、廉貞、武曲、破軍、左輔、右弼也。旺相則吉」，原本作「九曜詳《婚姻章》內，旺相則吉」，疑誤，據《通玄斷易・墳墓章・天玄賦》原文改作。

㊉㊅「凡占墓，須察九星之格範，庶知形象之規模。若世貪狼，其山尖秀圓淨，合木星形勢。或值巨門，山如覆釜，或如鐘，如倉庫。若臨祿存，山勢繁亂，來脈不明，彷彿類龍蛇勢。或持文曲，形如圭魚，山環水繞。值廉貞，山勢無情，或主山不正，或左右凹

缺。值武曲，乃水星勢，亦龍蛇形。破軍，其山破相，或側或欹，來脈不明，或斷或續。若逢左輔，其山秀而有情，如飛鳳形。以上只論坐山，大體格局，具列後耳」，原本脱漏，據《新鍥斷易天機・占地理・天玄賦》原文補入。

⑰「則」，原本脱漏，據《新鍥斷易天機・占地理・天玄賦》原文補入。

⑱「應爻屬金」，原本作「應若屬金」，疑誤，據《新鍥斷易天機・占地理・天玄賦》原文改作。

⑲「案山」，原本脱漏，據《新鍥斷易天機・占地理・天玄賦》原文補入。

⑳「屬木，尖山木星，案有文筆峰」，原本脱漏，據《新鍥斷易天機・占地理・天玄賦》原文補入。

㉑「是一起一伏作祥雲狀之類」，原本脱漏，據《新鍥斷易天機・占地理・天玄賦》原文補入。

㉒「屬火，旗山夾筆；火旺，筆架峰。屬土，方山，或如展誥，或如禦屏，低則橫琴。若與青龍共位，多是盤龍。與玄武共位，或作回龍顧祖。若應爻旺，勝世爻，案山高，坐山低。若應爻帶殺，沖剋世爻，必作槌胸拭淚之案，大象雖吉，亦不佳」，原本脱漏，據《新鍥斷易天機・占地理・天玄賦》原文補入。

㉓「巳丙午丁」，原本作「午丙巳丁」，疑誤，據《新鍥斷易天機・占地理・天玄賦》原文改作。

㉔「亥壬子癸」，原本作「亥癸子壬」，疑誤，據其行文體例改作。

㉕「卻言《巽》《乾》《艮》《坤》」，原本作「卻言《艮》《乾》《巽》《坤》」，疑誤，據其行文體例改作。

㉖「又云：應爻為朝向。凡占向，若帶吉神生旺，必是迎官就祿，其向聚吉。如逢惡殺當頭，必值凶方作對，其向必凶。二十四向之中，唯辰戌二向犯魁罡，天羅地網，貴人不臨之地，向之不吉。其餘諸向，各有所宜。地之吉凶，憑爻象取。蒼屏云：以應為向者是也」，原本脫漏，據《新鍥斷易天機・占地理・天玄賦》原文補入。

㉗「凡遇青龍財化財、福化福，兩臂青龍。與世相生，就身青龍。如遇空亡，左山凹缺。青龍與世相生合，就起青龍為案。青龍貼身相剋，名為逼穴。若發動剋世，必是龍強嫉主。世剋青龍，青龍須防走竄。白虎與世相生，就身白虎。白虎剋世剋青龍，虎強龍弱。不然，白虎遇明堂空亡，白虎凹缺受風。旺相逢沖，擎拳昂首。龍虎比和同衰旺，必左右齊到。若相沖，龍虎必鬥，皆不吉」，原本脫漏，據《新鍥斷易天機・占地理・天玄賦》原文補入。

㉘「青龍白虎，旺相必高，休囚低小。與世相生相合，則拱抱有情。相剋相沖，則抱身逼側。卻分左右，可斷吉凶。青龍帶吉神，左山聳秀。白虎加凶殺，右山嶄岩。右山空亡，或有龍無虎。左山空亡，或有虎無龍。左右皆空亡，則無虎無龍」，原本脫漏，據《新鍥斷易天機・占地理・天玄賦》原文補入。

㊄「卦中但有四墓鬼，局中必有舊穴」，原本脱漏，據《新鍥斷易天機・占地理・天玄賦》原文補入。

㊇「在世爻坐下，有本宮官鬼伏藏，必有舊穴在下。在應爻坐下，對山有古墳。在左則龍臂有穴，在右則虎上曾遷。鬼爻逢空，其穴已破」，原本作「若世下，有本宮官鬼伏藏，必有舊穴在下」，疑誤，據《新鍥斷易天機・占地理・天玄賦》原文改作。

㊈「龍虎二爻宜靜不宜動，動則必有眾人行路及凹風。若加木爻，必有寅卯風」，原本脱漏，據《新鍥斷易天機・占地理・天玄賦》原文補入。

㊉「勾陳乃龍之祖，若在未爻，或臨世上，來龍必遠也。一起一伏如活龍，活龍亦主坐山高大」，原本作「勾陳乃龍之祖，若在木爻，或臨世上，來龍必遠也」，疑誤，據《新鍥斷易天機・占地理・天玄賦》原文改作。

㊋「朱雀亦為案山，若臨應爻，案山重疊。若臨應外，必有兩重對案」，原本作「朱雀為案山，若臨應上，必有兩重對案」，疑誤，據《新鍥斷易天機・占地理・天玄賦》原文改作。

㊌「卦中以騰蛇為穴法，有旺相貴人帶吉神者為真龍，其穴中必主乾坤。若值墓絕空亡，不宜低下，恐是絕穴。卦中若值白虎空亡，穴中必主白蟻定矣」，原本作「卦中以騰蛇為穴，旺相為真龍，休囚為絕穴」，疑誤，據《新鍥斷易天機・占地理・天玄賦》原文改作。

㊍「以上皆論青龍、白虎、朱雀、玄武墓中之事。四獸皆吉，亦要看水法。如何水吉，

有情乃十全之地也」，原本脱漏，據《新鍥斷易天機・占地理・天玄賦》原文補入。

㊱「爻」，原本脱漏，據《新鍥斷易天機・占地理・天玄賦》原文補入。

㊲「亦可用」，原本脱漏，據《新鍥斷易天機・占地理・天玄賦》原文補入。

㊳「水爻旺相，根源深遠，流派綿長，四季長流。水位休囚，根源淺近，短淺細微，或無。或水爻動依此斷，靜則池塘井沼」，原本作「水爻旺相，流派綿長。水位休囚，根源淺近」，疑誤，據《新鍥斷易天機・占地理・天玄賦》原文改作。

㊴「水爻相生相合，水必來朝亦有情。相剋者，水必割腳，或水破。長生沖世者，或沖心射肋。水在間爻，乃腰帶水。水爻空亡，過穴反跳。世應相沖，乃元辰水直」，原本作「水爻相生相合，主委曲有情。若相剋相沖，主直來無氣」，疑誤，據《新鍥斷易天機・占地理・天玄賦》原文改作。

㊵「倘六爻無水，不可便言無水，必須推究玄武爻，本爻發動旺相者，亦依水例推詳。玄武更值空亡，其地決然無水也」，原本作「倘六爻無水，竟將玄武爻推看」，疑誤，據《新鍥斷易天機・占地理・天玄賦》原文改作。

㊶「玄武、水爻臨吉神，是水于我有益有情，大吉之兆。若臨凶殺，則無益無氣，其水決凶。大抵凶者旺，不沖剋世亦無害」，原本作「玄武臨吉神，是水于我有益有情，大吉。若臨凶殺，則無益無氣，主凶」，疑誤，據《新鍥斷易天機・占地理・天玄賦》原文改作。